3판

Introduction to Statistics

기초 통계학

SPSS 통계자료분석

민만식 · 손방용 지음

한티미디어

저자소개

민만식

고려대학교에서 수학과 수리통계학을 전공하고 이학박사 학위를 하였으며, 전공에 관련하여 수원대학교에서 기초수학, 빅데이터의 이해, 생활과 수학, 미적분학, 확률론 등을 강의하고 있다.

주요 저서는 선형대수, 통계수학, 미분적분학, 행렬대수, 이산수학, 확률과 통계, EXCEL을 이용한 통계학, 미적분응용과 미분방정식, 빅데이터 분석 입문, 생활 속의 수학 등이 있다.

현 수원대학교 데이터과학부 Adjunct Professor

손방용

고려대학교에서 수리통계학을 전공하고 이학박사 학위를 하였으며, 전공에 관련하여 대진대학교에서 통계학, 통계자료분석, 이산수학, 알고리즘 등을 강의하고 있다.

주요 저서는 이산자료의 수학구조, 정보화 사회를 위한 컴퓨터 활용, 미분적분학, 이산수학, SPSS를 활용한 통계학 등이 있다.

현 대진대학교 컴퓨터공학부 Professor

제3판

기초통계학

SPSS 통계자료분석

발행일 2020년 3월 2일 1쇄
지은이 민만식 · 손방용
펴낸이 김준호
펴낸곳 한티미디어 | **주 소** 서울시 마포구 동교로 1길 67 3층
등 록 제15-571호 2006년 5월 15일
전 화 02)332-7993~4 | **팩 스** 02)332-7995
ISBN 978-89-6421-391-9 (93410)
가 격 27,000원

마케팅 노호근 박재인 최상욱 김원국 | **관 리** 김지영 문지희
편 집 김은수 유채원

이 책에 대한 의견이나 잘못된 내용에 대한 수정 정보는 한티미디어 홈페이지나 이메일로 알려주십시오.
독자님의 의견을 충분히 반영하도록 늘 노력하겠습니다.

홈페이지 www.hanteemedia.co.kr | **이메일** hantee@hanteemedia.co.kr

■ 잘못된 도서는 구입처에서 바꾸어 드립니다.

머리말

현대사회의 모든 학문 분야에서 빅데이터 분석의 필요성과 그 응용이 매우 넓어지고 있다. 즉 농업, 생물, 의학, 간호, 심리학, 공학 등 모든 자연과학뿐만 아니라 경제, 경영, 정치, 사회, 역사 등 인문사회과학 전반에 이르기까지 여러 측면에서 그 어느 때보다도 통계학과 빅데이터 분석 방법에 대한 올바른 이해가 절실히 요구되고 있다.

이 책은 여러 학문 분야에 응용할 수 있는 통계학의 기본 지식을 제공하며 이를 토대로 4차 산업을 활용하는 학문을 연계, 융합하는 데 기초가 되도록 하였다. 따라서 대학에서 통계학의 기초이론의 교과서 또는 참고서가 되도록 엮었으며, 사회 각 분야에 관하여 연구하는 학생들이 통계학의 기본 인식과 응용을 하려 할 때 초보적인 수리에 입각한 통계학의 기본 사항을 SPSS를 사용하여 쉽게 이해할 수 있도록 서술했다.

이 책에서는 수학적인 기초가 없으면서도 통계학을 학습하는 데 어려운 문제를 다룰 수 있도록 평이하게 설명했다. 많은 정리와 충분한 예제를 다루었으며 예비지식으로서는 선형대수학, 미분적분학의 기초 과정을 넘지 않도록 했다.

Part2에 SPSS 최신 버전인 IBMSPSS를 이용하여 데이터 분석방법을 설명하고, 연습문제를 다양하게 수록해 학생들이 자기 실력을 측정하고 더욱 이해를 확실하게 하는 데 도움이 되도록 하였다. 이 연습문제들은 자세한 풀이와 해답을 첨부했다.

이 책은 통계이론 부분과 SPSS 자료분석 부분으로 나눈다. 통계이론에서 첫 번째 부분 1장으로 자료를 정리하고 요약하는 기술통계를 설명했으며, 두 번째 부분은 2장~5장으로 통계학의 개념을 이해하는 데 필수적인 확률분포 이론을 다루었다. 세 번째 부분의 6장~7장에서는 추정과 검정을 다루었으며, 네 번째로 8장에서는 범주형 자료분석, 9장에서는 두 개의 변수를 갖는 자료탐구, 10장에서는 분산분석, SPSS 자료분석에서는 각 장의 예를 SPSS로 분석 해설하였다.

Preface

이 책을 집필하는 데 많은 격려와 조언을 해주신 여러분께 깊은 감사의 뜻을 표하며 앞으로도 계속적인 지도 편달을 해주시기 바란다. 아울러 이 책을 보다 알차게 만들어 간행해 준 한티미디어에 감사드린다.

2020년
민만식 · 손방용

차 례

PART 1

통계학

CHAPTER 1

기술통계

본장에서는 수집된 자료를 요약 · 정리하여 관찰자로 하여금 쉽게 자료의 특성을 파악할 수 있도록 하는 기초적인 통계분석 방법인 자료의 시각화 표현과 자료의 숫자에 의한 요약을 의미하는 기술통계(descriptive statistic)에 대하여 설명한다.

1.1 범주형 자료시각화

범주형 자료를 어떻게 정리하고 표현하는 방법에 대해 알아보고 자료집합을 표로 정리하고 그래프로 표현하고자 한다. 범주형 자료는 관측결과가 몇 개의 범주(category) 또는 항목의 형태로 나타나는 자료를 말한다. 예를 들어 성별, 혈액형, 선호도, 지역 등이다.

1.1.1 도수분포

데이터가 하나의 변수에 대해서 도수분포표(frequency table)를 작성할 수 있다. 이때 각 범주에 해당하는 관측치의 개수를 세어 범주의 도수(빈도)로 놓는다.

도수분포표에는 흔히 상대도수나 누적상대도수가 같이 쓰고, 상대도수는 각 구간의 도수를 자료의 총수로 나눈 값이고, 누적상대도수는 이의 누계이다. 장점으로 각 범주의 도수와 상대적인 비율을 쉽게 비교할 수 있다.

예제 1.1 다음 자료는 어느 도시 스마트폰 종류(A, B, C)의 표본 조사 결과이다. 문자 A, B, C는 세 가지 범주(스마트폰의 종류)를 나타낸다.

A B B A C B C C C A
C B C A C C B C C A
A B C C B C B A C A

도수분포표를 작성하시오.

풀이

표 1.1 스마트종류(A, B, C)의 도수분포표

범주	빈도	상대도수	백분율
A	8	8/30 = .267	26.7
B	8	8/30 = .267	26.7
C	14	14/30 = .467	46.7

예제 1.2

35명의 학생이 있는 반에서, 10명이 농구를 그들이 가장 좋아하는 운동으로 꼽았고, 7명이 야구, 6명이 미식축구, 5명이 축구, 5명이 테니스, 그리고 2명이 하키를 꼽았다고 가정하자. 이 자료들은 도수분포표로 나타내어라.

풀이

표 1.2 **운동종목에 대한 도수분포표**

범주	도수	상대도수(%)
야구	7	20
농구	10	29
미식축구	6	17
하키	2	6
축구	5	14
테니스	5	14

1.1.2 범주형 자료의 시각화 표현

그래프 표현은 자료의 주요 특성을 알 수 있다. 막대그래프와 원그래프가 범주형 자료를 표현하는데 사용된다.

막대그래프

막대그래프(bar graph)를 그리려면 [그림 1.1]과 같이 수평축에 범주를 표시한다. 모든 범주는 같은 폭의 구간으로 나타낸다. 수직축에는 도수를 표시한다. 그런 다음에 막대의 높이가 해당범주의 도수를 나타내도록 각 범주에 대하여 막대를 그린다. [그림 1.1]은 〈표 1.1〉의 도수 분포표에 대한 막대그래프이다. 상대도수와 백분율 분포의 막대그래프는 수직축에 계급 도수 대신에 상대도수 또는 백분율을 표시하면 된다.

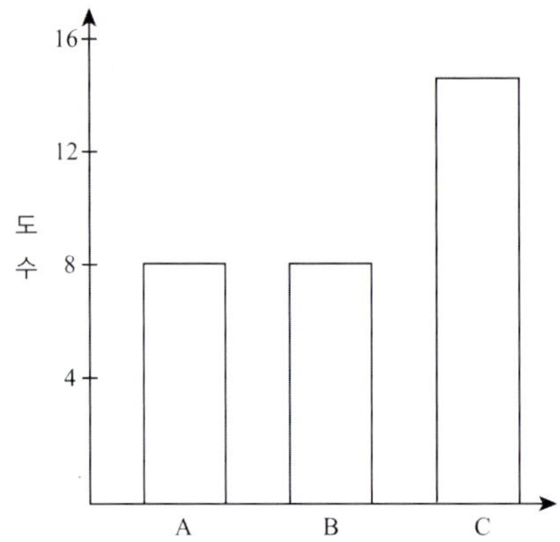

그림 1.1 스마트폰 종류에 대한 막대그래프

예제 1.3

어느 화장지 회사에서 생산된 미용용 화장지 50장을 임의로 뽑아 불량품을 조사하여 불량의 종류를 알아보았더니, 구멍 뚫림이 15개, 잘못 접혀짐이 5개, 찢어짐이 22개 그리고 기타의 불량이 8개씩 있었다. 불량의 종류에 대한 막대그래프로 나타내어라.

풀이

불량이 1개씩 있는 4가지의 불량을 기타의 항목으로 묶은 후 불량의 종류를 도수의 크기 순서로 배열하면 찢어짐, 구멍 뚫림, 기타, 잘못 접혀짐, 크기 불량, 두께 불량이 된다. 크기 순서대로 배열하고 도수분포표를 만들어 4번째 열에 누적상대도수를 배치하면 다음과 같다.

표 1.3 화장지 불량품에 대한 도수분포표

불량의 종류	도 수	상대도수	누적상대도수
찢어짐	22	0.44	0.44
구멍 뚫림	15	0.30	0.74
기 타	8	0.16	0.90
잘못 접혀짐	5	0.10	1
합	50	1.00	

〈표 1.3〉의 도수분포표를 이용하여 막대그래프를 만들면 다음과 같이 주어진다. 그림을 보면 찢어짐, 구멍 뚫림이 전체 불량품 중에서 74% 차지하고 있고 그 이외의 불량은 소수를 차지하고 있다는 것을

알 수 있다. 따라서, 불량품을 줄이려면 먼저 앞의 2가지의 불량에 대한 원인을 찾아 해결하여야 할 것이다.

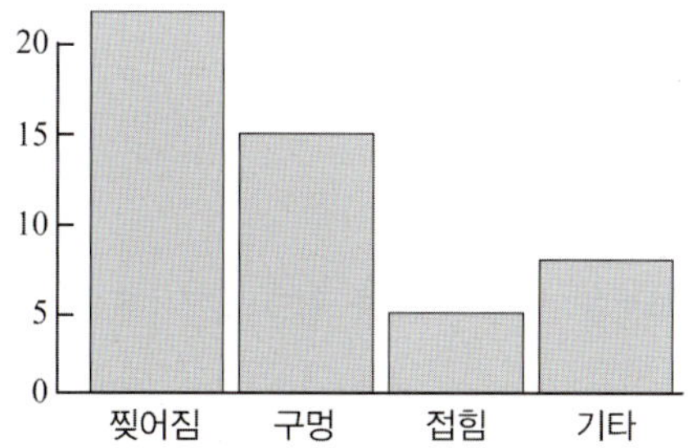

그림 1.2 화장지 불량품에 대한 막대그래프

상대도수와 백분율 분포의 막대그래프는 수직축에 계급 도수 대신에 상대도수 또는 백분율을 표시하면 된다. 수평축과 수직축을 바꿔서 그리는 경우도 있다.

원그래프

원그래프(pie chart)는 백분율을 나타내기 위하여 사용되지만 도수나 상대도수도 나타낼 수 있다. 전체 원이 전체 표본이나 모집단을 나타낸다. 원을 범주를 나타내는 비율로 나누면 된다. 원은 360도이다. 원그래프를 그리기 위하여 대응하는 범주의 각의 크기는 각 범주의 상대도수에 360을 곱하면 된다. [그림 1.3]은 〈표 1.1〉의 범주에 대한 각의 크기를 계산하여 그린 원그래프를 보여준다.

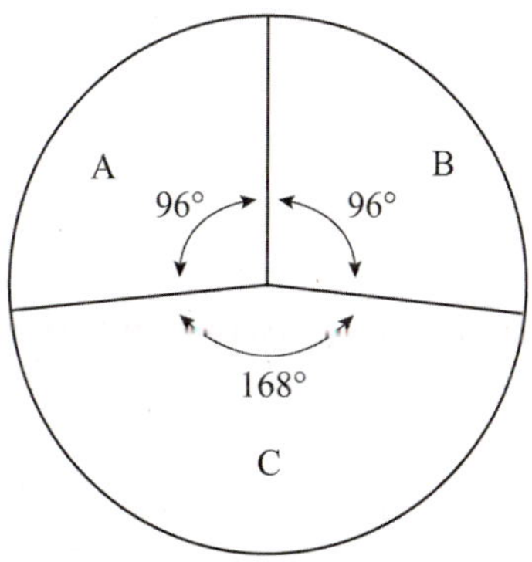

그림 1.3 스마트폰 종류에 대한 원그래프

표 1.4 원그래프를 위한 각의 크기

범 주	상대도수	각의 크기
A	.267	360×.267 = 96°
B	.267	360×.267 = 96°
C	.467	360×.467 = 168°
합 계	1.000	360

[그림 1.3]은 문자자료의 백분율 분포에 대한 원그래프이다.

1.1.3 두 범주형 변수시각화

두 변수가 모두 범주형에 속하는 경우, 수집된 자료는 앞 절에서 소개한 도수 분포표를 2차원으로 확장한 형태로 요약될 수 있다. 한 변수에 대한 범주는 행 왼쪽에, 또 다른 변수에 대한 범주는 열 위쪽에 표시하고, 두 변수의 범주들이 교차하는 칸(cell)마다 각 변수의 범주를 동시에 갖는 관측값들을 세어 그 칸의 도수로 삼으면 된다. 이렇게 도표로 요약된 자료를 보통 분할표(contingency table)라 부른다. 분할표에서는 필요에 따라 여러 가지 값을 각 교차하는 부분에 표시할 수 있는데 도수와 상대도수이다.

예제 1.4

70세를 넘은 남자들의 혈액 콜레스테롤 수치 정도에 따라 심각하거나 또는 심각하지 않은 심장마비로 고생하였는지 조사한 4년 연구가 뉴욕 타임즈에 실렸다. 심상 마비의 심각성은 행의 변수이고, 콜레스테롤 수치는 열의 변수이다. 이 자료들을 분석하는 하나의 방법은 각 열과 각 행의 합계를 계산하는 것이다.

표 1.5 두 변수 자료의 분할표

	낮은 콜레스테롤	중간 콜레스테롤	높은 콜레스테롤	합 계
심각하지 않은 심장 발작	29	17	18	64
심각한 심장 발작	19	20	9	48
합 계	48	37	27	112

행과 열에 대한 상대도수를 구하고 이들을 비교 설명하여라.

풀이

이 합계들은 오른쪽과 아래에 테이블의 가장자리에 표기되고 따라서 주변빈도라고 불린다. 이 주변 빈도들은 종종 비율 또는 퍼센트의 형태로 나타낸다. 콜레스테롤 수치의 주변분포는

낮음 : $\frac{48}{112}$ = .429 = 42.9% 　　　중간 : $\frac{37}{112}$ = .330 = 33.0%

높음 : $\frac{27}{112}$ = .241 = 24.1%

이 분포는 다음과 같이 막대그래프로 나타낼 수 있다:

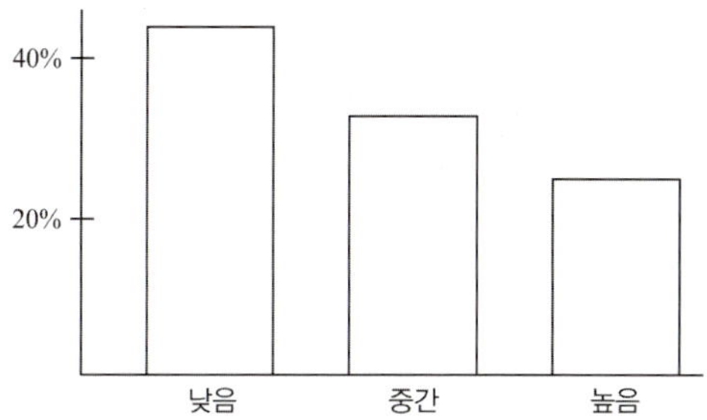

그림 1.4 콜레스테롤 수치에 따른 막대그래프

비슷하게, 우리는 심장마비의 강도의 주변 분포를 찾을 수 있다.

심각하지 않음 : $\frac{64}{112} = .571 - 57.1\%$ 　　　심각함 : $\frac{48}{112} = .429 = 42.9\%$

대표적인 막대그래프는

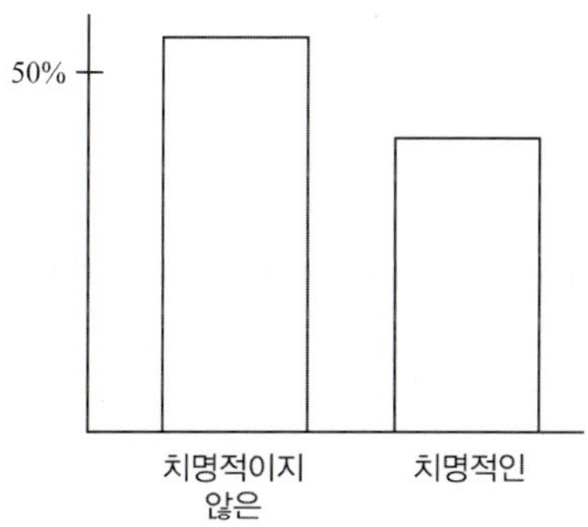

그림 1.5 심장 발작 수준에 따른 막대그래프

조건부 상대 도수 분할표

위에서 설명하고 계산한 주변 분포는 두 분류적 변수의 관계를 설명하거나 측정하지 않는다. 이를 위해 우리는 주변에 있는 합계만 볼 것이 아니라 분할표에 있는 정보를 알아야한다.

예제 1.5

탈모가 신체 용적지수와 관련이 있을까? 769명을 대상으로 한 연구(미국 의학 연구 잡지, 1993년 2월 24일 페이지 100)는 다음과 같은 수를 나타낸다. 분석은 먼저 이 전에 했던 것과 같이 열과 행의 합계를 찾는다. 우리는 신체 용적 지수에 따라 머리가 빠지는 패턴을 예측하는 것에 관심을 가지고 있으므로 각각의 행을 우선적으로 본다. 신체용적지수에 대한 상대도수 분포표와 막대그래프를 그려라.

표 1.6 두 변수 자료의 분할표

		탈모 형태			
		이상 없음	이 마	정수리	
신체 용적	<25	137	22	40	199
지수	25~28	218	34	67	319
	>28	153	30	68	251
		508	86	175	769

풀이

신체 용적 지수에서 25보다 적은 199명의 남자가 머리 빠지는 패턴이 있는 비율 또는 확률은 다음과 같다.

없음 : $\frac{137}{199} = .688 = 68.8\%$

이마 : $\frac{22}{199} = .111 = 11.1\%$

정수리 : $\frac{40}{199} = .201 = 21.1\%$

이 조건부 상대도수를 각 부분이 이것의 상대도수에 맞는 길이를 가지는 막대그래프와 각 부분을 하나의 막대그래프에 나타내는 막대그래프로 나누어 나타낼 수 있다.

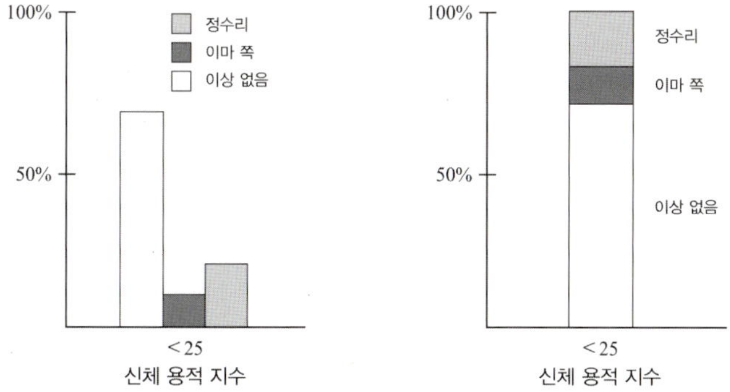

그림 1.6 신체용적지수가 25이하인 막대그래프

비슷하게, 신체 용적지수에서 25와 28사이인 남자 319명의 조건부 상대 도수는

없음 : $\dfrac{218}{319} = .683 = 68.3\%$　　이마 : $\dfrac{34}{319} = .107 = 10.7\%$

정수리 : $\dfrac{67}{319} = .210 = 21.0\%$

신체 용적 지수의 28보다 높은 남자 251명에게서는

없음 : $\dfrac{153}{251} = .610 = 61.0\%$　　이마 : $\dfrac{30}{251} = .120 = 12.0\%$

정수리 : $\dfrac{68}{251} = .271 = 27.1\%$

다음 두 막대그래프 모두는 좋은 시각적 그림들이다.

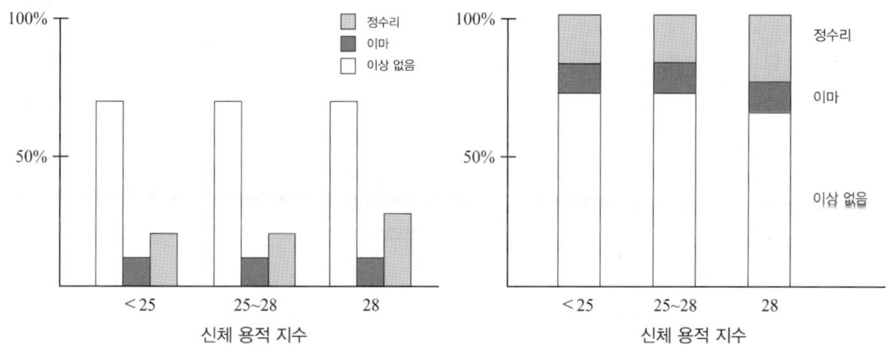

그림 1.7 신체용적지수에 따른 막대그래프

예제 1.6 고등학교에 다니는 각 학년들을 대상으로 바닐라 또는 초콜릿 맛의 선호도를 비교하기 위해 조사된 연구의 결과는 다음과 같다.

표 1.7 두 변수 자료의 분할표

	바닐라	초콜릿
1학년	20	10
2학년	24	12
3학년	18	9
4학년	22	11

각 학년의 조건부 상대도수는 얼마인가?

풀이

1학년 : $\frac{20}{30}=.667$은 바닐라를 선호하였고, $\frac{10}{30}$은 초콜렛을 선호하였다.

2학년 : $\frac{24}{36}=.667$은 바닐라를 선호하였고, $\frac{12}{36}$은 초콜렛을 선호하였다.

3학년 : $\frac{18}{27}=.667$은 바닐라를 선호하였고, $\frac{9}{27}$은 초콜렛을 선호하였다.

4학년 : $\frac{22}{33}=.667$은 바닐라를 선호하였고, $\frac{11}{33}$은 초콜렛을 선호하였다.

모든 조건부 상대 도수 분포가 같을 경우, 우리는 두 변수가 완전히 독립적이라 한다.

1.2 수치자료 시각화

범주형 변수의 분포를 그래프로 표현하기위해 막대그래프와 원그래프를 사용하였다. 양적자료의 분포는 어떻게 표현할까? 양적자료는 여러 그래프를 표현할 수 있으며 몇 개의 수치값으로도 나타낸다. 양적(수치)자료는 관측된 값이 수치로 측정되는 자료를 말한다. 키, 몸무게, 시험성적, 자동차사고 수 등이다. 수치자료는 관측되는 값의 성질에 따라 다시 두 가지로 구분된다. 키, 몸무게와 같이 관측 가능한 값이 연속적이면 그 자료를 연속형 자료(continuous data)라고 하고 어느 공장의 불량품의 수같이 관측 가능한 값이 셀 수 있으면 이산형 자료(discrete data)라 한다.

1.2.1 점도표

양적자료를 표현하는 단순한 방법 중의 하나가 점도표이다. 점도표는 자료집합에서 이상점을 찾는데 도움이 된다. 이상점이란 다른 자료값에 비하여 아주 크거나 작은 값을 의미한다.

예제 1.7 다음 자료는 30명의 은행계좌 보유 고객이 지난 60일 동안 자동입출력기(ATM)를 사용한 시간이다.

3	2	3	2	2	5	0	4	1	3
2	3	3	5	9	0	3	2	2	15
1	3	2	7	9	3	0	4	2	2

점도표를 작성하고 적절한 설명을 하시오.

풀이

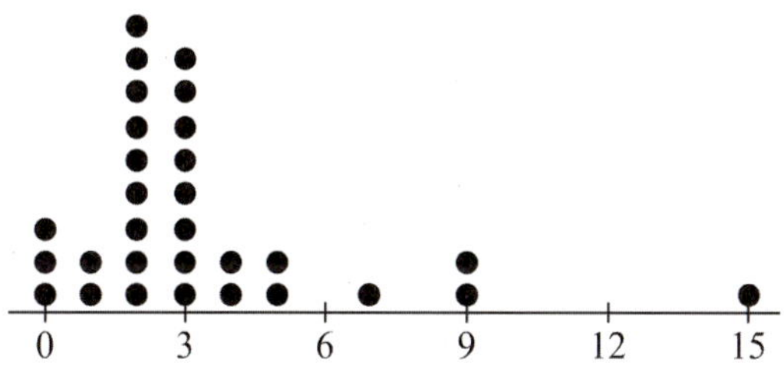

그림 1.8 ATM 사용기긴

집락을 이루고 있으며 15는 이상치이다.

예제 1.8 35명의 학생이 있는 반에서, 10명이 농구를 그들이 가장 좋아하는 운동으로 꼽았고, 7명이 야구, 6명이 미식축구, 5명이 축구, 5명이 테니스, 그리고 2명이 하키를 꼽았다고 가정하자. 이 자료들은 점 도표로 나타내어라.

풀이

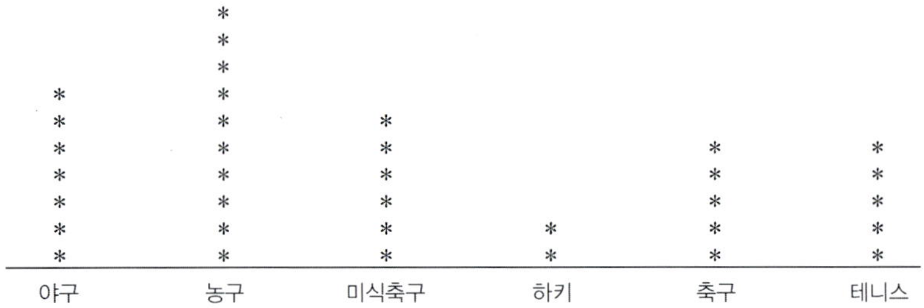

그림 1.9 운동 종목에 대한 점도표

도표의 점들의 수는 각 결과의 횟수를 나타낸다.

1.2.2 줄기—잎그림

양적 자료를 표현하는 다른 방법은 줄기—잎그림이다. 도수분포에 대한 줄기—잎그림의 장점은 개별 관측값에 대한 정보를 잃지 않는다는 것이다. 줄기—잎그림은 양적인 자료에만 사용된다.

줄기—잎 작성방법은 다음과 같다.

① 자료를 직관적으로 관찰하여 줄기를 정한다. 변동이 작은 부분을 줄기, 변동이 많은 부분을 잎으로 지정한다.

② 줄기 부분을 작은 수부터 순차적으로 나열하고, 잎 부분을 원자료의 관찰순서대로 나열한다.

③ 각 잎에 있는 숫자들은 오름차순서로 재정렬한다.

예제 1.9

다음 자료는 20명의 학생들이 서점에서 교재를 사고 계산하는데 걸린 시간에 관한 자료이다.

15	8	23	21	5	17	31	22	34	6
5	10	14	17	16	25	30	3	31	19

줄기—잎그림을 그리시오.

풀이

0	8 5 6 5 3
1	5 7 0 4 7 6 9
2	3 1 2 5
3	1 4 0 1

0	3 5 5 6 8
1	0 4 5 6 7 7 9
2	1 2 3 5
3	0 1 1 4

그림 1.10 교재를 계산하는데 걸린 시간

예제 1.10 어느 집단에서 광고된 25채의 집의 가격의 집단은 {56, 89, 165, 73, 83, 145, 90, 189, 127, 77, 110, 112, 132, 120, 94, 130, 84, 65, 99, 154, 86, 120, 122, 103, 130}이라 주어졌다고 가정하자. 이 자료들로 가능한 줄기-잎그림을 나타내어라.

풀이

줄 기	잎
50~74	56 65 73
75~99	77 83 84 86 89 90 94 99
100~124	03 10 12 20 20 22
125~149	27 30 30 32 45
175~200	89

그림 1.11 집 가격에 대한 줄기-잎그림

1.2.3 히스토그램

히스토그램은 도수분포, 상대도수분포 또는 백분율분포를 표현할 수 있다. 히스토그램을 그리려면 수평축에 계급을 표시하고, 수직축에 도수(상대도수, 백분율)를 표시한다. 다음에 높이가 그 계급의 도수를 나타내도록 막대를 붙여서 그린다. 히스토그램에서 막대는 붙여서 그린다. 히스토그램은 수직축에 따라 도수 히스토그램(frequency histogram), 상대도수 히스토그램(relative frequency histogram)또는 백분율 히스토그램(percentage histogram)이라 부른다.

※ 용어설명

- 계급(class) : 적당한 간격으로 집단화하여 나타낸 범주들
- 계급간격(class width) : 이웃하는 두 계급의 위쪽 경계에서 아래쪽 경계를 뺀 값
- 계급값(class mark) : 각 계급의 중앙에 위치한 값 $\frac{\text{위쪽경계}+\text{아래쪽경계}}{2}$

도수분포를 이용하여 히스토그램을 만드는 일반적 순서는 다음과 같다.

① 표본자료의 최댓값과 최솟값을 찾아 (범위)=(최댓값)−(최솟값)을 구한다.

② 자료의 크기가 5~20정도의 계급의 개수를 정하고, 계급의 폭은 (범위)÷(계급의 개수)를 계산하여 자료값의 최소 단위까지 끊어 올려 정한다.

③ 첫 번째 계급의 시작점은

$$(\text{최솟값})-\frac{1}{2}(\text{자료값의 최소 단위})$$

로 정하며, ②에서 구한 계급의 폭에 따라 그 다음 계급을 정한다.

④ 각 계급의 상대도수 (또는 도수)를 구한다.

⑤ 막대는 서로 붙여서 그린다.

예제 1.11 다음의 자료는 미국 대통령 취임 나이를 기록한 것이다.

표 1.8 미국 대통령 취임 나이

7대통령	나 이	대통령	나 이	대통령	나 이
Washington	57	Lincoln	52	Hoover	54
J. Adams	61	A. Johnson	56	F.D.Roosevelt	51
Jefferson	57	Grant	46	Truman	60
Madison	57	Hayes	54	Eisenhower	61
Monroe	58	Garfield	49	Kennedy	43
J.Q.Adams	57	Arthur	51	L.B.Johnson	55
Jackson	61	Cleveland	47	Nixon	56
Van Buren	54	B.Harrison	55	Ford	61
W.H.Harrison	68	Cleveland	55	Carter	52
Tyler	51	McKinley	54	Reagan	69
Polk	49	T. Roosevelt	42	G.Bush	64

Taylor	64	Taft	51	Clinton	46
Fillmore	50	Wilson	56	G.W.Bush	54
Pierce	48	Harding	55		
Buchanan	65	Coolidge	51		

(1) 대통령 취임 나이에 대한 도수 분포표와 히스토그램을 그려라.

(2) 분포의 형태와 대푯값, 범위를 써라.

(3) 나이가 가장 젊은 대통령과 나이가 가장 많은 대통령은 누구인가?

풀이

(1) 표 1.9 **나이에 대한 도수분포률**

계급	도수	계급값	상대도수	누적도수	상대도수
39.5~44.5	2	42	2/43 = 0.047, 4.7%	2	2/43 = 0.047, 4.7%
44.5~49.5	6	47	6/43 = 0.140, 14%	8	8/43 = 0.186, 18.6%
49.5~54.5	13	52	13/43 = 0.302, 30.2%	21	21/43 = 0.488, 48.8%
54.5~59.5	12	57	12/43 = 0.279, 27.9%	33	33/43 = 0.767, 76.7%
59.5~64.5	7	62	7/43 = 0.163, 16.3%	40	40/43 = 0.930, 93.0%
64.5~69.5	3	67	3/43 = 0.070, 7.0%	43	43/43 = 1.000 100%
합	43				

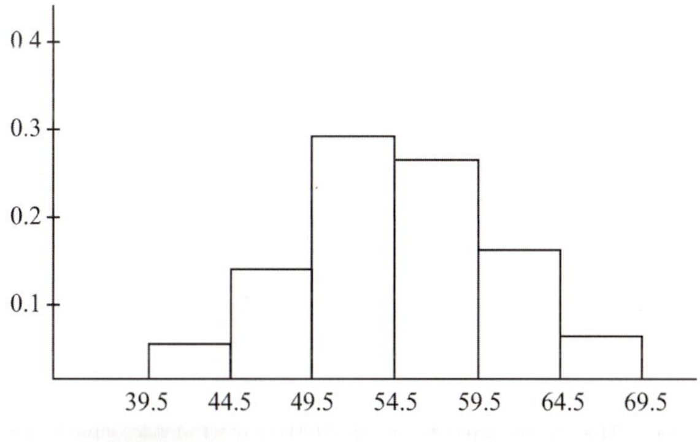

그림 1.12 대통령 취임나이에 대한 히스토그램

(2) 분포형태는 55세를 중심으로 대칭 형태이다. 또 범위는 27이다.

(3) 가장 젊은 대통령은 루즈벨트로 42세이고, 가장 나이가 많은 대통령은 레이건, 69세이다.

예제 1.12 다음의 자료는 어느 대학 컴퓨터공학과 신입생 51명의 키를 센티미터 단위로 기록한 것이다. 이 자료에 대한 도수분포표를 만들어라.

181 161 170 160 158 169 162 179 183 178 171 177 163
158 160 160 158 174 160 163 167 165 163 173 178 170
167 177 176 170 152 158 160 160 159 180 169 162 178
173 173 171 171 170 160 167 168 166 164 174 180

풀이

자료에서 최댓값과 최솟값은 각각 183과 152이므로 자료의 범위는 31로 주어진다. 계급의 개수를 7로 잡았을 때 자료의 범위를 7로 나누면 4.4가 되므로 계급구간의 폭을 5로 하자. 그리고, 최솟값과 최댓값 사이의 구간이 전체 계급구간의 중앙에 위치하려면 계급구간의 시작값이 150이 되어야 하는데 기록된 단위 한자리수 아래를 잡기 위하여 149.5를 계급구간의 시작값으로 하여 도수분포표를 작성하면 〈표 1.10〉과 같다.

표 1.10 컴퓨터공학과 신입생의 키에 관한 도수분포표

계급번호	계급(cm)	계급값	도 수	상대도수
1	149.5~154.5	152	1	0.020
2	154.5~159.5	157	5	0.098
3	159.5~164.5	162	14	0.257
4	164.5~169.5	167	8	0.157
5	169.5~174.5	172	12	0.235
6	174.5~179.5	177	7	0.137
7	179.5~184.5	182	4	0.078
합			51	1000

도수분포표를 보면 도수가 증가하였다가 감소하고 다시 증가하였다가 감소하는 경향이 나타난다. 즉, 신입생들의 키가 159.5cm와 164.5cm 사이, 그리고 169.5cm와 174.5cm의 사이의 두 군데에 몰려있는데 이 두 구간에 속한 학생의 비율은 0.275+0.235=0.51로 전체의 50%가 넘는다.

예제 1.13 예제 1.12의 컴퓨터공학과 신입생의 키에 관한 자료에 대한 히스토그램을 그려라.

풀이

예제 1.12의 도수분포표를 기초로 하여 히스토그램을 그리면 아래와 같다. 여기서 아래의 수평축에 표시된 값을 계급구간의 중간값이다. 아래의 히스토그램을 보면 〈표 1.10〉의 도수분포표에서보다 분포의 모양을 더 명확하게 파악할 수 있는데 이 자료의 분포는 두 개의 봉우리를 가지고 있는 것을 알 수 있다. 즉, 3번째와 5번째의 두 구간에 관측값이 몰려있다는 것을 알 수 있다.

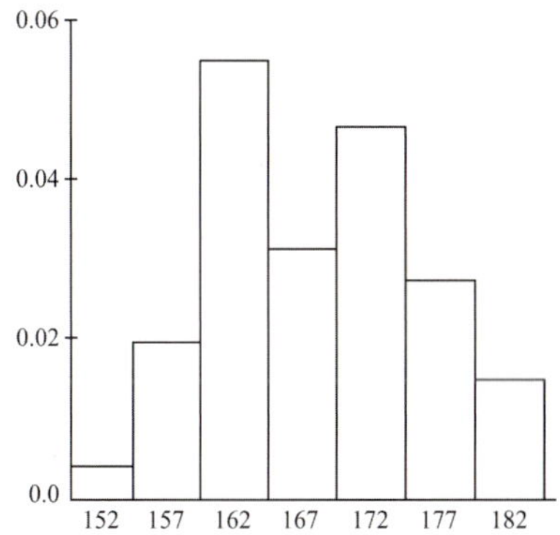

그림 1.13 컴퓨터공학과 신입생의 키에 대한 히스토그램

1.3 수치자료 요약

그래프는 자료요약의 중요한 요소 중 하나이지만 자료의 주요 특징을 숫자로 설명하는 것 또한 중요하다. 분포의 중심과 산포를 나타내는 숫자로 된 측도는 많은 중요한 정보를 알려준다.

1.3.1 평균

중심의 위치를 나타내는데 가장 보편적으로 사용하는 위치척도를 나타낸다.

평균은 모집단 또는 표본에서 관찰된 모든 측정값을 더하여 전체 도수로 나눈 수치를 의미한다. 전체 모집단의 평균값은 자주 그리스 문자 μ(mu)로 표기되고, 표본의 평균값은 $\overline{x}$로 자주 표기된다.

① 모평균(population mean)

$$모집단의\ 평균 : \mu = \frac{1}{N}\sum_{i=1}^{N} x_i$$

② 표본평균(sample mean)

$$표본의\ 평균 : \bar{x} = \frac{1}{n}\sum_{i=1}^{n} x_i$$

예를 들어, 미국에 있는 모든 가구들의 집합의 평균값은 μ = \$52,100이고, 무작위로 뽑은 100가구의 평균값은 아마 $\bar{x}$ = \$52,100 또는 어쩌면 $\bar{x}$ = \$63,000 또는 $\bar{x}$ = \$124,000일 것이다.

표본평균의 특성은 다음과 같다.

- 장점
  ① 계산하기 쉽다.
  ② 모든 측정값을 반영한 정보를 제공한다.
  ③ 각 자료와 평균과의 편차의 제곱을 모두 더한 잔차제곱합(residual sum of squares : RSS)이 다른 유형의 위치척도에 비하여 작다.

- 단점
  이상점에 큰 영향을 받는다.

예제 1.14 13개의 야구장에서 필드의 중심까지의 홈런 거리(feet)의 집합을 살펴보자. {387, 400, 400, 410, 410, 410, 414, 415, 420, 420, 421, 457, 461} 평균값은 얼마인가?

풀이

평균값은 $\frac{387+400+400+410+\ldots+457+461}{13} = 417.3$ feet

1.3.2 중앙값

중앙값(Me)이라는 단어는 "중간"이라는 뜻을 가진 라틴어 medius에서 유래된 것이다. 수집된 자료값들은 오름차순 또는 내림차순으로 정리할 수 있다. 자료값들의 수가 홀수라면, 한 가운데 위치한 값이 중앙값이다. 그 수가 짝수라면 중앙값은 중간에 있는 두 개의 값을 더하여 2로 나눈 값이 된다. 중앙값은 자료의 중심부분에서 현저하게 벗어난 매우 큰 자료값 또는 매우 작은 값에 영향을 받지 않는다. 따라서 중앙값은 이상치라 불리는 극단적인 값들이 조금 의심스럽거나 이상치의 영향을 줄이길 원할 때 특히 유용한 척도이다. 자료값들의 개수를 n이라고 하면 중앙값은 다음과 같다.

순서통계량 $x_{(1)} \le x_{(2)} \le x_{(3)} \cdots \le x_{(n)}$이라 하자.

① n이 홀수일 때 : $Me = x_{(\frac{n+1}{2})}$

② n이 짝수일 때 : $Me = \dfrac{x_{(\frac{n}{2})} + x_{(\frac{n}{2}+1)}}{2}$(단, $x_{(i)}$는 순서통계량)

- 장점
  ① 어느 한 쪽으로 치우친 분포를 갖는 자료에 대하여 평균보다 좋은 중심의 위치를 나타낸다.
  ② 표본평균이 갖는 이상점에 대한 영향을 제거할 수 있는 중심위치의 척도를 나타낸다.

- 단점
  ① 전체 자료를 크기순으로 나열하여 중앙에 놓이는 자료를 찾아야 한다는 점에서 자료의 수가 많은 경우에 부적절하다
  ② 수리적으로 다루기 매우 힘들다는 이유로 추측통계학에서 별로 사용하지 않는다.

중앙값이 기술 통계학에서 유용하나 평균값은 통계학 추론과 분석에서 가장 중요하다.

예제 1.15 한 달 동안 다섯 명의 의사가 불필요한 수술을 제안한 수의 집합이 {2, 2, 8, 20, 33}으로 주어졌다고 가정해보자.

(1) 중앙값과 평균을 구하여라.

(2) 다섯 번째 의사 불필요한 수술을 추가적으로 25번 제안했다면, 중앙값과 평균값은 어떻게 영향을 받을 것인가?

풀이

(1) 중앙값은 8이고, 평균값은 $\dfrac{2+2+8+20+33}{5}=13$

(2) 집합은 이제 {2, 2, 8, 20, 58}이다. 중앙값은 여전히 8이다.

평균값은 $\dfrac{2+2+8+20+58}{4}=18$로 바뀐다.

1.3.3 범위

가장 간단하고 쉽게 변이성을 계산하는 척도는 범위(Range)이다. 가장 큰 값과 가장 작은 값의 차이를 빨리 알 수 있고, 범위는 분산에 대한 의미를 준다. 이것은 완전히 두 이상치에 의존하고 있고 중간 값들에 예민하지 않다. 범위(R)의 한 용도로는 아주 적은 항목들을 가진 표본에서 분포로 계산할 때 유용하다.

예제 1.16 〈표 1.11〉은 미국의 서부 4개주의 면적 (단위, 제곱마일)에 관한 것이다.

표 1.11 서부 4개수 면적

주	전체면적
알칸사스	53,182
루이지애나	49,651
오클라호마	69,903
텍사스	267,277

범위를 구하시오.

풀이

자료에서 최댓값은 267,277이고, 최솟값은 49,651

범위 = 최댓값 − 최소 = 267,277 − 49,651 = 217,626

1.3.4 백분위수

중심위치의 측도와 산포의 측도는 자료의 형태를 이해하는데 대체적으로 유용한 정보를 제공했다. 그러나 자료 안에서 어떤 특정한 값의 상대적인 위치에 관심이 있는 경우, 위의 두 측도는 크게 도움을 주지 못한다. 예를 들어, 한 정유회사는 그들의 연간 매출액이 모두 정유산업체에서 어느 정도 위치에 해당하는지를 알고 싶은 경우 평균이나 분산으로는 그 정확한 위치를 볼 수가 없다. 이를 위해서는 백분위수(percentile)와 같은 상대적 위치의 측도(measure of relative standing)가 필요하다.

※ 제 100×p 백분위수를 구하는 방법

1. 관측값을 큰 순으로 배열한다.
2. 관측값의 개수(n)에 p를 곱한다.
   ⓐ 만약 n×p가 정수이면, n×p번째 관측값과 n×p+1번째 관측값의 평균을 제 100×p 백분위수로 한다.
   ⓑ 만약 n×p가 정수가 아니면, n×p에서 정수부분에서 1을 더한 값 m을 구한 후, m번째 큰 관측값을 제 n×p 백분위수로 한다.

예제 1.17

서울의 한 전철역에서 수원의 한 전역까지 소요되는 시간을 기록한 자료가 다음과 같다.(단위 : 분)

42 40 38 37 43 39 78 38 45 44 40 38 41 35 31 44

제50백분위수인 중앙값과 제30백분위수를 구하여라.

풀이

위의 자료를 크기순서로 재배열하면 다음과 같다.

31 35 37 38 38 38 39 40 40 41 42 43 44 44 45 78

관측값의 개수가 16이고 16×0.5=8이므로 제50백분위수는 8번째 값과 9번째 값의 평균이 40이므로 제50백분위수인 중앙값은 40이다. 제30백분위수의 경우는 16×0.3=4.8이므로 제30백분위수의 값은 5번째 값인 38이다.

1.3.5 사분위수

사분위수(quartiles)는 순서화된 자료를 4등분하는 요약측도이다. 세 개의 측도가 자료를 4등분한다. 이 세 측도를 각각 제1사분위수(Q_1), 제2사분위수(Q_2)와 제3사분위수(Q_3)라 한다. 사분위수를 구하려면 우선 자료를 오름차순으로 정렬하여야 한다. 사분위는 다음과 같이 정의한다. 사분위수(quartiles)는 순서화된 자료를 4등분하는 세 가지 요약 측도이다. 제2사분위수는 중앙값과 같다. 제1사분위수를 중앙값보다 작은 관측 값들의 중간 값이고, 제3사분위수는 중앙값보다 큰 관측 값들의 중간 값이다. 사분위수 범위(IQR)를 찾는 것은 범위에서 극값들의 영향을 받지 않기 위한 하나의 방법이다. 그것은 중간 50%값들의 범위이다. 즉 IQR $= Q_3 - Q_1$으로 계산한다. 이상치를 구하는데 사용되는 수적규칙으로 만약 이상치가 $Q_1 -$ IQR×1.5 보다 작거나 $Q_3 +$IQR×1.5보다 클 때, 이상치라 부른다.

예제 1.18

한 작은 마을의 농장 크기가 다음과 같은 성질을 가지고 있다고 가정해보자.
가장 작은 값은 16.6 에이커이고, 값의 10%는 23.5 에이커, 값의 25%는 41.1 에이커, 중앙값은 57.6 에이커, 75%는 101.9 에이커, 90%는 124.0 에이커이다. 가장 큰 값은 201.7에이커이다.

(1) 범위는 무엇인가?

(2) 사분위수 범위는 얼마인가?

(3) 수적 규칙은 이상치에 적용했을 때, 가장 작은 값 또는 가장 큰 값을 이상치라 할 수 있는가?

풀이

(1) 범위는 201.7 − 16.6 = 185.1 에이커

(2) 사분위수 범위는 101.9−41.1 = 60.8 에이커이다.

(3) 1.5×IQR = 1.5×60.8 = 91.2 만약 한 숫자가 제1사분위수에서 91.2만큼 작고, 제 3사분위수에서 91.2보다 크다면 이상치이다. 가장 큰 값인 201.7은 101.9+91.2=193.1보다 크기 때문에, 이는 수적 규칙에서 이상치라고 여긴다.

1.3.6 상자그림

줄기−잎 그림이나 히스토그램 등의 그림은 자료가 모여 있는 위치나 자료의 범위 등에 관한 대략적인 정보를 한 눈에 볼 수 있게 하는 장점이 있으나 이상점에 대한 정보를 완전하게 제공하지 못한다는 단점이 있다. 상자그림(box plot)은 표본 사분위수범위를 이용하고 이런 단점은 보완하면서 자료의 흩어진 모양을 쉽게 알 수 있도록 자료를 요약한 그림을 말한다. 상자그림은 주로 사분위수가 중심이 되어 작성된다. 제1사분위수에서 제3사분위수까지를 상자로 그리고 좌우에 선을 그어 최솟값, 최댓값을 나타낸다. 상자 그림을 작성하는 자세한 과정은 다음과 같다. [그림 1.14]는 이해를 돕기 위하여 구성요소를 표시한 상자그림이다.

이제 다음 순서에 따라 상자 그림을 그린다.

① 자료를 크기순으로 나열하여 사분위수(Q_1, Q_2, Q_3)를 결정한다.

② Q_1과 Q_3을 네모난 상자로 연결하고, 중앙값(Q_2)의 위치에 수직선을 긋는다.

③ 사분위수범위= $Q_3 - Q_1$을 계산한다.

④ 상자 양끝에서 1.5×IQR 크기의 범위를 경계로 하여, 이 범위에 포함되는 최솟값과 최댓값을 Q_1과 Q_3으로부터 각각 선으로 연결한다. 양 경계를 벗어나는 자료값들을 *로 표시하고, 이 점들을 이상점이라고 한다.

다음 그림을 보면 상자 그림은 상자와 상자에 붙은 선으로 이루어져 있으므로 때로는 상자-수염 그림(box-whisker plot)이라고도 한다.

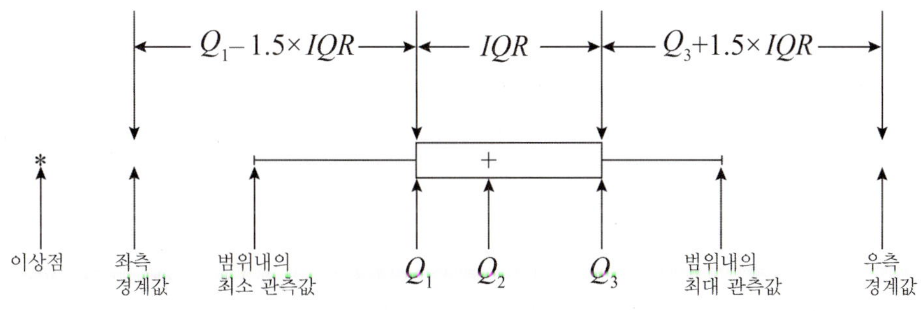

그림 1.14 상자그림

예제 1.19 다음 자료는 표본 12 가구의 수입(단위 : 천 달러)을 나타낸다.

35 29 44 72 34 64 41 50 54 104 39 58

상자 그림을 작성하시오.

풀이

상자그림을 그리기 위하여 다음을 수행한다.
자료를 크기순으로 정렬하여 중앙값과 사분위수, 사분위수 범위를 구한다. 자료를 정렬하면

29 34 35 39 41 44 50 54 58 64 72 104

이다. 따라서

Q_1 = (35+39)/2 = 37, Q_2 = (44+55)/2 = 47, Q_3 = (58+64)/2 = 61

IQR = $Q_3 - Q_1$ = 64−37 = 24

Q_1 아래쪽 1.5×IQR인 점과 Q_3 위쪽 1.5×IQR인 점을 찾는다.

1.5×IQR = 1.5×24 = 36

좌측경계값 = Q_1−36=37−36=1, 우측경계값 = Q_3 + 36 = 61+36 = 97

좌측, 우측경계값 사이에 있는 자료값 중에서 최댓값과 최솟값을 찾는다.

최솟값 = 29, 최댓값 = 72

수평선을 그리고 눈금을 표시한다. 수평선 위에 상자의 왼쪽 면이 제1사분위수가 되고 오른쪽 면이 제3사분위수가 되도록 상자를 그린다. 상자 안쪽에 중앙값 위치에 수직선을 그린다. 최댓값과 최솟값을 상자와 연결한다. 이 두 직선을 수염(whisker)이라 한다. 두 안 울타리 바깥에 놓이는 자료를 별표로 표시하고 이상점이라 부른다. [그림 1.15]가 그 결과이다.

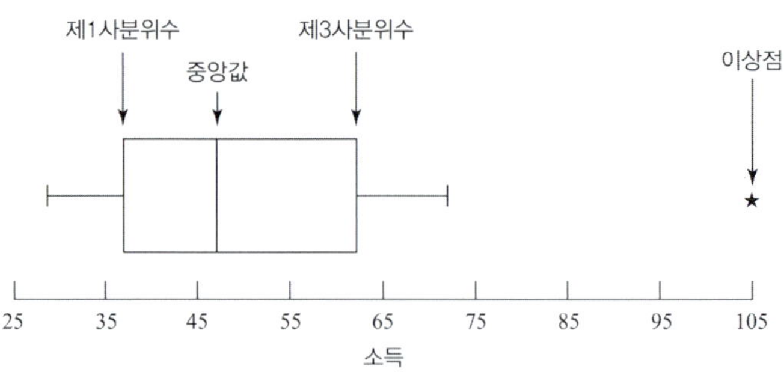

그림 1.15 상자 그림

예제 1.20

어떤 교차로에서 교통소음 정도를 측정한 값이 아래와 같다. 측정자료를 이용하여 상자그림을 그려라.

55.9	63.8	57.2	59.8	65.7	62.7	60.8	51.3	61.8	56.0
66.9	56.8	66.2	64.6	59.5	63.1	60.6	62.0	59.4	67.2
63.6	60.5	66.8	61.8	64.8	55.8	55.7	77.1	62.1	61.0
58.9	60.0	66.9	61.7	60.3	51.5	67.0	60.2	56.2	59.4
67.9	64.9	55.7	61.4	62.6	56.4	56.4	69.4	57.6	63.8

풀이

이 자료를 크기 순서로 재배열하여 사분위수를 구한다. $Q_1 = x_{(13)} = 57.6$, $Q_2 = (x_{(25)} + x_{(26)})/2 = 61.2$, $Q_3 = x_{(38)} = 64.6$, $IQR = Q_3 - Q_1 = 64.6 - 57.6 = 7$이 된다. 제1, 제3사분위수로부터 상자의 아래와 위의 경계치는 각각 $Q_1 - 1.5 \times IQR = 57.6 - 10.5 = 47.1$, $Q_3 + 1.5 \times IQR = 64.6 + 10.5 = 75.1$, 최솟값 51.3, 최댓값 77.1이 된다. 관측값 77.1은 이 경계를 초과하기 때문에 해당 위치에 *로 표시하고, 이상점이라 판정한다. 이렇게 작성된 상자그림은 [그림 1.16]과 같다.

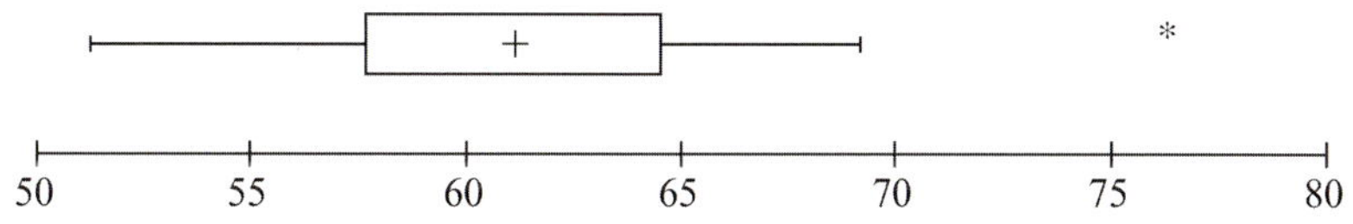

그림 1.16 교통소음에 대한 상자그림

1.3.7 분산

자료의 평균값으로부터 자료들의 퍼짐정도를 나타내는 대표적인 측도는 분산이다. 이는 편차의 제곱들의 평균이다.

$$\sigma^2 = \frac{\sum_{i=1}^{N}(x_i - \mu)^2}{N}$$

s^2로 표기되는 표본의 분산은 다음과 같이 계산된다.

$$s^2 = \frac{\sum_{i=1}^{n}(x_i - \overline{x})^2}{n-1}$$

예제 1.21 생산직의 직원들 일주일 평균 일하는 시간은 각각 45, 43, 41, 39, 39, 35, 37, 40, 39, 36, 37이었다. 분산은 얼마인가?

풀이

$$\mu = \frac{45+43+41+39+35+37+40+39+36+37}{11} = 39.2$$

$$\sigma^2 = \frac{(45-39.2)^2 + (43-39.2)^2 + \ldots(37-39.2)^2}{11} = 8.1$$

표준편차

특정 모집단의 변이성을 대표하는 값을 구하려고 한다. 따라서 분산의 제곱근을 고려해야 한다. 이 값은 표준편차라고 하며, 다음과 같이 표기한다.

$$\sigma = \sqrt{\frac{\sum_{i=1}^{N}(x_i - \mu)^2}{N}} = \sqrt{\frac{\sum_{i=1}^{N}x_i^2}{N} - \mu^2}$$

표본의 표준편차는 s로 표기되고 다음과 같이 계산할 수 있다.

$$s = \sqrt{\frac{\sum_{i=1}^{n}(x_i - \overline{x})^2}{n-1}}$$

분산이 자료의 제곱 단위로 측정되는 반면, 표준편차는 자료와 같은 단위로 측정된다.

예제 1.22 다음 자료는 어느 백화점에서 지난 8주 동안 체포된 좀도둑수이다.

7 10 8 3 15 12 6 11

(1) 평균을 구하시오.

(2) 편차를 구하여 편차의 합을 구하시오.

(3) 범위, 분산, 표준편차를 구하시오.

풀이

(1) $\mu = (7+10+\cdots+11)/8 = 9$

(2) $(7-9)+(10-9)+\cdots(11-9)=0$

(3) 범위 = 15–3 = 12, $\sigma^2 = ((7-9)^2+(10-9)^2+\cdots+(11-9)^2)/8 = 12.5$
표준편차 = 3.54

연습문제

1 다음 자료는 표본조사 결과이다. 문자 Y, N, D는 세 가지 범주를 나타낸다.

D	N	N	Y	Y	Y	N	Y	D	Y
Y	Y	Y	Y	N	Y	Y	N	N	Y
N	Y	Y	N	D	N	Y	Y	Y	Y
Y	Y	N	N	Y	Y	N	N	D	Y

(1) 도수분포표를 작성하시오.
(2) 모든 범주에 대한 상대도수와 백분율을 구하시오.
(3) 이 표본에서 범주 Y에 속하는 비율을 구하시오.
(4) 이 표본에서 범주 N 또는 D에 속하는 비율을 구하시오.
(5) 도수분포에 대하여 원그래프를 그리시오.

2 다음은 어느 대학의 1학년(F), 2학년(SO), 3학년(J), 4학년(SE) 표의 자료이다.

J	F	SO	SE	J	J	SE	J	J	J
F	F	J	F	F	F	SE	SO	SE	J
J	F	SE	SO	SO	F	J	F	SE	SE
SO	SE	J	SO	SO	J	J	SO	F	SO
SE	SE	F	SE	J	SO	F	J	SO	SO

(1) 도수 분포표를 작성하시오.
(2) 각 범주의 상대도수와 백분율을 구하시오.
(3) 학생들 중 몇 %가 3학년 또는 4학년인가?
(4) 도수분포에 대한 막대그래프를 그리시오.

03 새로 제안된 어떤 정책에 대한 지지여부를 알아보기 위하여 500명을 임의 추출하여 조사하였다. 추출된 각 개인의 정당과 지지여부를 해당범주에 따라 정리한 결과가 표와 같다.

	찬 성	반 대	미결정
민주당	50	150	50
공화당	125	50	25
무소속	15	10	25

〈표〉의 자료에 대한 상대도수 분할표와 정당별 지지여부에 대한 상대도수분할표를 작성하여라.

04 비행기 여행 시 여행자들이 멀미로 고생하는 경우가 있다. 한 제약회사에서는 멀미를 멈추게 하는 약을 개발하였는데 약의 효능을 시험하기 위하여 멀미를 하는 200명의 승객에게 새로 개발된 약과 심리적인 효과만을 주기 위한 설탕으로 만든 가짜 약을 무작위로 나누어 주었다.

	멀미의 정도(강도)				합 계
	안 함	약하게 함	보통으로 함	심하게 함	
알 약	43	36	18	3	100
가짜약	19	33	36	12	100
합 계					

(1) 주변의 합을 구하여 위의 표를 완성하라.

(2) 알약과 가짜 약 각각에 대해 각 멀미 정도의 상대도수를 구하라.

(3) 알약과 가짜 약의 효과를 비교 설명하라.

5 개발된 항암제 'NEW'의 기존의 항암제 'OLD'의 임상효과를 실증적으로 비교한다고 하자. 40명의 암환자에는 항암제 NEW를 투약하고 다른 40명의 암환자에는 항암제 OLD를 투약하여, 1년의 치료기간 후 그 결과 다음과 같이 나타났다고 하자. 위 자료를 보고 자료 분석하여라.

항암제의 치료효과 –총괄 자료–

	생 존	사 망	합 계	생존율
항암제 NEW	20명	20명	40명	50%
항암제 OLD	16명	24명	40명	40%
합 계	36명	44명	80명	

항암제의 치료효과 –세부 자료–

가)

	생 존	사 망	합 계	생존율
항암제 NEW	18명	12명	30명	60%
항암제 OLD	7명	3명	10명	70%
합 계	25명	15명	40명	

나)

	생 존	사 망	합 계	생존율
항암제 NEW	2명	8명	10명	20%
항암제 OLD	9명	21명	30명	30%
합 계	11명	29명	40명	

6 다음 자료는 어떤 병원에서 20명의 임의로 선택된 입원환자에게 오후 면회시간에 온 문병객수를 나타낸다.

3 0 1 4 2 0 4 1 1 3
4 2 0 2 2 2 1 1 3 0

점도표를 작성하시오.

07 다음 자료는 어느 대학에서 임의로 추출된 남학생과 여학생 각 20명이 일주일 동안 학교 식당을 이용한 회수이다.

남학생	5	8	10	3	5	5	10	7	2	1
	10	4	5	0	10	1	2	8	3	5
여학생	0	0	4	2	4	10	2	5	0	5
	6	1	1	4	6	2	4	5	6	0

(1) 남학생과 여학생 각각에 대하여 점도표를 작성하시오.

(2) 점도표를 통하여 집락이나 이상점에 관하여 설명하시오.

(3) 점도표를 사용하여 두 자료집합을 비교하시오.

08 다음은 14개 농구팀의 최근 14경기에서의 전체 득점수이다.

745	921	1133	1024	848	775	800
1009	1275	857	933	1145	967	955

줄기-잎그림을 그리시오.

09 다음 자료는 35명의 학생들이 지난 2년간 교과서 구입비용으로 지출한 금액(단위: 만원)이다. 줄기-잎 그림을 그리시오.

565	528	270	220	245	368	210	265	350
345	530	705	490	158	320	505	457	487
617	721	635	438	475	702	538	720	460
540	390	560	570	706	430	268	638	

10 다음 줄기 잎 그림을 보고 비교설명하여라.

		7	3	2				
	6	4	2	3	3	7		
			7	4	2	4	6	
9	3	0	0	5	7			
9	9	2	0	6	0	0	3	9
	9	4	3	7	0	2	9	9
			8	8	3	4	9	
				9	8			

11 한 시즌에서 각각 20 상위 게임당 리바운드의 수는 9.4, 9.6, 9.7, 10.3, 10.4, 10.6, 10.6, 10.6, 10.8, 10.8, 10.9, 10.9, 10.9, 11.0, 11.1, 11.4, 12.6, 13.4, 14.1, 16.8이고 게임당 어시스트의 수는 6.1, 6.2, 6.4, 6.9, 7.1, 7.2, 7.4, 7.5, 7.6, 7.7, 7.7, 7.9, 8.2, 8.3, 8.7, 8.8, 9.3, 9.4, 10.2, 12.3일 때 줄기 잎 그림으로 비교 분석하여라.

12 다음 표는 성인 80명이 가지고 있는 신용카드 수에 대한 도수분포표이다.

카드수	사람수
0~3	18
4~7	26
8~11	22
12~15	11
16~19	3

(1) 누적도수분포를 작성하시오.

(2) 누적상대도수와 누적백분율 구하시오.

(3) 7장 이하의 카드를 소유한 성인의 비율을 구하시오.

(4) 누적백분율에 대하여 누적도수곡선을 그리시오.

(5) 누적도수곡선을 이용하여 10장 이하의 카드를 소유한 성인의 비율을 구하시오.

13 한 사람이 자동차를 운전하여 집 앞에 있는 신호등을 통과하는 데까지 걸린 시간을 42일 동안 측정한 결과가 다음과 같다. (단위 : 분)

5.9	5.3	1.6	7.4	9.8	1.7	8.9	1.2
2.1	4.0	6.5	7.2	7.3	8.4	8.9	6.7
9.2	2.8	4.5	6.3	7.6	9.7	9.4	8.8
3.5	1.1	4.3	3.3	3.1	1.3	8.4	1.6
8.2	6.5	4.1	3.1	1.1	5.0	9.4	6.4
7.7.	2.7						

1) 도수 분포표를 구하여라.
2) 1)의 도수분포표를 이용하여 막대그림표를 그려라.
3) 신호등을 통과하는데 5분 이상 요된 경우는 몇 %인가?
4) 줄기와 잎 그림을 그려라.
5) 평균, 중위수, 최빈값을 구하여라.
6) 범위, 표준편차를 구하여라.
7) 상자그림을 그려라.

14 다음 자료는 어떤 회사의 10일을 표본으로 조사한 일별 컴퓨터 모니터 생산대수이다.

24 32 27 23 35 33 29 40 23 28

평균, 중앙값과 최빈값을 구하시오.

15 다음 자료는 2003년도 미국 11개주에 있는 카지노장수이다.

44	9	10	13	18	3	29	11	256	12	38

(1) 평균과 중앙값을 구하시오.

(2) 이상점을 포함하고 있는가? 만약 존재한다면 그 값을 빼고 평균과 중앙값을 다시 계산하시오. 이상점의 영향을 많이 받는 평균과 중앙값 중에서 어느 것인가?

(3) 어느 것이 더 좋은 척도인지를 설명하시오.

16 다음 자료는 지난 12일 동안 어느 도시에서 발생한 자동차 절도사건수이다.

6	3	7	11	4	3	8	7	2	6	9	15

범위, 분산, 표준편차를 구하시오.

17 다음 자료는 2007학년도 1학기에 서점에서 책을 구입하기 위하여 기다리고 있는 대학생 20명의 대기시간이다.

15	8	23	21	5	17	31	22	34	6
5	10	14	17	16	25	30	3	31	19

상자그림을 작성하고 분포의 모양에 대하여 간단히 설명하시오.

18 다음 자료는 20일 동안 한 대리점에서 팔린 자동차 대수이다.

8	5	12	3	9	10	6	12	8	8
4	16	10	11	7	7	3	5	9	11

상자그림을 작성하고 분포의 모양에 대하여 간단히 설명하시오.

19 다음 자료는 지방 대학을 졸업한 18명이 직장을 잡는데 걸린 시간(단위: 주)을 나타낸다.

10	3	12	21	15	8	4	2	16
8	9	14	33	7	24	11	42	15

상자그림을 작성하고 분포에 관하여 간단히 설명하시오.

20 어느 대학에서 통계학 과목을 수강하는 학생 중 20명을 뽑아서 다음의 설문조사를 하였다.

1. 성별 : ① 남자 ② 여자
2. 학년 : ① 1학년 ② 2학년 ③ 3학년 ④ 4학년
3. 졸업 후 진로에 대한 희망 ① 취직 ② 대학원 ③ 군입대 ④ 해외유학
4. 중간고사 시험성적 : ( )점
5. 이 과목을 수강한 후 기대하는 학점 : ① A ② B ③ C ④ D ⑤ F
6. 한 달 평균 용돈 : ( )점

그 결과 다음의 자료를 얻었다.

번 호	성 별	학 년	진 로	시험성적	기대 학점	용 돈
1	1	4	1	52	2	35
2	1	1	2	95	1	33
3	2	2	4	95	1	28
4	1	1	3	88.5	1	30
5	2	1	1	80	1	40
6	2	1	1	90	1	50
7	2	3	4	68	3	45
8	1	1	2	88	1	40
9	1	1	2	87	1	38
10	1	1	3	76	2	20
11	1	1	2	92.5	1	35
12	1	1	2	44	4	46
13	1	1	1	68	2	36
14	1	1	3	88	1	55
15	1	2	4	91	1	65
16	1	1	1	84.5	1	50
17	1	1	3	68	3	45
18	1	2	2	83	1	52
19	2	1	1	74	2	40
20	1	3	1	68	3	18

1) 졸업 후 진로에 대한 빈도분석과 막대그래프, 원그래프를 그려라.

2) 시험성적에 대한 줄기-잎그림과 히스토그램을 작성하여라.

3) 시험성적과 용돈에 대한 기술통계량을 구하고 성별에 따라 기술통계량을 구하여라.

4) 중간고사 점수는 마지막 학점을 평가하는데 40%만큼 기여한다. 새로 변수를 생성하여라.

5) 시험성적에 대해 순위변수(석차)를 생성하여라.

21 다음의 데이터는 45명의 병원 입원환자에게 어떤 마취제를 투여한 후, 환자의 수면시간을 기록한 것이다.

7	10	12	4	8	7	3	8	5
12	11	3	8	1	1	13	10	4
4	5	5	8	7	7	3	2	3
8	13	1	7	17	3	4	5	5
3	1	17	10	4	7	7	11	8

1) 계급의 수를 적절히 만들어 수면시간에 대한 도수분포표를 작성하라.

2) 히스토그램을 그려라.

22 한 제약회사에서 혈액의 응고시간을 단축시켜 주는 새로운 물질을 개발하였다. 다음은 이 물질이 함유된 지혈제를 사용하여 혈액이 응고하는데 소요되는 시간을 측정한 자료이다. 같은 양의 혈액을 사용하였으며, 실험의 신뢰성을 높이기 위해 동일한 조건하에서 60번의 실험을 반복하였다. SPSS를 사용하여 다음을 구하여라.

(단위 : 분)

2.82	3.24	3.63	3.36	3.11	2.49	2.94	2.53	3.13	2.52	3.14	3.12
2.46	2.94	3.32	2.90	2.71	3.52	3.27	3.12	3.10	3.21	3.54	3.09
3.23	3.15	2.51	2.74	3.24	3.01	3.23	3.04	3.34	3.09	2.99	2.36
3.41	3.27	2.64	3.03	2.86	3.18	3.17	3.01	3.02	2.37	2.55	3.50
3.25	3.39	2.87	3.14	2.82	3.45	3.25	2.85	3.21	2.80	2.97	3.26

1) 자료의 히스토그램을 그리고 분포상태를 설명하여라.

2) 자료의 평균, 중앙값, 표준편차, 범위를 구하여라.

3) 자료의 제5, 25, 50, 75, 95 백분위수를 구하여라.

CHAPTER 2

확률

통계학은 불확실한 현상을 대상으로 하는 학문이며 이런 현상에 대한 분석은 어떤 사건의 일어날 가능성에 의하여 판단한다. 이와 같이 사건이 일어날 가능성을 측정하는 것을 확률(probability)이라고 하는데 본장에서는 확률에 대한 기본적 이론을 설명한다.

2.1 순열조합

어떤 일이 일어날 수 있는 경우의 수를 계산하는 효과적인 방법이 있다면 유용할 것이다. 사실, 많은 확률론 문제들은 어떤 사건이 발생할 수 있는 서로 다른 경우의 수를 계산하여 간단히 해결할 수 있다.

2.1.1 경우의 수

어떤 사건이 일어나는 가짓수를 경우의 수라 한다. 유한집합A에 속하는 원소의 개수를 n(A)로 나타내며 경우의 수 계산은 원소의 개수를 세는 것과 동일하다. 경우의 수를 계산 할 때에는 중복하지 않고, 빠짐없이, 가능한 모든 경우를 세는 것이 중요하다.

(1) 합의 법칙

한 사건 A가 m가지의 방법으로 일어나고, 다른 사건 B가 n가지의 방법으로 일어날 때 A와 B가 동시에 일어나지 않는다면, A 또는 B가 일어나는 경우의 수는

⇨ m + n가지

예제 2.1

1에서 9까지의 숫자가 적혀있는 구슬이 9개있다. 이 구슬을 임의로 한 개 꺼냈을 때, 3의 배수 또는 4의 배수가 나올 경우의 수를 구하여라.

풀이

1부터 9까지의 수 중에는 3의 배수가 4의 배수도 될 수는 없으므로 합의 법칙을 쓴다.

(i) 3의 배수는 3, 6, 9 …… ①
(ii) 4의 배수는 4, 8 …… ②

따라서, 구하는 경우의 수는 ①과 ②를 합하여
3+2=5(가지)

예제 2.2 4명의 학생이 가방을 운동장에 모아 놓고 농구를 했다. 운동이 끝난 후, 무심코 가방을 들었을 때, 자기 가방을 든 학생이 한 명도 없는 경우의 수를 구하여라.

풀이

4명의 학생 모두가 남의 가방을 드는 경우를 수형도로 나타내면 다음과 같다.

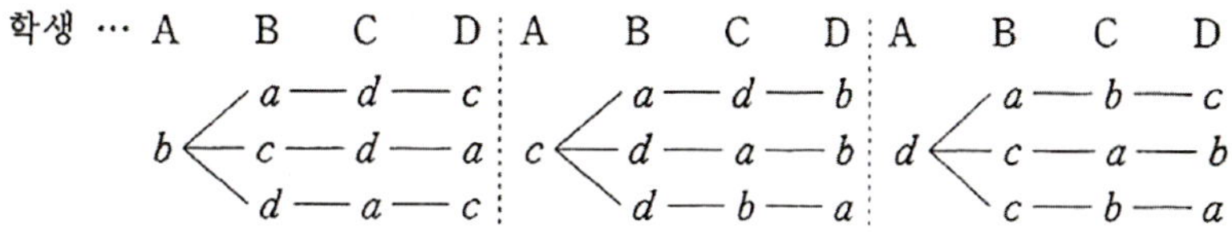

위에서 구하는 경우의 수는 3+3+3 = 9가지

(2) 곱의 법칙

한 사건 A가 m가지의 방법으로 일어나고, 그 각각에 대하여 다른 사건 B가 n가지의 방법으로 일어날 때, A와 B가 동시에 일어나는 경우의 수는

⇨ $m \times n$가지

예제 2.3 A에서 B를 거쳐서 C까지 가는 데 A에서 B로 가는 방법은 4가지, B에서 C로 가는 방법은 3가지이다. A에서 B를 거쳐 C로 가는 방법은 모두 몇 가지인가?

풀이

A에서 B로 가는 방법을 a, b, c, d이고
B에서 C로 가는 방법을 x, y, z라고 하면
A에서 B를 거쳐 C로 가는 방법의 경우의 수는 $4 \times 3 = 12$

예제 2.4

새로운 지역의 개발자가 주택구매자에게 4가지 종류의 주택디자인, 3가지의 난방시스템, 차고 또는 간이차고, 옥외테라스 또는 스크린이 설치된 형광등의 선택사항을 제시했다. 이 구매자가 선택할 수 있는 서로 다른 계획이 얼마나 되겠는가?

풀이

$4 \times 3 \times 2 \times 2 = 48$

2.1.2 순열

n개의 대상(object)에서 r개를 비복원추출한다면 r는 n을 초과할 수는 없을 것이다. n개의 대상 중에서 r개를 뽑아 순서 있게 배열하는 것을 순열(permutation)이라 부른다. 이러한 순열의 총 개수를

$$_nP_r = \frac{n!}{(n-r)!}$$

이라는 기호로 표시하며, n개의 대상 중에서 동시에 r개를 취하는 순열의 수를 뜻한다.

예제 2.5

다음 문제를 구하여라.

(1) 네 개의 수자 1, 2, 3, 4에서 서로 다른 숫자로 만들 수 있는 세 자리의 자연수의 개수는?

(2) 43명으로 구성된 학급에서 실장 1명, 부실장 1명, 총무 1명을 선출하는 방법의 수?

(3) 어떤 농구팀에서 어떠한 수비위치라도 맡을 수 있는 8명의 선수들 중 5명의 경기시작에 배치될 수 있는 가짓수는 얼마인가?

(4) 한 명의 교사가 심리학개론강좌를 한 번만 담당할 수 있을 때, 6명의 교사가 4개의 강좌에 배정될 수 있는 가짓수를 찾아라.

풀이

(1) $_4P_3 = 24$

(2) $_{43}P_3 = 43 \times 42 \times 41 = 74046$

(3) $_8P_5$

(4) $_6P_4$

2.1.3 중복순열

서로 다른 n개의 물건에서 중복을 허락하여 r개를 뽑아 일렬로 나열해 놓은 것을 서로 다른 n개에서 r개를 취하는 중복순열(Repeated Permutation)이라 하고 이 순열의 수를 나타낸다.

$$_n\Pi_r = n^r$$

이다.

예제 2.6

다음 문제를 구하여라.

(1) 후보자가 3사람, 선거인이 10사람이 있다. 기명투표로 한 사람이 1표씩 투표를 할 때 그 결과 나타나는 방법의 수는? (단, 후보자는 투표하지 않고 무효표는 없다.)

(2) 기호 · (돈)과 ㅡ(쓰)를 배열하여 전신 부호를 만들 때, 3개를 택하여 만들 수 있는 부호의 개수는 몇 개인가?

(3) 3통의 편지를 5개의 우체통에 넣는 방법의 수는? (단, 1통의 편지도 넣지 않는 우체통이 있어도 된다고 한다.)

풀이

(1) $_3\Pi_{10} = 3^{10}$

(2) $_2\Pi_3 = 2^3 = 8$

(3) $_5\Pi_3 = 5^3 = 125$

2.1.4 같은 것을 포함하는 순열(복수순열)

같은 것을 포함하고 있는 것을 한 줄로 늘어놓는 방법의 수 n개의 물건 중에서 같은 것이 각각 p, q, …, s개가 있을 때, 이들 n개 모두를 일렬로 늘어놓는 방법의 수

$$\frac{n!}{p!q! \cdots s!} \quad (\text{단}, p+q+\cdots+s=n)$$

이다.

예제 2.7 5개의 숫자 1, 1, 1, 2, 2로 만들 수 있는 네 자리의 정수의 개수를 구하여라.

풀이

(1) 1, 1, 1, 2를 택할 때, 이 네 숫자로 만들 수 있는 정수의 개수는 $\frac{4!}{3!} = 4$

(2) 1, 1, 2, 2를 택할 때 이 네 숫자로 만들 수 있는 정수의 개수는 $\frac{4!}{2!2!} = 6$

따라서, (1), (2)에서 구하는 정수의 개수는 $4 + 6 = 10$

예제 2.8 success의 7개의 문자를 모두 일렬로 배열한다.

(1) 양 끝에 s가 오도록 배열하는 방법의 수는 몇 가지인가?

(2) 세 개의 s가 모두 인접하도록 배열하는 방법의 수는 몇 가지인가?

풀이

(1) $\frac{5!}{2!} = 60$ (2) $\frac{5!}{2!} = 60$

2.1.6 조합

서로 다른 n개의 물건(원소)중에서 순서를 생각하지 않고 r개를 뽑을 때 이 r개로 이루어진 각각의 집합을 n개에서 r개를 취하는 조합(Combination)이라 하고 이 조합의 수를 ${}_nC_r$ 또는 $\binom{n}{r}$로 표시한다.

$${}_nC_r = \frac{{}_nP_r}{r!} = \frac{n!}{r!(n-r)!}$$

이다.

예제 2.9 어떤 학급의 학생 수 45명에서 학급 대표 2명을 뽑는 방법의 수는?

풀이

$$_{45}C_2 = \frac{45!}{2!(45-2)!} = 45 \times 22 = 990$$

예제 2.10

야구선수 9명, 농구선수 5명이 있다. 물음에 답하여라.

(1) 이 중에서 3명의 야구선수와 2명의 농구선수를 뽑는 방법은 몇 가지인가?

(2) 5명을 뽑을 때, 야구 대표1명, 농구 대표 1명이 포함되는 경우의 수?

(3) 3명을 뽑을 때, 적어도 농구선수 1명이 포함되는 경우의 수?

(4) 3명을 뽑을 때, 야구, 농구선수가 적어도 각각 1명의 선수가 포함되는 경우의 수?

풀이

(1) $_9C_3\,{}_5C_2 = 840$

(2) $_{12}C_3 = \dfrac{12 \times 11 \times 10}{3 \times 2 \times 1} = 220$

(3) $_{14}C_3 - {}_9C_3 = 280$

(4) $_{14}C_3 - ({}_9C_3 + {}_5C_3) = 364 - (84 + 10) = 270$

2.1.7 중복조합

서로 다른 n개의 원소 중에서 중복을 허락하여 r개를 택하는 조합을 중복조합이라고 하고, 이 중복조합의 수를 $_nH_r$로 나타내며

$$_nH_r = {}_{n+r-1}C_r$$

로 계산한다.

예제 2.11

4명의 학생들에게 같은 종류의 음료수 10개를 나누어주려고 한다. 다음을 구하여라.

(1) 음료수 10개를 나누어주는 방법의 수

(2) 음료수 10개를 한 학생에게 적어도 한 개씩 나누어주는 방법의 수

풀이

(1) 구하는 방법의 수는 방정식 a+b+c+d=10에서 음이 아닌 정수인 해 (a, b, c, d)의 개수와 같으므로 ${}_4H_{10} = {}_{4+10-1}C_{10} = {}_{13}C_{10} = {}_{13}C_3 = 286$

(2) 구하는 방법의 수는 방정식 a+b+c+d=10에서 자연수인 해 (a, b, c, d)의 개수와 같으므로 ${}_4H_6 = {}_{4+6-1}C_6 = {}_9C_6 = {}_9C_3 = 84$

2.2 확률

2.2.1 표본공간, 사상

주어진 어떤 실험에서 가능한 결과들의 집합을 표본공간(sample space)이라 한다. 그리고 표본공간의 개개의 원소들을 단순사상이라 한다. 앞으로 표본 공간을 S라고 표현하자. 단순사상의 개수가 유한한 경우를 유한표본공간(finite sample space)이라 부른다. 이 각각의 $e_1, e_2, \cdots, e_n$이라 하면, 표본공간 S={$e_1, e_2, \cdots, e_n$}이라 쓸 수 있다. 예를 들면, 주사위를 한 번 던지는 실험에서는 6개의 결과가 나오므로 표본공간 S={$e_1, e_2, e_3, e_4, e_5, e_6$}={1, 2, 3, 4, 5, 6}이 된다. 표본공간 S의 부분집합을 사상(event)이라 한다. 그리고 단 하나의 결과만을 포함하고 있는 사건을 단순사상(simple event) 이라 부른다. 따라서 n개의 결과를 가진 표본 공간은 n개의 단순사상 {e_1},{e_2},$\cdots$,{e_n}을 갖고 있다. 임의의 사상 E는 E안에 포함된 단순 사건의 합집합으로 구성되어 있다. 만약, E={e_2, e_5, e_8}이라면 E는 세 개의 단순 사상 {e_2}, {e_5}, {e_8}의 합집합으로 구성되어 있는 것이다.

예제 2.12 정상적인 주사위를 한 번 던지는 실험에서 표본공간 S는 {1, 2, 3, 4, 5, 6}이다. 즉, 6개의 단순사상 {1}, {2}, {3}, {4}, {5}, {6}이 있다. 따라서 다음과 같이 사상들을 표현할 수 있다. 다음 사상을 나타내어라.

(1) 짝수가 되는 사상
(2) 3의 배수가 되는 사상
(3) 소수가 되는 사상
(4) 4 미만이 되는 사상

풀이

(1) {2, 4, 6}　　(2) {3, 6}　　(3) {2, 3, 5}　　(4) {1, 2, 3}

예제 2.13

정상적인 동전을 계속해서 3번 던지는 실험을 생각해 보자. 그리고 앞면이 나오면 H, 뒷면이 나오면 T라는 기호로 표시하자. 따라서, 첫 번째에 앞면, 두 번째에 뒷면, 마지막 세 번째에 앞면이 나왔다면 HTH로 표현할 수 있다. 이와 같은 실험에서 표본공간 S는 다음과 같다. S={HHH, HHT, THH, HTH, HTT, THT, TTH, TTT} 아래와 같은 사상들을 기호로 표현하면 다음과 같다. 다음 사상을 나타내어라.

(1) 두 번만 앞면이 나온다.
(2) H와 T가 교대로 나타난다.
(3) 두 번 이상 앞면이 나온다.
(4) 첫 번째 결과와 마지막 결과가 같게 나온다.
(5) 첫 번째가 뒷면이 나온다.

풀이

(1) {HHT, HTH, THH}
(2) {HTH, THT}
(3) {HHH, HHT, HTH, THH}
(4) {HHH, HTH, THT, TTT}
(5) {THH, THT, TTH, TTT}

2.2.2 확률의 정의

표본 공간 S는 n개의 사상 e_1, e_2, $\cdots$, e_n을 가지고 있다고 가정하자. 각각의 단순 사상 $\{e_i\}$에 대해 아래의 조건을 만족하도록 단순사상 $\{e_i\}$의 확률이라 정의한다.

(1) $0 \le P(\{e_i\}) \le 1,\ i = 1, 2, \cdots, n$

(2) $P(\{e_1\})+P(\{e_2\})+\cdots+P(\{e_n\})=1$

(3) 공사건에 대한 확률은 0이다. $P(\phi) = 0$

따라서, 임의의 사상에 대한 확률 P(A)는 A에 속한 단순 사상들에 해당되는 확률을 모두 더해주면 된다.

즉, A=$\{e_2, e_4, e_7\}$이면

$$P(A) = P(e_2) + P(e_4) + P(e_7)$$

이다.

예제 2.14 공정치 못한 주사위를 던지는 실험에서 P({1})=1/3, P({2})=1/4, P({3})=1/12, P({4})=1/12, P({5})=1/6, P({6})=1/12이다.

(1) 위의 결과는 확률의 정의에 맞는가?

(2) 다음 사상의 확률을 구하여라.

① 눈의 수가 3의 배수이다.

② 눈의 수가 짝수이다.

③ 눈의 수가 짝수이거나 3의 배수이다.

풀이

(1) $\frac{1}{3}+\frac{1}{4}+\frac{1}{12}+\frac{1}{12}+\frac{1}{6}+\frac{1}{12}=1$이므로 확률정의를 만족한다.

(2) ① $P(\{3, 6\}) = P(\{3\}) + P(\{6\}) = \frac{1}{12}+\frac{1}{12}=\frac{2}{12}=\frac{1}{6}$

② $P(\{2, 4, 6\}) = P(\{2\}) + P(\{4\}) + P(\{6\}) = \frac{1}{4}+\frac{1}{12}+\frac{1}{12}=\frac{5}{12}$

③ 눈의 수가 짝수이거나 3의 배수가 되는 사상은 {2, 3, 4, 6}이므로 다음과 같이 된다.

$$P(\{2, 3, 4, 6\}) = P(\{2\}) + P(\{3\}) + P(\{4\}) + P(\{6\}) = \frac{1}{4}+\frac{1}{12}+\frac{1}{12}+\frac{1}{12}=\frac{1}{2}$$

예제 2.15 20개의 제비 속에 3개의 당첨제비가 들어있다. 3개의 제비를 뽑을 때, 그 중에서 2개가 당첨 제비가 될 확률은?

풀이

$$P = \frac{{}_{3}C_{2}\,{}_{17}C_{1}}{{}_{20}C_{3}} = \frac{17}{380}$$

예제 2.16

흰 공 5개, 검은 공 3개가 들어있는 주머니에서 한 번에 1개씩 차례로 2개의 공을 꺼낼 때(꺼낸 공을 다시 넣지 않음) 2개 모두 검은 공이 나올 확률?

풀이

처음 검은 공 : $\frac{3}{8}$, 두 번째 검은 공이 나올 확률 : $\frac{2}{7}$,

2개 모두 검은 공일 확률 = $\frac{3}{8} \times \frac{2}{7} = \frac{6}{56}$

2.2.3 확률의 덧셈정리

두 사상 A, B에 대해 A 또는 B가 일어날 확률은 두 사상이 일어날 확률의 합에서 두 사상이 동시에 일어날 확률을 빼준 것이다. 즉,

$$P(A \text{ 또는 } B) = P(A) + P(B) - P(A \text{ 그리고 } B)$$

여기에서 A 또는 B는 $A \cup B$, A 그리고 B는 $A \cap B$를 나타낸다.

예제 2.17

특정 지역에 TV채널 4와 7이 같은 지역 방송망에 가입되어 있다. 채널 4에서 특정 스포츠 프로그램을 방송할 확률은 0.5이고, 채널 7은 0.7이다. 또한, 서로 동시에 똑같은 특정 스포츠 프로그램을 방송하게 될 확률은 0.3이다. 어느 시청자가 그 특정 프로그램을 두 채널 중 어느 한 채널에서 시청할 확률은 얼마인가?

풀이

A = 채널 4에서 그 프로그램을 방송한다.
B = 채널 7에서 그 프로그램을 방송한다.
라 놓으면
$P(A) = 0.5$, $P(B) = 0.7$, $P(A \text{그리고 } B) = 0.3$
이 된다. 따라서, 구하고자 하는 확률 $P(A \text{ 또는 } B)$는
$P(A \text{ 또는 } B) = 0.5 + 0.7 - 0.3 = 0.9$
결국, 어떤 시청자가 그 프로그램을 시청하게 될 확률은 0.9이다.

예제 2.18 어느 시에 두 개의 긴급 상황 센터가 있다. 긴급 상황 시에 어느 한쪽이 반응을 보여 출동할 확률이 0.6이고, 나머지 다른 쪽은 0.8이다. 그리고, 둘 중의 적어도 하나 이상이 출동할 확률이 0.9이다. 그러면 긴급 상황이 일어났을 경우 양쪽 모두 출동할 확률은 얼마인가?

풀이

사상 A를 어느 한쪽이 반응하여 출동하는 사상이라 하고, 사상 B를 다른 한쪽이 반응하여 출동하는 사상이라 하자. 우리가 구하고자 하는 확률은 $P(A \text{ 그리고 } B)$인 것이다. 그런데,

$P(A)=0.6,\ P(B)=0.8,\ P(A \text{ 또는 } B)=0.9$

따라서,

$P(A \text{ 그리고 } B) = P(A)+P(B)-P(A \text{ 또는 } B)=0.6+0.8-0.9=0.5$

두 사건 A, B가 동시에는 일어나지 않을 때, 곧 $A\cap B=\phi$일 때 A와 B는 서로 배반한다고 하고, 이 두 사건을 배반사건이라고 한다. 또, 세 개 이상의 사건에 대해서 어떠한 두 사건도 서로 배반하면 이들 사건은 서로 배반한다고 말한다.
A와 B가 서로 배반적이라면 다음과 같이 된다.

$$P(A \text{ 또는 } B) = P(A) + P(B)$$

이 결과는 세 개 이상의 사상에까지 확장시켜 적용할 수 있다. 예를 들어, 세 개의 사상 A, B, C가 서로 배반적이라면

$$P(A \text{ 또는 } B \text{ 또는 } C) = P(A) + P(B) + P(C)$$

가 성립한다. 여기서 세 사상 A, B, C가 서로 배반적이라는 것은 세 개의 사상 중 임의의 두 개의 사상이 서로 배반적임을 뜻한다.

예제 2.19

한 상자에 붉은 공이 3개, 푸른 공이 4개, 흰 공이 5개 들어있다. 이 상자에서 임의로 한 개의 공을 뽑는 실험에서 뽑힌 공이 붉은 공 또는 흰 공이 될 확률을 구하여라.

풀이

붉은 공이 뽑히는 사상을 R, 흰 공이 뽑히는 사상을 W라 하면, 구하고자 하는 확률은 $P(R \text{ 또는 } W)$이다. 그런데, 사상 R와 W는 서로 배반적이므로 $P(R \text{ 그리고 } W) = 0$이 된다.

따라서, $P(R \text{ 또는 } W) = P(R) + P(W) = \frac{3}{12} + \frac{5}{12} = \frac{8}{12} = \frac{2}{3}$

예제 2.20

자동차 판매원의 오랜 경험에 의하면 손님이 스포츠카를 살 확률은 0.1이고, 웨곤을 살 확률은 0.2, 트럭을 살 확률은 0.15임을 알고 있다. 새로 올 손님이 위의 세 가지 형태의 차 중에서 한 가지를 살 확률은 얼마인가? 단, 손님은 반드시 한 가지 종류의 차만 산다고 가정하자.

풀이

가정에 의해 손님이 스포츠카를 산다는 사상과, 웨곤을 산다는 사상, 트럭을 산다는 사상은 서로 배반적인 사상이 된다. 따라서, 각각의 확률을 더해 주면 된다.
즉, 구하고자 하는 확률은 0.1+0.2+0.15 = 0.45가 된다.

사상 A가 일어나지 않을 확률은 1에서 사상 A가 일어날 확률을 빼준 것과 같다. 즉, 임의의 사상 A에 대해 다음과 같이 된다.

$$P(\overline{A}) = 1 - P(A)$$

단, $\overline{A}$는 A가 일어나지 않는다는 것을 뜻하며, 사상 A의 여사상이라고 부른다.

예제 2.21

남자 4명, 여자 3명 중 3명의 위원을 선출할 때, 여자 위원이 적어도 한 명 선출될 확률은?

풀이

7명 중 3명 선출 : ${}_7C_3$

위원 3명이 남자일 확률 : $\frac{{}_4C_3}{{}_7C_3}$

$$1-\frac{{}_4C_3}{{}_7C_3}=1-\frac{4}{35}=\frac{31}{35}$$

예제 2.22

성인 5000명 중에 3500명이 강화된 총기관리법을 찬성, 1200명은 반대, 300명은 의견이 없는 것으로 나타났다. 이 그룹으로부터 임의로 한명을 뽑았을 때, 그 사람이 강화된 총기관리법에 찬성할 사건을 A라 하면, A의 여사건을 말하시오. 두 사건의 확률을 구하시오.

풀이

이 실험에 대한 두 사건은

A = 뽑힌 성인이 강화된 총기관리법에 찬성한다.
$\overline{A}$ = 뽑힌 성인이 그 법에 반대하거나 의견이 없다.

사건 A에는 3500명이고 B에는 1500명이 있으므로

$$P(A)=3500/5000=.70,\ P(\overline{A})=1500/5000=.30$$

두 확률의 합이 1이므로 $P(A)$를 알면 $P(\overline{A})$를 다음과 같이 구할 수 있다.

$$P(\overline{A})=1-P(A)=1-.70=.30$$

2.3 조건부 확률

어떤 조건이 주어진 경우에 사건의 확률이 어떻게 되는가에 대해 연구해 보자. 어떤 실험에서 결과들에 관한 사건을 미리 알고 있다면 관련된 사건의 확률은 다시 조정할 필요가 있다. 사건 B가 일어났다는 조건 아래서 사건 A가 일어날 조건부 확률(conditional probability)은 $P(A|B)$라 표현하고, 아래와 같이 정의된다.

$$P(A|B) = \frac{P(A\text{그리고}B)}{P(B)} \quad \text{단}, P(B) \neq 0$$

만약, $P(B)=0$이면 $P(A|B)$는 정의되지 못한다.

예제 2.23

어떤 밸브가 100시간 이상을 지탱할 확률은 0.7이고, 150시간 이상을 지탱할 확률은 0.28이라고 알려져 있다. 만약, 어떤 밸브가 현재 100시간 이상을 지탱하였다면 이것이 150시간 이상까지 지탱할 수 있는 확률을 구하여라.

풀이

이 밸브가 100시간 이상을 지탱한다는 사상을 L_{100}이라 하고, 이 밸브가 150시간 이상을 지탱한다는 사상을 L_{150}이라 하면, 구하는 확률은

$$\begin{aligned} P(L_{150}|L_{100}) &= \frac{P(L_{100}\text{그리고}L_{150})}{P(L_{100})} = \frac{P(L_{150})}{P(L_{100})} \\ &= \frac{0.28}{0.7} = 0.4 \end{aligned}$$

예제 2.24

어떤 비행기의 승객 중 60%가 한국인, 승객 중 42%가 한국인 남자다. 한국인 중 임의의 1명을 뽑을 때, 그 사람이 남자일 확률은?

풀이

한국인일 사건을 A, 남자일 사건을 B라 하면

$$P(A) = \frac{60}{100},\ P(A \cap B) = \frac{42}{100} = \frac{21}{50}$$

$$P(A \cap B) = P(A)P(B \mid A)$$

$$P(A \mid B) = \frac{P(A \cap B)}{P(A)} = \frac{\frac{21}{50}}{\frac{3}{5}} = \frac{7}{10}$$

우리는 조건부 확률의 정의에 의해 다음과 같은 확률의 곱셈 법칙을 유도해낼 수 있다.

$$P(A \text{ 그리고 } B) = P(B) \cdot P(A|B)$$

이다.

예제 2.25 월요일에 주가가 상승할 확률은 0.6으로 알려져 있다. 그리고 월요일에 상승했다는 조건 아래서 그 다음 날에도 다시 상승할 확률은 0.3이 될 때, 특정한 이틀(월요일과 그 다음날) 동안 계속 주가가 오를 확률을 구하여라.

풀이

월요일에 주가가 오른다는 사상을 M이라 하고, 화요일에 주가가 오른다는 사상을 T라 하면 $P(M) = 0.6$, $P(T|M) = 0.3$이 된다.
따라서
$P(M\text{그리고 } T) = P(M) \cdot (T|M) = (0.6)(0.3) = 0.18$

예제 2.26 주머니 속에 흰 공 4개, 붉은 공 6개가 들어 있다. 이 중에서 한 개씩 두 번 꺼낼 때, 처음에 꺼내 공을 다시 넣지 않는 경우 두 개가 모두 흰 공일 확률을 구하여라.

풀이

첫 번째, 두 번째에 흰 공이 나오는 사건을 각각 A, B라 하면,

$P(A \cap B) = P(A)P(B|A) = \frac{4}{10} \cdot \frac{3}{9} = \frac{2}{15}$ 이다.

표본 공간이 n개의 서로 배반적인 사상 $B_1, B_2, \cdots, B_n$에 의해 분할되었고, B_i(단, $i=1, 2, \cdots, n$)에 대한 확률은 0이 아니라면 임의의 사상 A에 대해 다음의 식이 성립하다.

전확률의 정리

$$P(A) = P(B_1) \cdot P(A|B_1) + P(B_2) \cdot P(A|B_2) + \cdots + P(B_n) \cdot P(A|B_n)$$

Bayes의 공식

$$P(B_i|A) = \frac{P(B_i) \cdot P(A|B_i)}{P(B_1) \cdot P(A|B_1) + P(B_2) \cdot P(A|B_2) + \cdots + P(B_n) \cdot P(A|B_n)}$$

확률 $P(B_1), \cdots, P(B_n)$을 사전확률(prior probability)이라 부르며, 조건부 확률 $P(B_1|A), \cdots, P(B_n|A)$를 사후확률(posterior probability)이라 부른다.

예제 2.27

어떤 의사가 암에 걸린 사람을 암에 걸렸다고 진단할 확률은 98%이고, 암에 걸리지 않은 사람을 암에 걸리지 않았다고 진단할 확률은 92%라고 한다. 이 의사가 실제로 암에 걸린 사람 400명과 실제로 암에 걸리지 않은 사람 600명을 진찰하여 암에 걸렸는지 아닌지를 진단하였다. 이들 1000명 중 임의로 한 사람을 택하였을 때, 그 사람이 암에 걸렸다고 진단 받은 사람일 확률은?

풀이

택한 한사람이 암에 걸린 사람이고, 이 사람이 암에 걸렸다고 진단받을 사건을 A라 하면,

$$P(A) = \frac{400}{1000} \times \frac{98}{100} = \frac{392}{1000}$$

택한 한 사람이 암에 걸리지 않은 사람이고, 이 사람이 암에 걸렸다고 진단 받을 사건을 B라 하면,

$$P(B) = \frac{600}{1000} \times (1 - \frac{100}{92}) = \frac{48}{1000}$$

구하는 확률은 $P(A \cup B) = \frac{392}{1000} + \frac{48}{1000} = \frac{440}{1000} = \frac{44}{100}$

따라서, 44%이다.

예제 2.28

갑, 을, 병 세 사람이 시장 선거에 출마하였다. 갑, 을, 병 세 사람이 당선될 확률이 각각 $\frac{3}{10}, \frac{1}{2}, \frac{1}{5}$이고, 당선되었을 때 버스 노선을 개편할 확률은 각각 $\frac{4}{5}, \frac{1}{10}, \frac{2}{5}$이다. 선거가 끝난 후 버스 노선이 개편될 확률은?

풀이

$P(B_1), P(B_2), P(B_3)$을 각각 갑, 을, 병이 당선될 확률이라 하면,

$P(B_1) = 0.3,\ P(B_2) = 0.5,\ P(B_3) = 0.2$가 된다. P(A)를 버스노선이 개편될 확률이라고 하면,

$P(A|B_1) = 0.8,\ P(A|B_2) = 0.1,\ P(A|B_3) = 0.4$가 된다.

따라서,

$$P(A) = P(A|B_1)P(B_1) + P(A|B_2)P(B_2) + P(A|B_3)P(B_3) = 0.37$$

예제 2.29

최근에 상품을 개발한 어느 회사에서 상품에 대한 평가단으로 남자 300명, 여자 200명을 선정하였다. 이 평가단이 상품에 대한 평가를 한 결과 남자 중에서 60%, 여자 중에서 50%가 긍정적인 편가를 하였다. 상품 평가단 500명 중에서 임의로 선택한 사람이 상품에 대해 긍정적인 평가를 하였을 때, 이 사람이 남자일 확률은?

풀이

상품에 대해 긍정적인 평가를 할 사건을 A, 그 사람이 남자인 사건을 B라 하면

$$P(B|A) = \frac{P(A \cap B)}{P(A)} = \frac{0.6 \times 0.6}{0.6 \times 0.6 + 0.4 \times 0.5} = \frac{9}{14}$$

예제 2.30

어느 지방에 독감이 퍼졌는데 감염자 중에서 70%는 A형 독감이고, 나머지는 B형 독감이라고 한다. 어떤 사람이 독감에 감염되어 병원에서 진단을 받았는데 A형 독감을 B형 독감으로 잘못 진단할 가능성이 10% 이고, B형 독감을 A형으로 잘못 진단할 가능성이 20% 라고 한다. 이환자가 실제로 A형 독감에 감염되었을 확률의 값을 구하시오.

풀이

A형 독감으로 진단 받을 사건을 X라 하고 A형 독감에 감염된 사건을 Y라 하면

$P(X) = 0.7\times 0.9 + 0.3\times 0.2 = 0.69,\ P(X\cap Y) = 0.7\times 0.9 = 0.63$

따라서, 구하는 확률은

$$P(Y\,|\,X) = \frac{P(X\cap Y)}{P(X)} = \frac{0.63}{0.69} = \frac{21}{23}$$

예제 2.31

어느 공장에서 세 개의 생산라인 A, B, C는 각각 전체 제품 생산량의 50%, 30% 20%를 생산하고, 그 중 각각 1%, 3%, 2%는 불량품이라고 한다. 어떤 제품이 불량품일 때, 이 제품이 A라인에서 생산되었을 확률은 $\frac{q}{p}$이다. $p+q$의 값을 구하시오.(단, p와 q는 서로 소인 자연수이다.)

풀이

A, B, C라인에서 생산될 사건을 각각 A, B, C 불량품일 사건을 M이라 할 때,

$P(A) = 0.5,\ P(B) = 0.3,\ P(C) = 0.2$이고,

$P(M|A) = 0.01,\ P(M|B) = 0.03,\ P(M|C) = 0.02$이다.

구하는 확률은 $P(A|M) = \dfrac{P(A\cap M)}{P(M)}$

$$= \frac{P(A\cap M)}{P(A\cap M) + P(B\cap M) + P(C\cap M)}$$

$$= \frac{0.01\times 0.5}{0.01\times 0.5 + 0.03\times 0.3 + 0.02\times 0.2} = \frac{5}{18}$$ 이다.

따라서 $p+q = 23$이다.

예제 2.32

은행의 세 부서에 하루에 각각 120, 180, 100명의 손님들이 온다고 가정해보자. 손님이 방문했을 때 \$100가 넘는 액수를 거래할 확률은 각각 0.5, 0.6, 0.7이라고 가정해보자. 손님을 무작위로 선택하였다. 그 손님이 \$100가 넘는 액수를 거래하고 첫 번째 부서에 방문할 확률은 얼마인가?

풀이

세 부서를 B_1, B_2, B_3 , 100\$이상일 사건을 E라 하면

$$P(B_1) = \frac{120}{400} = 0.3,\ \ P(B_2) = \frac{180}{400} = 0.45,\ \ P(B_3) = \frac{100}{400} = 0.25$$

$$P(B_1 \cap > E) = (0.3)(0.5) = 0.15$$

$$P(B_2 \cap > E) = (0.45)(0.6) = 0.27$$

$$P(B_3 \cap > E) = (0.25)(0.7) = 0.175$$

$$P(> E) = P(B_1 \cap E) + P(B_2 \cap E) + P(B_3 \cap E) = 0.15 + 0.27 + 0.175 = 0.595,$$

그러므로 $P(B_1 | > E) = \frac{0.15}{0.595} = 0.252$

두 사상 A와 B가 독립이라는 것은 직관적으로 살펴보면 사상 A가 일어나는 것과 사상 B가 일어나는 것이 서로 영향을 미치지 않는다는 뜻이다.

두 사상 A와 B에 대해

$$P(A \text{ 그리고 } B) = P(A) \cdot P(B)$$

가 성립하면 두 사상 A와 B는 서로 독립이라고 말하며, 서로 독립인 두 사상 A와 B를 독립사상(independent event)이라 한다. A와 B가 서로 독립이 아닐 때는 두 사상 A와 B를 종속사상(dependent event)이라 한다.

예제 2.33

한 개의 주사위와 한 개의 동전을 동시에 던질 때, 주사위의 짝수의 눈과 동전의 앞면이 나올 확률을 구하여라.

풀이

주사위의 짝수 눈이 나올 사건을 A, 동전의 앞면이 나올 사건을 B라 하면 사건 A, B는 서로 독립이므로 $P(A \cap B) = P(A)P(B) = \frac{3}{6} \times \frac{1}{2} = \frac{1}{4}$

예제 2.34

T군은 샌프란시스코에서 A항공사의 비행기를 타고 시카고에 가서 다시 B항공사의 비행기로 갈아타고 뉴욕으로 왔다. 이때 A항공사의 비행기가 시카고 공항에 안전하게 착륙할 확률은 0.95이고, B항공사의 비행기가 뉴욕 케네디 공항에 안전하게 착륙할 확률은 0.98이라고 알려져 있다.

(1) T군이 시카고 공항과 뉴욕 케네디 공항에서 모두 안전하게 착륙할 확률은 얼마인가?

(2) T군이 시카고 공항에서는 안전하게 착륙할 수 있지만, 뉴욕 케네디 공항에서는 안전하게 착륙하지 못할 확률은 얼마인가?

풀이

두 항공사의 비행기에 대한 안정성은 서로 영향을 끼치지 않고 독립적이라고 할 수 있기 때문에

(1) P(시카고와 뉴욕에 모두 안전하게 착륙한다.) · P(뉴욕에 안전하게 착륙한다.)
=(0.95)(0.98)=0.931

(2) P(시카고에는 안전하게 착륙하고, 뉴욕에서는 안전하게 착륙하지 못한다.)
P(시카고와 뉴욕에 모두 안전하게 착륙한다) · P(뉴욕에 안전하게 착륙하지 못한다)
=(0.95)(1−0.98)=0.019

연습문제

1 갑, 을 두 개의 주사위를 동시에 던질 때, 나오는 눈의 수의 합이 3 또는 8이 되는 경우의 수를 구하여라.

2 A에서 B로 가는 방법은 4가지, B에서 C로 가는 방법은 3가지, A에서 C로 직접 가는 방법은 5가지가 있다. A를 출발하여 C에 갔다 올 때, B를 한번만 거치는 방법의 수를 구하여라.

3 경제적 연료연구에서, 3대의 경주용 자동차가 각기 다른 장소에 위치하고 있는 7군데 시험장에서 5가지 다른 상표의 가솔린을 사용해서 시험이 이루어진다. 2명의 운전자가 각기 다른 경합조건하에서 주행시험이 이루어진다면 몇 번의 주행시험이 필요한가?

4 A, B, C, D, E 다섯 문자 중 어느 세 문자를 골라 일렬로 나열하는 방법의 가지 수는 몇 가지인가?

5 다음 문제를 구하여라.

(1) 30개의 역이 있는 철도회사에서 출발역과 도착역을 명기한 차표를 준비하려고 한다. 1, 2, 3등의 구분은 없고 왕복표를 포함한다고 할 때, 발행할 차표의 종류의 수는?

(2) A, B, C, D, E 다섯 사람 중에서 위원장, 부위원장, 서기를 각각 1명씩 뽑을 때, 위원장은 반드시 A가 뽑히는 경우는 몇 가지인가?

06 다음 문제를 구하여라.

(1) 5명의 학생을 A, B, C 세 모임에 가입시키는 방법은 몇 가지인가?

(2) 9개의 질문으로 되어 있는 진위(T, F)테스트에서 서로 다른 응답방법은 얼마나 되겠는가?

07 5명의 여행자가 세 호텔 A, B, C에 투숙하는 방법은 몇 가지인가? 단, 어느 호텔도 5인 이상 숙박할 수 있다.

08 success라는 단어의 문자를 모두 써서 만들 수 있는 배열의 가지 수는 몇 가지인가?

09 1에서 9까지의 숫자를 일렬로 나열할 경우 홀수의 순서가 1, 3, 5, 7, 9의 차례로 나열되는 방법은 몇 가지인가?

10 6명의 여자와 4명의 남자를 한 팀에 여자 셋, 남자 둘이 들어가도록 나누는 방법은 몇 가지인가?

11 7명 중에서 3명의 대표를 뽑는 방법의 가지 수는 얼마인가?

12 서로 다른 10가지 향수를 만드는 회사가 있다. 6가지씩 담긴 선물용 가방을 만들려고 한다. 가방의 종류는 모두 몇 가지를 만들 수 있는가?

13 학생 10명 중에서 4명의 위원을 뽑는 가지 수는 몇 가지인가?

14 방정식 $x+y+z=7$을 만족시키는 x, y, z에 대하여 다음을 구하여라.

(1) 음이 아닌 정수인 해 (x, y, z)의 개수

(2) 자연수인 해 (x, y, z)의 개수

15 똑같은 8개의 사탕은 3명에 나누어 주는 방법의 수는? (단, 못 받은 사람이 있어도 된다.)

16 서로 다른 10개의 물건을 4명에게 나누어 주는 방법의 가지 수는 몇 가지인가?

17 검은 공 7개, 흰 공 5개가 들어 있는 주머니 속에서 임의로 1개의 공을 끄집어낼 때 그것이 흰 공일 확률은 얼마인가?

18 7명 중에서 5명을 선출할 때 특별한 2명 중 1명만을 포함할 확률은 얼마인가?

19 1에서 10까지 쓰여진 카드 10매가 있다. 이 중 임의로 3개를 뽑을 경우 카드에 쓰여진 최대 번호가 5일 확률은 얼마인가?

20 a, b, c, d, e의 5개의 문자를 일렬로 배열할 때 a, e가 항상 이웃하게 놓일 확률을 구한 것으로 맞는 것은?

21 $P(A)=\frac{1}{3}$, $P(B)=\frac{1}{4}$, $P(A\cup B)=\frac{1}{2}$일 때 $P(A\cap B)$의 값은 얼마인가?

22 어떤 학생이 통계 시험에 합격할 확률이 $\frac{2}{3}$이고, 전산 시험에 합격할 확률이 $\frac{4}{9}$이다. 또 적어도 한 과목에 합격할 확률이 $\frac{4}{5}$라 하면 두 과목 모두 합격할 확률은 얼마인가?

23 10개의 제비 중 당첨 제비가 3개 있다. A, B, C가 한 개씩 이 순시대로 제비를 뽑을 때 적어도 한 사람이 당첨될 확률을 구하여라.

24 흰 공 2개와 검은 공 4개가 들어 있는 주머니에서 임의로 두 개를 꺼낼 때 흰 공이 적어도 한 개 나올 확률은 얼마인가?

25 A의 주머니에 흰 공 3, 검은 공 2개, B의 주머니에 흰 공 1, 검은 공 2개가 들어있다. 무심코 한 주머니에서 공 한 개를 꺼낼 때 흰 공일 확률은 얼마인가?

26 10개 중 3개의 당첨 제비가 들어 있는 제비뽑기에서 두 번째 뽑는 사람이 당첨될 확률은 얼마인가?

27 어떤 지방에서 남녀별 취업자 및 실업자에 대한 것을 조사한 결과 표와 같이 되었다고 한다. 그런데 취업자 가운데 36명과 실업자 가운데 12명이 로터리 클럽 회원이라고 한다. 이들 900명 가운데서 한명을 뽑았더니 로터리 클럽 회원이었다고 한다. 이 사람이 취업자일 확률은 얼마인가?

설병	취업자	실업자	계
남	460	40	500
여	140	260	400
계	600	300	900

28 $P(A)=0.4$, $P(B)=0.2$, 그리고 $P(A|B)=0.6$일 때 $P(B|A)$의 값은 얼마인가?

29 $P(A)=\frac{1}{2}$, $P(B)=\frac{1}{3}$, $P(A\cap B)=\frac{1}{5}$, $P(A\cap B\cap C)=\frac{1}{20}$일 때 $P(C\,|\,A\cap B)$의 값은 얼마인가?

30 현재 우리나라에 거주하고 있는 사람의 2% 정도가 결핵에 감염되어 있다고 한다. 이 병에 감염된 사람을 대상으로 혈액 검사를 통하여 결핵을 진단할 때 양성 반응(감염된 것으로 판정됨)을 나타낼 확률이 95%, 음성반응(감염되지 않은 것으로 판정됨)을 나타낼 확률이 5%라고 한다. 또한, 결핵에 감염되지 않은 사람을 대상으로 검사하였을 때, 양성 반응을 나타낸 확률이 3%, 음성반응을 나타낼 확률이 96%라고 한다. 이때, 어떤 사람이 혈액 검사를 한 결과 결핵 양성 반응을 나타냈다고 한다. 이 사람이 실제로 결핵에 감염되어 있을 확률은?

31 볼트를 만드는 어느 공장에서 3대의 기계 A, B ,C가 각각 전체의 25%, 35%, 40%를 만들며, 또 각각의 제품의 5%, 4% 2%가 불량품이라 한다. 제품 가운데 임의로 꺼낸 하나의 볼트가 불량품이었다고 할 때, 그것이 기계 A에서 만들어졌을 확률을 구하여라.

32 A, B, C 세 사람의 판매원이 판매에 성공할 확률은 각각 $\frac{5}{8}, \frac{3}{8}, \frac{1}{3}$이라 할 때 꼭 한 사람이 판매에 성공할 확률은 얼마인가?

CHAPTER 3

이산확률변수와 확률분포

3.1 확률 변수

3.2 이산 확률 변수의 확률분포

3.3 이산 확률 변수의 기댓값과 분산

3.4 이항분포

3.5 포아송 확률분포

통계학 이론은 확률에 근거하여 설명되어지며, 모든 확률변수들은 특정한 확률분포를 갖는다. 확률변수들은 키, 전구의 수명 등처럼 연속적인 값을 갖는 연속형 변수(continuous variable)과 교통사고건수와 같이 셀 수 있는 값을 갖는 이산형 변수(discrete variable)로 구분할 수 있는데, 본장에서는 대표적인 이산형 확률변수와 분포에 대하여 설명한다.

3.1 확률 변수

〈표 3.1〉은 신도시의 한 아파트단지에 살고 있는 2000가구에 대해서 각 가구가 소유한 자동차의 수에 대한 도수분포표이다.

표 3.1 소유한 자동차의 수에 대한 도수분포표

소유한 차의 수	도 수	상대도수
0	30	30/2000 = .015
1	470	470/2000 = .235
2	850	850/2000 = .425
3	490	490/2000 = .245
4	160	160/2000 = .080

위 모집단으로부터 임의로 한 가구를 선택한다고 가정하자. 한 가구를 임의적으로 뽑는 과정을 임의실험(random experiment) 또는 확률실험(chance experiment)이라 한다. 선택된 가구 자동차의 수를 X라 하자. 그러면, X가 가질 수 있는 값들은 {0, 1, 2, 3, 4}일 것이고, 이는 위 〈표 3.1〉의 첫 번째 열의 값들이다. X가 가질 수 값은 선택된 가구에 따라 달라진다. 그러므로, 이 값은 확률실험의 결과에 따라 영향을 받는 것이다. X를 확률변수라 한다. 즉, 확률 변수란 확률실험의 결과에 의해 결정되는 값들을 갖게 되는 변수이다. 확률변수는 이산형과 연속형 확률변수로 구분된다.

3.1.1 이산형 확률변수

셀 수 있는 값들을 가지는 확률변수를 이산형 확률변수라 한다. 〈표 3.1〉에서 한 가구의 자동차의 수는 이산형 확률변수이다. 왜냐하면 확률변수 X의 값들이 0, 1, 2, 3, 4과 같이 셀 수 있기 때문이다. 여기서 이산형 확률변수들의 예를 살펴보자.

(1) 어느 날의 교통사고의 수

(2) 어떤 어린이가 가진 장난감의 수

(3) 한 달 동안 자동차 대리점에서 팔린 차의 수

(4) 어업기간 동안 잡힌 물고기의 수

(5) 주어진 시간 동안 어떤 은행을 방문한 고객의 수

3.1.2 연속형 확률변수

어떤 범위 내의 모든 값은 취할 수 있고, 원하는 만큼 정확하게 측정할 수 있는 값의 집합이다. 예를 들어, 어떤 사람이 반경 3 피트의 과녁판에 활을 쏘았다고 하자. 그는 반드시 판의 어딘가에 맞춘다고 가정하고, 중심으로부터 빗나간 거리를 X로 나타낸다고 한다. 이런 경우에 표본 공간은 과녁판의 모든 점이며, X는 화살의 도착지점에서 중심까지의 거리를 잰 것이다. 따라서, X는 $0 \le X < 3$인 모든 값을 취한다. 이때 X를 연속형 확률변수라고 한다.

다음이 연속형 확률변수들의 예들이다.

(1) 사람의 몸무게　　(2) 어느 날의 기온

(3) 전구의 수명　　(4) 어떤 사람의 키

(5) 어떤 사람이 버스를 기다리는 시간

이 장에서는 이산형 확률변수와 그들의 확률분포에 대해서만 다룰 것이고, 연속형 변수의 분포는 4장에서 설명하기로 한다.

3.2 이산 확률변수의 확률분포

X를 이산형 확률변수라 하자. X의 확률분포(probability distribution)는 모든 값들에 대하여 확률이 어떻게 퍼져 있는지를 나타낸다.

이산형 확률변수의 확률분포(probability distribution of a distcrete random variable)는 확률 변수의 모든 값들에 확률을 대응시켜 주는 관계를 나타낸다.

이산형 확률변수의 확률분포는

$X=x_i$	x_1	x_2	x_3	$\cdots$	x_n
$p(X=x_i)$	p_1	p_2	p_3	$\cdots$	p_n

다음의 두 성질을 만족한다.

1. $0 \le p(x) \le 1$
2. $\Sigma p(x) = 1$

예제 3.1

앞의 〈표 3.1〉에서 주어진 2000가구에 대해서 각 가구가 소유하고 있는 자동차의 수에 대한 도수분포표를 떠올려 보자. 그 X를 임의로 선택된 가구의 차의 수라고 하자. X의 확률분포를 쓰시오.

풀이

〈표 3.1〉에서와 같이 상대도수가 모집단을 대표할 때에는 상대도수가 실제 확률이다. 〈표 3.2〉에서 이산형 확률 변수 X 의 확률분포(probability distribution)를 구할 수 있다.

표 3.2 가구당 자동차의 수의 확률 분포

소유한 차의 수 : x	확률 : $p(x)$
0	.015
1	.235
2	.425
3	.245
4	.080
	$\Sigma p(x) = 1.000$

예제 3.2

동전을 4번 던졌을 때 앞면의 수를 X 라 하자.

(1) X의 확률 분포를 구하여라.

(2) 확률분포의 히스토그램을 그려라.

(3) $P(X \le 3)$을 구하여라.

풀이

(1) 표 3.3 X의 확률분포

X	0	1	2	3	4
p	0.0625	0.25	0.375	0.25	0.0625

(2)

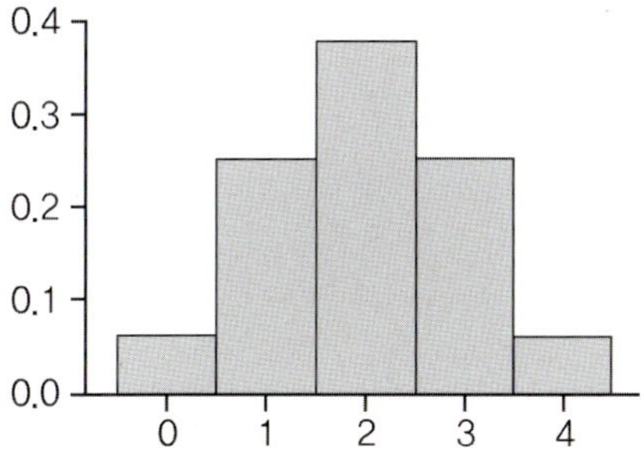

그림 3.1 히스토그램

(3) $P(X \le 3) = P(X=0) + P(X=1) + P(X=2) + P(X=3)$

$= 0.9375$

3.3 이산 확률변수의 기댓값과 분산

이산확률변수(discrete random variable)의 확률 분포의 평균, 혹은 간단히 이산 확률 변수의 평균은 가능한 모든 확률변수의 값과 그에 대응하는 확률을 곱하고, 그것들을 합해서 얻어지는 수치이다. 따라서, 확률 변수 X의 평균을 μ_x 또는 문맥이 통할 때에는 μ로 쓰며, 이산 확률 변수의 경우에는 다음과 같이 정의한다.

이산확률변수 X의 모든 값 $x_1, x_2, \cdots, x_n$에 대하여 확률 $p(x_1), p(x_2), \cdots, p(x_n)$이 대응하면, 평균 μ는 다음과 같이 정의한다.

$$\mu = x_1 \cdot p(x_1) + x_2 \cdot p(x_2) + \cdots + x_n \cdot p(x_n) = \sum_{i=1}^{n} x_i \, p(x_i)$$

일반적으로 평균은 확률 변수의 수학적 기대치(mathematical expectation) 또는 단순히 기대치(expected value)라고 하며, $E(X)$로 나타내고 'X의 기대치'라고 읽는다.

예제 3.3

한 노동자의 하루 수입이 다음과 같은 확률 분포로 주어진다고 가정하고, 그 노동자의 1일 평균 수입(만원)을 구하여라.

표 3.4 노동자 수입의 확률분포

노동자의 하루 수입(만원)	x	0	6	12	16	합 계
확 률	$p(x)$	0.3	0.2	0.3	0.2	1.0

풀이

기대치의 공식을 적용하면

$\mu = 0\times0.3+6\times0.2+12\times0.3+16\times0.2 = 8.0$(만원)

이산 확률 변수 X의 확률 분포의 분산 또는 간단히 이산 확률 변수 X의 분산을 $\mathrm{Var}(X)$로 쓰고, 다음과 같이 정의한다.

$$\mathrm{Var}(X)=\sum_{i=1}^{n}(x_i-\mu)^2\cdot p(x_i)$$

분산의 양의 제곱근을 그 분포 또는 확률 변수의 표준편차(standard deviation)라고 한다.

분산은 일반적으로 σ_x^2 또는 문맥이 통할 때는 간단히 σ^2으로 표시하며, 시그마(sigma) 제곱이라고 읽는다. 여기에서 표준편차 σ는 양수이고, $(x_i-\mu)$는 x_i의 μ로부터의 편차를 나타낸다. 분산은 편차의 제곱 $(x_i-\mu)^2$에 확률 $p(x_i)$를 곱하고, 이들을 모두 합해서 구해진다. σ^2의 값이 크면 μ에서 양쪽으로 멀어진 값에 대한 확률이 크다는 것, 즉 평균으로부터의 편차가 크다는 것을 나타낸다.

따라서, σ^2의 크기는 μ에 대해서 퍼진 정도를 반영한다. 분산이 클수록 넓게 퍼져 있다.

예제 3.4

쿠키 한 개 당 건포도의 개수의 분포가 다음과 같이 주어져 있다.

표 3.5 건포도의 확률분포

건포도의 개수	x	0	1	2	3	4	5
확 률	$p(x)$	0.05	0.1	0.2	0.4	0.15	0.1

쿠키 한 개당 건포도의 개수의 평균과 분산을 구하여라.

풀이

필요한 계산 값이 〈표 3.6〉에 나타나 있다. 3번째 열의 총합은 $\mu = 2.8$이고, 6번째 열의 총합은 $\sigma^2 = 1.56$으로 계산되었다.

표준편차는 $\sigma = \sqrt{1.56} = 1.249$이다.

표 3.6 μ와 σ^2의 계산

건포도의 수 : x	확률 : $p(x)$	$x \cdot p(x)$	$(x-\mu)$	$(x-\mu)^2$	$(x-\mu)^2 \cdot p(x)$
0	0.05	0.0	−2.8	7.84	0.392
1	0.10	0.1	−1.8	3.24	0.324
2	0.20	0.4	−0.8	0.64	0.128
3	0.40	1.2	0.2	0.04	0.016
4	0.15	0.6	1.2	1.44	0.216
5	0.10	0.5	2.2	4.84	0.484
합 계	$\Sigma x_i \cdot p(x_i) = 2.8$			$\Sigma(x_i - \mu)^2 \cdot p(x_i) = 1.56$	

σ^2을 구하는 계산은 다음의 변형된 공식으로 간단히 할 수 있다.

$$\sigma^2 = \sum_{i=1}^{n}(x_i - \mu)^2 \cdot p(x_i) = \sum_{i=1}^{n} x_i^2 \cdot p(x_i) - \mu^2$$

이 공식을 사용하는 예로써 [예제 3.4]에서 쿠키 속에 들어있는 건포도의 수의 분산을 계산해 보자. 필요한 계산은 〈표 3.7〉에 있다.

표 3.7 간단한 방법에 의한 σ^2의 계산

건포도의 수 : x	확률 : $p(x)$	$x^2 \cdot p(x)$
1	0.05	0.0
2	0.10	0.1
3	0.20	0.8
4	0.40	3.6
5	0.15	2.4
6	0.10	2.5
합 계	1.00	$\sum_{i-1}^{6} x_i^2 p(x_i) = 9.4$

예제 3.4에서 평균 $\mu = 2.8$임을 알았으므로 σ^2은 다음과 같이 계산된다.

$$\sigma^2 = \sum_{i=1}^{6} x_i^2 \cdot p(x_i) - \mu^2 = 9.4 - (2.8)^2 = 1.56$$

앞에서 계산한 값과 같은 결과를 얻을 수 있음을 알 수 있다.

예제 3.5

X는 공정한 주사위를 던졌을 때, 나온 눈의 수를 표시한다고 하자. X의 평균, 분산 및 표준편차를 구하여라.

풀이

X 의 확률 함수와 필요한 계산은 〈표 3.8〉에 있다.

표 3.8 주사위의 눈의 수 X의 평균과 분산의 계산

x	$p(x)$	$x \cdot p(x)$	$x^2 \cdot p(x)$
1	1/6	1/6	1/6
2	1/6	2/6	4/6
3	1/6	3/6	9/6
4	1/6	4/6	16/6
5	1/6	5/6	25/6
6	1/6	6/6	36/6
합 계	1.0	21/6=3.5	91/6

3번째 열로부터 $\mu = 3.5$이다. 따라서, 분산은

$$\sigma^2 = \sum_{i=1}^{n} x_i^2 \cdot p(x_i) - \mu^2 = \frac{91}{6} - (\frac{21}{6})^2 = \frac{35}{12}$$

이 되고, 표준편차 σ는 이것의 제곱근을 취하여 다음과 같이 얻어진다.

$$\sigma = \sqrt{\frac{35}{12}} = \sqrt{2.92} = 1.71$$

3.4 이항분포

n번의 이항실험에서 x번 성공과 $n-x$번의 실패가 일어난 어떤 특정한 배열의 발생확률에 대해서 생각해보자. 각 시행이 독립이므로 그 확률은 각 시행의 결과들의 확률의 곱으로 나타낼 수 있다. 각 시행에서 성공확률은 p이고 실패확률은 $q = 1 - p$이므로, 그 특정배열의 발생확률은 $p^x q^{n-x}$이 된다. 이제 이 실험에서 x번의 성공과 $n-x$번의 실패를 포함하고 있는 표본점의 총 수를 결정해야 한다. 이 수는 n개의 결과를 한 그룹에는 x개, 또 다른 한 그룹에는 $n-x$개로 분할하는 경우의 수와 같게 되므로 $\binom{n}{x}$가 된다. 이러한 분할은 서로 배반적이기 때문에 모든 분할들의 확률을 합하거나 혹은 간단히 $p^x q^{n-x}$에 $\binom{n}{x}$를 곱하여 일반적인 공식을 얻게 된다. 성공확률이 p, 실패확률이 $q = 1 - p$인 이항실험의 n회 독립시행에서 성공의 횟수를 나타내는 이항확률변수 X의 확률분포는

$$f(X=x) = \binom{n}{x} p^x q^{n-x}, \quad x = 0, 1, 2, \cdots, n$$

으로 주어진다. 우리는 위의 분포를 $b(n, p)$로 표시한다.

예제 3.6 신장 수술을 받은 환자가 회복할 수 있는 확률은 0.6이라고 알려져 있다. 6명의 환자가 이 수술을 받았을 때 다음의 확률을 구하여라.

(1) 회복한 사람이 한 사람도 없다. (2) 모두 회복할 확률

(3) 반이 회복할 확률 (4) 적어도 반 이상이 회복할 확률

풀이

환자가 6명이므로 $n = 6$이고, 환자가 회복할 확률은 $p = 0.6$이므로 $q = 1 - 0.6 = 0.4$이다. 따라서, 다음과 같이 구한다.

(1) P(회복한 사람이 없다) $= P(X=0) = (0.4)^6 = 0.0041$

(2) P(모두 회복) $= P(X=6) = 0.6^6 = 0.0467$

(3) P(반이 회복) $= P(X=3) = \dfrac{6!}{3!\,3!} \times 0.6^3 \times 0.4^3$

$$= \frac{6 \times 5 \times 4 \times 3 \times 2 \times 1}{(3 \times 2 \times 1)\cdot(3 \times 2 \times 1)}(0.6)^3(0.4)^3 = 0.2765$$

(4) P(적어도 반이 회복) $= P$(3명 회복) $+ P$(4명 회복) $+ P$(5명 회복) $+ P$(6명 회복)

$$= \binom{6}{3}0.6^3 \times 0.4^3 + \binom{6}{4}0.6^4 \times 0.4^2 + \binom{6}{5}0.6^5 \times 0.4^1 + 0.6^6$$

$$= 0.8208$$

예제 3.7

한 택배회사에서는 최고 경영진에서 고객에게 최고 품질의 서비스를 제공하기로 했다. 그 회사는 만약 물건이 지정한 시간까지 목적지에 도착하지 못하면 고객에게 전액 환불을 해주기로 하였다. 각고의 노력에도 불구하고 과거의 자료에 따르면, 제시간 안에 도착하지 못한 화물배달 비율이 2%였다. 그럼 이 택배회사를 통해서 10개의 화물배달을 요청했다고 가정하자.

(1) 이 10개의 화물 중 제시간 안에 목적지에 도착하지 못한 화물이 정확히 1개일 확률을 구하시오.

(2) 이 10개의 화물 중 제시간 안에 목적지에 도착하지 못한 화물이 많아야 1개일 확률을 구하시오.

풀이

화물이 제시간 안에 목적지에 도착하지 못한 사건을 성공으로, 제시간 안에 도착한 사건을 실패라고 하자. 그러면,

$n =$ 배달된 전체 화물의 수 $= 10$, $p = P$(성공) $= 0.02$, $q = P$(실패)$= 0.98$이다.

(1) 이 문제에서,

$x =$성공의 수 $= 1$, $n - x =$실패의 수$= 10 - 1 = 9$이 된다.

모든 값을 이항공식에 대입하면,

$$P(X=1) = {}_{10}C_1(0.02)^1(0.98)^9 = \frac{10!}{1!(10-1)!}(0.02)^1(0.98)^9$$

$$= (10)(0.02)(0.83374776) = 0.1667$$

을 얻게 된다.

그러므로 10개의 화물 중 1개의 화물이 제시간 안에 목적지에 도착하지 못할 확률은 0.1667이다.

(2) 이 10개의 화물 중 제시간 안에 목적지에 도착하지 못한 화물이 많아야 1개일 확률은 $X=0$과 $X=1$일 때의 확률을 더하면 된다.

$$P(X \le 1) = P(X=0) + P(X=1) = {}_{10}C_0(0.02)^0(.98)^{10} + {}_{10}C_1(0.02)^1(0.98)^9$$
$$= (1)(1)(0.81707281) + (10)(0.02)(0.83374776)$$
$$= 0.8171 + 0.1667 = 0.9838$$

따라서 10개의 화물 중 제시간 안에 목적지에 도착하지 못한 화물이 많아야 1개일 확률은 0.9838이다.

성공의 확률 p인 이항실험을 n번 거듭 시행했을 때의 이항 분포 $b(n,p)$의 평균 μ와 표준편차 σ는 다음과 같이 주어진다.

$$\mu = E(X) = np$$

$$\sigma^2 = Var(X) = npq$$

$$\sigma = sd(X) = \sqrt{npq}$$

예제 3.8

대학에 입학한 신입생이 4년 과정을 마치고 졸업할 확률은 0.6이다. 1,000명의 학생이 어떤 대학에 들어갔다면 졸업하는 학생의 기대수를 구하여라. 또한 졸업하는 학생 수의 표준 편차를 구하여라.

풀이

$n=1,000$, $p=0.6$이므로 $b(1000,\ 0.6)$인 이항 본포에 따른다.

$\mu = np = 1,000 \times 0.6 = 600$

$\sigma = \sqrt{npq} = \sqrt{1,000 \times 0.6 \times 0.4} = 15.49$

따라서, 졸업하는 학생의 기대 수는 600명이고, 표준 편차는 15.49, 약 16명이다.

예제 3.9

새 자동차를 사는 사람들의 70%가 자동변속장치를 선택한다. 새 자동차를 사는 10명이 있는 그룹에서, 자동변속장치를 선택하는 사람의 수의 평균값과 표준편차를 구하여라.

풀이

$\mu = np = 10(0.7) = 7,\ \sigma = \sqrt{np(1-p)} = \sqrt{10(0.7)(0.3)} = \sqrt{2.1}$

3.5 포아송 확률분포

어떤 간격 내에서 실제 사건 발생의 수는 임의적이고 독립이다. 주어진 간격 안에서의 평균 사건 발생의 수를 알고 있다면, 포아송 확률분포를 이용하여 그 간격 안에서 어떤 사건 발생의 수 X의 확률을 계산할 수 있다. 한 간격 안에서의 실제 사건 발생의 수를 X라고 한다. 포아송 확률분포의 용어에선 어떤 간격 내에서의 평균 사건의 발생 수를 λ로 표기한다. 그 간격에서의 실제 사건 발생 수는 X로 표현한다. 그러면 포아송 확률분포를 이용하여 어떤 간격 내에서의 평균 사건의 발생 수가 λ라고 주어진 사건의 발생 수 x에 대한 확률을 찾는다.

포아송 확률 분포 공식

포아송 확률 분포(poisson probability distribution)에 따른 일정 간격 내에서의 사건 발생 수 X의 확률은

$$P(X = x) = \frac{\lambda^x e^{-\lambda}}{x!}$$

이다. 단 λ는 그 간격 내에서의 평균 발생 수이고, e는 자연 상수로 값은 근사적으로 2.71828이다.

예제 3.10

매달동안 한 빨래방의 세탁기는 평균 3번꼴로 고장이 발생한다. 포아송 확률분포 공식을 이용하여 다음 달 동안에 이 기계의 고장 발생수가 다음과 같을 때의 확률을 구하시오.

(1) 정확히 2번의 고장

(2) 많아야 1번의 고장

풀이

매달 동안 평균 고장 발생 수를 λ라고 하고, 다음 달 동안에 이 기계의 실제 고장 발생수를 X라 하자. 그러면, $\lambda = 3$이 된다.

(1) 다음 달 동안 정확히 2번 고장이 발생할 확률은

$$P(X=2) = \frac{(3)^2 e^{-3}}{2!} = \frac{(9)(0.04978707)}{2} = 0.2240 \text{이 된다.}$$

(2) 다음 달 동안 많아야 1번 고장이 발생하는 확률은 고장이 발생하지 않은 경우와 고장이 1번 발생한 경우의 확률을 더하면 된다. 그러므로,

P(많아야 1번 고장 발생)$=P$(0 또 1번의 고장) $= P(X=0) + P(X=1)$

$$= \frac{(3)^0 e^{-3}}{0!} + \frac{(3)^1 e^{-3}}{1!}$$

$$= \frac{(1)(0.04978707)}{1} + \frac{(3)(0.04978707)}{1}$$

$$= 0.498 + 0.1494 = 0.1992$$

예제 3.11

우편 주문회사는 7일 동안 무료반송 서비스를 실시하고 있다. 고객이 그 기간 내에 주문 상품이 만족스럽지 않다면, 상품을 반송할 수 있을 뿐만 아니라, 상품을 위해 지불한 돈도 되돌려 주기로 했다. 이 회사의 과거 자료를 살펴보면 판매된 10개의 상품 당 평균 2개의 싱품이 빈송 치리되었다. 포아송 확률분포 공식에 통해 어느 날 이 회사에서 40개의 상품이 팔렸을 때, 정확히 6개의 상품이 반송 처리될 확률을 구하시오.

풀이

여기에서 $\lambda = 8$이다. 포아송 확률분포 공식에 $\lambda = 8$을 대입하면,

$$P(X=6) = \frac{(8)^6 e^{-8}}{6!} = \frac{(262,144)(0.00033546)}{720} = 0.1221$$

이다.

따라서 주어진 날에 판매된 40개의 상품 중 정확히 6개의 상품이 반송될 확률은 0.1221이다.

포아송 확률분포의 평균과 표준편차

포아송 확률분포에서 평균과 분산은 모두 λ로 같고, 표준편차는 $\sqrt{\lambda}$이다. 즉, 포아송 확률분포는

$$\mu = \lambda,\ \sigma^2 = \lambda \text{이고},\ \sigma = \sqrt{\lambda}$$

이다.

연습문제

01 다음의 확률변수들 중 어떤 것이 이산형 확률변수이고, 어떤 것이 연속형 확률변수인지 지칭하시오.

(1) 주차권에 남은 잔여 주차허용 시간

(2) 한 연못 속에 있는 물고기의 수

(3) 한 커피 자판기 안에 있는 빈 컵의 수

(4) 마라톤을 완주하는데 걸린 시간

(5) 한 공연의 티켓 가격

(6) 한 축구경기에서 득점수

02 다음의 표는 이산형 확률변수 X의 확률분포를 나타낸다.

x	0	1	2	3	4	5
$P(x)$	.03	.17	.22	.31	.15	.12

다음의 확률을 구하시오.

(1) $P(X=1)$

(2) $P(X \le 1)$

(3) $P(X \ge 3)$

(4) $P(0 \le X \le 2)$

(5) X가 3보다 작을 확률을 구하시오.

(6) X가 3보다 클 확률을 구하시오.

(7) X가 구간 [2, 4] 안에 속할 확률을 구하시오.

3 한 소비자 보호단체에서는 작은 도시에 살고 있는 2500의 가구에 대하여 그들이 보유하고 있는 TV의 수에 대한 자료를 수집하였다. 다음의 표는 이 단체에서 수집한 자료에 대한 도수분포표이다.

TV 보유수	0	1	2	3	4
가구 수	120	970	730	410	270

(1) 이 가구들이 보유하고 있는 TV의 수에 대한 확률분포표를 만드시오. 이 확률분포표를 막대그래프로 나타내시오.

(2) (1)의 표에 열거된 확률들이 여러 결과들에 대한 정확한 확률인가, 아니면 근사 확률인가? 설명하시오.

(3) 이 도시에서 임의로 선택된 가구가 소유하고 있을 TV의 수를 X라고 하자. 다음의 확률을 구하시오.

(i) $P(X=1)$ (ii) $P(X>2)$ (iii) $P(X \leq 1)$ (iv) $P(1 \leq X \leq 3)$

4 한 권의 책에서 임의로 선택된 페이지에 나타난 오타의 수를 X라고 하자. 다음의 표는 X의 확률분포를 나타낸다.

x	0	1	2	3	4
$P(x)$	.73	.16	.06	.04	0.01

X의 평균과 표준편차를 구하시오.

5 아모레 회사는 새로운 화장품을 출시할 예정이다. 이 회사의 기획부 분석에 따르면 이 제품의 판매실적이 높으면, 연간 이익이 4,500만 달러, 판매실적이 중간이면 연간이익이 1,200만 달러, 판매실적이 저조하면 2,300만 달러의 손실을 얻게 될 것이라 한다. 이 세 가지 상황에 대한 확률이 각기 0.32, 0.52, 0.17이라 한다.

(1) 이 제품으로 회사가 벌어들이는 이익을 X(단위: 백만 달러)라 하자. X의 확률분포를 구하시오.

(2) X의 평균과 표준편차를 구하시오.

06 어느 대형 백화점이 전자 장비를 제조업자로부터 납품받으려고 한다. 제조업자는 이 장비의 불량률이 2%라고 밝히고 있다.

(1) 납품된 제품 중 20개를 임의로 선택했을 때, 이 20개 중 적어도 한 대의 불량품이 있을 확률은 얼마인가?

(2) 한 달에 10번의 납품을 받고, 납품 시 마다 20개의 장비를 검사한다고 하자. 적어도 한 대의 불량품이 포함된 납품이 2번 있을 확률은 얼마인가?

07 2014년 5월에 실시된 성인들을 대상으로 한 갤럽의 설문조사에서, 응답자 중 40%가 건강유지협회에 대해 신뢰가 미약하거나, 불신한다고 대답했다고 한다(USA TODAY, 2014년 6월 22일자). 이 결과가 현재 성인 전체에게도 성립한다고 가정하자. 임의로 18명의 성인을 선정했을 때, 이 표본에서 위와 같은 의견에 동의한 성인의 수가 다음과 같을 확률을 구하시오.

(1) 적어도 10명

(2) 많아야 6명

(3) 7명에서 10명

08 Magnetic resonnance imaging(MRI)는 강한 자기장을 이용하여 인체 내부의 영상을 만들어내는 장치이다. MRI검사를 하는 동안 좁고, 폐쇄된 공간 안에 누워있어야 하기 때문에, 검사 전 폐소공포증이 있는 환자들은 진정을 시켜야 한다. MRI검사가 필요한 모든 환자들의 20%가 폐소공포증으로 인해 검사 전 안정이 필요하고 한다. 임의로 5명의 환자를 선정했을 때 이 5명의 환자들 중 안정을 필요로 하는 환자의 수가 다음과 같을 확률을 구하시오.

(1) 정확히 2명

(2) 0명

(3) 정확히 4명

9 어떤 은행에서는 오전 11시부터 12시 사이에 평균 60명의 손님이 방문하고 있다. 따라서 1분간 평균 1명씩 도착한다고 볼 수 있다. 그러므로 $\lambda = 1$이다.

(1) 오전 11시부터 12시 사이의 어느 1분 동안 두 손님이 도착할 확률은 얼마인가?

(2) 어느 1분 동안에 3명 이하의 손님이 도착할 확률을 계산하여라.

10 어느 회사에 오전 9시부터 11시 사이에 1분당 평균 0.4회의 전화가 걸려온다고 하며, 전화가 걸려오는 횟수가 포아송분포의 특성을 갖는다고 하면, 1분에 2회의 전화가 걸려올 확률은 얼마인가?

11 새벽 1시와 3시 사이 서울 강남구에서 일어나는 범죄는 1시간당 평균 0.2건이다. 범죄 발생수의 분포가 포아송분포를 따른다면, 오늘 새벽 1시와 2시 사이에 범죄 발생이 전혀 없을 확률은 얼마인가?

CHAPTER 4

연속확률변수와 확률분포

이산형 확률분포가 셀 수 있는 이산점에서 0이 아닌 확률을 갖는 확률분포인 데 비하여 연속형 확률분포는 특정한 실수 구간에서 정의된 확률밀도함수에 의하여 결정되어진다. 이러한 연속형 확률분포로 대표적인 것은 정규분포(normal distribution), 표준정규분포로부터 유도된 t-분포(t-distribution), χ^2-분포(χ^2-distribution), F-분포(F-distribution)등이 있다.

4.1 연속확률변수의 확률분포

연속형 확률분포에서는 확률변수 값의 어느 한 점보다는 어떤 구간에 더 관심을 가지게 된다. 즉, $P(a < X < b)$ 혹은 $P(X \geq c)$와 같이 연속형 확률변수의 여러 구간에 대한 확률을 계산하는 데 관심을 가진다. X가 연속확률변수이면

$$P(a < X \leq b) = P(a < X < b) + P(X = b) = P(a < X < b)$$

이다. 즉, 연속형 확률분포에서는 어떤 구간의 끝점이 포함이 되든 안 되든 그것은 문제가 되지 않는다. 연속형 확률변수의 확률분포가 표 형태로 표시될 수는 없지만 어떤 식으로 표시될 수는 있다. 그러한 식은 필수적으로 연속형 확률변수 X의 수치함수여야 하고, 함수기호 $f(x)$로 표시된다. 연속형 확률변수를 취급할 때 $f(x)$를 X의 확률밀도함수(probability density function) 혹은 간단히 밀도함수(density function)라고 한다. 다음 확률변수 X가 구간 $[\alpha, \beta]$에서 모든 값을 취하고 이 구간에서 정의된 함수 $f(x)$가

① $f(x) \geq 0$

② $\int_{\alpha}^{\beta} f(x)dx = 1$

③ $P(a < X < b) = \int_{a}^{b} f(x)dx$ (단, $\alpha \leq a < b \leq \beta$)

를 만족할 때, 변수 X를 확률변수, 함수 $f(x)$를 X의 확률밀도함수라 한다.

예제 4.1

제어실험에서 반응온도의 변화에 다른 오차는 다음과 같은 확률분포를 가지는 연속확률변수 X라고 가정하자.

$$f(x) = \begin{cases} \dfrac{x^2}{3}, & -1 < x < 2 \\ 0, & \text{기타} \end{cases}$$

(1) $\int_{-1}^{2} \frac{x^2}{3} dx = 1$을 보여라.

(2) $P(1 < X \le 2)$를 구하라.

풀이

(1) $\int_{-\infty}^{\infty} f(x)dx = \int_{-1}^{2} \frac{x^2}{3} dx = 1$

(2) $P(1 < X \le 2) = \int_{1}^{2} \frac{x^2}{3} dx = \frac{7}{9}$

확률밀도함수가 $f(x)$인 연속형 확률변수 X의 누적분포함수 $F(x)$는 다음과 같다.

$$F(x) = P(X \le x) = \int_{-\infty}^{x} f(t)dt, \ -\infty < x < \infty$$

다음의 두 가지 사실을 알 수 있다.

① $P(a < X < b) = F(b) - F(a)$

② 미분이 가능하면 $f(x) = \frac{dF(x)}{dx}$

예제 4.2

확률변수 X의 확률밀도함수가

$$f(x) = \begin{cases} 2e^{-2x}, & x \ge 0 \\ 0, & x < 0 \end{cases}$$

일 때 $P(X > 2)$을 구하면?

풀이

$$P(0 \le X \le 2) = \int_0^2 2e^{-2x}dx = 1 - e^{-4}$$

$$P(X > 2) = 1 - P(0 \le X \le 2) = e^{-4}$$

예제 4.3 예제 4.1의 확률밀도함수에 대하여 $F(x)$를 구하고, 그것을 이용하여 $P(1 < X \le 2)$을 구하라.

풀이

$-1 < x < 2$에 대하여

$$F(x) = \int_{-\infty}^{x} f(t)dt = \int_{-1}^{x} \frac{t^2}{3}dt = \frac{x^3+1}{9}$$

따라서, $F(x) = \begin{cases} 0, & x < -1 \\ \dfrac{x^3+1}{9} & -1 \le x < 2 \\ 1, & x \ge 2 \end{cases}$

$$P(1 < X \le 2) = F(2) - F(1) = \frac{7}{9}$$

4.2 연속형 확률변수의 평균과 분산

X가 확률분포 $f(x)$를 가지는 확률변수라고 할 때 X가 이산형인 경우에 X의 평균 혹은 기댓값은

$$\mu = E(X) = \sum_x x f(x)$$

가 되고, X가 연속형인 경우에는

$$\mu = E(X) = \int_{-\infty}^{\infty} x f(x) dx$$

가 된다.

예제 4.4 어떤 종류의 기계부품의 수명(단위 : 시간)을 확률변수 X라고 하자. 확률밀도함수가

$$f(x) = \begin{cases} \dfrac{20000}{x^3}, & x > 100 \\ 0, & \text{기타} \end{cases}$$

로 주어졌을 때 이 기계부품의 기대수명을 구하라.

풀이

$$\mu = E(X) = \int_{100}^{\infty} x \frac{20000}{x^3} dx = 200$$

그러므로, 이 기계 부품의 수명은 평균적으로 200시간이라고 할 수 있다.

예제 4.5 확률변수 X의 확률밀도함수가

$$f(x) = \begin{cases} \dfrac{x^2}{3}, & -1 < x < 2 \\ 0, & \text{기타} \end{cases}$$

일 때 $g(X) = 5X + 4$의 기대값을 구하라.

풀이

$$E(5X+4) = \int_{-1}^{2} \frac{(5x+4)x^2}{3} dx = \frac{1}{3}\int_{-1}^{2} (5x^3 + 4x^2) dx = \frac{123}{12}$$

확률변수 X의 평균 혹은 기댓값은 확률분포의 중심위치를 설명해주는 값으로 통계학에서 매우 중요하다. 그러나 평균값만으로 분포의 형태를 설명할 수는 없다. 즉, 확률 분포의 퍼진 정도를 나타내는 수치로는 표준편차를 고려해야 할 필요가 있다. X를 확률분포 $f(x)$와 평균 μ를 가지는 확률변수라고 할 때 X의 분산은 X가 이산형일 때에는

$$\sigma^2 = E[(X-\mu)^2] = \sum_x (x-\mu)^2 f(x) = \sum_x x^2 f(x) - \mu^2$$

가 되고, X가 연속형일 때는

$$\sigma^2 = E[(X-\mu)^2] = \int_{-\infty}^{\infty} (x-\mu)^2 f(x)dx = \int_{-\infty}^{\infty} x^2 f(x)dx - \mu^2$$

가 된다. 분산의 양의 제곱근 σ를 X의 표준편차(standard deviation)라고 한다.

예제 4.6

어느 편의점의 주당 콜라의 수요(단위 : 1000리터)가 다음과 같은 확률분포를 가지는 확률변수 X라고 할 때, X의 평균과 분산을 구하라.

$$f(x) = \begin{cases} \frac{1}{2}(x-1), & 1 < x < 3 \\ 0, & \text{기타} \end{cases}$$

풀이

$\mu = E(X) = \frac{1}{2}\int_1^3 x(x-1)dx = \frac{7}{3}$이고, $E(X^2) = \frac{1}{2}\int_1^3 x^2(x-1)dx = \frac{17}{3}$이다.

따라서, $\sigma^2 = \frac{17}{3} - \frac{49}{9} = \frac{2}{9}$

예제 4.7

확률밀도함수 X가 $f(x) = \begin{cases} \frac{x^2}{3}, & -1 < x < 2 \\ 0, & \text{기타} \end{cases}$를 가지는 확률변수라고 할 때, 확률변수 $g(X) = 4X + 5$의 분산을 구하라.

풀이

$$\mu_{4X+5} = E[4X+5] = \int_{-1}^{2}(4x-5)\frac{x^2}{3}dx = 10\text{이고,}$$

$$\sigma^2_{4X+5} = E[(4X+5)-10]^2 = E[(4X-5)^2] = \int_{-1}^{2}(4x-5)^2\frac{x^2}{3}dx = \frac{51}{5}$$

4.3 정규분포

정규분포의 수학적 모형의 분포는 양, 음의 어떤 수도 될 수 있는 평균과 양수인 표준편차로써 결정된다. 그 분포는 중심에서 최대이며, 평균을 중심으로 대칭이다. 그 곡선의 꼬리는 중심에서 양쪽으로 무한히 연장되며, 수평축에 한없이 가깝게 갈 수는 있지만, 아무리 멀리 가더라도 수평축에 닿지는 않는다. 즉, 수평축을 점근선으로 갖는다. 평균 μ는 곡선의 중심의 위치를 결정하고, 표준편차는 그 곡선의 퍼짐의 정도를 결정한다. [그림 4.1]에서 곡선들의 평균은 모두 50으로 같지만, $\sigma = 1/2$, $\sigma = 1$ 및 $\sigma = 2$의 각기 다른 표준 편차를 갖는다. 표준편차가 클수록 곡선이 평평함을 알 수 있다. 예컨대, $\sigma = 1/2$인 곡선은 $\sigma = 2$인 곡선보다 더 뾰족하다.

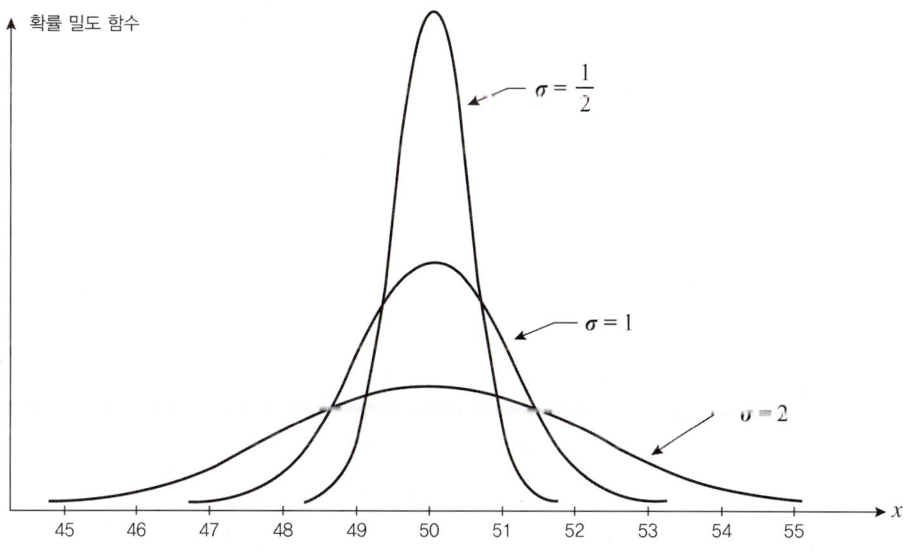

그림 4.1 $\mu = 50$이고, $\sigma = 1/2$, 1, 2인 정규분포

[그림 4.2]에서 표준편차는 $\sigma = 2$로 모두 같지만 평균이 $\mu = -6$, $\mu = 0$, $\mu = 8$로 각기 다른 곡선이다. σ가 서로 같으므로 곡선들은 퍼짐의 정도, 즉 모양과 크기는 같지만 $\mu = 8$인 곡선은 $\mu = -6$인 것보다 오른쪽에 위치해 있다.

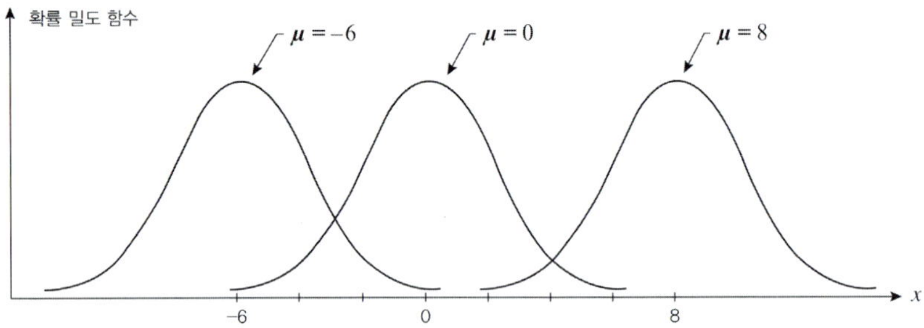

그림 4.2 $\sigma = 2$이고, $\mu = -6, 0, 8$인 정규분포

평균 μ와 유한한 분산 σ^2을 갖는 정규분포의 확률밀도함수(probability density function)는 다음과 같다.

$$f(x) = \frac{1}{\sqrt{2\pi}\,\sigma} e^{-\frac{1}{2}\left(\frac{x-\mu}{\sigma}\right)^2} \qquad -\infty < x < \infty$$

이러한 정규분포를 나타내는 기호로 $N(\mu,\ \sigma^2)$로 나타난다.

정규분포는 연속분포이므로 확률은 적당한 곡선 밑의 면적으로 주어진다. 정규분포를 갖는 확률변수 X가 두 수 a, b 사이에 있을 확률은 [그림 4.3]에서 빗금 친 부분으로 $x = a$와 $n = b$ 사이의 곡선 아래의 면적과 같다.

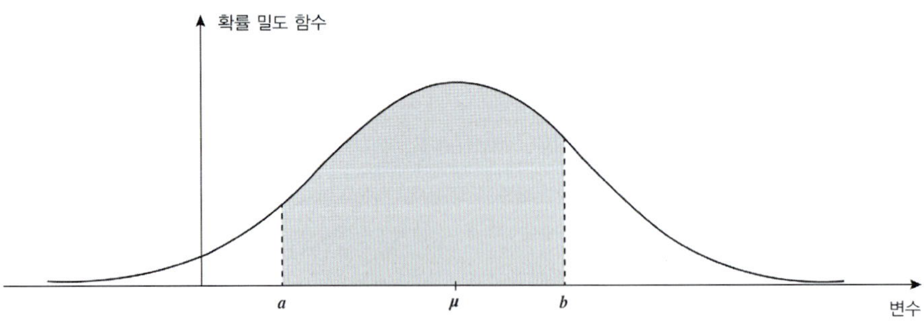

그림 4.3 $P(a < X < b)$

곡선의 모양에서 보는 바와 같이 그 면적은 기하학적으로 간단히 구할 수는 없고 정적분으로 구해지나, 이는 매우 복잡하므로 평균과 표준편차에 의해서 표준화(standardized)하면

$$Z = \frac{X - \mu}{\sigma}$$

이 되는데, 여기서 확률 변수 Z는 평균이 0이고, 표준편차가 1인 정규분포를 하게 된다. 이러한 표준화된 정규분포를 표준정규분포(standard normal distribution)라고 하며, 아래와 같은 식으로 표현된다.

$$f(z) = \frac{1}{\sqrt{2\pi}} e^{-\frac{z^2}{2}}, \qquad -\infty < z < \infty$$

어떤 정규곡선 아래의 면적은 이것을 평균과 표준편차에 의해서 표준화한 곡선 아래의 면적으로 대치하여 얻는다. 즉, $P(Z < a)$가 부록표에 주어진다.

부록의 표에는 표준정규곡선 아래의 면적을 $z = -\infty$에서 $z = a$, $a = 0.00$, 0.01, 0.02, …, 3.09까지의 정적분한 값이 주어졌다.

예컨대, $z = -\infty$에서 $z = 1.73$ 사이의 면적을 구하려면 아래와 같은 표에서 z의 열과 행에서 1.7과 0.03에 해당하는 수, 즉 0.9582를 읽으면 된다.

표 4.1 **표준정규분포표 일부**

z	.00	.01	.02	.03	.04	.05
.0	.5000	.5040	.5080	.5120	.5160	.5119
.1	.5398	.5438	.5478	.5517	.5557	.5596
.2	.5793	.5832	.5871	.5910	.5948	.5987
.3	.6179	.6217	.6255	.6293	.6331	.6368
1.5	.9332	.9345	.9357	.9370	.9382	.9394
1.6	.9452	.9463	.9474	.9484	.9495	.9505
1.7	.9554	.9564	.9573	.9582	.9591	.9599
1.8	.9641	.9649	.9656	.9664	.9671	.9678
1.9	.9713	.9719	.9726	.9732	.9738	.9744

따라서, Z의 값이 1.73이하일 확률은 0.9582

$$P(Z < 1.73) = 0.9582$$

이것은 [그림 4.4]의 빗금 친 부분으로 나타나 있다.

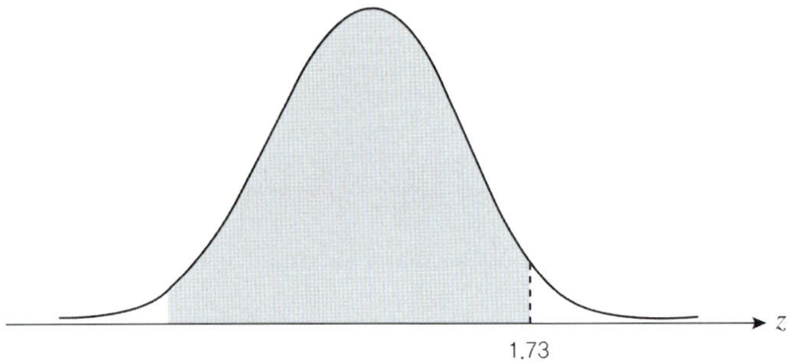

그림 4.4 $P(Z < 1.73) = 0.9582$

이제 몇 가지 예에서 표준정규곡선 아래의 면적을 구하는 부록의 표의 용법을 알아보자. 표준정규곡선은 수직축에 대하여 대칭이므로 z의 양의 부분의 면적을 알고 있으면, 음의 부분에 대해서는 대칭성을 상기하면 쉽게 이해할 수 있을 것이다.

예제 4.8

$P(Z < c) = 0.8944$일 때 c의 값은 얼마인가?

풀이

문제에서 표의 값이 0.8944로 주어져 있으므로, 우리는 그에 해당하는 Z의 값을 구하면 된다. [그림 4.5]에서와 같이 $c = 1.25$이다.

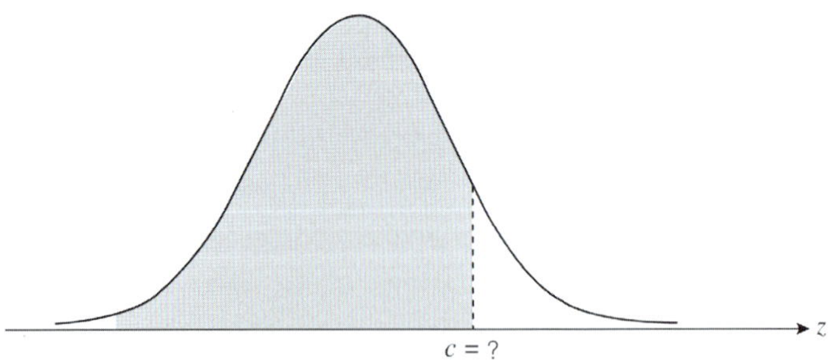

그림 4.5 $P(z < c) = 0.8944$

예제 4.9

$P(-2.42 < Z < 0.8)$의 값을 구하여라.

풀이

이 확률은 [그림 4.6]에서 0과 0.8사이의 면적과 −2.42와 0사이의 빗금 친 면적을 합하여 구할 수 있다. [그림 4.6]이 대칭이므로 −2.42와 0사이의 면적은 0과 2.42사이의 면적과 같다. 따라서, $P(-2.42 < Z < 0.8) = P(Z < 0.8) - P(Z < -2.42) = 0.7803$이 된다.

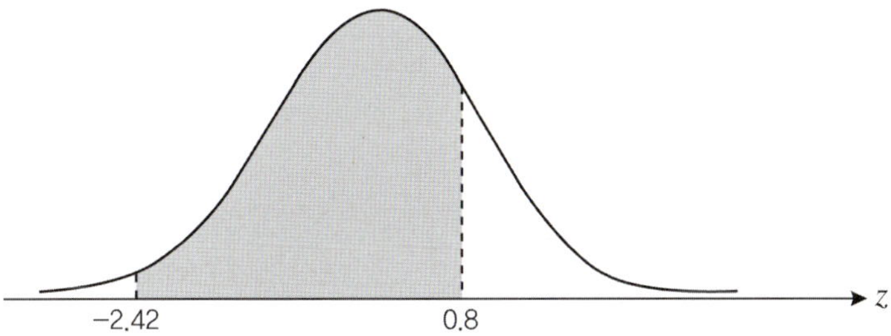

그림 4.6 $P(-2.42 < z < 0.8)$

예제 4.10

다음의 확률을 구하여라.

(1) $P(1.8 < Z < 2.8)$

(2) $P(-2.8 < Z < -1.8)$

풀이

(1) $P(1.8 < Z < 2.8)$은 $z = 1.8$과 $z = 2.8$사이의 면적이다.

$$P(1.8 < Z < 2.8) = P(Z < 2.8) - P(Z < 1.8)$$
$$= 0.4974 - 0.4641 = 0.0333$$

(2) 정규곡선의 대칭성에 의해서 다음과 같이 구해진다.

$$P(2.8 < Z < -1.8) = P(1.8 < Z < 2.8) = 0.0333$$

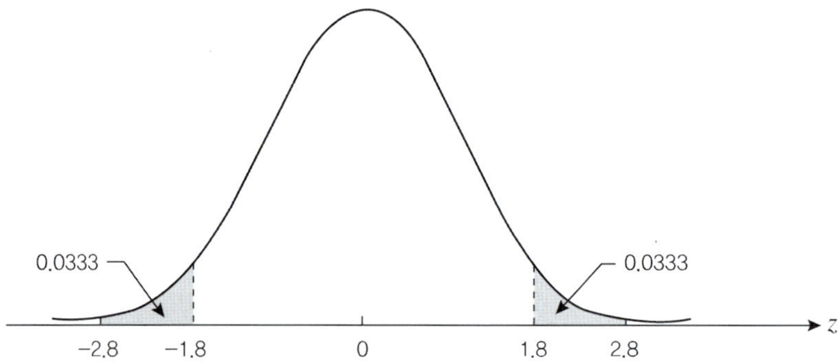

그림 4.7 $P(1.8 \le z \le 2.8)$ 또는 $P(-2.8 \le z \le -1.8)$

예제 4.11 다음의 확률을 구하여라.

(1) $P(Z > -2.13)$　　(2) $P(Z < -1.81)$

풀이

(1) $P(Z > -2.13)$을 나타내는 영역은 [그림 4.8]에 빗금 친 부분이다.

$P(Z > -2.13) = P(Z \le 2.13) = 0.9834$

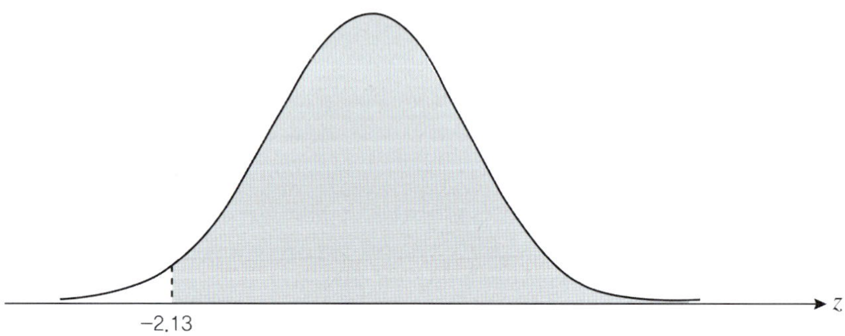

그림 4.8 $P(z > -2.13)$

(2) $P(Z < -1.81)$은 −1.81의 왼쪽의 면적이므로 대칭성에 의하여 1.81의 오른쪽의 면적과 같다.

$P(Z < -1.81) = 1 - P(Z < 1.81) = 1 - 0.9649 = 0.0351$

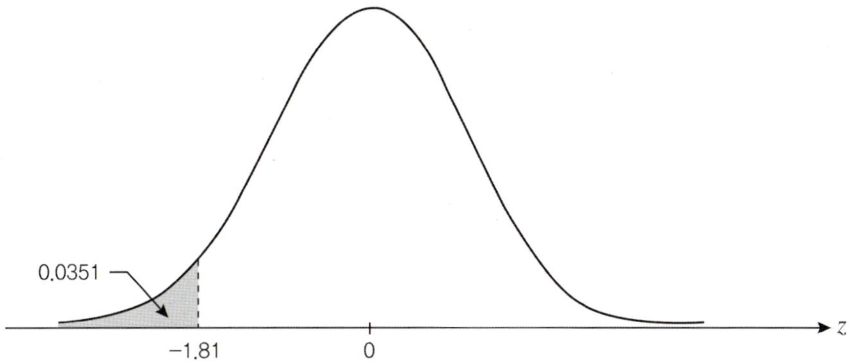

그림 4.9 $P(z < -1.81)$

예제 4.12

Z를 표준정규확률변수라 하고, 다음의 각각의 경우에 있어서 c의 값을 구하여라.

(1) $P(Z \le c) = 0.1151$

(2) $P(Z \le c) = 0.8238$

(3) $P(1 \le Z < c) = 0.1525$

(4) $P(-c < Z < c) = 0.8164$

풀이

(1) 대칭성에 의하여 $P(Z \le c) = 0.1151$이므로

$1 - P(Z \le -c) = 0.1151$

$P(Z \le -c) = 0.8849$

$-c = 1.2$

$c = -1.2$

(2) 부록의 표로부터 $c = 0.93$

(3) $P(1 \le Z < c) = P(Z < c) - P(Z \le 1) = 0.1525$

$P(Z < c) = 0.9938,\ c = 2.5$

(4) 대칭성에 의하여 $P(0 < Z \le c) = \frac{1}{2}(0.8164) = 0.4082$이 된다.

따라서 부록의 표에 의하여 $c = 1.33$이다.

지금까지는 표준정규곡선 아래의 면적을 다루어 왔고, 이제는 임의의 평균 μ와 양수의 표준 편차 σ를 갖는 정규분포의 일반적인 경우인 $N(\mu,\ \sigma^2)$를 생각해 보자. X가 평균 μ와 표준편차와 표준편차 σ를 갖는 정규확률변수일 때 Z는

$$Z = \frac{X-\mu}{\sigma}$$

로 놓음으로써 표준화(standardized) 된다. X가 평균 μ와 분산 σ^2을 갖는 정규분포 $N(\mu, \sigma^2)$이면

$$P(a < X < b) = P(\frac{a-\mu}{\sigma} < \frac{X-\mu}{\sigma} < \frac{b-\mu}{\sigma})$$

$$= P(\frac{a-\mu}{\sigma} < Z < \frac{b-\mu}{\sigma})$$

예제 4.13

$\mu = 30,\ \sigma = 4$인 정규분포 $N(30,\ 4^2)$에서 다음을 구하여라.

(1) $P(30 < X < 35)$

(2) $P(X > 40)$

(3) $P(X < 37)$

(4) $P(20 < X < 37)$

풀이

(1) $P(30 < X < 35) = P(\frac{30-30}{4} < \frac{X-30}{4} < \frac{35-30}{4}) = P(0 < Z < 1.25) = 0.3944$

(2) $P(X > 40) = P(\frac{X-30}{4} > \frac{40-30}{4}) = P(Z > 2.5)$

$$= 1 - P(Z < 2.5) = 1 - 0.9938 = 0.0062$$

(3) $P(X < 37) = P(Z < \frac{37-30}{4}) = P(Z < 1.75) = 0.9599$

(4) $P(20 < X < 37) = P(\frac{20-30}{4} < Z < \frac{37-30}{4}) = P(-2.5 < Z < 1.75)$

$$= P(0 < Z < 2.5) + P(0 < Z < 1.75)$$

$$= 0.4938 + 0.4599 = 0.9537$$

예제 4.14 과거의 경험으로부터 어떤 지방의 연간 강우량의 평균이 50인치, 표준편차가 4인치인 정규분포를 한다고 알려져 있다. 연간 강우량이 57인치를 초과하면 홍수가 난다고 한다. 어느 한 해에 홍수가 날 확률을 구하여라.

풀이

$$P(X > 57) = P(Z > \frac{57-50}{4}) = P(Z > 1.75) = 1 - P(Z < 1.75) = 0.0401$$

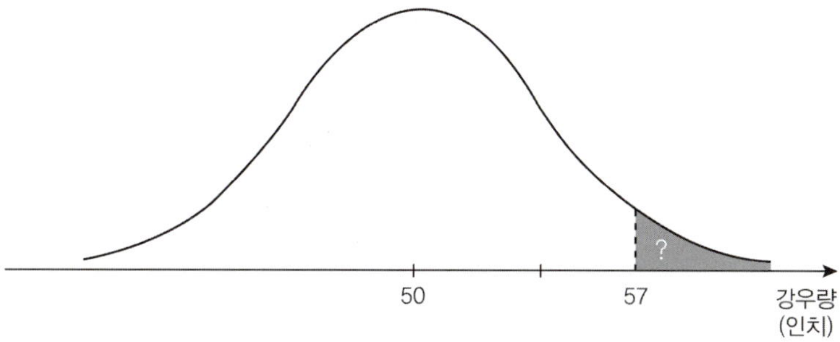

그림 4.10 $P(X > 57)$

오랜 기간을 통틀어보면 25년마다 한 번의 홍수가 일어난다고 볼 수 있다.

예제 4.15 어떤 용기에 들어 있는 식품의 무게는 평균 $\mu = 500$ 파운드, 표준편차 $\sigma = 5$ 파운드의 정규분포에 따른다. 하나의 용기를 임의로 뽑았을 때 다음의 확률을 구하여라.

(1) 510 파운드 이상일 확률

(2) 498 파운드 이하일 확률

(3) 491 파운드와 498 파운드 사이일 확률

풀이

X는 용기 안에 들어 있는 식품의 무게를 나타낸다고 하자.

(1) $$P(X > 510) = P(Z < \frac{510-500}{5}) = P(Z > 2)$$
$$= 1 - P(Z < 2) = 0.0228$$

(2) $P(X < 498) = P(Z < \dfrac{498-500}{5}) = P(Z < -0.4) = P(Z > 0.4)$

$$= 1 - P(Z < 0.4) = 0.3446$$

(3) $P(491 < X < 498) = P(\dfrac{491-500}{5} < Z < \dfrac{498-500}{5})$

$$= P(-1.8 < Z < -0.4) = P(0.4 < Z < 1.8)$$

$$= P(Z < 1.8) - P(Z \le 0.4) = 0.3087$$

예제 4.16

포장기계는 판지상자를 평균 16.1온스의 시리얼로 채우기 위해 설치되었다. 상자 당 양들이 0.04온스와 같은 표준편차의 정규분포를 이룬다고 가정해보자.

(1) 상자의 10%는 몇 이하가 들어있을까?

(2) 몇 온스 이상이 80% 일까?

(3) 상자들의 중간 90%는 온스 얼마 사이에 있을까?

풀이

(1) $P(X < x_0) = 0.1$이므로 $P(Z < \dfrac{x_0 - 16.1}{0.04}) = 0.1$ 표준정규분포표에서

$\dfrac{x_0 - 16.1}{0.04} = -1.28$이므로 $x_0 = 16.1 - 1.28 \times 0.04 = 16.049$

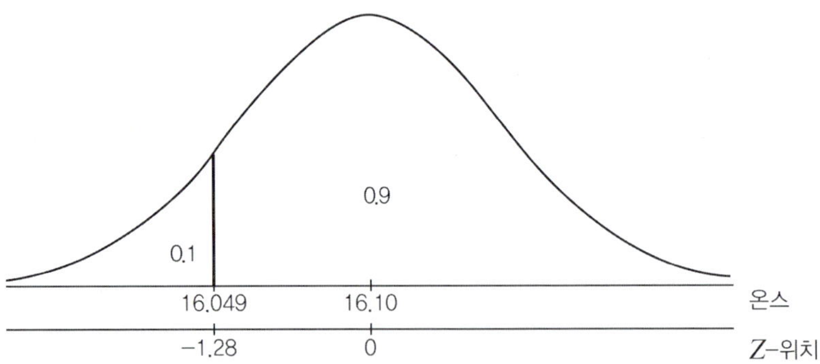

그림 4.11 $P(z < -1.28) = 0.1$

(2) $P(X > x_0) = 0.8$ 의미하므로 $P(Z > \dfrac{x_0 - 16.1}{0.04}) = 0.8$ 표준정규분포표에 의하여

$\dfrac{x_0 - 16.1}{0.04} = -0.84$. 따라서 $x_0 = 16.1 - 0.84 \times 0.04 = 16.066$이다.

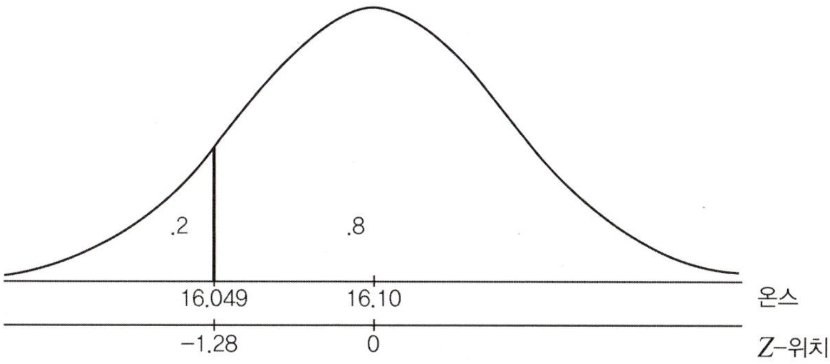

그림 4.12 $P(z > 1.28) = 0.8$

(3) 표준정규분포표에 의하면 $P(-1.65 \leq Z \leq 1.65) = 0.9$이므로

$P(-1.65 \leq \dfrac{X - 16.1}{0.04} \leq 1.65) = 0.9$이다.

따라서 $16.1 - 1.65 \times 0.04 \leq X \leq 16.1 + 1.65 \times 0.04$

즉, $16.034 \leq X \leq 16.166$이다.

4.4 이항분포의 정규 근사법

이항분포의 확률을 구하는 산술적 계산은 n이 어느 정도 커지면 매우 복잡하고 시간이 많이 걸리는 것이 하나의 흠이다. 예를 들어, $n = 30$, $p = 0.6$일 때 $P(X \geq 20)$을 구하려면 다음을 계산하여야 한다.

$$\begin{aligned} P(X \geq 20) &= P(X = 20) + P(X = 21) + \cdots + P(X = 30) \\ &= {}_{30}C_{20}(0.6)^{20}(0.4)^{10} + {}_{30}C_{21}(0.6)^{21}(0.4)^{9} + \cdots + {}_{30}C_{30}(0.6)^{30} \end{aligned}$$

이것을 계산한다는 것은 매우 귀찮은 일이다. 여기에다 n이 더 커지면 이 계산은 더욱 복잡해져, 이항확률을 구하는 데는 많은 시간을 낭비하게 되어 쓸모가 없게 된다. 이러한 경우

를 해결하기 위하여 n이 크면 이항확률의 근사치를 구하는 편리한 방법이 있다. 이는 n번의 시행, 성공의 확률 p의 이항분포에 대하여 평균 np, 표준편차 $\sqrt{npq}$인 정규분포로 접근시키는 방법이다. 즉,

$$Z = \frac{X - np}{\sqrt{npq}}$$

이것이 표준정규분포를 하게 된다.

예제 4.17 1년 동안 한 노동자가 사고를 낼 확률이 0.4라고 한다. 어떤 공장에 200명의 노동자가 있을 때 1년에 75명보다 많은 사람이 사고가 날 확률은 얼마인가? 어떤 노동자에서 사고가 날 확률은 다른 노동자의 사고와는 독립이라고 한다.

풀이

X가 1년 동안에 사고를 당한 노동자의 수라고 하자. 그러면 X는 $n = 200$, $p = 0.4$인 이항분포를 한다. 이 분포를 정규근사화하면

평균 : $\mu = 200 \times 0.4 = 80$

표준 편차 : $\sigma = \sqrt{200 \times 0.4 \times 0.6} = 6.928$

인 정규분포를 한다. 여기에서 75명 초과가 사고를 당할 확률을 이항확률의 공식을 이용하면

$$\begin{aligned} P(X > 75) &= P(X = 76) + P(X = 77) + \cdots + P(X = 200) \\ &= \frac{200!}{76!\,124!}(0.4)^{76}(0.6)^{124} + \cdots + \frac{200!}{200!\,0!}(0.4)^{200}(0.6)^{0} = 0.7410 \end{aligned}$$

이다 이 계산을 정규근사법으로 하면

$$\begin{aligned} P(X > 75) &\approx P(Z > \frac{75.5 - 80}{6.928}) = P(Z > -0.65) \\ &= P(Z \le 0.65) = 0.7422 \end{aligned}$$

예제 4.18 어떤 새로운 백신의 효과를 시험하기 위하여 100명에게 투여하였다. 제약 회사는 이 백신을 맞은 임의의 사람은 확률 0.8로 면역성을 갖게 된다고 주장한다고 할 때 다음의 확률을 구하여라.

(1) 74명 미만이 면역성을 갖게 될 확률

(2) 74명 이상, 85명 이하가 면역성을 갖게 될 확률

풀이

X가 면역성을 갖게 될 사람의 수로 나타낸다고 하자.

$n = 100,\ p = 0.8$이므로

$\mu = 100 \times 0.8 = 80,\ \sigma = \sqrt{100 \times 0.8 \times 0.2} = 4$

(1) $P(X < 74)$를 구하자. 이 확률의 근사값은 $\mu = 80,\ \sigma = 4$인 정규곡선 아래에서 73.5의 왼쪽 면적과 같다. 이것을 표준화해서 다음과 같이 구한다.

$$\begin{aligned} P(X < 74) \approx P\left(Z < \frac{73.5 - 80}{4}\right) &= P(Z < 1.62) \\ &= P(Z > 1.62) \\ &= 1 - P(Z < 1.62) \\ &= 1 - 0.9474 = 0.0526 \end{aligned}$$

(2) $P(74 \le X \le 85)$는 $\mu = 80,\ \sigma = 4$인 정규곡선 아래에서 73.5와 85.5 사이의 면적을 구하면 된다. 이것을 표준화해서 다음과 같이 구한다.

$$\begin{aligned} P(74 \le X \le 85) &\approx P\left(\frac{73.5 - 80}{4} < Z < \frac{85.5 - 80}{4}\right) \\ &= P(-1.63 < Z < 1.37) \\ &= P(0 < Z < 1.37) + P(0 < Z < 1.63) \\ &= 0.4147 + 0.4487 = 0.8631 \end{aligned}$$

연습문제

1 어떤 통신판매를 이용하는 고객의 비율은 다음과 같은 밀도함수를 가지는 연속형 확률변수라고 한다.

$$f(x)=\begin{cases}\dfrac{2(x+2)}{5}, & 0<x<1\\ 0, & \text{기타}\end{cases}$$

(1) $P(0<X<1)=1$이 됨을 보여라.

(2) 고객들 중 1/4 이상에서 1/2 이하가 이 통신판매를 이용할 확률을 구하라.

2 $x=2$에서 $x=5$사이의 값을 가지게 되는 연속형확률변수 X의 확률밀도함수가 $f(x)=2(1+x)/27$이라 할 때 다음을 구하라.

(1) $P(X<4)$

(2) $P(3\leq X<4)$

3 DVD 플레이어의 어느 중요한 부품의 수명은 다음의 밀도함수를 따른다고 한다.

$$f(x)=\begin{cases}\dfrac{1}{2000}exp(\dfrac{-x}{2000}), & x\geq 0\\ 0, & x<0\end{cases}$$

(1) $F(x)$를 구하라.

(2) 부품의 수명이 1000시간 이상일 확률을 구하라.

(3) 부품의 2000시간 이전에 고장 날 확률을 구하라.

04 세탁기가 고장 날 때까지의 시간(단위 : 년) Y의 확률밀도함수가 다음과 같다고 한다.

$$f(y) = \begin{cases} \frac{1}{4}e^{-y/4}, & y \geq 0 \\ 0, & \text{기타} \end{cases}$$

(1) 세탁기가 6년 이내에 고장 나지 않을 확률을 구하라.

(2) 세탁기가 1년 이내에 고장 날 확률은 얼마인가?

05 어느 우편 주문판매에 응하는 비율 X의 확률밀도함수가 다음과 같을 때 X의 기댓값을 구하라.

$$f(x) = \begin{cases} \frac{2(x+2)}{5}, & 0 < x < 1 \\ 0, & \text{기타} \end{cases}$$

06 어느 공항에서 비행기의 이륙대기시간(단위 : 분)은 확률변수 X이고, 여기에서 X의 밀도함수는 나음과 같다고 한다.

$$f(x) = \begin{cases} \frac{1}{4}e^{-x/4}, & x > 0 \\ 0, & \text{기타} \end{cases}$$

확률변수 X의 평균과 분산을 구하라.

07 확률밀도함수가 $f(x) = \begin{cases} 6x(1-x), & 0 \leq x \leq 1 \\ 0, & \text{기타} \end{cases}$ 일 때, 평균과 분산은?

8 표준정규분포에 대하여 다음의 확률을 구하시오.

(1) $P(-1.83 \le Z \le 2.57)$ (2) $P(0 \le Z \le 2.02)$

(3) $P(-1.99 \le Z \le 0)$ (4) $P(Z \ge 1.48)$

9 표준정규분포에 대하여 다음의 확률을 구하시오.

(1) $P(Z < -2.14)$ (2) $P(0.67 \le Z \le 2.49)$

(3) $P(-2.07 \le Z \le -0.93)$ (4) $P(Z < 1.78)$

10 $X \sim N(50, 10^2)$인 정규분포에서 $P(60 < X < 65)$을 구하여라.

11 $X \sim N(300, 50^2)$인 정규분포에서 $P(X \ge 370)$를 구하여라.

12 특정한 브랜드의 백열전구의 수명이 1500시간의 평균값과 75시간의 표준편차로 정규적으로 분포되어있다.

(1) 백열전구가 1410시간보다 덜 오래 갈 확률은 얼마인가?

(2) 백열전구가 1563과 1648시간 사이의 오래 갈 확률은 얼마인가?

13 한 고속도로의 공사구간에서는 제한 속도가 시속 40마일이다. 이 공사구간을 통과하는 차량들의 속도는 평균 시속 46마일, 표준편차 시속 4마일이다. 다음의 속도로 이 공사구간을 통과하는 차량들은 전체의 몇 퍼센트인가?

(1) 제한 속도를 넘는 차량

(2) 시속 50마일과 55마일의 차량

14 한 마트의 경영진은 이 매장의 방문수가 많은 고객들에게 선물을 증정하는 행사를 기획하고 있다. 경영진들은 이 행사를 광고한 뒤에, 이 매장을 방문하는 고객들의 지출이 매 방문마다 평균 95달러이고, 표준편차가 21달러인 정규분포를 따를 것이라고 예상하고 있다. 경영진들이 이 마트에서 한 번의 방문에서 130달러 이상 구매한 모든 손님들에게 무료 경품을 주기로 한다면, 경품을 받을 거라 예상되는 고객은 전체의 몇 퍼센트인가?

15 한 심리학자가 대기실에 앉아 있는 치과 환자들의 스트레스에 대한 실험을 하였다. 이 실험에 의하면 치아의 근관 치료를 기다리는 환자들의 스트레스지수(1부터 10까지)는 대략 평균 7.59에서 표준편차 0.73인 정규분포를 따랐다.

(1) 그런 환자의 스트레스지수가 6.0보다 작은 환자는 전체 몇 퍼센트인가?

(2) 임의로 선정된 대기실에서 근관치료를 기다리는 환자의 스트레스지수가 7.0과 8.0 사이일 확률은 무엇인가?

(3) 그 심리학자는 스트레스지수가 9.0보다 큰 환자는 이 치료 전에 진정이 필요하다고 주장했다. 이 주장을 받아들인다면 근관치료를 기다리는 환자들 중 몇 퍼센트가 진정이 필요한가?

16 어떤 대학 입시는 1000점 만점으로, 지원자 2000명의 득점 분포는 평균 450점, 표준편차 75점의 정규분포를 이루고 있음을 알았다. 다음 표준정규분포표를 이용하여 다음 물음에 답하여라.

z	$P(0 \le Z \le z)$
1.0	0.34
1.5	0.43
2.0	0.48

(1) 600점 이상 득점한 수험생은 몇 명인가?

(2) 이 대학의 입학 정원이 320명일 때, 합격 최저점은 몇 점인가?

17 어떤 학년의 수학성적은 평균 72점, 표준편차가 9점의 정규분포를 이룬다고 한다. 수험생 중에서 상위 10%는 평점 '수'가 주어진다고 할 때, 수험자가 평점 '수'를 받기 위해서는 적어도 몇 점을 받아야 하는가? 이 책 뒤의 표준정규분포표를 이용하여 답하여라.

18 일정한 수입이 있는 한 집단에 소속된 가정들 중 27%가 3년에 한 번씩 이사를 한다. 100가정이 소속된 집단에서 20에서 30사이의 가정들이 다음 3년 사이에 이사할 확률은 얼마인가?

19 주사위를 720번 던져 1의 눈이 나온 회수를 X라 할 때 $P(115 \le X \le 135)$의 값은 얼마인가?

20 동전을 200회 아무 생각 없이 던져서 표면이 나오는 회수가 100과의 편차가 5이하일 확률 $P(|X-100| \le 5)$를 구하라.

21 인구의 60%가 정부의 대규모 예산삭감을 지지한다면, 설문조사 된 250명 중 155이하가 예산삭감을 지지할 확률은 얼마인가?

CHAPTER 5

표본분포

5.1 평균의 표본분포
5.2 비율의 표본분포
5.3 Student의 t분포
5.4 카이 제곱 분포
5.5 F 분포

우리는 모집단의 특성 중 어떠한 수치, 예를 들면, 모평균이나 모비율 또는 모표준편차 등에 관심이 있는 경우가 많이 있다. 이러한 특성값을 모수(parameter)라 하며 우리의 관심은 특히 모집단의 모수에 관한 연구이다. 표본에서 모수를 추론하려면 표본에서 계산되는 양에 의존하는데 이러한 양을 통계량이라 한다. 따라서, 통계량은 확률변수이다. 예컨대, $\overline{X}$는 통계량 표본 평균(sample mean)을 나타낸다. 그리고, 주어진 표본값들에 대한 그 값을 $\overline{x}$로 나타낸다. 같은 방법으로 표본분산(sample variance) S^2은 통계량이고, 주어진 표본에 대한 그 값을 소문자 s^2으로 나타낸다. 일반적으로 확률 변수인 통계(statistic)은 대문자로, 주어진 표본에 의한 고정된 값은 소문자로 구분하여 표시한다. 통계량은 표본분포(sampling distribution)는 그 통계량의 확률분포을 뜻한다. 이는 모집단의 분포의 영향을 받고, 또한 표본의 크기 n에도 영향을 받는다.

5.1 평균의 표본분포

이 절에서는 평균의 표본분포(sampling distribution of the mean), 표본평균 $\overline{X}$의 분포에 관하여 설명한다. 예를 들면, 이를 테면 주머니 속에 0, 2, 4, 6의 숫자가 적힌 네 개의 공이 들어 있다고 하자. 크기가 4인 이 모집단에서 한 개의 공을 임의 추출할 때 공에 적힌 숫자를 X라고 하면 X의 확률분포는 다음과 같다.

표 5.1 모집단 분포

X	0	2	4	6	합
$P(X)$	$\frac{1}{4}$	$\frac{1}{4}$	$\frac{1}{4}$	$\frac{1}{4}$	1

이와 같은 분포를 모집단의 분포라고 한다.

이 모집단 분포에서 X의 평균 μ과 분산 σ^2은 다음과 같다.

$$\mu = 0\times\frac{1}{4}+2\times\frac{1}{4}+4\times\frac{1}{4}+6\times\frac{1}{4}=3$$

$$\sigma^2 = 0^2\times\frac{1}{4}+2^2\times\frac{1}{4}+4^2\times\frac{1}{4}+6^2\times\frac{1}{4}-3^2 = 5$$

이때 $\mu=3$을 모평균, $\sigma^2=5$를 모분산, $\sigma=\sqrt{5}$를 모표준편차라고 한다. 이제 이 모집단에서 두 개의 공을 복원 추출할 때, 첫 번째 공의 숫자를 X_1, 두 번째 공의 숫자를 X_2라

하고, 이들의 평균을 $\overline{X}$라고 하면

$$\overline{X} = \frac{X_1 + X_2}{2}$$

이다. 이 $\overline{X}$를 표본평균이라고 한다. 이를테면 첫 번째 공의 숫자가 2이고, 두 번째 공의 숫자가 6이라고 하면 $X_1 = 2$, $X_2 = 6$이므로 표본평균 $\overline{X}$는

$$\overline{X} = \frac{2+6}{2} = 4$$

이다.

그런데 이 4개의 공에서 순서를 생각하여 크기가 2인 표본을 복원추출하는 모든 방법의 수는 $4 \times 4 = 16 (= {}_4\Pi_2)$가지이며 이들 16개의 표본의 각각의 평균을 구하여 표로 만들면 아래 표와 같다.

표 5.2 가능한 모든 $\overline{X}$

X_2 \ X_1	0	2	4	6
0	0	1	2	3
2	1	2	3	4
4	2	3	4	5
6	3	4	5	6

따라서 표본평균 $\overline{X}$가 가질 수 있는 값은 0, 1, 2, 3, 4, 5, 6이고, 이들에 대응하는 확률을 조사하면 $\overline{X}$는 오른쪽과 같은 확률분포를 이루는 확률변수라고 할 수 있다.

이 $\overline{X}$의 평균과 분산은 다음과 같다.

표 5.3 $\overline{X}$의 분포

$\overline{X}$	0	1	2	3	4	5	6
$P(\overline{X})$	$\frac{1}{16}$	$\frac{2}{16}$	$\frac{3}{16}$	$\frac{4}{16}$	$\frac{3}{16}$	$\frac{2}{16}$	$\frac{1}{16}$

$$\mu_{\bar{X}} = 0\times\frac{1}{16}+1\times\frac{2}{16}+2\times\frac{3}{16}+\ \cdots\ +6\times\frac{1}{16}=3$$

$$\sigma^2_{\bar{X}} = 0^2\times\frac{1}{16}+1^2\times\frac{2}{16}+2^2\times\frac{3}{16}+\ \cdots\ +6^2\times\frac{1}{16}-3^2=\frac{5}{2}$$

위의 계산에서 $\mu_{\bar{X}}$와 모집단의 평균 μ가 3으로 같음에 유의한다. 그러나, 분산에 있어서는 $\sigma^2_{\bar{X}} = \frac{5}{2}$이고, $\sigma^2 = 5$이므로

$$\sigma^2_{\bar{X}} = \frac{\sigma^2}{2} = \frac{\text{모집단의 분산}}{\text{표본의 크기}}$$

임에 유의하여라.

위에서 보인 바와 같이 μ와 $\mu_{\bar{X}}$, σ^2과 $\sigma^2_{\bar{X}}$의 관계는 모집단의 크기와 상관없이 다음과 같은 일반적인 성질이 성립한다. 평균 μ와 분산 σ^2을 갖는 모집단으로부터 크기 n인 표본을 복원 추출했을 때 다음이 성립한다.

$$\mu_{\bar{X}} = \mu,\ \sigma^2_{\bar{X}} = \frac{\sigma^2}{n}$$

예제 5.1

모평균이 5, 모표준편차가 0.4인 모집단에서 크기가 100인 임의표본을 복원추출하는 경우, 표본평균 $\overline{X}$의 평균, 분산, 표준편차를 구하여라.

풀이

$\mu = 5,\ \sigma = 0.4,\ n = 100$이므로

$$\mu_{\bar{X}} = 5,\ \sigma^2_{\bar{X}} = \frac{0.4^2}{100} = 0.0016,\ \sigma_{\bar{X}} = 0.04$$

예제 5.2

모평균이 120, 모표준편차가 10인 정규분포를 따르는 모집단에서 크기가 25인 표본을 임의추출하였다. 이때 표본평균이 115 이상 124 이하일 확률을 구하여라.

풀이

모집단의 분포는 정규분포 $\mathrm{N}(120, 10^2)$을 따르므로 크기가 25인 표본평균을 $\overline{\mathrm{X}}$ 라고 하면

$\overline{\mathrm{X}}$ 는 정규분포 $\mathrm{N}\left(120, \dfrac{10^2}{25}\right)$, 곧 $N(120, 2^2)$을 따른다.

따라서 $\mathrm{Z} = \dfrac{\overline{\mathrm{X}} - 120}{2}$ 으로 표준화하면

$$\begin{aligned} \mathrm{P}(115 \le \overline{\mathrm{X}} \le 124) &= \mathrm{P}(-2.5 \le \mathrm{Z} \le 2) = \mathrm{P}(0 \le \mathrm{Z} \le 2.5) + \mathrm{P}(0 \le \mathrm{Z} \le 2) \\ &= 0.4938 + 0.4772 = 0.9710 \end{aligned}$$

예제 5.3 어느 회사에서 생산하는 건전지의 수명은 평균이 30시간, 표준편차가 5시간인 정규분포를 따른다고 한다. 이 제품 중에서 100개의 건전지를 임의로 추출하는 경우, 수명의 표본평균 $\overline{\mathrm{X}}$ 에 대하여 다음 확률을 표준정규분포표를 이용하여 구하여라.

(1) $\mathrm{P}(29 \le \overline{\mathrm{X}} \le 31)$ (2) $\mathrm{P}(\overline{\mathrm{X}} \ge 31.5)$

풀이

(1) $$\begin{aligned} \mathrm{P}(29 \le \overline{\mathrm{X}} \le 31) &= \mathrm{P}\left(\frac{29-30}{5/\sqrt{100}} \le \mathrm{Z} \le \frac{31-30}{5/\sqrt{100}}\right) \\ &= \mathrm{P}(-2 \le \mathrm{Z} \le 2) = 2\mathrm{P}(0 \le \mathrm{Z} \le 2) \\ &= 0.9544 \end{aligned}$$

(2) $$\begin{aligned} \mathrm{P}(\overline{\mathrm{X}} \ge 31.5) &= \mathrm{P}\left(\mathrm{Z} \ge \frac{31.5-30}{5/\sqrt{100}}\right) = \mathrm{P}(\mathrm{Z} \ge 3) \\ &= 0.5 - \mathrm{P}(0 \le \mathrm{Z} \le 3) \\ &= 0.5 - 0.4987 \\ &= 0.0013 \end{aligned}$$

표본의 크기 n이 클 때 $\overline{X}$의 분포가 평균 μ 분산 σ^2/n인 정규분포에 가깝다는 사실은 매우 다행스럽고 특기할 만한 일이다. 이결과는 중심극한정리(central limit theorem)라는 유명한 확률 이론의 정리이다. 이의 증명은 정도에 지나치므로 생략한다.

- 중심극한정리(中心極限整理) : 평균이 μ이고, 분산이 σ^2인 임의의 모집단으로부터 뽑은 확률 표본의 평균 $\overline{X}$의 분포는 표본의 크기가 크면 근사적으로 평균 μ, 분산 σ^2/n인 정규분포 $N(\mu, \sigma^2/n)$에 따른다. 즉

$$Z = \frac{\overline{X} - \mu}{\frac{\sigma}{\sqrt{n}}}$$

의 분포는 근사적으로 표준정규분포 $N(0,1)$에 따른다.

예제 5.4

변수 X가 정규분포 $N(60, 10^2)$을 따르는 모집단에서 크기가 20인 표본을 임의 추출할 때, 표본평균 $\overline{X}$가 이루는 분포를 구하여라.

풀이

일반적으로 변수 X가 $N(\mu, \sigma^2)$을 따를 때 $\overline{X}$는 $N(\mu, \frac{\sigma^2}{n})$을 따르므로 $\overline{X}$는 $N(60, \frac{10^2}{20})$ 곧, $N(60, 5)$를 따른다.

예제 5.5

어떤 전구의 수명이 평균 500시간, 표준 편차 35시간인 확률변수이다. 이 전구 49개의 확률 표본의 평균이 488시간에서 505시간 사이에 있을 확률은 얼마인가?

풀이

여기에서 $\mu = 500$, $\sigma = 35$, $n = 49$이므로

$$\mu_{\overline{X}} = 500, \quad \sigma_{\overline{X}} = \frac{35}{\sqrt{49}} = 5$$

우리의 관심은 $P(488 < \overline{X} < 505)$을 구하는데 있으므로 이것을 표준화하여 중심 극한 정리에 의해서 다음과 같이 구한다.

$$
\begin{aligned}
P(488 < \overline{X} < 505) &\approx P\left(\frac{488-500}{5} < Z < \frac{505-500}{5}\right) \\
&= P(-2.4 < Z < 1) = P(0 < Z < 1) + P(0 < Z < 2.4) \\
&= 0.3413 + 0.4918 = 0.8331
\end{aligned}
$$

예제 5.6

어떤 TV 채널에서 30분짜리 프로그램에 있어서 광고에 쓰이는 시간은 평균 6.3분, 표준 편차 0.866분의 확률 변수이다. 36개의 30분짜리 프로그램을 시청한 어떤 사람이 220분 이상 광고를 볼 확률을 근사적으로 구하여라.

풀이

$\mu = 6.3$, $\sigma = 0.866$, 30분짜리 프로그램의 수를 나타내는 n은 36이므로 $n = 36$은 충분히 크다고 가정하고, 36개의 30분짜리 프로그램에서 광고에 할당된 평균시간 $\overline{X}$의 분포는 정규 근사법을 적용할 수 있다.

$$
\mu_{\overline{X}} = 6.3, \quad \sigma_{\overline{X}} = \frac{0.866}{\sqrt{36}} = 0.1443
$$

$$
\begin{aligned}
P(\overline{X} \geq 6.11) &\approx P\left(Z > \frac{6.11-6.3}{0.1443}\right) \\
&= P(Z > -1.32) \\
&= 0.9066
\end{aligned}
$$

5.2 비율의 표본분포

모집단에서 어떤 성질 A를 가진 것의 비율을 모비율이라 하고, 기호 p로 나타낸다. 또, 이 모집단에서 임의추출한 표본에서 성질 A를 가진 것의 비율을 표본비율이라 하고, 기호 $\hat{p}$으로 나타낸다. 따라서 크기가 n인 표본에서 성질 A를 가진 것의 추출된 횟수를 X라고 할 때, 표본비율 $\hat{p}$은

$$\hat{p} = \frac{X}{n}$$

이다.

3장에서 이항분포의 평균과 표준편차가 $\mu_X = np$, $\sigma_X = \sqrt{npq}$ 에서

$$\mu_{\hat{p}} = E\left(\frac{x}{n}\right) = \frac{1}{n}(np) = p$$

$$\sigma_{\hat{p}} = \sqrt{V\left(\frac{x}{n}\right)} = \frac{1}{n}\sqrt{npq} = \sqrt{\frac{p(1-p)}{n}}$$

따라서 성공의 확률이 p인 모집단에서 독립적으로 크기 n의 표본을 추출했을 때 n이 상당히 크면 표본비율 X/n의 분포는 근사적으로 평균 p, 분산 pq/n인 정규분포에 따른다. 여기에서 $p+q=1$이다. 경험에 의하면 표본의 크기 n인 $np>5$, $nq>5$ 정도로 커야 정규근사의 정도가 만족할 만한 것으로 알려져 있다. X/n의 분포가 근사적 정규분포를 한다는 말은 이것을 표준화한

$$Z = \frac{\hat{p} - p}{\sqrt{\frac{pq}{n}}}$$

은 n이 크다는 가정 하에 표준정규분포 $N(0,1)$에 매우 가까운 분포를 한다.

예제 5.7

어떤 제품의 불량률은 2%라고 하자. 100개의 제품을 임의 추출할 때, 표본비율 $\hat{p}$의 평균 $E(\hat{p})$과 표준편차 $\sigma(\hat{p})$을 구하여라.

풀이

$E(\hat{p}) = p = 0.02$,

$$\sigma(\hat{p}) = \sqrt{\frac{pq}{n}} = \sqrt{\frac{0.02 \times 0.98}{100}} = \frac{14}{1000} = 0.014$$

예제 5.8

어떤 고등학교 학생 2000명 중에서 60%가 대중교통을 이용하여 학교를 다닌다고 한다. 이 학교의 학생 중 100명을 임의 추출할 때, 대중교통을 이용하는 학생의 비율 $\hat{p}$은 어떤 분포를 따르는가?

풀이

$p = 0.6,\ \dfrac{pq}{n} = \dfrac{0.6 \times 0.4}{100} = \dfrac{24}{100^2}$ 이므로 근사적으로 $N\left(0.6,\ \dfrac{24}{100^2}\right)$를 따른다.

예제 5.9

유전학에서 멘델의 분리 법칙에 따르면 어떤 종류의 완두콩을 교배시켰을 때, 노란 완두콩이 나올 확률은 3/4이고, 녹색 완두콩이 나올 확률은 1/4이다. 400개의 완두콩이 생산되었을 때 다음을 구하여라.

(1) 노란 완두콩의비율의 표준 오차

(2) 노란 완두콩의 비율이 0.71과 0.78 사이에 있을 근사적 확률

풀이

$p = \dfrac{3}{4},\ n = 400$ 이다.

(1) 노란 완두콩의 비율의 표준오차는

$$\sqrt{\frac{pq}{n}} = \sqrt{\frac{3}{4}\frac{1}{4} \Big/ 400} = 0.0217$$

(2) $P(0.71 < X/n < 0.78) \approx P\left(\dfrac{0.71 - 0.75}{0.0217} < Z < \dfrac{0.78 - 0.75}{0.0217}\right)$

$$\begin{aligned} &= P(\ \ 1.84 < Z < 1.38) \\ &= 0.4678 + 0.4162 = 0.8840 \\ &= 0.8833 \end{aligned}$$

예제 5.10 어떤 도시 인구의 60%가 새로운 공원을 건설하는 데 찬성한다고 한다. 이 도시에서 150명을 임의로 뽑을 때, 새로운 공원을 건설하는 데 찬성하는 사람이 81명 이하일 확률을 구하여라.

풀이

모비율이 $p=0.6=\frac{3}{5}$이고 표본의 크기가 $n=150$이므로 표본비율 $\hat{p}$의 평균과 분산은

$$E(\hat{p})=\frac{3}{5},\ \mathrm{V}(\hat{p})=\frac{pq}{n}=\frac{\frac{3}{5}\times\frac{2}{5}}{150}=\frac{1}{25^2}$$

그런데 n은 충분히 크므로 $\hat{p}$은 정규분포 $N\left(\frac{3}{5},\ \left(\frac{1}{25}\right)^2\right)$을 따른다.

따라서 $Z=\dfrac{\hat{p}-\frac{3}{5}}{\frac{1}{25}}$으로 표준화하면

$$P\left(\hat{p}\le\frac{81}{150}\right)=P(Z\le-1.5)=0.5-P(0\le Z\le 1.5)=0.5-0.4332=0.0668$$

5.3 Student의 t분포

크기 n의 표본이 평균 μ의 정규모집단에서 추출하고, 각각의 확률표본 $X_1,\ X_2,\ \cdots,\ X_n$에 대한 S^2의 값을

$$S^2=\frac{1}{n-1}\sum_{i=1}^{n}(X_i-\overline{X})^2$$

으로 놓을 때

$$T=\frac{\overline{X}-\mu}{S/\sqrt{n}}$$

으로 표현되는 통계량 T의 분포를 연구하는 것이다. 이렇게 하여 Student의 t분포에 대한 연구를 하게 된다. 통계량 T는 어떻게 하여 나오는가? 모집단이 평균 μ, 분산 σ^2의 정규분

포를 하면 모든 n에 대하여 $\overline{X}$의 분포는 평균 μ, 분산 $\sigma^2/\sqrt{n}$의 정규분포를 하였다. 혹은 Z로 치환해서

$$Z = \frac{\overline{X} - \mu}{\sigma / \sqrt{n}}$$

은 표준정규분포 $N(0,1)$에 따른다는 것을 상기하자.

그러나, 대부분의 경우 σ의 값은 미지이고, 그 대신 σ의 추정치로서 통계량 S를 써야 한다. 이러한 이유로 해서

$$T = \frac{\overline{X} - \mu}{S / \sqrt{n}}$$

은 새로운 통계량이다. Z에서는 표본에 따라서 분자만이 변하였으나 T에서는 $\overline{X}$와 S가 표본 값에 달려 있으므로 표본에 따라서 분모와 분자가 변한다. 따라서, T의 분포는 Z의 분포와 다른 것은 당연하다. 여기에서 n이 크면(30 이상) S는 표본에 따라서 크게 변하지 않으며, 실질적으로 큰 표본으로부터 계산된 S값을 σ의 참값으로 간주할 수 있으므로, 표본 크기 n이 클 때 표준정규분포는 T의 분포의 양호한 근사적 분포라고 볼 수 있다. 그러나, n이 작으면 표준정규분포와 T의 분포의 차이는 커진다.

t분포의 확률밀도 함수를 소개하면 다음과 같다.

$$f(t) = \frac{k}{(1 + t^2/v)^{(v+1)/2}} \qquad -\infty < t < \infty$$

여기에서 v(또는 df) 자유도(degree of freedom)라는 것이고, k는 v에 의존하는 상수이다.

t분포는 수직축, 즉 $t = 0$에 관해서 대칭인 연속분포이다. 이 모양은 표준정규분포와 비슷하지만 꼬리 부분의 면적이 넓다. 따라서, 표준정규분포보다 평평한 편이다. t분포의 모양은 자유도라고 불리는 모수 v에 의존된다. 앞서 나왔던 통계량 T는 표본의 크기가 n일 때 자유도

$$v(df) = n - 1$$

인 t분포를 갖는다. t분포는 연속이므로 확률은 곡선 아래의 면적으로 주어지며, 부록의 표 여러 가지 자유도 df에 대한 확률이 주어졌다. 각각의 자유도에 대하여 하나씩의 곡선이 있기 때문에 지면상 수표가 정규분포처럼 상세하지 않다. 각각의 자유도 df에 대하여 오른쪽

꼬리 부분에서 몇 개의 확률에 따라서 t의 값이 주어졌다. 자유도 $n-1$에 대해서 오른쪽 부분의 면적이 α인 t의 값을 대개 $t_{(n-1),\,\alpha}$로 나타낸다.

자유도가 커짐에 따라 t분포는 표준정규분포처럼 보인다. 이는 [그림 5.1]에 나타나 있다. 이를 보이기 위해 자유도 10, 20, 30의 t값과 표에서의 z값을 비교하였다. 각각의 예에서 t값들이 자유도가 증가함에 따라 그에 해당하는 z값에 접근하는 것을 알 수 있다.

[그림 5.1]에서 t분포 곡선은 표준 정규 곡선보다 중심에서 낮고, 꼬리부분에서는 높음을 볼 수 있다. 이런 현상은 자유도가 작을 때 더 두드러지게 나타난다. 자유도가 커질수록 t분포 곡선은 표준 정규 곡선에 접근한다.

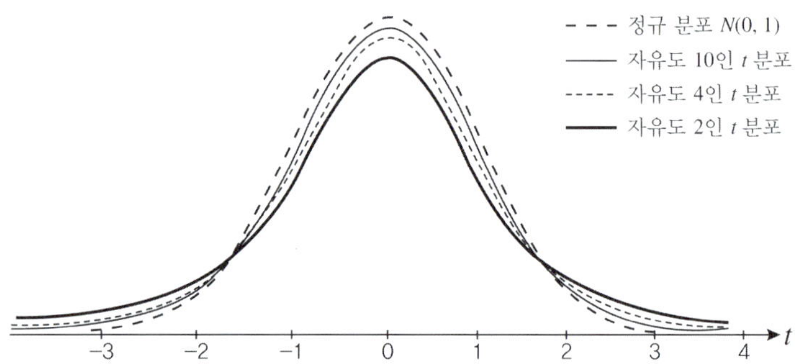

그림 5.1 자유도 2, 4, 10인 t 분포와 표준정규분포

예제 5.11

정규 모집단으로부터 크기 15인 확률 표본을 추출하였다. 부록의 표를 써서 다음의 확률을 구하여라.

(1) $P(T > 2.145)$

(2) $P(-1.345 < T < 2.145)$

(3) $P(T < c) = 0.01$인 c의 값

풀이

$n = 15$이므로 t분포의 자유도는 14이다.

(1) 자유도 14인 행에서 t인 값이 2.145인 열의 맨 위의 확률을 읽으면 된다.

$$P(T > 2.145) = 0.025$$

(2) 이 확률은 곡선 아래의 -1.345에서 2.145까지의 면적이다. 표에서 2.145 오른쪽 면적 0.025이고, 대칭성에서 -1.345 왼쪽의 면적은 0.10이다. [그림 5.2]에서 보는 바와 같이

$$P(-1.345 < T < 2.145) = 1 - (P(T \le -1.345) + P(T \ge 2.145))$$
$$= 1 - (0.10 + 0.025)$$
$$= 0.875$$

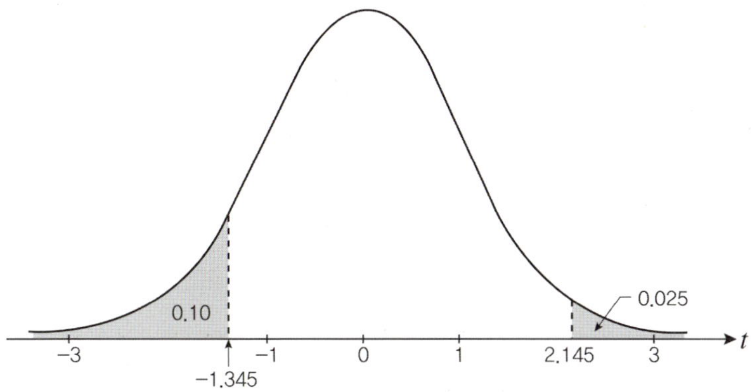

그림 5.2 자유도 14인 t 분포 곡선

(3) c를 찾으려면 자유도 14인 행과 확률 0.01인 열의 교차점의 값을 읽으면 된다.

$$c = t_{(14),\ 0.01} = 2.624$$

예제 5.12

t는 자유도가 19인 t분포를 가진다고 하자. $P(T \le -1.415)$를 구하여라.

풀이

$P(T \le 1.415) = 0.913$이므로 $P(T \le -1.415) = 1 - P(T < 1.415) = 0.087$이다.

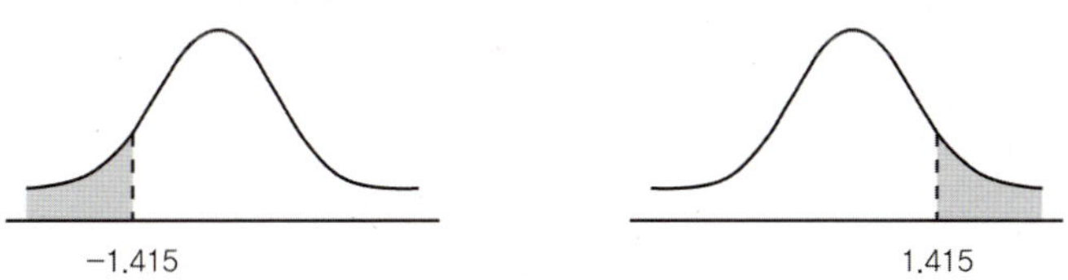

예제 5.13

자유도가 $n=15$, $\alpha=0.05$일 때, $P(T \geq t_0)=0.05$인 t_0를 구하여라.

풀이

t는 자유도 $n=15$, $\alpha=0.05$이므로 부록표에서
$P(t \geq 1.753)=0.05$를 만족하므로 $t_0=1.753$이 된다.

5.4 카이 제곱 분포

$\overline{X}$의 분포와 T의 분포를 배웠으니 이제는 또 다른 중요한 통계량의 표본 분포에 대해 알아보자. 그것은 분산이 σ^2인 정규 모집단으로부터 크기 n의 표본을 취했을 때

$$U=\frac{(n-1)S^2}{\sigma^2}$$

으로 정의되는 통계량이 있다. U의 값은 표본값 x_1, x_2, $\cdots$, x_n에 대해서

$$\frac{(n-1)s^2}{\sigma^2}=\frac{\sum_{i=1}^{n}(x_i-\overline{x})^2}{\sigma^2}$$

으로 주어진다. 이 통계량의 이론적 분포는 $df=n-1$의 자유도를 갖는 카이 제곱분포(chi-square distribution)라고 한다. 이는 연속 분포이며, 그리스 문자 χ^2으로 표시한다. 이 분포를 나타내는 곡선의 모양은 t분포에서와 같이 자유도를 나타내는 모수 df에 의해 결정된다. 각각의 자유도에 대하여 χ^2분포의 유형이 있다. χ^2분포는 정규분포나 t분포와는 상당히 다르다. 먼저 χ^2의 값은 음수가 될 수 없다.

따라서, 이 분포를 나타내는 곡선의 0의 오른쪽에 있다. 또한 자유도가 작으면 분포는 오른쪽으로 비스듬하게 된다. 자유도가 커짐에 따라 기울어짐은 완만해져 [그림 5.3]와 같이 df가 15 정도만 되어도 거의 대칭분포의 경향이 나타난다. 사실상 n이 크면(30 이상) 그 분포는 정규분포에 가깝다.

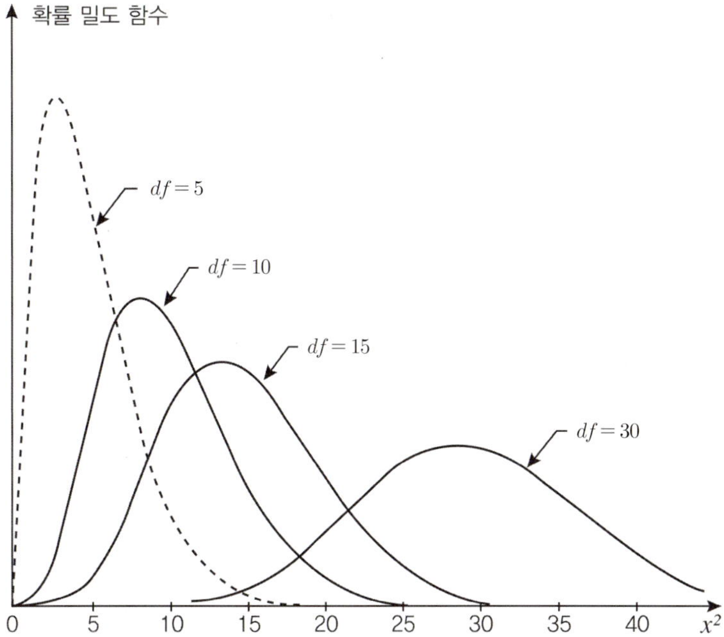

그림 5.3 자유도 5, 10, 15, 30인 카이 자승 분포 곡선

χ^2 분포는 연속이므로 확률은 곡선 아래의 면적으로 나타난다. 부록의 표에는 χ^2 분포의 오른쪽 꼬리 부분의 면적이 그 열의 맨 위에 주어져 있다. 관례상 자유도 $df = n-1$의 분포에는 오른쪽 꼬리 부분의 면적 α를 나타내는 χ^2의 값을 $\chi^2_{(df=n-1),\alpha}$로 표시한다. 이 수표는 t분포의 경우와 같은 방법으로 읽는다. 예를 들어, $df = 10$일 때 $\chi^2 = 2.156$ 오른쪽의 면적은 0.995, 20.483의 오른쪽의 면적은 0.025이다.

수평축에 따른 χ^2값들의 위치와 그에 대응하는 확률이 [그림 5.4]에 그려져 있다.

표의 맨 위 칸에는 0.05, 0.025, 0.01, 0.005의 확률뿐만 아니라 0.95, 0.975, 0.990, 0.995 등의 확률도 있음을 알 수 있을 것이다. t분포는 대칭이기 때문에 후자의 값에 대한 t값들을 제공할 필요가 없다. χ^2분포는 많은 통계적 검정에 응용됨을 곧 알게 될 것이다. 그것은 8장에서 수행될 검정의 주류를 이룰 것이며, 그 때 적합도의 검정(goodness of fit)과 독립성 검정(independence test)을 배울 것이다.

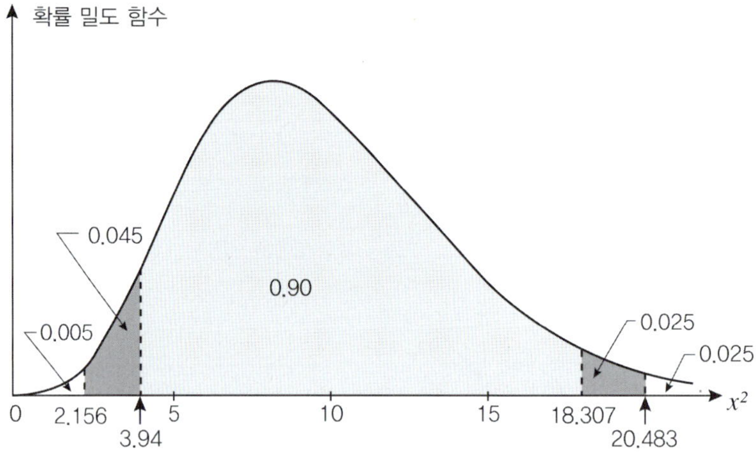

그림 5.4 자유도 10인 χ^2 분포 곡선과 확률

예제 5.14

정규 모집단으로부터 크기 15인 확률 표본을 취했다. 다음을 구하여라. 여기에서 $U=(n-1)S^2/\sigma^2$이다.

(1) $P(U>5.629)$

(2) $P(4.660<U<26.119)$

(3) $P(U>c)=0.01$인 c의 값

풀이

$n=15$이므로 χ^2 분포의 자유도는 14이다.

(1) 자유도가 14에 대한 χ^2 분포의 곡선 아래에 5.629의 오른쪽 면적을 구하면 된다.

$P(U>5.629)=0.975$

(2) 곡선 아래에 4.660과 26.119 사이의 면적을 구하면 된다.

4.660의 오른쪽 면적은 0.99이고, 26.119의 오른쪽 면적은 0.025이므로

0.99−0.025=0.965이다.

(3) 자유도가 14인 행과 확률이 0.01인 열과의 교차점의 χ^2값은 $\chi^2_{(14),\,0.01}=29.141$이다.

5.5 F 분포

우리는 분산 σ^2인 정규 모집단으로부터 추출된 크기 n의 표본으로부터 얻은 $(n-1)S^2/\sigma^2$이 자유도 $n-1$인 χ^2 분포를 갖는다는 것을 알고 있다. 이제 각각 분산 σ_1^2, σ_2^2을 갖는 두 정규 모집단 N_1, N_2로부터 독립적으로, N_1으로부터 m개, N_2로부터는 n개를 추출하는 확률표본을 생각하자. S_1^2와 S_2^2은 각각의 모집단에 있어서 분산의 표본추정량이라 하자.

앞에서 언급한 바와 같이 $(m-1)S_1^2/\sigma_1^2$과 $(n-1)S_2^2/\sigma_2^2$은 각각 $(m-1)$, $(n-1)$의 자유도를 갖는 χ^2 분포를 갖는다. χ^2 변수를 각각의 자유도로 나눈 S_1^2/σ_1^2과 S_2^2/σ_2^2을 평균 카이 자승변수(mean chi-square variable)라 한다.

이 두 값의 비, 즉

$$F=\frac{S_1^2/\sigma_1^2}{S_2^2/\sigma_2^2}$$

는 $m-1$과 $n-1$의 자유도를 갖는 F분포를 한다.

좀 더 일반적인 결과는 다음과 같다.

확률 변수 F가 v_1이 분자의 자유도, v_2가 분모의 자유도인 어떤 두 독립적인 평균 χ^2 변수의 비라고 하면 그 비는 v_1과 v_2를 자유도로 갖는 F 분포를 갖는다. 중요한 점은 자유도가 상술한 바와 같은 순서에 의존한다는 것을 유의해야 한다.

F 분포는 두 개의 모수에 의존하기 때문에 두 모수의 분포족이라고 한다. F는 두 양수의 비이므로 이 분포는 양의 값만을 취하며, 그 분포를 나타내는 곡선은 수직선의 오른쪽에 있다. [그림 5.5]에서 볼 수 있듯이 그 분포는 오른쪽으로 비스듬히 기울어졌지만 그 정도는 자유도가 증가함에 따라 대칭성에 가까워진다. 이런 면에서 χ^2 분포와 매우 비슷하다.

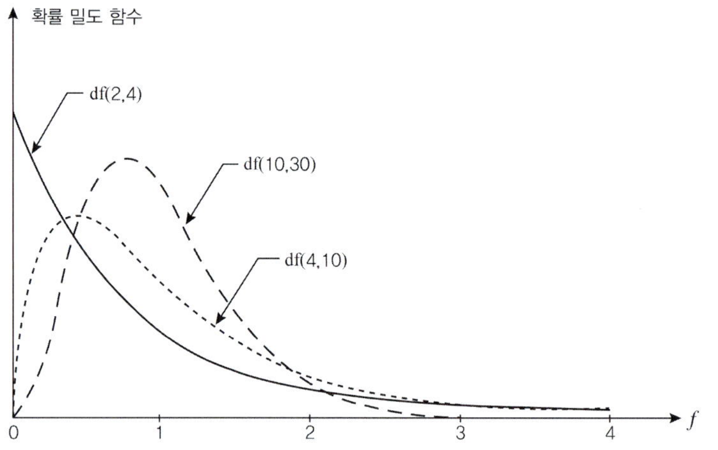

그림 5.5 여러 가지 자유도를 갖는 F 분포 곡선

부록의 표에 모수 v_1과 v_2에 대한 각각의 F 분포에 있어서의 확률과 그 f값이 주어져 있다. F분포는 두 개의 모수에 의해서 결정되기 때문에 완벽한 수표를 만드는 것은 t분포나 χ^2 분포의 경우보다 훨씬 어렵다. 부록의 표에서 각각 α에 대하여 맨 윗쪽 행은 분자의 자유도 v_1과 왼쪽 열은 분포의 자유도 v_2를 배열하였다. 각각의 표에는 분포의 오른쪽 꼬리 부분에 속하는 특정한 확률 α에 대한 f값이 나타나 있다. v_1과 v_2를 갖는 F 분포에서 곡선의 오른쪽 꼬리 부분의 면적을 α로 하는 f의 값은 일반적으로 $f_{(v_1,\ v_2),\ \alpha}$로 나타낸다. 각각의 표는 모든 확률 α의 수 만큼이 있을 수 있으나 대부분의 통계적 목적에서 필요한 α의 값은 $\alpha = 0.1,\ 0.05,\ 0.025,\ 0.01$ 등이다. 다음은 $v_1 = 4,\ v_2 = 10$일 때에 여러 가지 확률 α에 대한 $f_{(4,\ 10),\ \alpha}$를 아래에 썼다.

표 5.3 $f_{(4,\ 10),\ \alpha}$

확률 : α	0.1	0.05	0.025	0.01
$f_{(4,\ 10),\ \alpha}$	2.61	3.48	4.47	5.99

위의 표의 내용은 [그림 5.6]에서 쉽게 이해할 수 있을 것이다.

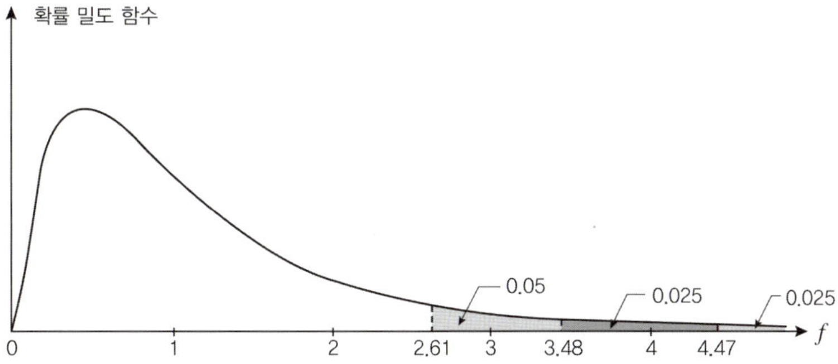

그림 5.6 자유도(4, 10)인 F 분포의 확률

왜 F 분포를 연구하는가? 이 분포에 대하여 처음에 말한 것을 상기하면 그 답을 얻을 수 있다. 두 모집단이 정규분포를 할 때 각각으로부터 독립적인 표본을 추출하여 χ^2 변수의 비

$$F = \frac{S_1^2/\sigma_1^2}{S_2^2/\sigma_2^2}$$

은 F 분포를 갖는다는 것을 알았다. 여기에서 두 모집단이 같은 분산을 갖는다면 위의 비에서 σ_1^2과 σ_2^2는 없어질 것이다. 이는 $\sigma_1^2 = \sigma_2^2$ 이면 S_1^2 / S_2^2이 F 분포를 한다는 뜻이다.

일반적으로 등분산의 가정 없이 S_1^2 / S_2^2은 F 분포를 갖지 않는다. 10장 분산분석에서 이 것을 응용하게 될 것이다.

예제 5.15

두 개의 정규 모집단으로부터 각각 크기 $m = 10$, $n = 15$의 독립적인 표본이 추출되었다고 하자. 두 모집단의 모분산이 비슷하다면 비 S_1^2 / S_2^2이 4를 넘을 확률을 구하여라.

풀이

모분산이 같으면 S_1^2 / S_2^2은 자유도 10−1, 15−1의 F 분포를 한다. 부록의 표에서 $v_1 = 9$, $v_2 = 14$에 해당하는 값이 4(혹은 4의 근사값)인 f값을 찾는다. $\alpha = 0.01$인 부록의 표에서 값이 4.03이므로 근사적으로

$P(S_1^2/S_2^2 > 4) = 0.01$

이다. 그 확률은 대략 0.01이다.

연습문제

1 토마토들이 표준편차가 3 온스이고 평균 무게가 10 온스가 나가고 가게가 각각 12개의 토마토가 들어있는 상자들을 판다고 가정해보자. 구매자들이 그들이 산 각 박스의 토마토들의 평균 무게를 잰다면, 이 평균들의 평균값과 표준편차는 얼마일까?

2 모평균이 $\mu = 10$, 모분산 $\sigma^2 = 6$인 모집단에서 크기가 3인 임의 표본을 복원추출하는 경우, 표본평균 $\overline{X}$의 평균과 분산을 구하여라.

3 플로리다에서 학생들이 휴가를 보낼 때 쓰는 돈의 합계의 분포가 \$650의 평균값과 \$120 표준편차로 정규분포되어 있다고 가정해보자. 10명의 학생의 무작위 표본이 평균 \$600와 \$700 사이를 쓸 확률은 얼마인가?

4 당국의 통계에 의하면 학생 1인당 연평균 교육비는 500,000원, 표준 편차는 80,000원이라 한다. 64명의 학생을 임의로 뽑았을 때 평균 교육비가 다음과 같은 확률을 구하여라.

(1) 482,000원을 초과하는 확률

(2) 480,000원에서 512,000원 사이에 있을 확률

5 젊은 커플들의 평균 미결제 신용 카드 잔액이 \$650이고 표준편차가 \$420이라고 가정해보자. 100쌍의 커플들의 무작위 표본이 미결제 신용카드 잔액 평균값이 \$700을 넘을 확률은 얼마인가?

06 어떤 용기에 들어 있는 식품의 무게는 평균 16 온스, 표준 편차 0.6 온스의 확률 변수이다. 그 용기가 36개씩 상자에 담아진다면 임의로 선택된 상자 안의 내용물의 무게가 585 온스를 넘을 확률을 구하여라.

07 모든 운전자들의 48%가 안전벨트를 한다고 견적되었다. 경찰관이 차 400대가 한 시간에 지나가는 것을 본다면, 운전자가 안전벨트를 하고 있을 비율이 45%에서 55%일 확률을 얼마인가?

08 모든 투석 환자들의 70%가 적어도 5년은 산다고 가정해보자. 100명의 새로운 투석 환자들의 간단한 무작위 표본(SRS)에서 적어도 5년을 사는 비율이 80% 넘어갈 확률은 얼마인가?

09 어떤 지역 사람들의 36%가 혈액형이 A형이라고 알려져 있다. 이 지역에서 100명을 임의 주출할 때, 33명 이상 42명 이하의 혈액형이 A형일 확률을 구하여라. (필요하면 이 책의 뒤에 있는 표준정규분포표를 이용하여라.)

10 t-분포표를 이용하여 각 경우의 확률을 구하라.

(1) 자유도가 17일 때, $P(T < -1.740)$의 값을 구하여라.

(2) 자유도가 6일 때, $P(|T| < 3.143)$의 값을 구하여라.

(3) 자유도가 18일 때, $P(-1.330 < T < 1.330)$의 값을 구하여라.

(4) 자유도가 17일 때, $P(T > -2.567)$의 값을 구하여라.

11 다음의 각 조건을 만족시키는 k를 찾아라.

(1) 자유도가 6일 때, $P(T < k) = 0.95$

(2) 자유도가 15일 때, $P(-k < T < k) = 0.95$

(3) 자유도가 8일 때, $P(T > k) = 0.01$

(4) 자유도가 11일 때, $P(T > k) = 0.99$

12 다음을 구하여라.

(1) 자유도가 20일 때, $P(-t_{0.005} < T < t_{0.01})$의 값을 구하라.

(2) 자유도가 20일 때, $P(T > -t_{0.025})$의 값을 구하라.

13 평균 μ인 정규분포를 따르는 확률표본 $X_1, X_2, \cdots, X_n$을 고려해보자. $n = 16$이라고 할 때

(1) $P(|4(\overline{X} - \mu)/S| \le c) = 0.95$를 만족하는 c의 값을 구하라.

(2) $P(|4(\overline{X} - \mu)/S| \le c) = 0.90$를 만족하는 c의 값을 구하라.

14 χ^2분포표를 이용하여 다음 각 경우의 값을 찾아라.

(1) 자유도가 8일 때 $\chi^2_{0.05}$

(2) 자유도가 17일 때 $\chi^2_{0.01}$

(3) 자유도가 11일 때 $\chi^2_{0.025}$

(4) 자유도가 23일 때 $\chi^2_{0.95}$

15 다음 각 경우에 해당하는 확률 값을 찾아라.

(1) 자유도가 19일 때, $P(\chi^2 > 30.14)$

(2) 자유도가 5일 때, $P(\chi^2 > 5)$

(3) 자유도가 10일 때, $P(3.24 < \chi^2 < 17.53)$

(4) 자유도가 18일 때, $P(3.49 < \chi^2 < 17.53)$

16 카이제곱분포에서 다음과 같을 때 χ_α^2를 구하라.

(1) 자유도가 4일 때 $P(\chi^2 > \chi_\alpha^2) = 0.99$

(2) 자유도가 19일 때 $P(\chi^2 > \chi_\alpha^2) = 0.025$

(3) 자유도가 25일 때 $P(37.652 < \chi^2 < \chi_\alpha^2) = 0.045$

17 정규모집단 $N(\mu,\ 25)$에서 크기 5인 확률표본 [104, 110, 100, 98, 106]을 얻었다. 이때

(1) 카이제곱분포의 자유도를 구하고, 관찰된 통계량 χ_0^2의 값을 구하여라.

(2) $P(\chi^2 > \chi_0^2)$을 구하여라.

18 분산 $\sigma^2 = 5$인 정규분포를 따른 확률표본 $X_1,\ X_2,\ \cdots,\ X_n$을 고려해보자. $n = 31$이라고 할 때

(1) $P(S^2 \le c) = 0.90$을 만족시키는 c의 값을 구하라.

(2) $P(S^2 \ge c) = 0.95$을 만족시키는 c의 값을 구하라.

19 $\sigma^2 = 6$인 정규분포를 따르는 모집단으로부터 크기 25인 확률표본의 분산 S^2이 아래와 같을 확률을 구하라. 단, 표본분산은 계량값이다.

(1) 9.1보다 클 확률

(2) 3.462와 10.745 사이에서 있을 확률

20 F 분포에서

(1) $v_1 = 7$이고 $v_2 = 15$일 때 $f_{0.05}$를 구하라.

(2) $v_1 = 15$이고 $v_2 = 7$일 때 $f_{0.05}$를 구하라.

(3) $v_1 = 24$이고 $v_2 = 19$일 때 $f_{0.01}$을 구하라.

(4) $v_1 = 19$이고 $v_2 = 24$일 때 $f_{0.95}$를 구하라.

(5) $v_1 = 28$이고 $v_2 = 12$일 때 $f_{0.99}$를 구하라.

21 같은 분산을 갖는 두 모집단에서 각각 독립적인 표본을 추출했다고 하자. S_1^2은 8개의 표본에서, S_2^2는 16개의 표본에서 구해진 것이라고 하고 다음을 구하여라.

(1) $P\left(\dfrac{S_1^2}{S_2^2} > 2.71\right)$

(2) $P\left(\dfrac{S_1^2}{S_2^2} < 3.29\right)$

CHAPTER 6

통계적 추정

미지의 모수를 한 값으로 추정하는 점추정량의 경우 한 표본에서 구한 추정치가 모수와 일치한다고 기대하기는 힘들다. 점추정의 정확성을 보완하는 방법이 구간추정(interval estimation)인데, 구간추정이란 확률로 표현된 믿음의 정도 하에서 모수가 특정한 구간에 있을 것이라고 하는 것으로 추정량의 분포를 알아야하고, 구하여진 구간 안에 모수가 있을 확률의 크기가 주어져야 한다. 즉, 특정구간 안에 모수가 있을 확률의 크기는 구간의 크기에 비례하는데, 구간이 클수록 그 구간 안에 모수가 있을 확률이 큰 것은 당연하다. 이 확률의 크기를 신뢰수준(confidence level) 이라고 하는데, 일반적으로 신뢰수준은 90%, 95% 또는 99%의 확률을 이용하는 경우가 많으며, 각각의 신뢰수준 하에서 구한 구간을 신뢰구간(confidence interval)이라고 한다.

6.1 모평균의 구간추정

6.1.1 모분산을 알 때 모평균의 구간추정

일반적으로 표본평균의 분포에서 모집단의 분포가 평균 μ, 표준편차 σ인 정규분포 $N(\mu, \sigma^2)$을 따를 때, 크기가 n인 표본의 표본평균 $\overline{X}$는 정규분포 $N\left(\mu, \frac{\sigma^2}{n}\right)$을 따르므로 확률변수

$$Z = \frac{\overline{X} - \mu}{\frac{\sigma}{\sqrt{n}}}$$

은 표준정규분포 $N(0, 1^2)$을 따른다.

그런데 표준정규분포에서 $P(-z_{\alpha/2} \le Z \le z_{\alpha/2}) = 1 - \alpha$이므로

$$P\left(-z_{\alpha/2} \le \frac{\overline{X} - \mu}{\frac{\sigma}{\sqrt{n}}} \le z_{\alpha/2}\right) = 1 - \alpha$$

따라서 괄호 안을 변형하면

$$P\left(\overline{X} - z_{\alpha/2} \cdot \frac{\sigma}{\sqrt{n}} \le \mu \le \overline{X} + z_{\alpha/2} \cdot \frac{\sigma}{\sqrt{n}}\right) = 1 - \alpha$$

이므로 모평균 μ의 신뢰구간은

$$\overline{X} - z_{\alpha/2} \cdot \frac{\sigma}{\sqrt{n}} \le \mu \le \overline{X} + z_{\alpha/2} \cdot \frac{\sigma}{\sqrt{n}}$$

이다.

따라서 전국 고등학교 2학년 남학생 키의 분포가 표준편차가 4cm인 정규분포를 따르고 크기가 1600인 표본의 평균이 170cm일 때, 전국 고등학교 2학년 남학생의 키의 평균은 μ은 95%의 확률로

$$170 - 1.96 \cdot \frac{4}{\sqrt{1600}} \le \mu \le 170 + 1.96 \cdot \frac{\sigma}{\sqrt{1600}}, \text{ 곧 } 169.8 \le \mu \le 170.2$$

의 범위에 존재한다. 이때 95%를 신뢰도라 하며, 위의 부등식을 구간으로 나타낸 $[169.8,\ 170.2]$를 신뢰구간, $170.2 - 169.8 (= 0.4)$을 신뢰구간의 길이(폭)라고 한다.

예제 6.1

전구를 대량 생산하고 있는 공장이 있다. 어느 날 100개의 전구를 임의로 추출하여 수명을 조사한 결과 평균이 500시간, 표본표준편차가 40시간이었다.

(1) 신뢰도 95%로 모집단의 평균수명을 추정하여라.

(2) 신뢰도 95%로 모집단의 평균수명을 추정하여라.

풀이

평균수명을 μ이라고 하면

(1) $500 - 1.96 \cdot \frac{40}{\sqrt{100}} \le \mu \le 500 + 1.96 \cdot \frac{40}{\sqrt{100}}$

$\therefore 492.16 \le \mu \le 507.84$

(2) $500 - 2.58 \cdot \frac{40}{\sqrt{100}} \le \mu \le 500 + 2.58 \cdot \frac{40}{\sqrt{100}}$

$\therefore 489.68 \le \mu \le 510.32$

우리는 모집단이 정규분포라는 가정 하에서 μ의 신뢰구간을 만들었다. 이 가정이 있어야만

$\overline{X}$가 정규분포를 하므로 정규분포 가정은 필요하다. n이 크면 보통 ($n \geq 30$) 정규분포의 가정은 중요하지 않게 된다. 왜냐하면 중심극한정리에 의해

$$Z = (\overline{X} - \mu) / (\sigma / \sqrt{n})$$

이 근사적으로 정규분포를 하기 때문이다. 이때도 똑같은 신뢰구간을 얻는데 이것은 근사적 신뢰구간이다. 모표준편차 σ의 값을 알 수 없는 경우에 표본의 크기 n이 클 때 ($n \geq 30$)에는 σ대신 표본표준편차 s를 사용할 수 있다.

예제 6.2

야구공을 만드는 어떤 공장에서 생산되는 야구공 64개를 임의추출하여 무게를 조사해 본 결과 평균이 145g, 표준편차가 4g이었다고 한다. 이 공장에서 생산되는 야구공의 무게의 평균에 대한 99%의 신뢰구간은? (단, Z가 표준정규분포를 따를 때, $P(0 \leq Z \leq 2.58) = 0.4950$이다.)

풀이

$P(0 \leq Z \leq 2.58) = 0.4950$에서

$P(-2.58 \leq Z \leq 2.58) = 2 \times 0.4950 = 0.990$

표본의 크기가 $n = 64$, 표본평균이 $\overline{x} = 145$이고, 표본의 크기가 충분히 크므로 표본표준편차를 모표준편차 대신 이용할 수 있다.

$\overline{x} = 145$

즉, $\sigma \fallingdotseq s = 4$이므로 신뢰도 99%로 야구공의 무게의 평균을 추정하면

$$\left[145 - 2.58 \cdot \frac{4}{\sqrt{64}},\ 145 + 2.58 \cdot \frac{4}{\sqrt{64}}\right]$$

$\therefore [143.71,\ 146.29]$

예제 6.3 어떤 양파 농장에서 수확한 양파 중 100개를 임의 추출하여 그 무게를 조사하였더니, 평균이 120g, 표준편차가 20g이었다. 이 농장에서 수확한 양파의 무게 m에 대한 신뢰도 95%의 신뢰구간은? (단, $P(|Z| \le 1.96) = 0.95$)

풀이

$n = 100,\ \overline{x} = 120,\ \sigma \fallingdotseq s = 20$이므로 신뢰도 95%로 모평균 μ을 추정하면

$120 - 1.96 \cdot \dfrac{20}{\sqrt{100}} \le \mu \le 120 + 1.96 \cdot \dfrac{20}{\sqrt{100}}$

$120 - 1.96 \cdot 2 \le \mu \le 120 + 1.96 \cdot 2$

$120 - 3.92 \le \mu \le 120 + 3.92$

$\therefore 116.08 \le \mu \le 123.92$

표본의 크기 결정

다음에는 추정량 $\overline{X}$로 모평균 μ를 추정할 때 생기는 오차에 대하여 생각하여 보자. 신뢰도 $100(1-\alpha)\%$인 μ의 신뢰한계는

$$\overline{X} \pm z_{\alpha/2}\frac{\sigma}{\sqrt{n}}$$

이므로 추정량 $\overline{X}$로 모평균 μ를 추정할 때 오차는 $z_{\alpha/2}\dfrac{\sigma}{\sqrt{n}}$를 초과하지 않는다. 즉 신뢰도 $100(1-\alpha)\%$ 일 때

$$\overline{X} - z_{\alpha/2}\frac{\sigma}{\sqrt{n}} < \mu < \overline{X} + z_{\alpha/2}\frac{\sigma}{\sqrt{n}}$$

이므로 $|\overline{X} - \mu| < z_{\alpha/2}\dfrac{\upsilon}{\sqrt{n}}$이며, $z_{\alpha/2}\dfrac{\upsilon}{\sqrt{n}}$는 오차한계가 된다. 이를 d로 표시하자. 즉 $d = z_{\alpha/2}\dfrac{\sigma}{\sqrt{n}}$이고, $\overline{X}$로 μ를 추정할 때 오차의 한계 d를 정해 놓고 표본의 크기를 결정할 수 있다. 오차의 한계를 d(일정)로 정하면

$$d = z_{\alpha/2}\frac{\sigma}{\sqrt{n}}$$

이다. 이를 정리하면

$$n = \left(\frac{z_{\alpha/2}\sigma}{d}\right)^2$$

이므로 표본의 크기 n이 결정된다.

예제 6.4

신생아의 모집단에서 64명의 임의 추출하여 몸무게를 조사한 결과 평균이 3.1kg, 표본표준편차가 0.4kg이었다.

(1) 95%의 신뢰도로 모평균의 신뢰구간을 구하여라.

(2) 95%의 신뢰도로 모평균과 표본평균의 차를 0.01kg 이하가 되도록 추정하려면 표본의 크기를 얼마로 하면 되겠는가?

풀이

(1) 모평균을 μ이라고 하면

$$3.1 - 1.96 \cdot \frac{0.4}{\sqrt{64}} \le \mu \le 3.1 + 1.96 \cdot \frac{0.4}{\sqrt{64}}$$

$$3.002 \le \mu \le 3.198$$

$$\therefore [3.0kg,\ 3.2kg]$$

(2) 표본의 크기를 n이라고 하면 신뢰도 95%로서 모평균과 표본평균의 차는

$$1.96 \cdot \frac{\sigma}{\sqrt{n}} = 1.96 \cdot \frac{0.4}{\sqrt{n}}$$

이므로 문제의 조건에서

$$1.96 \cdot \frac{0.4}{\sqrt{n}} \le 0.01 \qquad \therefore \sqrt{n} \ge 78.4$$

$\therefore n \ge 6146.56$ $\qquad$ $\therefore$ 6147명 이상

예제 6.5 동창회에서 금년 대학졸업자의 평균부채액을 추정하고자 한다. 금년 대학졸업자의 부채액의 모표준편차가 11,800달러임을 알고 있다. 99% 신뢰수준으로 모평균과 표본평균의 차가 11,8000달러 내에 있도록 하려면 표본이 얼마나 커야하는가?

풀이

동창회는 금년 대학졸업자의 평균부채액에 대한 99% 신뢰구간이 $\bar{x} \pm 800$이길 원한다. 따라서 추정값의 오차의 한계의 최대크기가 800달러, 즉 $d = 800$이어야 한다. 99% 신뢰수준에 대한 z의 값은 2.58이다. σ의 값이 11,800달러인 것으로 주어져 있다. 그러므로 공식에 모든 값을 대입하여 단순화하면

$$n = \frac{z^2\sigma^2}{d^2} = \frac{(2.58)^2(11,800)^2}{(800)^2} = 1448.18 \approx 1449$$

을 얻는다.

6.1.2 모분산을 모를 때 모평균의 구간추정

보통 σ^2은 알려져 있지 않으므로 σ^2를 모를 경우가 더 실제적이다. 우리가 전개하려고 하는 방법은 표본 크기가 작을 때 특히 유용하다. 먼저 모집단이 정규분포라는 가정부터 하겠다. σ^2을 알 때 μ의 신뢰구간 찾을 때는 되살려 보면 $\overline{X}$의 분포는 평균 μ, 분산 σ^2/n인 정규분포라는 것에서 출발하여 표준화하면 $\dfrac{\overline{X}-\mu}{\sigma/\sqrt{n}}$은 표준정규분포를 따른다. 여기서는 σ^2을 모르므로 σ 대신 이의 점 추정치 S를 쓰는 것이, 다시 말하면 통계량

$$T = \frac{\overline{X}-\mu}{S/\sqrt{n}}$$

를 쓰는 것이 좋다.

5장에서 설명한 바와 같이 T는 정규분포가 아닌 자유도가 $(n-1)$인 Student t분포를 따른다. 그래서

$$P\left(-t_{\alpha/2,\ (n-1)} < \frac{X-\mu}{S/\sqrt{n}} < t_{\alpha/2,\ (n-1)}\right) = 1-\alpha$$

가 된다. σ를 알 때 μ의 신뢰구간을 구하는 단계를 그대로 따르면 우리는 다음을 얻는다.

$$P\left(\overline{X} - t_{\alpha/2,\ (n-1)}\frac{S}{\sqrt{n}} < \mu < \overline{X} + t_{\alpha/2,\ (n-1)}\frac{S}{\sqrt{n}}\right) = 1-\alpha$$

그래서 다음의 결과를 얻는다.

μ의 신뢰구간은 근사적으로

$$\overline{x} - t_{\alpha/2,\ (n-1)}\frac{s}{\sqrt{n}} < \mu < \overline{x} + t_{\alpha/2,\ (n-1)}\frac{s}{\sqrt{n}}$$

이다.

예제 6.6

어떤 담배의 니코틴 함량을 알기 위해 16개의 담배를 뽑았더니 그들의 평균 함량이 18.3mg이고 $s = 1.8$mg이었다. 이 담배 전체의 니코틴 평균 함량 μ의 90% 신뢰 구간을 구하라. 단, 담배의 니코틴 함량은 정규분포를 이룬다고 가정한다.

풀이

$n = 16$, $\overline{x} = 18.3$, $s = 1.8$, 그리고 $\alpha = 0.1$이다. 그래서 t 분포의 자유도는 $16-1 = 15$이고, $t_{(15),\ \alpha/2} = t_{(15),\ 0.05} = 1.753$ 이다. 그래서, 90% 신뢰 구간은

$18.3 - 1.753\left(\frac{1.8}{\sqrt{16}}\right) < \mu < 18.3 + 1.753\left(\frac{1.8}{\sqrt{16}}\right)$이 되고, 이를 계산하면

$17.51 < \mu < 19.09$가 된다.

예제 6.7 인조 보석들을 만드는 새로운 과정은 첫 번째 시도에 각각 0.43, 0.52, 0.46, 0.49, 0.60, 그리고 0.56 캐럿이 나가는 여섯 개의 보석을 산출했다. 이 과정에서 인조보석무게 평균값의 90% 신뢰 구간 추정을 찾아라.

풀이

$$\overline{x} = \frac{\sum x}{n} = \frac{0.43+0.52+0.46+0.49+0.60+0.56}{6} = \frac{3.06}{6} = 0.51$$

$$s = \sqrt{\frac{\sum(x-\overline{x})^2}{n-1}} = \sqrt{\frac{(0.08)^2+(0.01)^2+(0.05)^2+(0.02)^2+(0.09)^2+(0.05)^2}{5}}$$

$$= 0.0632$$

$t_{0.05,(5)} = 2.015$이다. 그래서, 90% 신뢰구간은

$$0.51 - 2.015\left(\frac{0.0632}{\sqrt{6}}\right) < \mu < 0.51 + 2.015\left(\frac{0.0632}{\sqrt{6}}\right)$$

이고, 이를 계산하면

$$0.458 < \mu < 0.562$$

이다.

예제 6.8 다음 자료는 어느 가정에서 임의로 뽑은 5주 동안의 설탕 소비량(단위 : 파운드)이다. 주당 진짜 평균 소비량 μ에 대한 90% 신뢰 구간을 구하라. 설탕 소비량은 정규분포라고 가정한다.

$$3.8,\quad 4.5,\quad 5.2,\quad 4.0,\quad 5.5$$

풀이

$\overline{x} = 4.6$, 그리고 $\sum_{i=1}^{5}(x_i - \overline{x})^2 = (-0.8)^2 + (-0.1)^2 + (0.6)^2 + (-0.6)^2 + (0.9)^2 = 2.18$

임을 알 수 있다. 그래서, $s^2 = 2.18/(5-1) = 0.545$, 그리고 $s = 0.738$

이다. t 분포의 자유도는 $5-1=4$이고, $\alpha = 0.1$이므로 $t_{(4),\,0.05} = 2.132$이다.

그래서, 90% 신뢰 구간은 $4.6-2.132\left(\frac{0.738}{\sqrt{5}}\right)<\mu<4.6+2.132\left(\frac{0.738}{\sqrt{5}}\right)$이고, 이를 계산하면 $3.896<\mu<5.304$이다.

6.2 쌍체표본에서 두 모평균차 구간추정

이 부분에서 토론된 분석과 절차는 비교되는 두 표본들이 서로에게 독립적이라는 것이 필요하다. 하지만, 수많은 실험과 시험들이 자료들이 자연히 쌍으로 생기는 두 모집단을 비교하는 것을 포함한다. 이 같은 쌍체비교의 경우엔, 타당한 절차는 쌍 자료에서 얻은 차이들로 이루어진 하나의 변수의 표본 분석을 하는 것이다.

쌍체표본은 서로 독립인 n개의 실험개체에서 쌍으로 얻어진 자료 $(X_1,\ Y_1)$, $(X_2,\ Y_2)$, $\cdots$, $(X_n,\ Y_n)$로 구성된다. 각 쌍에서의 차이 D_i를 다음과 같이 정의한다.

$$D_i = X_i - Y_i,\ \ i=1,\ 2,\ \cdots,\ n$$

또한 $D_1,\ D_2,\ \cdots,\ D_n$은 모평균 μ_D이고, 모분산 σ_D^2인 하나의 모집단으로부터 얻어진 추출된 확률표본으로 간주한다. 두 모집단으로부터 뽑은 표본이 대응을 이루고 있을 때 각 쌍에서의 차이 $D_1,\ D_2,\ \cdots,\ D_n$은 평균이 μ_D이고 분산이 σ_D^2인 정규모집단에서 추출된 표본이라고 생각하고 μ_D와 σ_D^2 대신 표본평균 $\overline{d}=\frac{1}{n}\sum d_i$, 표본분산 $s_d^2=\frac{1}{n-1}\sum\left(d_i-\overline{d}\right)^2$을 사용한다. 따라서 통계량

$$T=\frac{\overline{D}-\mu_D}{S_D/\sqrt{n}}$$

를 쓴다. T는 자유도가 (n-1)인 student t분포를 따른다.

μ_D의 $100(1-\alpha)\%$ 신뢰구간은 다음과 같다.

$$\overline{d}-t_{\alpha/2,(n-1)}\frac{s_d}{\sqrt{n}} \le \mu_D \le \overline{d}+t_{\alpha/2,(n-1)}\frac{s_d}{\sqrt{n}}$$

예제 6.9

신경증 환자를 치료하는 새로운 정신안정제의 효과를 알아보기 위하여, 환자마다 일주일은 그 약을, 다른 일주일 동안은 가짜약(placebo)을 투여하는데 그 순서는 랜덤하게 정하였다. 주말마다 환자에게 질문표를 배부하여 그 응답을 토대로 안정점수(0~30점)를 매겼다. 점수가 높을수록 불안감이 심한 경우이다. 안정점수차의 95% 신뢰구간을 구하여라.

표 6.1 안정점수

환자	1	2	3	4	5	6	7	8	9	10
안정제(x)	19	11	14	17	23	11	15	19	11	8
가짜약(y)	22	18	17	19	22	12	14	11	19	7
차($d=x-y$)	−3	−7	−3	−2	1	−1	1	8	−8	1

풀이

d_i가 정규분포를 따른다고 가정하면 모평균의 차 μ_d의 95% 신뢰구간은

$$\bar{d} \pm t_{0.025,(n-1)} \frac{s_d}{\sqrt{n}}$$

이다. 이때

$$n=10,\ \bar{d}=\frac{1}{10}\{(-3)+(-7)+\cdots+1\}=-1.30$$

$$s_d^2=\frac{1}{9}\{[(-3)^2+(-7)^2+\cdots+1^2]-10(-1.30)^2\}=20.68$$

그리고 $\alpha=5\%$, $t_{0.025,(9)}=2.262$이다.

95% 신뢰구간은

$$-1.30-2.262\left(\frac{4.55}{\sqrt{10}}\right)<\mu_D< -1.30+2.262\left(\frac{4.55}{\sqrt{10}}\right)$$

이 되고, 이를 계산하면

$-4.55<\mu_D<1.95$가 된다.

예제 6.10

특정한 약은 반응 속도를 증가하는가? 만약 그렇다면, 정부는 이 약을 복용하는 차이를 고려하여 검정하려 한다. 30명의 무작위 표본이 약 복용 전과 후에 검사되었다, 그리고 그들의 반응 시간(초당)이다. 약 복용전과후의 증가량에 대한 95%신뢰구간을 구하여라.

표 6.2 약 복용 전과 후의 반응속도

사람	전	후	사람	전	후
1	1.42	1.48	16	1.83	1.75
2	1.87	1.75	17	1.40	1.51
3	1.34	1.31	18	1.75	1.67
4	0.98	1.22	19	1.56	1.72
5	1.51	1.58	20	1.56	1.63
6	1.43	1.57	21	2.03	1.81
7	1.52	1.48	22	1.38	1.48
8	1.61	1.55	23	1.42	1.35
9	1.37	1.54	24	1.69	1.75
10	1.49	1.37	25	1.50	1.39
11	0.95	1.07	26	1.12	1.24
12	1.32	1.35	27	1.38	1.40
13	1.68	1.77	28	1.71	1.65
14	1.44	1.44	29	0.91	1.11
15	1.17	1.27	30	1.59	1.85

풀이

우리가 관심이 있는 자료는 반응속도의 전과 후의 차이이다. 30명에 대한 반응속도 전과 후의 차는 $\{+0.06,\ -0.12,\ -0.03,\ +0.24,\ \cdots,\ +0.26\}$이다.

$\bar{d} = +0.038,\ s_d = 0.118$ 그리고 $\alpha = 5\%,\ t_{0.025,(29)} = 2.045$이다.

95% 신뢰구간은 $-0.038 - 2.045\left(\dfrac{0.118}{\sqrt{30}}\right) < \mu_D < -0.038 + 2.045\left(\dfrac{0.118}{\sqrt{30}}\right)$

이 되고, 이를 계산하면

$-0.0062 < \mu_D < 0.082$이 된다.

6.3 모비율의 구간추정

표본비율의 분포에서 모집단의 모비율이 p일 때, 크기가 n인 표본의 표본비율은 $\hat{p}$은 근사적으로 정규분포 $N\left(p, \dfrac{pq}{n}\right)$를 따르므로 확률변수

$$Z = \frac{\hat{p} - p}{\sqrt{\dfrac{pq}{n}}}$$

는 근사적으로 표준정규분포 $N(0, 1^2)$을 따른다.

또, n이 충분히 크면 $\sqrt{\dfrac{pq}{n}}$의 p와 q에 각각 $\hat{p}$, $\hat{q}$을 대입한

$$Z = \frac{\hat{p} - p}{\sqrt{\dfrac{\hat{p}\hat{q}}{n}}} \quad (\hat{q} = 1 - \hat{p})$$

도 근사적으로 표준정규분포 $N(0, 1^2)$을 따른다는 것이 알려져 있다. 그런데 표준정규분포에서 $P(-z_{\alpha/2} \le Z \le z_{\alpha/2}) = 1 - \alpha$이므로

$$P\left(-z_{\alpha/2} \le \frac{\hat{p} - p}{\sqrt{\dfrac{\hat{p}\hat{q}}{n}}} \le z_{\alpha/2}\right) = 1 - \alpha$$

$$P\left(\hat{p} - z_{\alpha/2}\sqrt{\frac{\hat{p}\hat{q}}{n}} \le p \le \hat{p} + z_{\alpha/2}\sqrt{\frac{\hat{p}\hat{q}}{n}}\right) = 1 - \alpha$$

따라서 모비율 p가

$$\hat{p} - z_{\alpha/2}\sqrt{\frac{\hat{p}\hat{q}}{n}} \le p \le \hat{p} + z_{\alpha/2}\sqrt{\frac{\hat{p}\hat{q}}{n}}$$

을 만족할 확률은 $1 - \alpha$, 곧 $100(1 - \alpha)\%$이다.

이때 95%를 **신뢰도**라 하고, 위의 부등식을 구간으로 나타낸

$$\left[\hat{p}-1.96\sqrt{\frac{\hat{p}\hat{q}}{n}},\ \hat{p}+1.96\sqrt{\frac{\hat{p}\hat{q}}{n}}\right]$$

을 **신뢰구간**이라고 한다. 또, 신뢰구간으로 모비율 p가 속할 범위를 추정하는 것을 모비율에 대한 **구간추정**이라고 한다. 그리고 신뢰도 95%라는 것은 임의추출한 표본비율을 이용하여 모비율에 대한 신뢰구간을 추정하는 것을 100번 반복할 때, 약 95번 정도가 모비율 p를 포함한다는 뜻이다.

예제 6.11

어떤 도시의 유권자 100만 명 중에서 임의 추출한 400명을 대상으로 여론조사를 하였더니 240명이 후보 갑을 지지하고 나머지는 모두 반대하였다. 이 도시 전체 유권자의 후보 갑에 대한 지지율을 신뢰도 95%의 신뢰구간으로 추정하여라.

풀이

95%의 신뢰도로서 $\left[\hat{p}-1.96\sqrt{\frac{\hat{p}\hat{q}}{n}},\ \hat{p}+1.96\sqrt{\frac{\hat{p}\hat{q}}{n}}\right]$

여기에 $\hat{p}=\frac{240}{400}=0.6,\ \ \hat{q}=1-\hat{p}=0.4,\ \ n=400$을 대입하면

$\left[0.6-1.96\sqrt{\frac{0.6\times0.4}{400}},\ \ 0.6+1.96\sqrt{\frac{0.6\times0.4}{400}}\right]$, 즉 $[0.55,\ 0.65]$

예제 6.12

어떤 공장의 전 제품에서 4000개의 임의추출하여 검사한 결과 불량품이 50개 들어 있었다. 전 제품 중 불량품이 몇 % 정도 있다고 보아야 하는가? 신뢰도 95%로 추정하여라.

풀이

$\hat{p}=\frac{50}{4000}=0.0125,\ \ \hat{q}=1-\hat{p}=0.9875,\ \ n=4000$이므로

$$\left[0.0125 - 1.96\sqrt{\frac{0.0125 \times 0.9875}{4000}}\right]$$ 에서 [0.009, 0.016], 즉 [0.9%, 1.6%]

최대 허용 표본오차

p의 추정에서 p의 $100(1-\alpha)\%$ 신뢰구간은

$$\hat{p} \pm z_{\alpha/2}\sqrt{\frac{\hat{p}(1-\hat{p})}{n}}$$

이므로 p의 추정에서 $100(1-\alpha)\%$ 오차한계(limit of error)는 다음과 같다.

$$z_{\alpha/2}\sqrt{\frac{\hat{p}(1-\hat{p})}{n}}$$

이제 주어진 오차한계의 조건을 만족시키기 위한 표본크기를 구하는 방법을 생각해 보자. μ의 추정에서 $100(1-\alpha)\%$ 오차한계를 d 이내로 하기 위한 표본크기는

$$z_{\alpha/2}\frac{\sigma}{\sqrt{n}} \le d$$

을 만족한다. 따라서 구하는 표본크기는

$$n \ge (z_{\alpha/2}\frac{\sigma}{d})^2$$

을 만족시키는 최소의 정수를 택한다.

p의 추정에서는 한 단계를 더 고려해야 한다. 먼저 p의 추정을 위한 표본크기를 구하려는 것이므로 $\hat{p}$값이 관측되기 이전 단계이다. 따라서 $100(1-\alpha)\%$ 오차한계인 $z_{\alpha/2}\sqrt{\hat{p}(1-\hat{p})/n}$을 직접 사용할 수가 없다. 따라서 p에 대한 사전 정보가 있는 경우와 없는 경우로 나누어 생각한다.

과거의 경험이나 시험조사에서 $p \approx p_0$라는 사전 정보가 있을 때는 부등식

$$z_{\alpha/2}\sqrt{\frac{\hat{p}(1-\hat{p})}{n}} \le d$$

에서, 다음을 만족하는 최소의 정수를 택한다.

$$n \ge p_0(1-p_0)\left(\frac{z_{\alpha/2}}{d}\right)^2$$

p에 대한 사전 정보가 없는 경우에는 상당히 보수적인 방법을 택하게 된다. 즉, $p(1-p)$의 최댓값은 $p=\frac{1}{2}$일 때 최댓값 $\frac{1}{4}$이므로 n값은 다음을 만족하는 최소의 정수로 택한다.

$$n \ge \frac{1}{4}\left(\frac{z_{\alpha/2}}{d}\right)^2$$

예제 6.13

어떤 도시 유권자 중에서 이곳 환경 정책에 대한 지지율을 조사하려고 한다. 신뢰도 99%에 대한 최대 허용 표본오차의 값이 0.05를 넘지 않도록 할 때, 표본의 크기 n의 최솟값을 구하여라.

풀이

$2.58\sqrt{\frac{1}{4n}} \leq 0.05$에서 $n \geq \frac{2.58^2}{4 \times 0.05^2} = 665.64$

따라서 n의 최솟값은 666(명)

예제 6.14

어떤 제품의 불량률은 16% 정도로 예상된다. 신뢰도 95%로 그 제품의 불량률의 참값을 5% 이하의 오차로 추정하기 위해서는 몇 개 이상에 대하여 조사해야 하는가?

풀이

$1.96\sqrt{\frac{\hat{\rho}(1-\hat{\rho})}{n}} \leq 0.05$에서 $\hat{\rho}= 0.16$을 대입하면 $0.05\sqrt{n} \geq 1.96\sqrt{0.16 \times 0.84}$

$\sqrt{n} \geq 39.2\sqrt{0.16 \times 0.84}$

$n \geq 206.52 \times \times$, 즉 207개 이상

6.4 모분산의 구간추정

모분산 σ^2이 알려지지 않은 정규모집단 $N(\mu, \sigma^2)$으로부터 크기 n인 확률표본 X_1, X_2, $\cdots$, X_n을 추출하였을 때 표본분산

$$S^2 = \frac{1}{n-1}\sum_{i=1}^{n}(X_i - \overline{X})^2$$

은 모분산 σ^2의 불편추정량이고

$$\chi^2 = \frac{(n-1)S^2}{\sigma^2}$$

은 자유도 v(또는 df) $= n-1$인 χ^2분포를 한다. 따라서

$$P(\chi^2_{1-\alpha/2} < \frac{(n-1)S^2}{\sigma^2} < \chi^2_{\alpha/2}) = 1-\alpha$$

다음과 같이 σ^2의 신뢰구간이 구하여진다. σ^2가 알려지지 않은 정규모집단으로부터 크기 n인 확률표본의 분산이 S^2이면 σ^2의 $100(1-\alpha)\%$ 신뢰구간은

$$\frac{(n-1)S^2}{\chi^2_{\alpha/2}} < \sigma^2 < \frac{(n-1)S^2}{\chi^2_{1-\alpha/2}}$$

이다. 그래서, 우리는 다음의 결과를 얻는다. 모집단의 분산 σ^2의 $100(1-\alpha)\%$ 신뢰구간은 다음과 같다.

$$\frac{(n-1)s^2}{\chi^2_{\alpha/2}} < \sigma^2 < \frac{(n-1)s^2}{\chi^2_{1-\alpha/2}}$$

예제 6.15 크기 20인 표본의 불편 분산값이 4.0일 때 이 모집단의 분산을 신뢰도 95%로 신뢰구간을 추정하라.

풀이

$n = 20$이므로 df $= n - 1 = 19$

df $= 19$, $\frac{\alpha}{2} = 0.025$ 및 $1 - \frac{\alpha}{2} = 0.975$인 χ^2-분포표에서

$P(\chi^2 \geq 32.8523) = 0.025$, $P(\chi^2 \leq 8.90652) = 0.025$이므로

$$\frac{(19)(4.0)}{32.8523} \leq \sigma^2 \leq \frac{(19)(4.0)}{8.90652}$$

$\therefore 2.31 \leq \sigma^2 \leq 8.53$

따라서 구하는 신뢰구간은 $[2.31,\ 8.53]$

예제 6.16 다음 자료는 6개의 접시에 에나멜을 칠했을 때 들었던 에나멜의 양이다. 다음을 구하여라.

8.1, 8.7, 7.6, 7.8, 8.5, 7.9

(1) σ^2의 집 추정지 (2) σ^2의 95% 신뢰구간

풀이

(1) $\sum_{i=1}^{6}(x_i - \bar{x})^2 = 0.9$임은 쉽게 계산할 수 있다. 그래서, σ^2의 점 추정치는 다음과 같다.

$$s^2 = \frac{\sum_{i=1}^{6}(x_i - \bar{x})^2}{6-1} = \frac{0.9}{5} = 0.18$$

(2) χ^2분포의 자유도는 $6 - 1 = 5$이다. 95% 신뢰 구간을 구하려면

$\chi^2_{0.025,(5)} = 12.832$, $\chi^2_{0.975,(5)} = 0.831$의 값이 필요하다. 그래서, σ^2의 95% 신뢰구간은

$\frac{0.9}{12.832} < \sigma^2 < \frac{0.9}{0.831}$가 되고, 이를 계산하면 $0.07 < \sigma^2 < 1.08$이 된다.

연습문제

01 550명의 쇼핑몰을 떠나는 사람들의 무작위 표본의 64%는 \$25 이상을 썼다. 쇼핑몰 소비자들 중에 \$25 이상을 쓴 비율의 99% 신뢰 구간 추정을 구하라.

02 기계부품들의 간단한 무작위 표본에서, 225개 중 18개 수송 중에 손상이 간 것으로 보여 진다. 수송 중 손상된 기계 부품들의 95% 신뢰 구간 추정을 수립하라.

03 불쾌한 공장의 하루 부분의 화학적인 오염 때문에 환경 보호국 연구자는 먹을 수 없는 생선의 비율을 알고 싶어 한다. 답이 96% 신뢰 수준 하에 오차 ± 0.03 안에 있어야 한다면, 실험 되야 할 표본의 생선이 몇 마리나 되나요?

04 개개인의 성과에 따라 노동자의 급여가 좌우 되어야 한다고 믿는 산업계 경영진들의 비율을 찾기 위해 조사가 착수되었다. 추정이 99% 신뢰 수준에서 $\pm .06$, $\pm .03$, $\pm .02$이길 바란다면 경영진들 몇 명이나 인터뷰를 해야 할까요?

05 분 당 2.49 박동 수의 표준편차로 정규분포를 따르는 양에 따라 심장 박동 수를 내리는 새로운 약이 있다. 50명의 무작위 표본 평균 분당 5.32 박동 수가 떨어진다면, 모든 환자들의

심장 박동 수의 평균값이 95% 신뢰 구간 추정을 찾아라.

6 병입 기계는 0.12온스의 표준편차로 작동한다. 36병들의 무작위 표본에서, 기계가병 안에 평균 16.1온스를 넣는다고 가정해보자. 이 기계가 모든 병들 안에 넣는 온스의 평균값을 추정하자. 평균값의 95% 신뢰구간을 찾아라.

7 특정한 공장에서, 5.76개월 제곱의 평방편차의 수명을 가진 건전지들이 생산되고 있다. 64개의 평균 수명 평균값이 12.35개월이라고 가정해보자. 이 공장에서 생산되는 모든 건전지의 수명의 90% 신뢰 구간 추정을 찾아라.

8 볼 베어링들이 0.025인치의 지름의 표준편차의 과정에 의해 제조되었다. 지름이 ±0.01인치 이내에 있는지 99% 확신하고 싶다면 어떤 표본 크기가 선택되어야 할까?

9 새로운 모델의 차 10대가 마일 당 연비 검정을 받았을 때 갤런 당 1.8마일의 표준편차로 갤런 당 27.2 마일이란 결과를 나타냈다. 이 모델로 인해 얻은 연비의 95% 신뢰 구간은 무엇인가?

10 인조 보석들을 만드는 새로운 과정은 첫 번째 시도에 각각 0.43, 0.52, 0.46, 0.49, 0.60, 그리고 0.56 캐럿이 나가는 여섯 개의 보석을 산출했다. 이 과정에서 캐럿 무게 평균값의 90% 신뢰 구간 추정을 찾아라.

11 두 회사 타이어를 8대 택시의 뒷바퀴에 한 개씩 무작위로 장착하여 같은 실험을 한 결과, 아래와 같이 주행거리가 측정되었다고 한다. μ_D의 99% 신뢰구간을 구하라. 단, 주행거리의 차이는 정규분포를 근사적으로 따른다고 가정한다. (단위 : km)

택 시	A 회사 타이어	B 회사 타이어
1	34,400	36,700
2	45,500	46,800
3	36,700	37,700
4	32,000	31,100
5	48,400	47,800
6	32,800	36,400
7	38,100	38,900
8	30,100	31,500

12 정부에서 두 종류의 신품종 밀에 대한 수확량을 비교하기 위하여 9개 대학의 농학과에 실험을 의뢰하였다. 두 신품종 밀은 각 대학 농업시험상의 동일한 구역에서 각각 시험 재배되었으며, 다음과 같이 수확량이 얻어졌다.

품 종	대 학								
	1	2	3	4	5	6	7	8	9
1	38	23	35	41	44	29	37	31	38
2	45	25	31	38	50	33	36	40	43

두 신품종 밀의 수확량의 차이에 대한 95% 신뢰구간을 구하라. 단, 수확량의 차이는 정규분포를 근사적으로 따른다고 가정한다.

13 어떤 알약의 부작용으로 혈압강하의 효과가 있는지 알아보기 위해서 15명의 환자를 대상으로 알약의 복용 전후의 혈압을 재었더니 그 결과가 다음과 같았다.

환자	1	2	3	4	5	6	7	8	9	10	11	12	13	14	15
전(x)	70	80	72	76	76	76	72	78	82	64	74	92	74	68	84
후(y)	68	72	62	70	58	66	68	52	64	72	74	60	74	72	74
$d=(x-y)$	2	8	10	6	18	10	4	26	18	−8	0	32	0	−4	10

평균 혈압강하량에 대한 95% 신뢰구간을 구하라.

14 다음 표는 두 가지 수면제 A, B를 10명의 환자에게 복용시켰을 때의 연장된 수면시간을 조사한 표이다. A, B 두 수면제의 연장된 수명시간의 차이에 관한 95% 신뢰구간을 구하여라.

환자	1	2	3	4	5	6	7	8	9	10
$A(X)$	1.9	0.8	1.1	0.1	−0.1	4.4	5.5	1.6	4.6	3.4
$B(Y)$	0.7	−1.6	−0.2	1.2	−0.1	3.4	3.7	0.8	0.0	2.0

15 어떤 참치 통조림의 무게에 대한 분산을 추정하기 위하여 임의로 10개를 추출하여 측정한 무게이다.

46.4, 46.1, 45.8, 47.0, 46.1, 45.9, 45.8, 46.9, 45.2, 46.0

참치 통조림의 무게가 정규분포를 따른다고 할 때, 모분산 σ^2에 대한 95% 신뢰구간을 구하여라.

16 정확한 전자시계를 만들고자 하는 한 전자시계제조업자가 마지막 품질검사에 합격한 시계 중에서 10개의 시계를 추출하여 품질이 얼마나 균일하게 유지되는지를 검사하려고 한다. 이를 위하여 표준시계와 10개의 시계를 맞춘 후에 표준시계와 시간차나니(제조시계의 시간−표준시계의 시간)를 기록하였더니 평균과 표준편차가 다음과 같았다.

$$\overline{x} = 0.5\text{초},\quad s = 0.4\text{초}$$

모집단의 시간차이가 정규분포라는 가정 하에 σ의 90% 신뢰구간을 구하라.

17 자동차 배터리 제조업자는 그들이 제조한 배터리의 수명이 평균 3년이라고 한다. 이들 배터리를 임의로 5개를 추출한 표본의 수명은 다음과 같다. 배터리 수명의 분산에 대한 95% 신뢰구간은?

1.9, 2.4, 3.0, 3.5, 4.2.(단위 : 년)

18 다음 표본을 이용하여 모분산에 대한 95% 신뢰구간을 구하여라.

3.4	3.6	4.0	0.4	2.0	3.0	3.1	4.1	1.4	2.5
1.4	2.0	3.1	1.8	1.6	3.5	2.5	1.7	5.1	0.7

19 다음은 어떤 제조회사에서 생산되는 음료수를 분석한 당분함량의 자료이다. 이 자료로부터 이 회사에서 생산되는 음료수의 당분함량에 대한 분산과 표준편차에 대한 95% 신뢰구간을 구하여라.

15.1	13.4	16.5	14.6	14.4
14.0	15.4	13.8	14.6	14.3

20 다음은 어떤 회사에서 판매하는 잔디씨 10봉지의 무게를 측정한 값이다. (단위 : g)

46.4	46.1	45.8	47.0	46.1
45.9	45.8	46.9	45.2	46.0

이 회사에서 판매하는 모든 잔디씨 봉지의 무게의 분산에 대한 95% 신뢰구간을 구하라. 단, 잔디씨 봉지의 무게는 정규분포를 따른다고 한다. σ^2에 대한 95% 신뢰구간을 구하여라.

CHAPTER 7

가설검정

7.1 가설검정의 기본개념

7.2 모평균값 검정

7.3 두 모평균의 비교검정

7.4 모비율검정

7.5 두 모비율의 비교검정

7.6 모분산의 검정

가설검정이란 모수에 대한 가설이 적합한지를 추출한 표본으로부터 판단하고자 하는 것이다. 모집단 비율이나 평균값을 추정하는 밀접한 문제는 모집단 비율이나 평균값에 대한 가설을 검정하는 문제이다. 예를 들면 여행사는 여행자 안내소의 화창한 날들의 비율에 대한 주장을 검정할 수도 있다. 건설 업체의 주주가 회사의 성공적인 입찰의 비율에 대한 주장을 검정할 수도 있다. 소비자 보호국은 제조체의 담배의 평균 니코틴 함유량에 대한 주장을 검정할 수도 있다. 농업 연구원은 개발업자가 주장한 평균 생산력을 검정할 수 있다. 두 모평균의 차이와 두 모비율의 차이로 추정과 가설검정 절차를 확장한다. 예를 들어, 서울과 부산의 평균 주택가격의 차이에 대한 신뢰구간을 얻고자 한다. 또는 서울의 평균 주택가격이 부산의 평균 주택가격과 다른지를 가설검정 하고자 한다. 또 다른 예를 보면 금주하는 모든 성인남자와 성인여자의 비율의 차이에 대한 신뢰구간을 얻고자 한다. 또는 금주하는 모든 성인남자의 비율이 금주하는 성인여자의 비율과 다른지를 가설검정 하고자 한다. 모수에 대한 신뢰구간을 구하는 것과 가설검정을 하는 것을 '추론을 한다(making inference)' 라고 한다. 유의성 검정의 논리, 귀무가설 그리고 대립가설, p-값들, 단측 그리고 양측 검정, 제1종 그리고 2종 과오, 그리고 검정력의 개념 등을 다루고자 한다.

7.1 가설검정의 기본개념

통계적 추정이나 통계적 가설검정은 항상 관측된 자료(표본)로부터 정보를 얻고, 이들 정보를 기초로 미지의 모수에 대한 결정(판단)을 내리게 된다. 이와 같은 통계적 결정에는 항상 오류의 가능성이 있으며, 특히 가설검정에서는 오류의 가능성을 미리 정해진 수준(level)에서 관리할 수 있는 것이 특징이다.

이제 한 예를 통하여 가설검정의 원리를 살펴보기로 한다.

어느 회사에서 생산하고 있는 전구의 수명은 정규분포에 따른다고 가정할 수 있으며, 평균이 1,500시간, 표준편차 100시간이 되도록 품질관리를 하고 있다. 즉, 전구의 수명을 확률변수 X로 나타내면 X는 정규분포 $N(1500,\ 100^2)$에 따른다고 할 수 있다. 이제 이 회사의 연구팀에서는 원가의 표준편차가 기존의 제품과 같으면서도 평균수명이 더 긴 새 제품을 개발했다고 주장한다. 이를 확인하기 위하여 25개의 제품을 시험 생산하여 평균수명을 측정한 결과 $\overline{x} = 1,550$을 얻었다. 이 결과로부터 새로 개발된 전구의 평균수명이 기존의 전구의 평균수명보다 길어졌다고 확신할 수 있겠는가?

이 질문에 대한 답을 얻기 위해 다음과 같은 가설검정을 시행할 수 있다. 먼저 기존의 전구의 평균수명은 $\mu = 1,500$(시간)이며, 새로 개발된 제품의 평균 수명은 1,500(시간) 이상이라고 주장하고 있으므로 이를 확인하기 위하여 다음과 같은 가설을 세운다.

$$H_0 : \mu = 1,500$$

$$H_a : \mu > 1,500$$

여기서 H_0를 귀무가설(null hypothesis)이라 하며, H_a을 대립가설(alternative hypothesis)이라 한다. 또한, 귀무가설이나 대립가설 중에서 하나를 채택하고 나머지를 기각시키는 결정을 내리는 과정을 가설검정(hypothesis testing)이라 한다.

가설검정에서는 흔히 대립가설 H_a에 관심이 있으며, 많은 경우에 대립가설이 참인 것을 입증하기를 원한다. 따라서 관측된 자료로부터 대립가설이 참이라는 확실한 근거가 있을 경우에만 귀무가설 H_0를 기각하고 대립가설 H_a을 채택하게 된다. 귀무가설에서 "null"의 의미는 대립가설의 주장을 무효화하는(nullity) 가설이라는 뜻으로 이해할 수 있다.

이제 검정의 기준을 생각해보자. 정규분포에서 추정량 $\overline{X}$는 평균 μ의 최소분산불편 추정량이다. 따라서 $\overline{X}$의 값이 어느 일정한 값보다 클 때에만 대립가설 H_a을 채택하는 결정을 내리는 것은 매우 타당한 것으로 생각된다. 그러면 H_0를 기각시키고 H_a을 채택하는 기준은 어떻게 정할 것인가? 이를 위해 $\overline{X}$를 표준화시킨 Z-통계량을 생각해 보자 $\overline{X}$의 표준오차는 $\frac{\sigma}{\sqrt{n}} = \frac{100}{\sqrt{25}} = 20$이고 H_0하에서 $\mu = 1,500$이므로

$$Z = \frac{\overline{X} - \mu}{\sigma / \sqrt{n}} = \frac{\overline{X} - 1500}{20}$$

은 H_0하에서 표준정규분포에 따른다. 이제 $\overline{X}$의 값이 충분히 커서 Z-통계량의 값이

$$Z = \frac{\overline{X} - 1,500}{20} \geq z_{0.05} = 1.645$$

일 때 귀무가설 H_0를 기각하고 대립가설 H_a을 채택한다고 하자. 위의 부등식을 $\overline{X}$로 나타내면 다음과 같다.

$$\overline{X} \geq 1,500 + (1.645)(20)$$

즉, $\overline{X}$의 값이 귀무가설에서 주장한 $\mu = 1,500$보다 크되, $\overline{X}$의 표준오차인 20의 1.645배 이상

크면 $\overline{X}$의 값이 너무 크므로 귀무가설 $H_0 : \mu = 1,500$을 기각하고 대립가설 $H_a : \mu > 1,500$을 채택하는 결정을 내린다.

이와 같은 기준으로 가설검정을 시행할 때, Z-통계량과 같이 검정의 기준을 결정하는 통계량을 검정통계량(test statistic)이라 하며, $Z \geq 1.645$와 같이 귀무가설이 기각되는 검정통계량의 관측값의 영역을 기각역(critical region)이라 하고, 나머지 영역을 채택역(acceptance region)이라 한다. 이 문제에서 기각역 그림을 나타내면 [그림 7.1]과 같다.

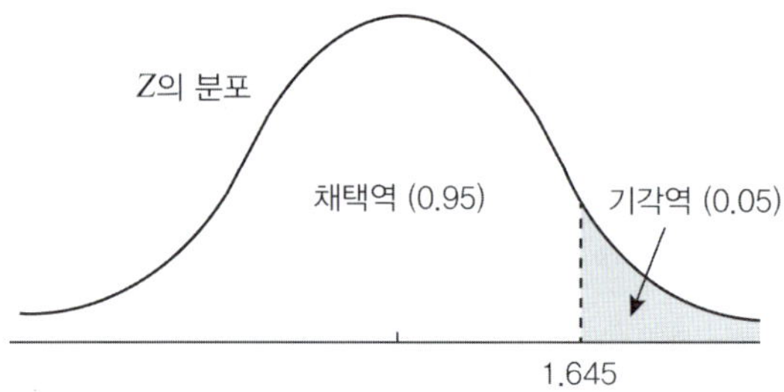

그림 7.1 기각역

가설검정에서는 기각역이 주어지면 검정법이 정의된 것과 같다. 따라서 기각역의 의미에 대하여 좀 더 자세히 살펴보자.

귀무가설 H_0가 참일 때 앞에서 만든 검정통계량 Z는 표준정규분포에 따르므로, 귀무가설이 참일 때

$$P[Z \geq 1.645 \mid H_0\text{가 참}] = 0.05$$

가 된다. 즉, 귀무가설 H_0가 참인 경우에 우연히도 $\overline{X}$의 값이 커져서 Z-통계량의 값이 1.645보다 크게 되어 참인 H_0를 기각시킬 확률이 0.05(또는 5%)가 된다. 이와 같이 귀무가설 H_0가 참일 때 이를 기각하고 대립가설 H_a을 채택하는 오류를 범할 확률의 허용한계를 유의수준(significance level)이라 하며, 흔히 α로 나타낸다. 기각역이 $Z \geq 1.645$로 정의된 검정은 유의수준 5%에서 시행하는 검정이 된다.

가설검정에서는 2가지 오류가 있다. 즉, 귀무가설 H_0가 참일 때 대립가설 H_a을 채택하는 오류를 제1종의 오류(type I error)라고 하며, 대립가설 H_a이 참일 때 귀무가설 H_0를 채택하는 오류를 제2종의 오류(type II error)라고 한다. 따라서 유의수준은 제1종의 오류를 범할

확률이 된다. 가설검정에서 제1종의 오류는 유의수준 α에 의해서 관리된다. 그러나 제 2종의 오류는 유의수준이 주어진 경우에 표본크기에 의해서만 관리되는 특징이 있다. 흔히 사용되는 유의수준은 1%(0.01), 5%(0.05), 10%(0.10)이며 특히 5%가 많이 사용된다.

다시 주어진 문제로 돌아가 보자. 25개의 표본에서 $\bar{x}=1,550$이 관측되었으므로 검정통계량의 값은

$$z=\frac{\bar{x}-1,500}{20}=\frac{1,550-1,500}{20}=2.5 \geq 1.645$$

가 된다. 즉 통계량의 값은 2.5로서 기각역 속에 멀어지며, 따라서 귀무가설 H_0를 기각하고 대립가설 H_a을 채택한다.

표준정규분포에 의하면 $P[Z \geq 2.5]=0.006$이다. 따라서 유의수준 0.6%에서 검정을 해도 귀무가설 H_0를 기각하며, 유의수준 0.6% 미만이면 H_0를 기각할 수 없다. 이와 같이 검정통계량의 관측값에 대하여 귀무가설 H_0를 기각시킬 수 있는 최소의 유의수준을 p-값(p-value) 또는 유의확률(signifi-cance probability)이라 한다. 주어진 문제에서 p-값은 0.006(또는 0.6%)이다. 가설검정에서 유의수준보다는 p-값의 개념이 좀 더 많은 정보를 제공해준다. 유의수준 5%에서 검정할 때, $\bar{x}=1,550$이 관측될 경우와 $\bar{x}=1,600$이 관측될 경우에 모두 H_0를 기각하고 H_a을 채택하지만, H_a이 참이라는 입증 정도는 다르다. 즉, $\bar{x}$의 값이 커질수록 p-값은 작아지며 H_a이 참이라는 확신은 커진다고 할 수 있다. 이와 같이 p-값은 대립가설의 채택에 대한 확신의 정도를 나타내고 있으므로 대부분의 통계 패키지에서는 검정 결과에 p-값을 출력시키고 있다. 가설은 모수의 범위를 나타내는 방법에 따라 단순가설과 복합가설로 나타낸다. 즉, $H_0: \theta=\theta_0$와 같이 모수값이 한 점으로 표시된 가설을 단순가설(simple hypothesis)이라 하며, $H_a: \theta>\theta_0$와 같이 모수값이 범위로 표시되는 가설을 복합가설(composite hypothesis)이라 한다. 귀무가설을 흔히 단순가설로 나타내고 대립가설은 복합가설로 나타낸다.

예제 7.1

꼬마전구의 수명 X는 분산이 5^2인 정규분포 $N(\mu, 5^2)$에 따른다고 한다. 평균에 대한 가설

$$H_0 : \mu = 100, \quad H_a : \mu > 100$$

을 검정하기 위하여 $n = 16$개의 표본을 사용하려고 한다. 다음 물음에 답하여라.

(1) 검정통계량과 $\alpha = 0.025$에서 기각역을 구하라.

(2) $\mu = 103$에서 제2종 오류의 크기를 구하여라.

(3) $\bar{x} = 103$을 얻었다면 p-값은 얼마인가?

(4) 제1종의 오류를 범할 확률 α와 제2종의 오류를 범학 확률 β을 그림으로 나타내라.

풀이

(1) 유의수준 $\alpha = 0.025$에서 검정할 때 기각역은 정규분포표에서 $P(Z \geq 1.96) = 0.025$이므로,

기각역은 $\dfrac{\overline{X} - 100}{5/\sqrt{16}} \geq 1.96$(즉, $\overline{X} \geq 102.45$)인 영역이다.

(2) $H_a : \mu = 103$이 참일 때는 $\dfrac{\overline{X} - 100}{5/\sqrt{16}}$가 표준정규분포에 다르므로 제2종 오류를 범할 확률 β는 다음과 같다.

$$\begin{aligned}\beta &= P\left(\frac{\overline{X} - 100}{5/\sqrt{16}} < 1.96\right) = P(\overline{X} \leq 102.45) \\ &= P\left(\frac{\overline{X} - 103}{5/\sqrt{16}} \leq \frac{102.45 - 103}{5/\sqrt{16}}\right) \\ &= P(Z \leq -0.44) \\ &= 0.3300\end{aligned}$$

(3) $\bar{x} = 103$이므로 검정통계량의 값은

$$z = \frac{103 - 100}{5/\sqrt{16}} = 2.4$$

이다. 한편 H_0가 참일 때 $Z = \dfrac{\overline{X} - 100}{5/\sqrt{16}}$은 표준정규분포에 따르므로 p−값은

p-값$= P(Z > 2.4) = 1 - 0.9918 = 0.0082$

(4) H_0하에서는 $Z = \dfrac{\overline{X} - 100}{5/\sqrt{16}}$가 표준정규분포에 따르며, H_a하에서는 $Z = \dfrac{\overline{X} - 103}{5/\sqrt{16}}$가 표준정규분포에 따른다.

유의수준 2.5%에서 기각역은 $Z = \dfrac{\overline{X} - 100}{5/\sqrt{16}} > 1.96$ (즉, $\overline{X} > 102.45$)이므로, 제1종의 오류를 범할 확률 α와 제2종의 오류를 범할 확률 β를 그림으로 나타내면 [그림 7.2]와 같다.

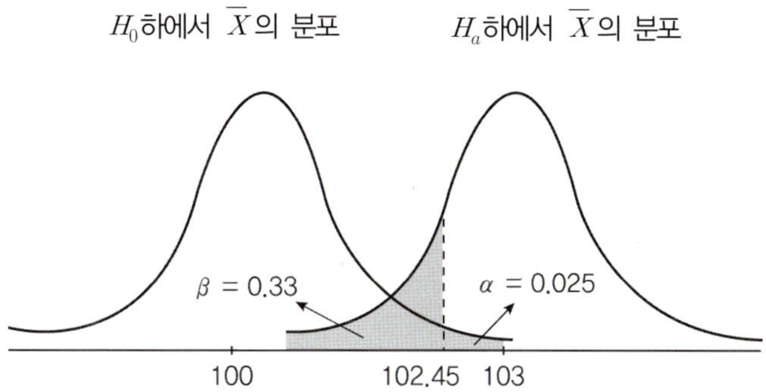

그림 7.2 제1종, 제2종 오류

귀무가설과 대립가설이 모두 단순가설로 주어진 경우에는 제2종의 오류를 범할 확률을 구할 수 있다. 그러나 대립가설이 복합가설로 주어진 경우에는 대립가설의 범위에서 지정된 후의 모수값에 대해서만 구할 수 있다. 따라서 제1종의 오류와 제2종의 오류에 대한 확률을 모수 θ의 함수로 나타낼 수 있다면, 이 함수는 그 검정법의 특징을 설명하는 함수가 될 것이다. 이러한 개념을 나타내는 함수가 검정력 함수이며 다음과 같이 정의된다.

[정의 7.1] 검정력함수와 검정력

(1) 검정법에서 귀무가설 H_0를 기각시킬 확률을 모수 θ의 함수로 나타낸 것을 검정력함수(power function)라고 하며, 이를 수식으로 나타내면 다음과 같다.

$$\pi(\theta) = P[H_0\text{를 기각} \mid \theta]$$

(2) 대립가설 H_a에 속하는 특정 θ에 대한 검정력함수의 값을 검정력(power)이라 한다.

예제 7.2

예제 7.1에서 다음 물음에 답하여라.

(1) 검정력함수 $\pi(\mu)$를 구하여라.

(2) $\mu = 99 \sim 105$ 사이의 정수에서 $\pi(\mu)$값을 구하고 이들을 이용하여 $\pi(\mu)$의 그래프를 그려라.

풀이

(1)
$$\begin{aligned}\pi(\mu) &= P(\frac{\overline{X}-100}{5/\sqrt{16}} \ge 1.96 \mid \mu) \\ &= P\left(\overline{X}-100 \ge 1.96 \times \frac{5}{4} \mid \mu\right) \\ &= P\left(\overline{X} \ge 100 + 1.96 \times \frac{5}{4} \mid \mu\right) \\ &= P(\frac{\overline{X}-\mu}{5/\sqrt{16}} \ge 81.96 - 0.8\mu \mid \mu) \\ &= 1 - \Phi(81.96 - 0.8\mu)\end{aligned}$$

(2)

μ	99	100	101	102	103	104	105
$\pi(\mu)$	0.003	0.025	0.123	0.359	0.670	0.893	0.979

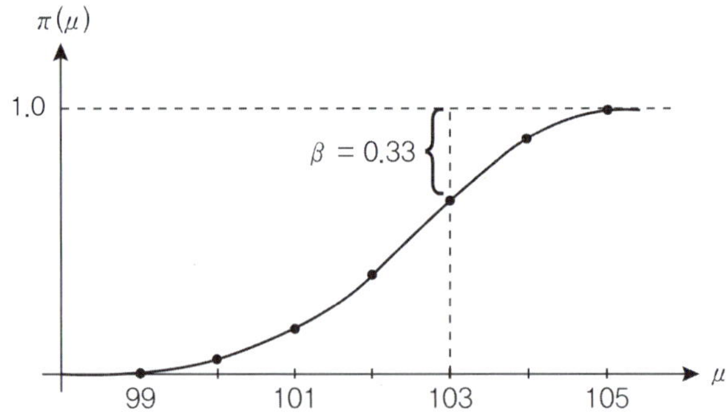

그림 7.3 검정력 함수

7.2 모평균값 검정

7.2.1 모분산을 알 때 모평균에 대한 가설검정

모분산을 알 때 모평균에 대한 가설검정을 다루겠다. 모집단에 대한 기본 가정은 모집단이 정규분포를 한다는 것이다. 정규분포의 가정이 없으면 표본의 크기가 커야 한다. 따라서 귀무가설 $H_0 : \mu = \mu_0$하에서 검정통계량은 다음과 같다.

$$Z = \frac{\overline{X} - \mu_0}{\sigma / \sqrt{n}}$$

이다.

앞 절에서 기술한 3가지 대립가설에 대한 $H_0 : \mu = \mu_0$의 검정에 대한 검정 기준이 〈표 7.1〉에 요약되어 있다.

표 7.1 σ^2을 알 때 $H_0 : \mu = \mu_0$의 검정

대립가설	H_0를 기각하게 되는 범위
1. $\mu > \mu_0$	$z > z_\alpha$
2. $\mu > \mu_0$	$z < -z_\alpha$
3. $\mu \neq \mu_0$	$z > z_{\alpha/2}$ 또는 $z < -z_{\alpha/2}$

$$z = \frac{\overline{x} - \mu_0}{\sigma / \sqrt{n}} : Z\text{를 계산한 값}$$

예제 7.3

A시의 고 2 남학생 가운데서 임의로 100명을 추출하여 신장을 측정한 결과 평균이 164cm, 표준 편차가 6cm였다. A시의 고 2 남학생 전체의 평균 신장은 전국 평균 162cm보다 크다고 볼 수 있느냐? 유의 수준 0.05로 검정하라. 단, 모집단은 정규분포를 이룬다.

풀이

(1) $\mu = 162$이냐? 또는 $\mu > 162$이냐가 문제의 내용이므로 우측 검정을 한다. 가설로서

$H_0 : \mu = 162$, $H_a : \mu > 162$

(2) 표본 평균 $\overline{X}$는 표본의 크기 $n=100$이므로 모표준 편차를 σ라 하면 $\overline{X}$의 분포는

$N\left(162, \dfrac{\sigma^2}{100}\right)$에 따른다. 따라서

$Z=\dfrac{\overline{X}-162}{\dfrac{\sigma}{10}}$는 $N(0,1)$에 따른다.

(3) 유의 수준은 $\alpha=0.05$이고 우측 검정이므로

$P(Z \geq 1.65)=0.05$에서 기각역은 $Z \geq 1.65$이다. 즉 $W=\{Z \mid Z \geq 1.65\}$

(4) 실현값 $\overline{x}=164$이고, $\sigma=s=6$이므로 이에 대한 Z의 실현값은

$z=\dfrac{164-162}{\dfrac{6}{10}}=3.33 \in W$

(5) 곧 z_0가 기각역에 들어 있으므로 가설은 기각된다. 따라서 A시의 고2 남학생의 평균 신장은 전국 평균 신장보다 크다고 판단된다고 할 수 있다.

예제 7.4

어떤 지능 검사에서 만 15세의 아동의 모집단 평균 지능이 124, 표준편차는 24라 한다. 지금 만 14세의 아동 36명을 임의로 추출하여 지능 검사를 한 결과 평균이 112였다 한다. 이 사실로써 만 14세의 평균 지능이 15세의 평균 지능보다 낮다고 볼 수 있느냐? 유의 수준 0.01로 검정하라. 단, 모집단은 정규분포를 이룬다.

풀이

(1) 14세의 지능이 15세보다 높다고는 볼 수 없으므로 좌측 검정을 한다.

가설 $H_0: \mu=124$(지능차는 없다), $H_a: \mu<124$

(2) 평균 $\overline{X}$의 분포는 $N\left(124, \dfrac{24^2}{36}\right)$이고

$Z=\dfrac{\overline{X}-124}{\dfrac{24}{6}}=\dfrac{\overline{X}-124}{4}$는 $N(0, 1)$에 따른다.

(3) 유의 수준 $\alpha = 0.01$이고, 좌측 검정이므로

$P(Z \leq -2.33) = 0.01$

기각역 W는 $W = \{Z | Z \leq -2.33\}$

(4) Z의 실현값 $z = \dfrac{112-124}{4} = -3 \in W$이므로 가설은 기각된다.

(5) 14세 아동의 IQ는 15세 아동의 IQ보다 낮다고 볼 수 있다.

예제 7.5

어떤 방적 공장에서 현재까지의 데이터로부터 종래의 제조 공정에서는 어떤 실의 강도가 평균 48.6 파운드, 표준 편차 6.25 파운드의 정규분포에 따라 분포한다. 그런데 새 방법을 도입한 후 실의강도는 품질 관리의 결과 정규분포로 이루고, 표준 편차는 같다는 것을 알았다. 실의 강도의 변화를 조사하기 위해서 크기 50인 표본을 추출하여 강도의 평균을 조사하니 그 값은 50.5 파운드였다. 새 방법은 실의 강도에 대하여 유효했다고 볼 수 있느냐 ? 유의 수준 5%로 검정하라.

풀이

(1) $\mu = 48.6$이냐, 아니냐가 문제의 내용이므로 양측 검정을 하며, 실의 강도는 정규분포를 한다고 보고 귀무가설을 세운다.

$H_0 : \mu = 48.6$, $H_a : \mu \neq 48.6$

(2) 표본 평균 X는 $N\left(48.6, \dfrac{6.25^2}{50}\right)$에 따르므로

$Z = \dfrac{\overline{X} - 48.6}{6.25/\sqrt{50}}$은 $N(0, 1)$을 따른다.

(3) 유의 수준 $\alpha = 0.05$인 양측 검정이므로 기각역 W는 $W = \{Z | Z \geq 1.96\}$

(4) Z의 실현값 $z = \dfrac{50.5 - 48.6}{6.25/\sqrt{50}} = 2.15 \in W$이므로 가설은 기각된다.

(5) 따라서 가설 H_0는 기각된다. 즉, 실의 강도에 새 방법이 유효하다고 볼 수 있다.

7.2.2 모분산을 모르고 표본이 작을 때 모평균에 대한 가설 검정

모평균에 대한 가설검정에 있어서 보다 실제적인 경우는 모분산을 모르는 경우이다. 우리는 다음의 귀무가설을 검정하려 한다.

$$H_0 : \mu = \mu_0$$

σ를 알 때는 $\dfrac{\overline{X} - \mu_0}{\sigma / \sqrt{n}}$의 검정 통계량을 사용했다. σ를 모르므로 그의 추정량 S를 사용하기로 한다. 그래서 적합한 검정 통계량은 다음과 같다.

$$T = \frac{\overline{X} - \mu_0}{S / \sqrt{n}}$$

이 시점에서 우리는 모집단이 정규분포를 한다는 가정을 n이 작을 때 특히 첨가할 필요가 있다. 이 가정 하에서는 통계량 T가 자유도가 $n-1$인 student의 $t-$분포를 따르므로 우리는 〈표 7.2〉에 있는 검정기준을 얻는다.

표 7.2 σ^2을 모를 때 $H_0 : \mu = \mu_0$

대립가설	H_0를 기각하게 되는 범위
1. $\mu > \mu_0$	$t > t_{\alpha,(n-1)}$
2. $\mu > \mu_0$	$t < -t_{\alpha,(n-1)}$
3. $\mu \neq \mu_0$	$t < -t_{\alpha/2,(n-1)}$ 또는 $t > t_{\alpha/2,(n-1)}$

$$t = \frac{\overline{X} - \mu_0}{s / \sqrt{n}} \ : \ T\text{를 계산한 값}$$

예제 7.6 지역 상공 회의소는 도시 집들의 평균가격이 $90,000라고 주장한다. 상공회의소 대변인은 최근에 집 가격이 $75,000, $102,000, $82,000, $87,000, $77,000, $93,000, $98,000 그리고 $68,000 임을 조사하였다. 상공 회의소의 주장을 유의수준 5%에서 양측 가설 검정하라.

풀이

1. $H_0 : \mu = 90,000$

2. $H_a : \mu \neq 90,000$

3. 모분산이 미지이므로 검정통계량은 $\dfrac{\overline{X} - 90,000}{S/\sqrt{n}}$ 이다.

4. $\alpha = 0.05$ 이고 자유도는 $8 - 1 = 7$, $t_{0.025,\,(7)} = 2.36$ 이다.

   검정통계량의 계산된 값이 −2.36보다 작거나 혹은 2.36보다 크면 H_0를 기각한다.

5. $\overline{x} = 85,250,\ s = 11,877,\ z = \dfrac{\overline{x} - 90,000}{s/\sqrt{n}} = \dfrac{85,250 - 90,000}{11,877/\sqrt{8}} = -1.13$

6. −1.13은 −2.36과 2.36사이에 있으므로 H_0을 기각하지 않는다.

결론 : 상공회의소의 주장을 기각할만한 충분한 증거가 없다고 결론을 짓는다.

예제 7.7 어느 공장에서 생산된 종래의 실의 인장 강도는 평균이 6.7kg인 정규분포를 이루고 있다 한다. 제조 방법을 바꾼 후 임의로 10개를 추출하여 시험하니 강도의 평균이 6.2kg, 표준 편차가 1.0kg이었다. 이 사실로 공정의 변경이 제품의 강도가 작아졌는가 유의 수준 0.05로 검정하라.

풀이

(1) $H_0 : \mu = 6.7,\ H_a : \mu < 6.7$

(2) 모분산이 미지이므로 $t-$검정을 한다. 즉,

$$T = \frac{(\overline{X} - \mu)}{\mathrm{S}/\sqrt{\mathrm{n}}}$$

은 자유도 d.f. = 10 − 1 = 9인 t−분포에 따른다.

(3) 유의 수준 $\alpha = 0.05$이고 좌측 검정이므로 t−분포에서

$P(t < -1.83) = 0.05$

기각역 $W = \{t \mid t < -1.83\}$

(4) $\overline{X}$의 실현값이 6.2이므로 이에 대한 T의 실현값은

$$t = \frac{6.2 - 6.7}{1.0/\sqrt{10}} = -1.5 \notin W$$

(5) T의 실현값이 기각역에 들어 있지 않으므로 가설 H_0는 기각되지 않는다. 즉, 공정의 변경이 실의 강도에 영향을 주지 않았다고 본다.

7.2.3 쌍체표본에서 두 모평균차 검정

수많은 실험들과 검정들은 자료가 자연적으로 쌍으로 생기는 두 모집단들을 비교하는 것을 피한다. 이 경우에는, 알맞은 절차는 짝지어진 자료들의 차이들로 구성된 하나의 변수에 단일표본 검정을 하는 것이다. 여러 가지 경우의 대립가설에 대한 H_0의 검정기준은 다음의 〈표 7.3〉에 있다.

표 7.3 $H_0 : \mu_d = 0$의 검정

대립가설	H_0를 기각하게 되는 범위
1. $\mu_d > 0$	$t \geq t_{\alpha,(n-1)}$
2. $\mu_d < 0$	$t \leq -t_{\alpha,(n-1)}$
3. $\mu_d \neq 0$	$t \leq -t_{\alpha/2,(n-1)}$ 또는 $t \geq t_{\alpha/2,(n-1)}$

$$t = \frac{\overline{d}}{s_d/\sqrt{n}} \quad : \text{검정 통계량 } T\text{의 계산된 값}$$

예제 7.8

어떤 의사가 만약 그의 식이요법을 따르면 체중이 줄 것이라고 주장한다. 다음 자료가 식이요법을 한 5명의 체중을 파운드 단위로 잰 것이다. 다음 자료는 5% 유의 수준에서 그의 주장을 입증할 만한 증거가 되는가?

표 7.4 체 중

사 람 번 호	1	2	3	4	5
식이요법 전	175	168	140	130	150
식이요법 후	170	169	133	132	143

풀이

우리가 관심이 있는 자료는 체중의 증가량이다. 5명에 대한 체중 증가량은 -5, 1, -7, 2, -7이다. 식이요법을 한 모든 사람들의 체중 증가량의 평균을 μ_d라 하면

(1) $H_0 : \mu_d = 0$(체중 감소가 안 된다.) $H_a : \mu_d < 0$

(2) 검정 통계량은 $\dfrac{\overline{D}-0}{S_D/\sqrt{n}}$이다.

(3) $\alpha = 0.05$이고, $n = 5$이므로 자유도는 4이다.

$t_{0.05,\,(4)} = 2.132$이므로 검정 기준은 다음과 같다.

"검정 통계량의 계산된 값이 -2.132보다 작으면 H_0를 기각한다."

(4) $\overline{d} = -16/5 = -3.2$이고

$$s_d^2 = \frac{(-1.8)^2+(4.2)^2+(-3.8)^2+(5.2)^2+(-3.8)^2}{5-1} = 19.18$$

이다. 그래서, $s_d = \sqrt{19.18} = 4.38$이 된다.

그러므로, 검정 통계량의 계산된 값은 다음과 같다.

$$t = \frac{d-0}{s_d/\sqrt{n}} = \frac{-3.2}{4.38/\sqrt{5}} = -1.63$$

(5) 계산된 값이 -2.132보다 크므로 H_0를 기각하지 않는다.

예제 7.9

특정한 약의 반응 시간이 증가하였는가? 만약 그렇다면, 정부는 이 약을 복용하는 차이를 고려하여 검정하려 한다. 30명의 무작위 표본이 약 복용 전과 후에 검사되었다, 그리고 그들의 반응 시간이다. 다음 자료들은 5% 유의수준에서 그의 주장을 입증할 증거가 되는가?

표 7.5 **약 복용 전과 후의 반응시간**

사람	전	후	사람	전	후
1	1.42	1.48	16	1.83	1.75
2	1.87	1.75	17	1.40	1.51
3	1.34	1.31	18	1.75	1.67
4	0.98	1.22	19	1.56	1.72
5	1.51	1.58	20	1.56	1.63
6	1.43	1.57	21	2.03	1.81
7	1.52	1.48	22	1.38	1.48
8	1.61	1.55	23	1.42	1.35
9	1.37	1.54	24	1.69	1.75
10	1.49	1.37	25	1.50	1.39
11	0.95	1.07	26	1.12	1.24
12	1.32	1.35	27	1.38	1.40
13	1.68	1.77	28	1.71	1.65
14	1.44	1.44	29	0.91	1.11
15	1.17	1.27	30	1.59	1.85

풀이

우리가 관심이 있는 자료는 반응시간의 증가량이다. 30명에 대한 반응시간 증가량은 {0.06, −0.12, −0.03, 0.24, ⋯, 0.26}이다. 약을 복용한 모든 사람들의 반응시간 증가량의 평균을 μ_d라 하면

1. $H_0 : \mu_d = 0$
2. $H_a : \mu_d > 0$
3. 검정통계량은 $\dfrac{\overline{D} - 0}{S_D / \sqrt{n}}$ 이다.
4. $\alpha = 0.05$이고 $n = 30$이므로 자유도는 29이다.

   $t_{0.05,(29)} = 1.70$이고

   "검정통계량의 계산된 값이 1.70보다 크면 H_0을 기각한다."

5. $\bar{d} = 0.038, \ s_d = 0.118$

$$t = \frac{\bar{d} - 0}{s_d / \sqrt{n}} = \frac{0.038}{0.118/\sqrt{30}} = 1.76$$

6. 계산된 값이 1.70보다 크므로 H_0을 기각한다.

결론 : 약복용전이 후의 반응시간이 작다고 할 만한 근거가 있다.(SPSS 분석은 양측검정을 하였다.)

7.3 두 모평균의 비교검정

7.3.1 두 모평균차의 표본분포

두 모분산을 알 때 두 평균차의 추론

두 모집단이 독립이고 각각의 평균이 μ_1, μ_2 분산이 $\sigma_1^2, \ \sigma_2^2$인 각 모집단으로부터 각각 크기 n_1, n_2인 표본을 추출했을 때, 이들의 평균 $\overline{X}_1$와 $\overline{X}_2$의 차이는 어떤 분포를 따르는지 살펴보자. 5장에서 모집단의 정규분포인 경우와 n이 클 때는 $\overline{X}_1$와 $\overline{X}_2$는 각각 평균이 μ_1, μ_2 분산이 $\sigma_1^2/n_1, \ \sigma_2^2/n_2$인 정규분포를 따르게 됨을 알 수 있다.

이러한 결과를 이용하여 $\overline{X}_1 - \overline{X}_2$의 평균, 표준편차 그리고 표본분포의 모양에 대하여 알아 볼 수 있다. 두 표본이 서로 독립이고 두 표본이 모두 클 때(즉, $n_1 \geq 30, \ n_2 \geq 30$)이거나 두 표본 중 하나 또는 두 표본 모두가 작다면 두 표본이 추출된 두 모집단 모두가 정규분포를 만족된다면 $\overline{X}_1 - \overline{X}_2$의 표본분포는 근사적으로 정규분포를 따르고, 평균과 표준편차는 다음과 같다.

$$\mu_{\overline{X}_1 - \overline{X}_2} = \mu_{\overline{X}_1} - \mu_{\overline{X}_2} = \mu_1 - \mu_2$$

이고, 분산이

$$\sigma^2_{\overline{X}_1 - \overline{X}_2} = \sigma^2_{\overline{X}_1} + \sigma^2_{\overline{X}_2} = \frac{\sigma_1^2}{n_1} + \frac{\sigma_2^2}{n_2}$$

인 정규분포를 따른다. 그리고

$$Z=\frac{(\overline{X}_1-\overline{X}_2)-(\mu_1-\mu_2)}{\sqrt{(\sigma_1^2/n_1)+(\sigma_2^2/n_2)}}$$

는 근사적으로 표준정규분포를 따른다.

두 모분산을 모를 때 두 평균차의 추론

표본의 크기가 작을 때는 모집단의 분포에 대한 가정이 필요하다. 다음은 두 모집단의 평균의 차이에 대한 추론을 할 때 필요한 모집단의 대한 가정을 정리한 것이다. 이와 같은 가정에 바탕을 둔 추론의 방법은 그 가정이 잘 맞을 때에만 유효하다고 할 수 있다.

표본의 크기가 작을 때 필요한 가정 :

(1) 두 모집단이 모두 정규분포를 따른다.

(2) 두 모집단의 표준편차가 일치한다. $(\sigma_1=\sigma_2=\sigma)$

위의 가정 하에서 두 모집단은 정규분포를 따르므로 두 표본평균은 각각 정규분포를 따른다. 따라서 두 표본평균의 차이 $\overline{X}_1-\overline{Y}_2$도 다음과 같이 정규분포를 따른다.

$$\overline{X}_1-\overline{X}_2 \sim N\left(\mu_1-\mu_2,\ \sigma^2(\frac{1}{n_1}+\frac{1}{n_2})\right)$$

두 모집단의 공통 표준편차인 σ를 아는 경우에는 정규분포를 이용하여 추론을 할 수 있으나 대부분의 경우 σ를 모르므로 이를 추정하여야 한다. 이 σ에 대한 정보는 각 표본의 편차제곱합인 $\sum(x_{1i}-\overline{x_1})^2$, $\sum(x_{2i}-\overline{x_2})^2$ 모두에 들어 있다. 따라서 이 두 제곱합을 더하여 각각의 자유도인 (n_1-1)과 (n_2-1)의 합인 n_1+n_2-2로 나누어서 σ^2의 추정량을 사용하게 된다. 이를 공통분산 σ^2의 합동추정량(pooled estimator)이라고 하고, 정리하면 다음과 같다.

$$s_p^2=s_{pooled}^2=\frac{\sum_{i=1}^{n_1}(x_{1i}-\overline{x}_1)^2+\sum_{i=1}^{n_2}(x_{2i}-\overline{x}_2)^2}{n_1+n_2-2}=\frac{(n_1-1)s_1^2+(n_2-1)s_2^2}{n_1+n_2-2}$$

$\overline{X}_1-\overline{X}_2$의 표준편차의 추정량은 다음과 같이 계산된다.

$$s_{\overline{x}_1 - \overline{x}_2} = s_p \sqrt{\frac{1}{n_1} + \frac{1}{n_2}}$$

위의 합동추정량을 이용하여 다음과 같이 $\mu_1 - \mu_2$에 대한 추론에 이용되는 표준화된 확률변수를 얻을 수 있다. 두 정규모집단에서 독립적으로 추출된 두 표본으로부터 얻게 되는 표준화된 확률변수는 자유도가 $n_1 + n_2 - 2$인 t분포를 따른다.

$$t = \frac{(\overline{X}_1 - \overline{X}_2) - (\mu_1 - \mu_2)}{s_p \sqrt{\frac{1}{n_1} + \frac{1}{n_2}}} \sim t_{(n_1 + n_2 - 2)}$$

7.3.2 두 모평균차의 신뢰구간

두 모분산을 알 때 두 평균차의 신뢰구간

$\mu_1 - \mu_2$에 대한 신뢰구간을 구하기 위하여 두 모평균의 차이를 찾는다. 두 표본평균의 차이 $\overline{x}_1 - \overline{x}_2$는 두 모평균의 차이 $\mu_1 - \mu_2$의 점추정량이다. 앞의 조건들을 만족하면 두 모평균의 차이에 대한 신뢰구간을 구하기 위하여 정규분포를 이용한다.

$\mu_1 - \mu_2$의 신뢰구간

정규분포를 이용하면 $\mu_1 - \mu_2$에 대한 $(1-\alpha)100\%$ 신뢰구간(confidence interval)은

$$(\overline{x}_1 - \overline{x}_2) \pm z_{\alpha/2}\, \sigma_{\overline{x}_1 - \overline{x}_2}$$

z의 값은 주어진 신뢰수준에 대하여 정규분포표에서 얻는다. $\sigma_{\overline{x}_1 - \overline{x}_2}$는 앞에서 설명한대로 계산한다.

여기서 $\overline{x}_1 - \overline{x}_2$는 $\mu_1 - \mu_2$의 점추정량이다.

예제 7.10

두 집단에서의 범죄 (1) 초범자군, (2) 재범자군에 대하여 어떤 심리 검사를 해서 다음 표와 같은 자료를 얻었다.

모 집 단	표본의 크기	표본 평균값	표본 표준 편차
초범자군	580	34.45	8.83
재범자군	786	28.02	8.81

위 두 모집단 평균값의 차의 95% 신뢰 한계를 정하여라.

풀이

초범자와 재범자 모집단의 평균 독점을 각각 μ_1, μ_2로 나타낸다. 이 문제에서 $n_1 = 580$, $n_2 = 786$, $\overline{x}_1 = 34.45$, $\overline{x}_2 = 28.02$, $s_1 = 8.83$, $s_2 = 8.81$이므로 구하는 신뢰 한계는

$$[34.45 - 28.02] \pm 1.96\sqrt{\frac{(8.83)^2}{580} + \frac{(8.81)^2}{786}}$$

따라서 구하는 신뢰 한계는 6.43 ± 0.95

예제 7.11

$N(\mu_1, 25)$에서 크기 10인 표본의 표본 평균 $\overline{x}_1 = 19.8$이고, 이것과 독립인 $N(\mu_2, 36)$에서 크기 12의 표본의 평균 $\overline{x}_2 = 24.0$이 주어져 있다. 모평균의 차 $\mu_1 - \mu_2$에 대한 90% 신뢰 구간을 구하여라.

풀이

$1 - \alpha = 0.90$이므로 $\alpha = 0.10$, $z_{\alpha/2} = 1.645$, $n_1 = 10$, $n_2 = 12$

$$\sqrt{\frac{{\sigma_1}^2}{n_1} + \frac{{\sigma_2}^2}{n_2}} = \sqrt{\frac{25}{10} + \frac{36}{12}} = \sqrt{5.5} \fallingdotseq 2.345$$

따라서 구하는 신뢰 한계는

$$(\bar{x}_1 - \bar{x}_2) \pm z_{\alpha/2}\sqrt{\frac{{\sigma_1}^2}{n_1} + \frac{{\sigma_2}^2}{n_2}} = (19.8 - 24.0) \pm 1.645 \times 2.345$$

$$= -8.06 \sim -0.34$$

두 모분산을 모를 때 두 모평균차의 신뢰구간

앞서 언급했듯이 두 표본평균의 차이 $\bar{x}_1 - \bar{x}_2$는 두 모평균의 차이 $\mu_1 - \mu_2$의 점추정량이다. 두 모평균의 차이에 대한 신뢰구간을 구하기 위하여 t-분포를 이용한다.

$\mu_1 - \mu_2$의 신뢰구간

$\mu_1 - \mu_2$에 대한 $(1-\alpha)100\%$ 신뢰구간(confidence interval)은

$$(\bar{x}_1 - \bar{x}_2) \pm t s_{\bar{x}_1 - \bar{x}_2}$$

t의 값은 주어진 신뢰수준과 자유도 $n_1 + n_2 - 2$에 대하여 t-분포표에서 얻는다.

$s_{\bar{x}_1 - \bar{x}_2} = s_p\sqrt{\frac{1}{n_1} + \frac{1}{n_2}}$ 이다.

예제 7.12

11개를 추출한 A사의 제품은 평균값 20.0 표준편차 6.0이고, 6개를 추출한 B사의 평균값 25.0, 표준편차 8.0이었다. A사와 B사의 평균값의 차에 대한 95%의 신뢰 한계를 구하라. 단, A사와 B사의 제품의 모표준 편차는 같다고 본다.

풀이

주어진 수치를 앞 식에 대입하면

$$[20.0 - 25.0] \pm 2.131\sqrt{\frac{11 \times 6^2 + 6 \times 8^2}{11 + 6 - 2}}\sqrt{\frac{1}{11} + \frac{1}{6}}$$

$$= -5 \pm 7.79 = (-12.79,\ 2.79)$$

단, 자유도 15, $\alpha = 0.05$에 대한 t–분포에서 $P(|t| \geq 2.131) = 0.05$이다.

예제 7.13

A형의 전구 $n_1 = 5$개의 표본에 대하여 수명 시험을 하니 평균 수명은 $\overline{x}_1 = 1,000$시간, 불편 분산은 ${s_1}^2 = 28^2$시간이고, B형의 전구 $n_2 = 7$개의 표본에 대한 전구의 평균 수명은 $\overline{x}_2 = 980$시간, 불편 분산은 ${s_2}^2 = 32^2$시간이었다. 이 공정에서 ${\sigma_1}^2 = {\sigma_2}^2$이라고 가정하여 $\mu_1 - \mu_2$에 대한 99% 신뢰 구간을 구하여라.

풀이

$1 - \alpha = 0.99$이므로 $\alpha/2 = 0.005$

자유도 $n_1 + n_2 - 2 = 10$에 대한 $P(|t| \geq 3.169) = 0.005$

또, $${s_p}^2 = \frac{(n_1 - 1){s_1}^2 + (n_2 - 1){s_2}^2}{n_1 + n_2 - 2} = \frac{4 \times 28^2 + 6 \times 32^2}{10} = 928.0$$

$\therefore s_p = 30.46$

따라서 구하는 신뢰 구간은

$$\left[(1,000 - 980) \pm 3.169 \times 30.46\sqrt{\frac{1}{5} + \frac{1}{7}}\right] = [20 \pm 56.5]$$

$$= [-36.5, 76.5]$$

7.3.3 두 모평균차의 검정

이 절에서 두 모집단에서 모평균의 차에 관한 가설검정을 하겠다. 여기서 다루는 모집단과 표본기호들은 모집단과 표본 및 기호들과 같은 것으로 한다.

모분산을 알 때 모평균의 차에 대한 가설검정

검정하려는 귀무가설은 다음과 같다.

$$H_0 : \mu_1 = \mu_2 \ \text{즉} \ \mu_1 - \mu_2 = 0$$

그리고 귀무가설하에서 검정통계량은 다음과 같다.

$$Z = \frac{\overline{X_1} - \overline{X_2}}{\sqrt{\frac{\sigma_1^2}{n_1} + \frac{\sigma_2^2}{n_2}}}$$

여러 가지 형태의 대립가설에 대한 위의 귀무가설을 검정하는 검정 기준은 〈표 7.6〉에 있다.

표 7.6 모분산을 알 때 $H_0 : \mu_1 = \mu_2$를 검정하는 절차

대립가설	H_0를 기각하게 되는 범위
1. $\mu_1 > \mu_2$	$z > z_\alpha$
2. $\mu_1 < \mu_2$	$z < -z_\alpha$
3. $\mu_1 \neq \mu_2$	$z > z_{\alpha/2}$ 또는 $z < -z_{\alpha/2}$

$$z = \frac{\overline{x_1} - \overline{x_2}}{\sqrt{\frac{\sigma_1^2}{n_1} + \frac{\sigma_2^2}{n_2}}} \text{ : 검정통계량 } Z\text{의 계산된 값}$$

예제 7.14

한 잡지에 의하면 경제학 전공과 경영학 전공의 대학졸업생들의 평균 초봉은 각각 4,090,600원과 3,818,800원이었다. 이러한 평균값들은 700명의 경제학 전공자들과 1000명의 경영학 전공자들을 랜덤 추출하여 얻은 값들이며, 각 전공의 졸업생들의 평균 초봉의 모표준편차는 각각 560,000원 590,000원이라고 가정하자. 경제학 전공과 경영학 전공의 2014년 대학 졸업생들의 초봉의 모평균을 각각 μ_1과 μ_2라고 두자. 경제학 전공과 경영학 전공 2014년 대학졸업생들의 초봉의 모평균이 다른지를 유의수준 10%에서 검정하시오.

풀이

(1) $H_0 : \mu_1 - \mu_2 = 0$, $H_a : \mu_1 - \mu_2 \neq 0$

(2) 검정통계량은 $\frac{\overline{X_1} - \overline{X_2}}{\sqrt{\frac{{\sigma_1}^2}{n_1} + \frac{{\sigma_2}^2}{n_2}}}$ 이다.

(3) $\alpha = 0.1$이므로 $z_{\alpha/2} = 1.65$

"만일, 검정통계량을 계산한 값이 -1.65보다 작거나 1.65보다 크면 기각한다."

(4) $\overline{x_1} = 4,090,600$원, $\overline{x_2} = 3,818,800$원, ${\sigma_1}^2 = 560,000$원, ${\sigma_2}^2 = 590,000$원

$n_1 = 700$, $n_2 = 1000$이므로 검정통계량의 계산된 값은

$$\frac{4,090,600 - 3,818,800}{\sqrt{\frac{(560,000)^2}{700} + \frac{(590,000)^2}{1000}}} = 9.63$$

(5) 계산된 값이 1.65보다 크므로 H_0를 기각한다.

즉, 경제학전공과 경영학전공의 대학졸업생들의 평균초봉은 다르다.

예제 7.15

남자 직원 60명, 여자 직원 35명의 근무 성적의 평균이 각각 88.3, 86.3점이었다. 이 때 공장의 남녀 각각의 전 직원의 근무 성적의 분산이 모두 40.0점이었다고 가정하자. 이 경우 남자 직원이 우수하다고 판정해도 좋은가를 5% 유의 수준에서 검정하라.

풀이

(1) $H_0 : \mu_1 - \mu_2 = 0$, $H_a : \mu_1 - \mu_2 > 0$

(2) 검정통계량은 $\dfrac{\overline{X}_1 - \overline{X}_2}{\sqrt{\dfrac{{\sigma_1}^2}{n_1} + \dfrac{{\sigma_2}^2}{n_2}}}$ 이다.

(3) $\alpha = 0.05$이므로 $z_\alpha = 1.645$

"만일, 검정통계량은 계산한 값이 1.645보다 크면 기각한다."

(4) $\overline{x}_1 = 88.3$, $\overline{x}_2 = 86.3$, ${\sigma_1}^2 = 40$, ${\sigma_2}^2 = 40$, $n_1 = 60$, $n_2 = 35$

이므로 검정통계량의 계산된 값은

$$\frac{88.3 - 86.3}{\sqrt{\frac{40}{60} + \frac{40}{35}}} = 1.49$$

(5) 계산된 값이 1.645보다 작으므로 H_0을 채택한다.

즉, 5% 유의수준에서 남자직원이 우수하다고 판정할 수 없다.

모분산이 미지일 때 모평균의 차에 대한 가설 검정

다음의 검정 절차는 같은 분산을 가진 두 정규모집단에서 작은 크기의 확률표본을 뽑았을 때 특별히 알맞다. 다음의 귀무가설을 검정하려 한다.

$$H_0 : \mu_1 = \mu_2,\ \text{즉}\ \mu_1 - \mu_2 = 0$$

분산이 알려져 있으면 다음의 검정통계량을 사용한다.

$$\frac{\overline{X}_1 - \overline{X}_2}{\sqrt{\dfrac{\sigma_1^2}{n_1} + \dfrac{\sigma_2^2}{n_2}}}$$

그러나, 분산이 같다고 가정하면, 즉 $\sigma_1^2 = \sigma_2^2 = \sigma^2$이라 하면 위의 검정 통계량은 다음과 같이 된다.

$$\frac{\overline{X}_1 - \overline{X}_2}{\sigma\sqrt{\dfrac{1}{n_1} + \dfrac{1}{n_2}}}$$

σ가 알려져 있지 않으므로 우리는 그것의 합동된 추정치(pooled estimate)인

$$s_p^2 = \frac{(n_1 - 1)s_1^2 + (n_2 - 1)s_2^2}{n_1 + n_2 - 2}$$

을 사용한다. 그래서, H_0를 검정하는 적절한 검정 통계량은 다음과 같이 된다.

$$\frac{\overline{X}_1 - \overline{X}_2}{S_p\sqrt{\dfrac{1}{n_1} + \dfrac{1}{n_2}}}$$

여러 가지 경우의 대립가설에 대한 H_0 검정기준이 다음 〈표 7.7〉에 있다.

표 7.7 $\sigma_1^2 = \sigma_2^2 = \sigma^2$이고 σ^2을 모를 때 $H_0 : \mu_1 - \mu_2$의 검정

대립가설	H_0를 기각하게 되는 범위
1. $\mu_1 > \mu_2$	$t > t_{\alpha,(n_1+n_2-2)}$
2. $\mu_1 < \mu_2$	$t < -t_{\alpha,(n_1+n_2-2)}$
3. $\mu_1 \neq \mu_2$	$t < -t_{\alpha/2,(n_1+n_2-2)}$ 또는 $t > t_{\alpha/2,(n_1+n_2-2)}$

$$t = \frac{\overline{x_1} - \overline{x_2}}{s_p\sqrt{\dfrac{1}{n_1} + \dfrac{1}{n_2}}} \ : \text{검정통계량 } T\text{의 계산된 값}$$

예제 7.16

10마리의 쥐에 날땅콩에서 단백질을 섭취하게 하고, 다른 10마리의 쥐에는 군땅콩에서 단백질을 섭취토록 하여 동일한 환경에서 사육하여 일정 기간 후에 쥐의 체중을 측정하니 다음과 같았다.

날땅콩					군땅콩				
61	60	56	63	56	55	54	47	59	51
63	59	56	44	61	61	57	54	62	58

날땅콩에서 단백질을 섭취한 모집단과 군땅콩에서 단백질을 섭취한 모집단의 분산이 같다고 볼 때 양 모집단의 평균값 μ_1, μ_2에 대하여 $\mu_1 = \mu_2$를 검정하라.

풀이

(1) $H_0 : \mu_1 = \mu_2$, $H_a : \mu_1 > \mu_2$

(2) 검정통계량은 $\dfrac{\overline{X_1} - \overline{X_2}}{S_p\sqrt{\dfrac{1}{n_1} + \dfrac{1}{n_2}}}$이다.

(3) $n_1 = 10$, $n_2 = 10$이므로 자유도는 $10 + 10 - 2 = 18$이고,

$\alpha = 0.05$이므로 $t_{0.05,\,(18)} = 1.734$이다.

"검정통계량의 계산된 값이 1.734보다 크면 기각한다."

(4) $\overline{x}_1 = 57.9,\ \ s_1^2 = 28.09,\ \ \overline{x}_2 = 55.8,\ \ s_2^2 = 18.96$ 이므로

$$s_p = \sqrt{\frac{(n_1-1){s_1}^2 + (n_2-1){s_2}^2}{n_1+n_2-2}} = \sqrt{\frac{9\times 28.09 + 9\times 18.96}{10+10-2}} = 4.85$$

$$t = \frac{\overline{x_1} - \overline{x_2}}{s_p\sqrt{\frac{1}{n_1}+\frac{1}{n_2}}} = \frac{57.9-55.8}{4.85\sqrt{\frac{1}{10}+\frac{1}{10}}} = 0.97 \text{이다.}$$

(5) 계산된 값이 1.734보다 작으므로 H_0을 기각하지 못한다.

즉, 날땅콩과 군땅콩 사이의 효과의 차이가 없다를 부정할 근거가 없다.

예제 7.17

시의회 의원은 남성과 여성 공무원들은 경찰서에서 승진을 위해 똑 같은 시간을 기다린다고 주장한다. 여성 대변인은 그러나 여자가 남자들보다 더 오래 기다려야 한다고 믿는다. 만약 5명의 남자가 승진을 위해 각각 8, 7, 10, 5 그리고 7년을 기다리는 동안 4명의 여자가 각각 9, 5, 12 그리고 8년을 기다렸다. 어떤 결론을 지어야 하나?

풀이

1. $H_0 : \mu_1 = \mu_2$
2. $H_a : \mu_1 - \mu_2 < 0$
3. 검징동계량은 $\dfrac{\overline{X_1} - \overline{X_2}}{S_p\sqrt{\frac{1}{n_1}+\frac{1}{n_2}}}$ 이다.
4. $n_1 = 5,\ n_2 = 4$ 이므로 자유도는 5+4−2=7이고

   $\alpha = 0.05$ 이므로 $-t_{0.05,(7)} = -1.89$ 이다.

   "검정통계량의 계산된 값이 −1.89보다 작으면 기각된다."
5. $\overline{x}_1 = 7.4,\ s_1 = 1.82,\ \overline{x}_2 = 8.5,\ s_2 = 2.89$ 이므로

$$s_p = \sqrt{\frac{(n_1-1)s_1^2 + (n_2-1)s_2^2}{n_1+n_2-2}}$$

$$= \sqrt{\frac{(5-1)(1.82)^2+(4-1)(2.89)^2}{5+4-2}} = \sqrt{5.47} = 2.34 \text{이다.}$$

$$t = \frac{\overline{x_1} - \overline{x_2}}{s_p\sqrt{\frac{1}{n_1}+\frac{1}{n_2}}} = \frac{7.4-8.5}{2.34\sqrt{\frac{1}{5}+\frac{1}{4}}} = -.70 \text{이다}$$

6. 계산된 값이 −1.89보다 크므로 H_0을 기각하지 못한다.

결론 : 의회 의원의 주장을 반대할 증거가 없다고 결론짓는다.

7.4 모비율 검정

p를 모비율이라 하면 표본비율 X/n는 평균이 p이고, 표준편차가 $\sqrt{p(1-p)/n}$ 이다. 표본이 크면 X/n의 분포 형태는 근사적으로 정규분포이다. 귀무가설이 참일 때, 즉 모비율 p가 p_0일 때 X/n의 분포는 n이 클 경우 평균 p_0이고, 표준편차 $\sqrt{p_0(1-p_0)/n}$ 인 근사적 정규분포가 된다.

따라서 귀무가설 $H_0 : p = p_0$하에서 검정통계량은 다음과 같다.

$$Z = \frac{(X/n) - p_0}{\sqrt{p_0(1-p_0)/n}}$$

이다. 〈표 7.8〉에는 대립 가설의 특성에 기초를 둔 3가지 경우의 검정 기준이 있다. 검정절차는 중심극한정리를 적용하는 것에 기초를 두고 있다는 것을 명심하여야 한다. 유의수준은 근사적으로 $100\alpha\%$ 이다.

표 7.8 표본 크기가 클 때 $H_0 : p = p_0$의 검정

대립가설	H_0를 기각하게 되는 범위
1. $p > p_0$	$z > z_\alpha$
2. $p < p_0$	$z < -z_\alpha$
3. $p \neq p_0$	$z < -z_{\alpha/2}$ 또는 $z > z_{\alpha/2}$

$$z = \frac{(x/n) - p_0}{\sqrt{p_0(1-p_0)/n}}$$: 검정통계량 Z의 계산된 값

예제 7.18

회사노동조합 대변인은 조합 일원들 75%가 그들의 근본적인 요구 사항이 이뤄지지 않았을 때 쟁의를 지지할 거라고 주장한다. 125 조합 일원들 중 87가 쟁의를 하겠다고 하면 회사 교섭자는 실제 퍼센트는 낮다고 할만한지 가설 검정을 10%의 유의 수준에서 하라.

풀이

1. $H_0 : p = 0.75$
2. $H_a : p < 0.75$
3. $p_0 = 0.75$이므로 검정통계량은 $\dfrac{(X/n) - 0.75}{\sqrt{(0.75)(0.25)/n}}$이다.
4. $\alpha = 0.1$이므로 $z_{0.1} = 1.28$이다.

   검정통계량의 계산된 값이 $-z_{0.1} = -1.28$보다 작으면 H_0를 기각한다.
5. $x = 87$, $n = 125$이므로, 검정통계량의 계산된 값은

$$\frac{(X/n) - 0.75}{\sqrt{(0.75)(0.25)/n}} = \frac{87/125 - 0.75}{\sqrt{(0.75)(0.25)/125}} = -1.39$$이다.

6. 계산된 값이 -1.28보다 작으므로 H_0를 기각한다.

결론 : 회사 교섭자의 실제 퍼센트는 낮다고 말할 수 있다.

예제 7.19

어떤 기계는 30%의 불량품을 생산했다. 기계를 수선한 후에 100개를 생산했더니 22개의 불량품이 나왔다. 수선한 후에 불량품 생산률이 감소되었는가 ? $\alpha = 0.01$로 하라.

풀이

불량품의 비율을 p라 하자.

(1) $H_0 : p = 0.3$(실제로는 $p \geq 0.3$), $H_a : p < 0.3$

(2) 검정통계량은 $\dfrac{(X/n)-0.3}{\sqrt{(0.3)(0.7)/n}}$ 이다.

(3) $\alpha = 0.01$이므로 검정 기준은 다음과 같다.

"검정통계량의 계산된 값이 $-z_{0.01} = -2.33$보다 작으면 H_0를 기각한다."

(4) $x = 22,\ \ n = 100$이므로 검정통계량의 계산된 값은 다음과 같다.

$$\frac{(X/n)-0.3}{\sqrt{(0.3)(0.7)/n}} = \frac{0.22-0.3}{\sqrt{0.21/100}} = -1.745$$

(5) 계산된 값이 -2.33보다 크므로 H_0를 기각하지 않는다.

즉, 불량품 비율이 감소되었다는 증거가 1% 유의 수준에서 볼 때 없다고 말할 수 있다.

예제 7.20 암 연구 그룹은 이 연령의 집단 여성의 28%이 정기적인 유방 x선 검사를 갖는다고 주장한다. 이 가설을 검정하기 위해 40세 이상의 여성을 500명을 설문조사 한다. 여성 중 160명이 긍정적인 답을 했다면 5% 유의수준에서 가설 검정 하여라.

풀이

(1) $H_0 : p = 0.28,\ H_a : p \neq 0.28$

(2) p_0은 0.28이므로 검정통계량은 $\dfrac{(X/n)-0.28}{\sqrt{(0.28)(0.72)/n}}$ 이다.

(3) $\alpha = 0.05$이므로 $z_{0.025} = 1.96$이다

검정통계량의 계산된 값이 구간 [−1.96, 1.96]밖에 있으면 H_0을 기각한다.

(4) $x = 160, n = 500$이므로, 검정통계량의 계산된 값은

$$\frac{160/500-0.28}{\sqrt{(0.28)(0.72)/500}} = 2.00\text{이다.}$$

(5) 계산된 값이 −1.96과 1.96밖에 있으므로 H_0을 기각한다.

즉, 나온 자료로 판단해볼 때 암 연구그룹의 주장이 맞지 않다고 말할 수 있다.

7.5 두 모비율의 비교검정

7.5.1 두 모비율의 차이 표본분포

5장에서 대표본에 대하여 표본비율 $\hat{p}$은 (근사적으로) 정규분포를 따르고, 평균은 p이고, 표준편차는 $\sqrt{pq/n}$이었다. 따라서 각각 표본의 크기가 n_1과 n_2인 두 독립 대표본에 대하여 표본비율 $\hat{p}_1$과 $\hat{p}_2$는 (근사적으로) 정규분포를 따르고, 평균은 각각 p_1과 p_2이고, 표준편차는 $\sqrt{p_1q_1/n_1}$과 $\sqrt{p_2q_2/n_2}$이다. 이 결과를 이용하여 $\hat{p}_1 - \hat{p}_2$의 표본분포의 평균과, 표준편차에 대하여 서술할 수 있다.

$$\mu_{\hat{p}_1 - \hat{p}_2} = \mu_{\hat{p}_1} - \mu_{\hat{p}_2} = p_1 - p_2$$

$$\sigma^2_{\hat{p}_1 - \hat{p}_2} = \left(\sqrt{\frac{p_1(1-p_1)}{n_1}}\right)^2 + \left(\sqrt{\frac{p_2(1-p_2)}{n_2}}\right)^2 = \frac{p_1(1-p_1)}{n_1} + \frac{p_2(1-p_2)}{n_2}$$

$$\sigma_{\hat{p}_1 - \hat{p}_2} = \sqrt{\frac{p_1(1-p_1)}{n_1} + \frac{p_2(1-p_2)}{n_2}}$$

따라서 두 독립 대표본에 대하여 $p_1 - p_2$에 대한 신뢰구간을 구하고 가설검정을 하기 위하여 정규분포를 사용할 수 있다. 5장에서 모비율에 대하여 np와 nq가 모두 5보다 큰 경우 표본은 크다고 하였다. 두 표본에 대하여는 n_1p_1, n_1q_1, n_2p_2, n_2q_2가 모두 5보다 커야 정규 근사하는 것으로 알려져 있다. 따라서

$$Z = \frac{(\hat{p}_1 - \hat{p}_2) - (p_1 - p_2)}{\sigma_{\hat{p}_1 - \hat{p}_2}}$$

는 근사적으로 정규분포를 따른다.

7.5.2 두 모비율의 차 신뢰구간

두 표본비율의 차 $\hat{p}_1 - \hat{p}_2$은 모비율의 차 $p_1 - p_2$의 점추정량이다. 우리는 p_1과 p_2을 알지 못하므로 $p_1 - p_2$에 대한 신뢰구간을 구할 때, $\sigma_{\hat{p}_1 - \hat{p}_2}$의 값을 구할 수 없다. 그러므로 구간추정에서 $\sigma_{\hat{p}_1 - \hat{p}_2}$의 점추정량으로 $s_{\hat{p}_1 - \hat{p}_2}$를 사용한다.

$p_1 - p_2$에 대한 신뢰구간

$p_1 - p_2$에 대한 $(1-\alpha)100\%$ 신뢰구간(confidence interval)은 다음과 같이 구한다.

$$(\hat{p}_1 - \hat{p}_2) \pm z s_{\hat{p}_1 - \hat{p}_2}$$

여기서 z값은 주어진 신뢰수준에 대하여 정규분포표에서 구하며, $s_{\hat{p}_1 - \hat{p}_2}$은 다음과 같이 계산된다.

$$s_{\hat{p}_1 - \hat{p}_2} = \sqrt{\frac{\hat{p}_1 \hat{q}_1}{n_1} + \frac{\hat{p}_2 \hat{q}_2}{n_2}}$$

예제 7.21

폐렴의 치료에 사용되는 항생제가 신장이 정상인 사람과 이상이 있는 사람에게 어떠한 영향을 미치는지를 알아보기 위하여, 두 모집단으로부터 각각 100명씩 표본을 랜덤으로 추출하여 항생제를 주사한 결과 신장이 정상적인 사람 21명, 신장에 이상이 있는 사람 38명이 알레르기성 반응을 나타내었다. 신장이 정상인 사람과 이상이 있는 사람이 알레르기성 반응을 나타낼 비율을 각각 p_1, p_2라고 할 때 두 모비율의 차 $p_1 - p_2$에 대한 95% 신뢰구간을 구하라.

풀이

두 모비율의 차 $p_1 - p_2$에 대한 95% 신뢰구간은

$$(\hat{p}_1 - \hat{p}_2) \pm z_{\alpha/2} \sqrt{\frac{\hat{p}_1(1-\hat{p}_1)}{n_1} + \frac{\hat{p}_2(1-\hat{p}_2)}{n_2}}$$

$$= (0.21 - 0.38) \pm 1.96 \sqrt{\frac{0.21 \times 0.79}{100} + \frac{0.38 \times 0.62}{100}}$$

$$= -0.17 \pm 0.124 \text{ 또는 } (-0.294,\ 0.046)$$

예제 7.22

어떤 제품을 생산하는데 구형 기계에 의하면 1500개의 제품 중 75개가 불량품이고, 최신 기계에 의하면 2000개의 제품 중 80개가 불량품이었다. 구형 기계와 신형 기계 사이에 불량률의 차에 대한 90% 신뢰구간을 구하라.

풀이

각각의 표본비율을 계산하면 다음과 같다.

$$\hat{p}_1 = \frac{75}{1500} = 0.05,\quad \hat{p}_2 = \frac{80}{2000} = 0.04$$

또한 유의 수준 $\alpha = 0.1$이므로 $z_{\alpha/2} = z_{0.05} = 1.645$이다.

따라서 $p_1 - p_2$의 90% 신뢰구간은 다음과 같다.

$$0.01 - 1.645\sqrt{\frac{0.05\times0.95}{1500} + \frac{0.04\times0.96}{2000}} \le p_1 - p_2 \le 0.01 + 1.645\sqrt{\frac{0.05\times0.95}{1500} + \frac{0.04\times0.96}{2000}}$$

$$\Rightarrow -0.0017 \le p_1 - p_2 \le 0.0217$$

7.5.3 두 모비율의 차 검정

이 절에서는 두 독립 대표본에 대하여 $p_1 - p_2$에 대한 가설검정을 하는 절차를 다룬다. 가설검정 절차는 앞서 다룬 다섯 단계와 같다. $p_1 - p_2$이 표준편차는 다음과 같다.

$$\sigma_{\hat{p}_1 - \hat{p}_2} = \sqrt{\frac{p_1 q_1}{n_1} + \frac{p_2 q_2}{n_2}}$$

$p_1 - p_2$에 대한 가설검정을 할 때, 보통 귀무가설은 $p_1 = p_2$이고, p_1과 p_2의 값을 알지 못한다. 귀무가설이 참이라고 가정하면 p_1과 p_2의 공통표본비율 $\bar{p}$를 다음의 공식을 이용하여 계산한다.

$$\bar{p} = \frac{x_1 + x_2}{n_1 + n_2}$$

공통표본비율의 값을 이용하여 $\hat{p}_1 - \hat{p}_2$의 표준편차의 추정값을 계산한다.

$$s_{\hat{p}_1-\hat{p}_2} = \sqrt{\bar{p}\bar{q}\left(\frac{1}{n_1}+\frac{1}{n_2}\right)}$$

여기서 $\bar{q}=1-\bar{p}$ 이다.

$\hat{p}_1-\hat{p}_2$의 검정통계량(test statistic)의 값은 다음과 같이 계산된다.

$$Z=\frac{(\hat{p_1}-\hat{p_2})-(p_1-p_2)}{s_{\hat{p_1}-\hat{p_2}}}$$

p_1-p_2의 값은 귀무가설에서 얻어지며 보통 0이다.

n_1과 n_2이 클 때(모두 30보다 클 때)의 검정 절차가 〈표 7.9〉에 있다. 이 표에 있는 검정은 중심 극한 정리의 이용에 기초를 두었으므로 유의 수준은 근사적으로 $100\alpha\%$ 임을 뜻한다.

표 7.9 표본 크기가 클 때 $H_0: p_1 = p_2$의 검정기준

대립가설	H_0를 기각하게 되는 범위
1. $p_1 > p_2$	$z > z_\alpha$
2. $p_1 < p_2$	$z < -z_\alpha$
3. $p_1 \neq p_2$	$z > z_{\alpha/2}$ 또는 $z < -z_{\alpha/2}$

$$z=\frac{\frac{x_1}{n_1}-\frac{x_2}{n_2}}{\sqrt{\bar{p}\ (1-\bar{p}\ )(\frac{1}{n_1}+\frac{1}{n_2})}}$$: 검정통계량 Z의 계산된 값

예제 7.23 120마리의 파리가 들어 있는 항아리에 살충제 A를 뿌렸더니 95마리가 죽었다. 145마리의 파리가 들어 있는 다른 항아리에 살충제 B를 뿌렸더니 124마리가 죽었다. 2% 유의 수준에서 볼 때 두 살충제의 효과가 차이가 있는가?

풀이

이 자료는 원래 질적인 것임에 유의하자.

(1) $H_0 : p_1 = p_2$, 즉 $p_1 - p_2 = 0$, $H_a : p_1 \neq p_2$

(2) 검정 통계량은 $\dfrac{\dfrac{X_1}{n_1} - \dfrac{X_2}{n_2}}{\sqrt{\bar{p}(1-\bar{p})\left(\dfrac{1}{n_1} + \dfrac{1}{n_2}\right)}}$ 이다.

(3) $\alpha = 0.02$이므로 $z_{\alpha/2} = z_{0.01} = 2.33$이다. 그래서, 검정 기준은 다음과 같다.

"검정 통계량의 계산된 값이 -2.33보다 작거나 2.33보다 크면 H_0를 기각한다."

(4) $x_1 = 95,\ x_2 = 124,\ n_1 = 120,\ n_2 = 145$이므로

$$\bar{p} = \frac{x_1 + x_2}{n_1 + n_2} = \frac{95 + 124}{120 + 145} = 0.826$$

이다. 그래서, 검정 통계량의 계산된 값은 다음과 같다.

$$\frac{\dfrac{95}{120} - \dfrac{124}{145}}{\sqrt{0.826(1-0.826)\left(\dfrac{1}{120} + \dfrac{1}{145}\right)}} = \frac{0.792 - 0.855}{\sqrt{(0.144)(0.0152)}} = -1.3466$$

(5) 계산된 값이 -2.33과 2.33 사이에 있으므로 H_0를 기각할 아무런 이유가 없다.

즉, 한 살충제가 다른 살충제보다 좋다고 할 만한 증거가 없다(2% 유의 수준에서).

예제 7.24 A, B 두 지역에 있어서 각각 80가구 및 70가구를 표본 추출하여 트랙터의 소유상황을 조사하였더니 A지역은 10가구, B지역은 5가구가 각각 트랙터를 소유하고 있었다. A지역이 B지역과보다 트랙터 소유율이 큰지 유의수준 5%에서 검정하라.

풀이

가설검정의 절차에 따라 다음과 같은 순서로 검정할 수 있다.

(1) 가설을 세운다.

$H_0 : p_1 = p_2, \quad H_a : p_1 > p_2$

(2) 유의수준 $\alpha = 0.05$

(3) 검정통계량을 구한다.

각각의 표본비율과 합동비율을 계산하면 다음과 같다.

$$\hat{p}_1 = \frac{x_1}{n_1} = \frac{10}{80} = 0.125, \quad \hat{p}_2 = \frac{x_2}{n_2} = \frac{5}{70} = 0.071$$

$$\bar{p} = \frac{x_1 + x_2}{n_1 + n_2} = \frac{10+5}{80+70} = 0.1$$

따라서 검정통계량 값은 다음과 같이 계산된다.

$$z = \frac{\hat{p}_1 - \hat{p}_2}{\sqrt{\bar{p}(1-\bar{p})\left(\frac{1}{n_1} + \frac{1}{n_2}\right)}} = \frac{0.125 - 0.071}{\sqrt{0.1 \times 0.9 \times \left(\frac{1}{80} + \frac{1}{70}\right)}} = 1.091$$

(4) 판정한다.

유의수준 $\alpha = 0.05$하에서 우단측 검정의 경우이므로 $z_\alpha = z_{0.05} = 1.64$이 되어 검정통계량의 값 $z_0 = 1.102$가 기각치인 1.64보다 작으면 채택영역 안에 놓이게 된다. 따라서, $z_0 = 1.102 < 1.64$이므로 채택역 안에 놓이게 되어 귀무가설을 채택한다. 즉, 유의수준 5%하에서는 두 지역의 트랙터 소유율의 차가 있다고 말할 수 없다.

7.6 모분산의 검정

모집단의 산포도를 나타내는 모표준편차 σ에 대한 가설검정을 예를 들어 설명해 보자. 어느 시계공장에서 생산되는 시간의 표준편차는 $\sigma = 0.4$초라고 알려져 있다. 시계의 성능을 향상시키기 위하여 새 기술을 도입하여 제조된 시계 20개를 임의추출하고 표준편차를 구하니 0.3초였다. 새로 도입한 기술에 의하여 생산된 시계의 성능이 과거 기존의 성능보다 향상되었는가? 이를 검정하려면 $H_0 : \sigma = 0.4$, $H_a : \sigma < 0.4$와 같은 가설을 세워야 할 것이다.

여러 가지의 대립가설에 대한 귀무가설 $H_0 : \sigma^2 = \sigma_0^2$을 검정하려한다. 모분산 σ^2에 관한 가설 검정 시에는 이의 추정치인

$$s^2 = \frac{1}{n-1}\sum_{i=1}^{n}(x_i - \overline{x})^2$$

을 사용한다.

모집단이 평균 μ 분산 σ^2인 정규분포라하면

$$\frac{(n-1)S^2}{\sigma_0^2}$$

의 분포는 자유도가 $(n-1)$인 χ^2-분포이다. 〈표 7.10〉에는 양측 및 단측 대립가설에 대한 귀무가설 $H_0 : \sigma^2 = \sigma_0^2$을 검정하는 검정기준이 주어져 있다.

표 7.10 $H_0 : \sigma^2 = \sigma_0^2$을 검정하는 검정기준

대립가설	H_0를 기각하게 되는 범위
1. $\sigma^2 > \sigma_0^2$	$\chi^2 \ge \chi^2_{\alpha,(n-1)}$
2. $\sigma^2 < \sigma_0^2$	$\chi^2 \le \chi^2_{1-\alpha(n-1)}$
3. $\sigma^2 \ne \sigma_0^2$	$\chi^2 \le \chi^2_{1-\alpha/2,(n-1)}$ 또는 $\chi^2 \ge \chi^2_{\alpha/2,(n-1)}$

$(n-1)s^2/\sigma_0^2$: $(n-1)S^2/\sigma_0^2$ 의 계산된 값

예제 7.25 자동차 배터리 제조업자는 그들의 배터리의 수명의 분산 0.9년이라고 주장한다. 이들 배터리 10개의 확률표본은 1.2년의 분산을 갖는다고 한다면 $\sigma^2 \geq 0.9$라고 할 수 있는지 유의수준 0.05로 검정하여라.

풀이

(1) $H_0 : \sigma^2 = 0.9$, $H_a : \sigma^2 > 0.9$

(2) 검정통계량은 $\dfrac{(n-1)S^2}{0.9}$이다.

(3) 대립가설은 우측검정이다. $n = 10$이므로 χ^2-분포는 자유도가 $10-1=9$이다.

부록의 표에 의하면 $\chi^2_{0.05,(9)} = 16.919$이다. 따라서

검정통계량의 계산된 값이 16.919보다 크면 H_0를 기각한다.

(4) $s^2 = 1.2,\ n = 10,\ \sigma_0^2 = 0.9$

검정통계량의 계산된 값은 $\dfrac{(n-1)s^2}{0.9} = \dfrac{9 \times 1.2}{0.9} = 12$이 된다.

(5) 계산된 값이 16.919보다 작으므로 H_0을 기각할 수 없다.

즉, 5% 유의수준에서 볼 때 모분산 0.9보다 크다고 할 만한 근거가 없다.

예제 7.26 다음 측정치들은 실험실에서 임의로 햄스터 6마리를 뽑아 몸무게를 잰 것이다.

12, 8, 7, 12, 14, 13

햄스터의 몸무게의 분산이 2.25보다 크다는 주장에 대해 당신은 어떤 결론을 내릴 것인가? 유의 수준은 5%로 하여라.

풀이

(1) $H_0 : \sigma^2 = 2.25$, $H_a : \sigma^2 > 2.25$

(2) 검정 통계량은 $\dfrac{(n-1)S^2}{2.25}$ 이다.

(3) 대립가설은 우측검정이다. $n = 6$이므로 χ^2 – 분포는 자유도가 $6 - 1 = 5$이다.

부록의 표에 의하면 $\chi^2_{0.05,(5)} = 11.07$이다.

"검정 통계량의 계산된 값이 11.07보다 크면 H_0를 기각한다."

(4) $\overline{x} = 11$, $(n-1)s^2 = \sum_{i=1}^{n}(x_i - \overline{x})^2 = 40$임은 쉽게 계산된다.

그래서, 검정 통계량의 계산된 값은 $\dfrac{(n-1)s^2}{2.25} = \dfrac{40}{2.25} = 17.8$이 된다.

(5) 계산된 값이 11.07 보다 크므로 H_0를 기각한다.

즉, 유의 수준에서 볼 때 모분산이 2.25보다 크다고 할 만한 근거가 있다.

연습문제

1 확률변수 X는 분산이 4인 정규분포 $N(\mu, 4)$에 따른다고 한다. 한편 평균은 0 아니면 1인 것이 알려져 있다. 이제 평균에 대한 가설

$$H_0 : \mu = 0, \quad H_a : \mu = 1$$

을 검정하기 위하여 $n = 25$개의 확률표본을 추출하고 관측값에서 $\bar{x} = 0.6$을 얻었을 때 p-값과 $\alpha = 0.025$에서 검정할 때 제2종 오류의 크기를 구하여라.

2 01에서 다룬 단순가설의 검정문제를 다음과 같은 복합가설의 검정문제로 바꾸어 보자.

$$H_0 : \mu = 0, \quad H_a : \mu > 1$$

$X \sim N(\mu, 4)$이고 $n = 25$인 표본을 사용할 때, H_0하에서 $Z = \overline{X}/0.4$는 표준정규분포에 따르며, 주어진 μ값에서 $\pi(\mu)$의 값을 구하여라.

3 확률변수 X는 분산이 1인 정규분포 $N(\mu, 1)$에 따른다고 한다. 평균에 대한 단순가설

$$H_0 : \mu = 0, \quad H_a : \mu = 1$$

을 검정하기 위하여 $n = 16$개의 확률표본에 기초한 검정통계량 $Z = \dfrac{\overline{X} - 0}{\sqrt{1/16}} = 4\overline{X}$를 사용할 때 다음 물음에 답하여라.

(1) $\alpha = 0.05$에서 기각역을 $\overline{X}$로 나타내어라.

(2) $\alpha = 0.05$에서 검정할 때 제2종 오류의 크기를 구하여라.

(3) $\bar{x} = 0.7$을 얻었다면 p-값은 얼마인가?

04 확률변수 X는 분산이 3^2인 정규분포 $N(\mu, 3^2)$에 따른다고 한다. 평균에 대한 가설

$$H_0 : \mu = 10, \quad H_a : \mu > 10$$

을 검정하기 위하여, 유의수준 $a = 0.05$에서 $n = 9$개의 표본을 사용하여 Z-통계량을 이용한 검정을 하려고 한다. 다음 물음에 답하여라.

(1) 기각역을 구하여라.

(2) 검정력함수 $\pi(\mu)$를 구하여라.

(3) $\mu = 9 \sim 14$ 사이에 정수에서 $\pi(\mu)$값을 구하고 이들을 이용하여 $\pi(\mu)$와 그래프를 그려라.

05 어떤 제약회사에서는 무좀약을 새로 개발하여 일주일만 치료하면 완치율이 70%보다 높다고 주장한다. 소비자보호협회에서는 이를 확인하기 위해 30명의 무좀환자를 랜덤으로 추출하여 이 약을 사용하게 한 결과 이 중 27명이 1주일 만에 완치되었다. 이 제약회사의 주장이 옳은지를 유의수준 $\alpha = 0.05$로 검정하여라.

06 어느 공장에서 생산되는 제품의 불량률이 8%라고 한다. 어느 날 생산되는 제품을 조사한 결과 양품이 105개 불량품이 13개로 조사되었다. 그러면, 그날에 생산되는 생산공정에 이상이 없다고 할 수 있는지를 유의수준 0.05 하에서 검정하라.

07 9명의 학생에게 IQ검사를 한 결과 평균이 95로 나타났다. 모분산을 144라 할 때 모집단의 평균 IQ가 100보다 작다는 주장이 사실인가 ? IQ는 정규분포라 가정하고 $\alpha = 0.15$로 한다.

8 어느 벨트 생산 공장에서 생산된 제품은 평균 1,850시간을 사용할 수 있는데, 그 표준 편차는 120시간 정도라고 한다. 새로운 기술 도입으로 생산된 신형 벨트 중에서 60개를 임의 표본 조사를 해본 결과 그 표본 평균 사용 시간이 1,900시간으로 계산되었다고 한다. 이때 사용 시간을 늘리게 되었다고 광고하는 이 공장의 주장을 5% 유의 수준에서 검정하여 보아라.

9 철분의 함유량이 8%로 알려져 있는 광석에서 10개의 광석의 철분 함유량을 조사하니 평균이 8.5%, 표준 편차가 1.5%였다. 이 광석은 종래의 광석과 다르다고 볼 수 있느냐? 철분의 모집단 분포는 정규분포라고 생각하고, 유의 수준 $\alpha = 5\%$로 검정하여라.

10 제조업자는 에어컨의 새 브랜드가 전기를 하루에 6.5킬로와트 밖에 쓰지 않는다고 주장한다. 소비자국은 실제 계산은 더 높다고 믿고 15의 표본 크기로 검정을 해본다. 표본평균값이 7.0의 표준 편차 1.4킬로와트라면, 제조업자의 주장은 5%의 유의 수준에서 기각해야 할까?

11 어떤 약품회사에서 고혈압 환자를 위한 약을 개발하였다. 이 약이 고혈압 환자에게 효과가 있는지를 알아보기 위해서 15명에게 임상실험을 하였다. 약을 투여하기 전의 혈압(x)과 6달간 약을 투여한 후의 혈압(y)을 측정하고 이들의 혈압의 차이를 조사한 결과 다음 표와 같았다.

사람번호	1	2	3	4	5	6	7	8	9	10	11	12	13	14	15
약 투여 이전(x)	95	105	97	101	101	101	97	103	107	89	99	117	99	93	109
약 투여 이후(y)	93	97	87	95	83	91	93	77	89	97	99	85	99	97	99
차이($x-y$)	2	8	10	6	18	10	4	26	18	−8	0	32	0	−4	10

단, 약을 투여하기 이전의 혈압과 이후의 혈압은 각각 정규분포를 따르고 분산은 같다고 가정한다.

(1) 약의 투여에 따른 혈압의 차이에 대한 95% 신뢰구간을 구하라.

(2) 이 약이 혈압감소에 효과적이라고 할 수 있는지를 유의수준 5%에서 검정하라.

12 어느 회사에서 직업 훈련이 근로자의 능률 향상에 효과가 있는지를 알고 싶다고 하자. 이를 위해 16명의 근로자를 뽑아서 직업 훈련을 하기 전과 후의 작업능률 점수를 알아보았더니 다음과 같았다. 이 조사 결과로써 훈련 전과 후의 능률이 같다고 할 수 있는가? 유의수준 1%에서 검정하여라.

번 호	1	2	3	4	5	6	7	8	9
	10	11	12	13	14	15	16		
후	80	90	92	75	86	90	81	70	89
	88	82	79	91	90	78	89		
전	75	83	96	77	81	90	82	67	94
	85	78	82	96	80	87	81		

13 15명의 남자 대학생을 대상으로 피로하지 않은 상태와 피로한 상태에서 외부자극에 반응을 나타내기까지의 시간을 측정한 기록이 다음과 같았다고 한다.

피실험자	피로하지 않은 상태	피로한 상태
1	158	91
2	92	59
3	65	215
4	98	226
5	33	223
6	89	91
7	148	92
8	58	177
9	142	134
10	117	116
11	74	153
12	66	219
13	109	143
14	57	164
15	85	100

피로한 상태에서는 신체기능조절능력이 떨어진다고 할 수 있겠는가? 단, 모집단은 정규분포를 따른다고 가정하라.

14 어느 판매원이 자기 회사에서 만드는 볼트의 반경은 표준 편차가 0.1보다 작다고 주장한다. 11개 볼트의 확률 표본에서 표준 편차 σ의 추정치 s가 0.07로 계산되었다. 그 판매원의 주장이 타당한가를 5% 유의 수준에서 답하라.

15 특별한 윤활유 용기들의 용량은 분산 0.03L의 분산을 가지고 정규분포를 따르는 것으로 알려져 있다. 모분산이 0.03인가를 검정하기 위하여 10개의 용기를 추출하여 다음 자료(단위 : 리터)를 얻었다. 유의수준 0.01로 검정하여라.

10.2	9.7	10.1	10.3	10.1
9.8	9.9	10.4	10.3	9.8

16 기계에 의해 채워지는 음료수는 만일 함량의 분산이 1.15dl를 초과하면 관리 하에 있지 않다고 한다. 이 기계로부터 25개의 음료수를 추출하여 함량을 조사해보니 표본분산이 2.03dl로 나타났다. 기계과 관리 하에 있지 않다는 것을 유의수준 0.05로 검정하여라. 함량의 분포는 근사적으로 정규분포를 따른다고 가정한다.

17 투표 캠페인 일찍이 800명의 등록된 투표자들의 전화 투표소는 460명이 특정한 후보자를 편애한다고 나타낸다. 투표 날짜 바로 전에, 두 번째 투표소는 1000명의 등록된 투표자들의 520명만이 똑같은 선호를 표현했다. 10% 유의 수준에 후보자의 유명세가 떨어진다는 충분한 증거가 있을까?

18 자동차 제조업체가 두 별개의 조립 절차들을 시도한다. 첫 번째 절차를 통해 나오는 350대의 차들의 표본에서 28대가 큰 결점이 있었던 반면, 두 번째 절차의 500대의 차들의 표본에선 32대의 차들이 결점이 있었다. 이 차이는 10% 유의 수준에서 차이가 있는가?

19 A회사에서 추출한 100개의 전구의 수명 $\overline{x}_1$는 1,400시간이고 표준편차 σ_1는 120시간이었고, B회사에서 추출한 200개의 표본의 평균값 $\overline{x}_2$는 1,200시간이며 그 표준편차 σ_2는 80시간이었다. A, B 두 회사의 전구의 모평균 수명의 차에 관한 95% 신뢰 한계를 구한 것으로 맞는 것은?

20 옛날 기계로 만든 전구에서 크기 15의 확률 표본을 뽑았더니 평균 수명이 40시간이다. 또 새로운 기계로 만든 전구에서 뽑은 크기 10인 확률 표본의 평균 수명은 45시간이다. 각 기계에서 만든 전구의 수명은 각각 정규분포를 이루고, 옛날 기계로 만든 전구 수명의 분산은 $\sigma_1^2 = 25$이고, 새 기계로 만든 전구 수명의 분산은 $\sigma_2^2 = 30$이라 한다. μ_1, μ_2를 각각 옛날 기계와 새 기계로 만든 전구 수명의 모평균이라 할 때 $\mu_1 - \mu_2$의 80% 신뢰구간을 구하여라.

21 조립 공장의 두 과들의 개월마다 생기는 사고의 수 차이를 30개월 연구가 수행되었다. 첫 번째 과가 3.5번의 표준편차로 개월 당 평균 12.3번의 사고가 난 반면, 두 번째 과는 3.4번의 표준편차로 개월 당 평균 7.6사고가 났다. 개월 당 사고가 난 수의 차이의 95% 신뢰 구간 추정을 구하라. (두 모집단들이 독립적이고 대략 정상적으로 분포되어있다고 가정하자.)

22 인산 비료를 5개의 구획에 주고, 질소 비료를 6개의 구획에 주었을 때, 각 구획에서의 밀의 생산량이 아래의 표에 나타나 있다. $\mu_1 - \mu_2$의 98% 신뢰 구간을 구하여라. 단, μ_1은 모든 가능한 구획에 인산 비료를 주었을 때의 평균이고, μ_2는 질소 비료를 주었을 때의 평균이다.

각 비료에 따른 밀의 생산량

인산 비료	질소 비료
40	50
49	41
38	53
48	39
40	40
	47

23 두 품질의 담배 A와 B의 니코틴 함량을 비교하기 위해 담배 A에서 크기 60인 표본을, 담배 B에서 크기 40인 표본을 검사하였더니 그 결과가 다음과 같았다.

담배 A와 B의 니코틴 함량

담배 A	$\overline{x_1} = 15.4$	$s_1^2 = 3$
담배 B	$\overline{x_2} = 16.8$	$s_2^2 = 4$

5% 유의 수준에서 볼 때 두 담배의 니코틴 함량은 차이가 있다고 할 수 있는가?

24 대표는 그의 기업의 컴퓨터가 다른 경쟁자가 판 비슷한 컴퓨터보다 주당 평균 고장시간이 같다 믿는다. 이 문제를 확인하기 위해 자료를 모으고 가설 검정을 하고자한다. 그의 기업의 제품을 사용하는 회사에서 20주 무작위 표본에서 평균 고장시간은 125분의 표준편차로 37분이다. 그러나 경쟁자의 컴퓨터를 포함하는 15주는 평균고장시간이 115분의 표준편차로 43분밖에 안되었다. 5% 유의 수준을 가정한다면 대표는 어떤 결론을 내려야 하나?

25 두 가지 종류의 암기법이 서로 차이가 있는지를 알아보기 위하여, 두 집단의 어린 아이에게 각각의 방법으로 외국어 단어를 가르친 후, 암기하고 있는 단어가 몇 개인가를 알아보았더니 다음과 같았다.

암기법 A	5 2 4 7 4 4 8 3 7 6	$n_A = 10$
암기법 B	6 5 4 9 4 6 8 5 6 7	$n_B = 10$

위의 자료를 기초로 하여 암기법 A가 암기법 B 보다 암기단어가 많은지를 유의수준 5%에서 검정하여라. 두 모집단의 분포는 정규분포이고, 두 모분산은 같다고 가정한다.

CHAPTER 8

범주형 자료분석

데이터가 연속형이 아닌 범주형에서 추출되는 경우가 많으며, 여기서는 이러한 경우 여러 가지 형태의 검정법에 대해 다뤄 보고자 한다. 데이터가 주어진 가정에 적합한 확률모형을 따르는가를 검정하는 적합도 검정 또한 분류변수가 2개 이상인 경우에는 분류변수들 사이의 연관성을 조사하는 방법과, 한 변수의 각 수준에서 다른 변수의 확률모형이 동질적인지를 검정하는 방법을 다뤄보고자 한다. 예를 들어, 관측결과가 멘델의 유전 법칙이 맞는가?(적합도 검정), 침몰하는 타이타닉에서 살아남는 것이 승객의 신분과 관계가 있는가?(독립성 검정), 그리고 학생, 선생님들, 직원들이 운전하는 차 종류의 분포가 똑같은가?(동질성 검정)

8.1 적합도 검정

실험 결과가 k개의 상호배반인 k개의 범주 $A_1, A_2, \cdots A_k$에 속한다고 하자. 실험 결과가 i번째 범주에 속할 확률 p_i가 각 범주의 확률이 주어진 값 $p_{10}, \cdots, p_{k0}\ (p_{i0} \geq 0,\ \sum p_{i0} = 1)$으로 정해질 때 귀무가설은 다음과 같다.

$$H_0 : p_1 = p_{10},\ \cdots,\ p_k = p_{k0},\quad H_a : H_0\text{가 아니다.}$$

이 가설을 검정하기 위해 n개의 관측값을 택한 결과 i번째 범주에 x_i개가 나타났다고 하자. H_0가 사실이라면 기대도수는 np_{io}이 되며,

$$\chi^2 = \sum_{i=1}^{k} \frac{(x_i - np_{io})^2}{np_{io}}$$

은 n이 클 때 자유도 k-1인 카이제곱분포에 근사될 것이다. 따라서 유의수준 α에서 χ^2의 값이 $\chi^2_{\alpha,\,(k-1)}$보다 크게 되면 H_0을 기각한다. 이와 같은 검정을 적합도 검정(goodness of fit test)이라 한다.

예제 8.1

멘델(Mendel)의 법칙에 의하면 어떤 종류의 완두콩을 색깔과 모양에 따라 노랗고 둥근형, 노랗고 뾰족한 형, 초록색에 둥근형, 초록색에 뾰족한 형의 4가지로 구분할 때 각 종류에 속할 비율이 9:3:3:1이 된다. 완두콩 100개를 조사한 결과, 각 형태에 속하는 수가 54, 20, 16, 10으로 나타났다고 하면 이 결과는 멘델의 법칙에 따른다고 할 수 있는가를 검정하여라.

풀이

문제의 뜻에 의하면 네 종류의 완두콩이 나올 확률에 대한 귀무가설은

$$H_0 : p_1 = \frac{9}{16}, p_2 = \frac{3}{16}, p_3 = \frac{3}{16}, p_4 = \frac{1}{16}$$

이다. 따라서 H_0하에서 기대빈도는 다음과 같다.

$$\widehat{E}_1 = 100\left(\frac{9}{16}\right) = 56.25,\ \widehat{E}_2 = 100\left(\frac{3}{16}\right) = 18.75$$

$$\widehat{E}_3 = 100\left(\frac{3}{16}\right) = 18.75,\ \widehat{E}_4 = 100\left(\frac{1}{16}\right) = 6.25$$

검정통계량의 값은

$$\chi_0{}^2 = \frac{(54-56.25)^2}{56.25} + \frac{(20-18.75)^2}{18.75} + \frac{(16-18.75)^2}{18.75} + \frac{(10-6.25)^2}{6.25}$$

$$= 0.09 + 0.08 + 0.40 + 2.25$$

$$= 2.82 < \chi^2_{0.05,\,(3)} = 6.815$$

따라서 H_0을 기각할 수 없으며, 이 완두콩도 멘델의 법칙에 따라 생산된다고 할 수 있다.

예제 8.2

식품 가게 매니저는 특정한 생산품이 가게 5개위치 중 아무 위치에서나 똑같이 잘 팔릴지 알고 싶어 한다. 5개의 전시대가 각 위치에 설치되었고 실제 판매수가 다음과 같다.

표 8.1 위치에 따른 실제 판매의 분류

실제 판매 수	위치				
	1	2	3	4	5
	43	29	52	34	48

위치들 간에 차이가 있다는 충분한 증거가 있는가? 5%와 10% 유의 수준에서 검정하라.

풀이

H_0 : 생산품의 판매는 다섯 위치에 균등하게 분포되어 있다.

H_a : 판매는 다섯 위치에 균등하게 분포되어 있지 않다.

합계 : $43+29+52+34+48=206$개가 팔렸다.

위치가 상관없다면, 우리는 각 위치 당 $\frac{206}{5}=41.2$개의 판매수를 예상한다. (균등 분포)

표 8.2 **예제 8.2의 기대치계산**

예상 판매 수	위 치				
	1	2	3	4	5
	41.2	41.2	41.2	41.2	41.2

조건들을 확인하라:

1. 무작위배치: 우리는 팔린 206개가 대표하는 표본이라 가정해야 한다.
2. 우리는 예상 값들이 (모두 41.2) 모두 ≥ 5인 것을 유의한다.

그러므로

$$\chi_0^2 = \frac{(43-41.2)^2}{41.2} + \frac{(29-41.2)^2}{41.2} + \frac{(52-41.2)^2}{41.2} + \frac{(34-41.2)^2}{41.2} + \frac{(48-41.2)^2}{41.2}$$

$$= 8.903$$

자유도수는 $df=5-1=4$이다. $p-$값은 $p=P(\chi^2>8.903)=.0636$

$p=.0636$으로 H_0를 10% 수준에서 기각할 흡족한 증거가 있으나 5% 수준에선 없다.

예제 8.3

$n=46$중에서 고장이 난 기계들에 대해서, 전기적인 결함으로 인한 고장은 $x_1=9$, 기계적 결함으로 인한 고장은 $x_2=24$, 그리고 오작동으로 인한 고장은 $x_3=13$이다. 3종류의 고장들에 대한 확률은 각각 $p_1^*=0.2$, $p_2^*=0.5$, $p_3^*=0.3$라는 의견에 대해서 카이제곱 적합도 검정을 하여라.

풀이

귀무가설 H_0 : $p_1=0.2$, $p_2=0.5$, $p_3=0.3$를 고려해보자. 이 귀무가설에서 기대 셀 돗수는 각각

$\widehat{E_1}=np_1^*=46\times0.2=9.2$

$\widehat{E_2}=np_2^*=46\times0.5=23.0$

$\widehat{E_3}=np_3^*=46\times0.3=13.8$

표 8.3 예제 8.3 기대치계산

	전기적 결함	기계적 결함	오작동 결함	
관측 도수	$x_1 = 9$	$x_2 = 24$	$x_3 = 13$	$n = 46$
기대 돗수	$46 \times 0.2 = 9.2$	$46 \times 0.5 = 23.0$	$46 \times 0.3 = 13.8$	$n = 46$

카이제곱 통계량은

$$\chi_0^2 = \frac{(9.0-9.2)^2}{9.2} + \frac{(24.0-23.0)^2}{23.0} + \frac{(13.0-13.8)^2}{13.8} = 0.0942$$

$\chi^2 = 0.0942$이다. 이 값들은 자유도 $k-1=3-1=2$인 카이제곱분포와 비교할 수 있고, $p-$값 $\simeq P(\chi_0^2 \geq 0.094) = 0.95$이다. 이처럼 큰 $p-$값은 귀무가설이 신뢰할 만하며 이는 관측된 셀 돗수 x_1, x_2, x_3와 기대 셀 돗수 E_1, E_2, E_3의 값이 매우 비슷한 것을 짐작할 수 있다.

예제 8.4

오후 6시간대에 텔레비전 채널 2, 3, 4와 5는 각각 30%, 25%, 20%와 25%로 전체 시청자들의 시청률이었다. 다음 시즌의 첫째 주에 500명의 시청자들이 조사되었다. 시청자의 수는 다음과 같다.

표 8.4 실제 시청자 수

채널			
2	3	4	5
139	138	112	111

시청률의 변화가 있다고 보는가?

풀이

각각 기대치는 다음과 같다.

.30(500)=150, .25(500)=125, .20(500)=100, 그리고 .25(500)=125

표 8.5 예상 시청자 수

채 널			
2	3	4	5
150	125	100	125

H_0 : 텔레비전 시청자들은 각각 백분율 30%, 25%, 20%와 25%로 채널 2, 3, 4와 5로 분포되어 있다.

H_a : 시청자 분포는 각각 30%, 25%, 20%와 25%가 아니다.

$$\chi^2 = \sum \frac{(\text{측정값} - \text{예상값})^2}{\text{예상값}}$$

$$= \frac{(139-150)^2}{150} + \frac{(138-125)^2}{125} + \frac{(112-100)^2}{100} + \frac{(111-125)^2}{125}$$

$$= 5.167$$

$$p - \text{값} = P(\chi^2 > 5.167) = .1600$$

H_0를 기각할 충분한 증거가 없다. 즉, 시청자들의 선택이 바뀌었다고 충분한 증거가 없는 것이다.

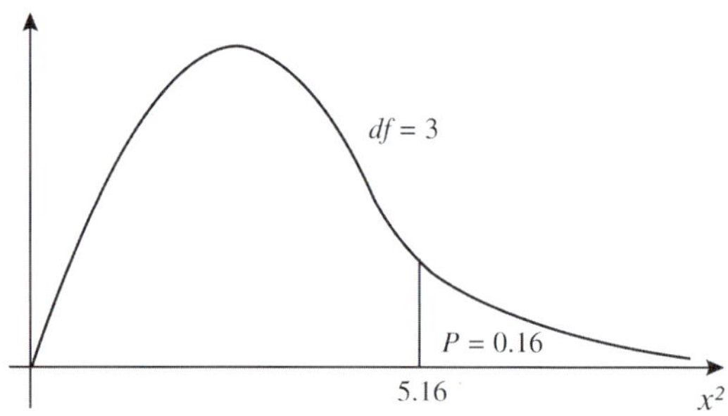

그림 8.1 $P(\chi^2 > 5.167) = 0.16$

8.2 독립성 검정

적합도 검정에서는 각 개체에게서 한 가지 속성만을 관찰하였다. 한편, 각 개체에게서 두 가지 속성을 동시에 관찰할 경우 검정의 관심이 달라지게 된다. 이제, 어떤 모집단으로부터 n개의 표본개체를 임의 추출하여 각 개체에서 두 가지 속성을 관찰한 경우, 두 속성 사이에 관련성 또는 독립성을 검정하고자 한다.

두 분류변수 가운데 한 변수를 A라 하고 다른 변수를 B라고 하자. 또한 A는 r개 범주로 나누어지고 B는 c개의 범주로 나누어진다고 하자. 전체 n회의 독립적인 실험을 반복한 결과 A의 i번째 범주와 B의 j번째 범주에 속하는 시행횟수가 $n_{ij}(i=1,...r, j=1,...,c)$라 하고

$$n_{i\cdot}=\sum_{j=1}^{c} n_{ij},\ n_{\cdot j}=\sum_{i=1}^{r} n_{ij},\ \sum_{i=1}^{r} n_{i\cdot}=\sum_{j=1}^{c} n_{\cdot j}=n$$

이라고 하면 실험결과는 다음과 같은 2차원 표로 표현될 수 있다.

표 8.6 **요인 A와 요인 B의 분할표**

요인 A / 요인 B	B_1 B_2 B_3 $\cdots$ B_c	합 계
A_1	n_{11} n_{12} n_{13} $\cdots$ n_{1c}	$n_{1.}$
A_2	n_{21} n_{22} n_{23} $\cdots$ n_{2c}	$n_{2.}$
$\cdots$	$\cdots$ $\cdots$ $\cdots$ $\cdots$ $\cdots$	$\cdots$
A_r	n_{r1} n_{r2} n_{r3} $\cdots$ n_{rc}	$n_{r.}$
합 계	$n_{\cdot 1}$ $n_{\cdot 2}$ $n_{\cdot 3}$ $\cdots$ $n_{\cdot c}$	n

이와 같이 표현되는 2차원 표를 $r\times c$분할표(contingency table)라고 부른다. 분할표에서 특히 관심이 있는 것은 두 변수가 서로 연관이 되어 있는가를 조사하는 것이다.

범주 (A_i, B_j)에 동시에 속할 확률 p_{ij}, 또 $p_{i.}$은 범주 A_i에 속한 확률이라 하고, 또 $p_{\cdot j}$를 범주 B_j에 속한 확률이라고 하면, 두 요인 A와 B가 독립일 필요충분조건은 $p_{ij}=p_{i\cdot}p_{\cdot j}$가 $(i=1,2,...,r; j=1,2,...c)$이다. 따라서 $r\times c$분할표에서 독립성검정을 위한 귀무가설은 다음과 같다.

$$H_0 : p_{ij}=p_{i\cdot}p_{\cdot j}\ \ , i=1,...r,\ j=1,...,c$$

따라서 H_0하에서 A_i, B_j에 동시에 속할 기대도수

$$E_{ij}=np_{i\cdot}p_{\cdot j}$$

이다. 독립성에 대한 귀무가설에서 특징적인 점은 $p_{ij}=p_{i\cdot}p_{\cdot j}$의 관계가 제시되었을 뿐 $p_{i.}$과 $p_{.j}$의 확률이 구체적으로 어떻다고 명시되지 않았다는 점이다. 따라서 $p_{i.}$과 $p_{.j}$를 우선 추정하여야 하며, 추정된 $\hat{p}_{i.}$과 $\hat{p}_{.j}$를 이용하여 귀무가설 H_0가 참일 때의 기대도수와 검정통계량을

구하게 된다. $p_{i.}$은 한 개체가 범주 A_i에 속할 확률이므로 $\hat{p}_{i.} = n_{i.}/n$으로 추정할 수 있다. 마찬가지로 $\hat{p}_{.j} = n_{.j}/n$으로 추정한다.

$$\widehat{E_{ij}} = n\hat{p}_{i\cdot}\hat{p}_{\cdot j},\ i = 1,\ldots r,\ j = 1,\ldots,c$$

$\hat{p}_{i.} = \dfrac{n_{i\cdot}}{n}$, $\hat{p}_{.j} = \dfrac{n_{\cdot j}}{n}$이므로 카이제곱통계량은 다음과 같다.

$$\chi^2 = \sum_{i=1}^{r}\sum_{j=1}^{c}\frac{\left(n_{ij} - \frac{n_{i.}n_{.j}}{n}\right)^2}{\frac{n_{i.}n_{.j}}{n}}$$

χ^2은 자유도가 $(r-1)(c-1)$인 카이제곱분포에 근사한다. 따라서 유의수준 α에서 독립성의 귀무가설 H_0는

$$\chi^2 > \chi^2_{\alpha,\,((r-1)(c-1))}$$

일 때 기각된다.

예제 8.5

어느 회사에서 학력과 회사에 대한 만족도 사이에 연관성이 있는지를 알아보기 위해 회사원 300명을 랜덤하게 뽑아 조사한 결과 다음의 자료를 얻었다. 두 변수에 연관성이 있다고 할 수 있겠는가 알아보라.

표 8.7 학력과 회사에 대한 만족도 분할표

학력 / 만족도	만 족	보 통	불 만
고졸 이하	40	32	10
대졸 이하	92	50	28
대학원 이상	16	20	12

풀이

귀무가설을 'H_0: 학력과 만족도는 서로 독립이다'로 놓고, H_0하에서 각 범주에 대한 기대도수를 구하

면 다음과 같다.

표 8.8 학력과 회사에 대한 기댓값 계산

학력 / 만족도	만 족	보 통	불 만	계
고졸	40.45	27.88	13.67	82
대졸	83.87	57.80	28.33	170
대학원졸	23.68	16.32	8.00	48
계	148	102	50	300

위의 표에서 기대도수는 다음과 같이 계산한다.

$$\widehat{E_{11}} = \frac{148(82)}{300} = 40.45,\ \widehat{E_{22}} = \frac{102(82)}{300} = 27.88,\ \cdots,\ \widehat{E_{33}} = \frac{50(48)}{300} = 8.00$$

검정통계량은 다음과 같다.

$$\chi_0^2 = \frac{(40-40.45)^2}{40.45} + \frac{(32-27.88)^2}{27.88} + \cdots + \frac{(12-8)^2}{8}$$

$$= 8.764 < \chi^2_{0.05,\,(4)} = 9.488$$

따라서 H_0 채택이므로 유의수준 5%에서 독립이라고 판단한다.

예제 8.6

민주당, 공화당, 독립당을 대표하는 1000명의 성인들을 대상으로 한 전국적인 전화 투표에서 응답자에게 두 개의 질문이 던져졌다. 그들은 당과 저축과 대부 위기로 그들의 미국 은행 제도에 대한 각 당별로 교차-분류된 응답들이 다음 분할표에 주어졌다.

표 8.9 당별 교차 분류표

		만족도	
관찰된 반응	예	아니오	무반응
민주당	175	220	55
공화당	150	165	35
독립당	75	105	20

은행 제도의 흔들린 신뢰가 정당과 상관없다는 귀무가설을 검정하여라. 10% 유의수준을 써라.

풀이

H_0: 정당과 은행 제도의 만족도는 독립적이다.

H_a: 정당과 은행 제도의 만족도는 독립적이지 않다.

H_0하에서 각 범주에 대한 기대도수를 구하면 다음과 같다.

$$\widehat{E_{11}}=\frac{450\times400}{1000}=180,\ \widehat{E_{12}}=\frac{450\times490}{1000}=220.5,\ \cdots,\ \widehat{E_{33}}=\frac{200\times110}{1000}=22$$

다음으로 카이제곱의 값을 계산한다.

$$\chi^2=\frac{(175-180)^2}{180}+\frac{(220-220.5)^2}{220.5}+\frac{(55-49.5)^2}{49.5}+\frac{(150-140)^2}{140}+\frac{(165-171.5)^2}{171.5}$$
$$+\frac{(35-38.5)^2}{38.5}+\frac{(75-80)^2}{80}+\frac{(100-98)^2}{98}+\frac{(20-22)^2}{22}=3.024$$

$df=(r-1)(c-1)=(3-1)(3-1)=4$

$\alpha=0.1,\ df=4$에서 χ^2의 임계치는 7.780이다. 3.024 < 7.780이므로 독립적이라는 귀무가설을 기각할만한 충분한 근거가 없다.

p값$=P(\chi^2>3.024)=.5538$

p값이 크므로 H_0을 기각할 수 없어 정당과 은행 제도의 만족도 사이에 아무 관계가 없는 증거이다.

예제 8.7 대도시의 근교에서 출퇴근하며 혼자서만 승용차를 이용하는 사람들 중에서 250명을 랜덤 추출하여 이들을 승용차의 크기와 통근 거리에 따라 분류한 결과 〈표 8.10〉의 자료를 얻었다. 이 자료에 의하면 승용차의 크기와 통근 거리 사이에 관계가 있다고 할 수 있는지를 유의수준 5%에서 검정하여라.

표 8.10 승용차의 크기와 통근거리

차 종류 / 통근거리	15km 미만	15km 이상 30km 미만	30km 이상	합 계
경승용차	6	27	19	52
소형승용차	8	36	17	61
중형승용차	21	45	33	99
대형승용차	14	18	6	38
합 계	49	126	75	250

풀이

〈표 8.10〉의 $(i,\ j)$칸에 대응하는 모비율을 p_{ij}라고 하면, 검정하고자 하는 가설은 다음과 같이 주어진다.

$H_0 : p_{ij} = p_{i.}\, p_{.j} (i = 1,\ \cdots,\ 4)(j = 1,\ 2,\ 3)$　　　$H_a : H_0$가 아니다.

귀무가설 H_0하에서의 각 칸의 추정 기대도수를 구하면

$$\hat{E}_{11} = \frac{52 \times 49}{250} = 10.19,\ \hat{E}_{12} \equiv \frac{52 \times 126}{250} = 26.21,\ \hat{E}_{13} = \frac{52 \times 75}{250} = 15.60$$

$$\hat{E}_{21} = \frac{61 \times 49}{250} = 11.96,\ \hat{E}_{22} \equiv \frac{61 \times 126}{250} = 30.74,\ \hat{E}_{23} = \frac{61 \times 75}{250} = 18.30$$

$$\hat{E}_{31} = \frac{99 \times 49}{250} = 19.40,\ \hat{E}_{32} \equiv \frac{99 \times 126}{250} = 49.90,\ \widehat{E_{33}} = \frac{99 \times 75}{250} = 29.70$$

$$\hat{E}_{41} = \frac{38 \times 49}{250} = 7.45,\ \widehat{E_{42}} \equiv \frac{38 \times 126}{250} = 19.15,\ \widehat{E_{43}} = \frac{38 \times 75}{250} = 11.40$$

이들 추정 기대도수는 모두 5이상임을 알 수 있고, 이들과 〈표 8.11〉의 관측 도수로부터 카이제곱통계량의 관측값을 구하면

$$\chi_0^2 = \frac{(6-10.19)^2}{10.19} + \cdots + \frac{(6-11.40)^2}{11.40} = 14.15$$

한편, 부록의 카이제곱분포표를 이용하여 유의수준 5%의 기각역을 구하면 기각역은

$$\chi_0^2 \geq \chi^2_{0.05,\,((4-1)(3-1))} = 12.59$$

카이제곱통계량의 관측값이 이 기각역에 속하므로, H_0가 기각되므로 유의수준 5%에서 승용차의 크기와 통근 거리 사이에는 관계가 있다고 말할 수 있다.

8.3 동질성 검정

독립성검정 문제와 비슷한 개념으로 동질성검정(homogeneity test)이 있다. 이 문제는 $r \times c$ 분할표에서 속성 A의 수준에 의해서 모집단 r개의 부모집단을 간주하고, 각 부모집단에서 B의 범주들이 동질적인 확률모형으로 일어나는가를 검증할 때 나타나는 모형이다. 동질성 가설의 검정은 각 범주에 속한 이들 확률이 여러 부모집단에서 서로 동일한지를 검정한다. 동질성검정과 독립성검정의 차이는 A의 각 부모집단인 $A_1,\ \cdots, A_r$에서의 표본크기인 $n_{1.},\ n_{2.}\ \cdots\ , n_{r.}$이 미리 정해지는 것이다.

동질성검정의 귀무가설은 다음과 같이 표현된다.

$$H_0 : p_{1j} = p_{2j} \ \cdots = p_{rj}\,(j = 1, 2, ..., c),\ H_a : H_0\text{가 아니다.}$$

여기서 $(p_{.1}, \cdots, p_{.c})$는 $B_1, ..., B_c$의 확률을 나타내며, $p_{.1} + \cdots + p_{.c} = 1$이다.

귀무가설 H_0하에서

$$\hat{p}_{\cdot 1} = \frac{n_{\cdot 1}}{n},\ \cdots,\ \hat{p}_{\cdot j} = \frac{n_{\cdot j}}{n},\ \cdots,\ \hat{p}_{\cdot c} = \frac{n_{\cdot c}}{n}$$

로 추정할 수 있으며, 따라서 (A_i, B_j)칸에 대한 기대도수는

$$\widehat{E_{ij}} = n_{i.} \times \widehat{p_{.j}} = \frac{n_{i\cdot} \times n_{\cdot j}}{n},\ (i = 1, ..., r, j = 1, ..., c)$$

로 추정한다. 따라서 기대도수는 독립성검정에서와 같으며 검정통계량도 같은 모양이 된다.

$$\sum_{i=1}^{r}\sum_{j=1}^{c}\frac{(n_{ij} - \widehat{E_{ij}})^2}{\widehat{E_{ij}}} = \sum\sum\frac{(n_{ij} - n_{i.}n_{.j}/n)^2}{n_{i.}n_{.j}/n}$$

이며, 귀무가설하에서 카이제곱분포하며 자유도$(r-1)(c-1)$이다.

따라서 검정통계량의 형태와 자유도가 독립성검정과 일치하며, 실제로 검정결과는 어느 검정을 시행하거나 동일한 결과를 갖는다.

예제 8.8

어느 정당에서는 지역에 따라 A, B, C 세 후보에 대한 지지도가 다른지를 알아보기 위해 각 도시에서 200명씩 조사한 결과 다음의 자료를 얻었다. 지역에 따라 지지도가 다른지를 통계적으로 검정하여라.

표 8.11 지역과 후보 간의 분할표

지역/후보	A	B	C	계
서울	73	71	56	200
부산	102	55	43	200
대구	73	66	61	200
광주	62	98	40	200

풀이

지역에 따라 지지도의 비율이 같다는 귀무가설 하에서 각 칸에 대한 기대도수는 다음과 같다.

표 8.12 **지역과 후보 간의 기대치 계산**

지역 / 후보	A	B	C	계
서울	77.5	72.5	50	200
부산	77.5	72.5	50	200
대구	77.5	72.5	50	200
광주	77.5	72.5	50	200
계	310	290	200	800

검정통계량의 값은 다음과 같다.

$$\chi_0^2 = \frac{(73-77.5)^2}{77.5} + \frac{(71-72.5)^2}{72.5} + \cdots + \frac{(40-50)^2}{50} = 31.3$$

$$= 31.3 > \chi^2_{0.01,\,(6)} = 16.81$$

따라서 p-값은 1%보다 작으므로 H_0가 기각되어 지역에 따라 지지도가 다르다고 결론을 내린다.

예제 8.9

같은 종류의 볍씨를 온도와 습도에 따라 구분되는 4가지 저장 상태에 따라 1년간 보존하였다. 벼의 저장상태가 발아에 영향을 미치는지 알아보기 위하여 각 저장 상태로 보존한 볍씨 중에서 무작위로 각각 100, 150, 130, 120개를 추출하여 그 발아상태를 조사하였다. 각 저장 상태에 따라 발아율이 동일한지를 유의수준 $\alpha = 0.05$로 검정하여라.

표 8.13 **씨앗의 온도에 따른 분할표**

저장상태 / 발아여부	발아한 벼	발아하지 않은 벼	합
A	73	27	100
B	105	45	150
C	90	40	130
D	78	42	120
합	346	154	500

풀이

가설

H_0 : 각 저장상태에 따른 발아율은 같다.

H_a : 각 저장상태에 따른 발아율이 모두 같지는 않다.

통계량

$$\chi^2 = \sum_{i=1}^{4}\sum_{j=1}^{2}\frac{(n_{ij} - n_{i\cdot}n_{\cdot j}/n)^2}{n_{i\cdot}n_{\cdot j}/n}$$

기각역

$\chi_0^2 > \chi^2_{0.05,\,(3)} = 7.815$이면 H_0 기각

계산 및 결론

$$\chi_0^2 = \frac{(73 - 100 \cdot 346/500)^2}{100 \cdot 346/500} + \ldots + \frac{(42 - 120 \cdot 154/500)^2}{120 \cdot 154/500} = 1.716$$

$$= 1.716 < 7.815$$

이므로 H_0를 기각할 수 없으며 $p-$값 $= P(\chi^2 > 1.716) = 0.63$이다.

즉, 저장상태가 발아여부에 영향을 미친다는 충분한 근거가 없다.

예제 8.10

공단에 인접한 세 지역에서 공해를 느끼는 정도가 지역에 따라 차이가 있는가를 알아보고자 하여, 세 지역에서 각각 97명, 95명, 99명을 랜덤 추출하여 산업공해로 인한 악취를 느끼는 횟수에 대하여 조사한 결과가 〈표 8.14〉와 같다. 〈표 8.14〉에서 범주 1은 매일, 범주 2는 적어도 일주일에 한 번, 범주 3은 적어도 한 달에 한 번, 범주 4는 한 달에 한 번보다는 적게, 범주 5는 전혀 악취를 느끼지 않는 경우를 뜻한다. 이 자료로부터 지역에 따라 공해를 느끼는 정도가 다르다고 할 수 있는가를 유의수준 1%에서 검정하여라.

표 8.14 **지역과 범주간의 분할표**

지역/정도	범주 1	범주 2	범주 3	범주 4	범주 5	표본크기
지역 1	20	28	23	14	12	$n_1 = 97$
지역 2	14	34	21	14	12	$n_2 = 95$

지역 3	4	12	10	20	53	$n_3=99$
합계	38	74	54	48	77	291

풀이

지역 i의 각 범주에 대한 모비율을 $p_{i1},\ p_{i2},\ \cdots,\ p_{i5}(i=1,\ 2,\ 3)$이라고 하면, 검정하고자 하는 가설은 다음과 같이 주어진다.

H_0 : $p_{1j}=p_{2j}=p_{3j}(j=1,\ 2,\ \cdots,\ 5)$, H_a : H_0가 아니다.

귀무가설 H_0하에서의 공통인 각 범주의 모비율에 대한 추정값은

$$\widehat{p_1}=38/291,\ \widehat{p_2}=74/291,\ \widehat{p_3}=54/291,\ \widehat{p_4}=48/291,\ \widehat{p_5}=77/291$$

이를 이용하여, H_0하에서의 추정 기대도수는

$$\widehat{E}_{1j}=97\widehat{p_j},\ \widehat{E_{2j}}=95\widehat{p_j},\ \widehat{E_{3j}}=99\widehat{p_j}\ (j=1,\ 2,\ \cdots,\ 5)$$

로부터 구할 수 있으며 그 값은 〈표 8.15〉에 주어져 있다.

표 8.15 〈표 8.14〉의 자료에 대한 추정 기대도수

지역 / 정도	범주 1	범주 2	범주 3	범주 4	범주 5
지역 1	12.67	24.67	18.00	16.00	25.67
지역 2	12.41	24.16	17.63	15.67	25.14
지역 3	12.93	25.18	18.37	16.33	26.20

〈표 8.14〉의 관측도수 n_{ij}와 〈표 8.15〉의 추정 기대도수 $\widehat{E_{ij}}$로부터, 카이제곱통계량의 관측값은

$$\chi_0^2=\frac{(20-12.67)^2}{12.67}+\cdots+\frac{(53-26.20)^2}{26.20}=71.36$$

이고 모든 기대도수가 5이상임을 알 수 있다.
한편, 이 경우에 유의수준 1%의 기각역은 부록의 카이제곱분포표로부터

$$\chi_0^2\geq\chi^2_{0.01,\ ((3-1)(5-1))},\ \text{즉}\ \chi_0^2\geq\chi^2_{0.01,\ (8)}=20.09$$

로 주어짐을 알 수 있다. 관측값이 기각역에 속하므로, 지역에 따라 공해를 느끼는 정도에 차이가 있다고 유의수준 1%에서 말할 수 있다.

연습문제

1 땅콩, 개암나무열매, 캐슈열매 및 피캔열매를 5:2:2:1 비율로 혼합하는 기계가 있다 .혼합된 열매 500개가 담겨진 통조림 깡통을 정량분석 하였더니, 땅콩이 269 개암나무열매가 112, 캐슈열매가 74, 그리고 피캔열매가 45개씩 들어있었다. 이 기계는 각 열매를 5:2:2:1의 비율로 혼합시키는가에 대하여 유의수준 0.05로 검정하라.

2 어떤 유형의 범죄발생건수가 대도시의 각 지역마다 다른지를 알아보기 위한 조사가 수행되었다. 특별히 조사 대상으로 선정된 범죄는 강간, 강도, 절도 및 살인이었다. 다음 자료는 지난 1년 동안 대도시의 네 지역에서 발생한 범죄발생건수이다.

지역 / 범죄유형	강간	강도	절도	살인
1	162	118	451	18
2	310	196	996	25
3	258	193	458	10
4	280	175	390	19

범죄발생건수가 대도시의 각 지역과는 무관한지를 유의수준 0.01로 검정하라.

3 흡연 정도와 고혈압은 서로 독립적인 관계에 있는가를 알아보는 실험을 하였다. 180명을 조사한 결과 다음과 같이 나타났다.

혈압정도 / 흡연정도	비흡연자	보통 흡연자	골 초
고혈압	21	36	30
정 상	48	26	19

"흡연 정도와 고혈압의 유무와는 독립이다."는 가설을 유의수준 0.05로 검정하라.

04 어떤 회사에서 생산되는 제품의 불량품과 양품의 비율이 낮, 저녁, 그리고 밤에 따라 다른지를 결정하기 위해 아래와 같은 자료를 수집하였다. 낮, 저녁 그리고 밤에 만들어지는 제품의 불량률이 같은지를 유의수준 0.025에서 검정하여라.

불량여부 / 시간대	낮	저녁	밤	합 계
불량품	80	70	80	230
양 품	1120	930	720	2770
합 계	1200	1000	800	3000

05 다가오는 선거에서 두 명의 주지사후보에 대한 유권자들의 성향을 알아보기 위한 조사가 두 도시에서 실시되었다. 각 도시에서 500명의 유권자를 대상으로 조사한 결과는 다음과 같았다.

유권자의 성향 / 도시	성 남	수 원
후보 A 지지	204	225
후보 B 지지	211	198
미결정	85	77

유권자들의 후보 A 지지율, 후보 B의 지지율 및 미결정 비율은 각 도시마다 동일하다는 귀무가설을 유의수준 0.05로 검정하라.

06 유전학자들은 초파리의 비율이 1:3:3:9라고 주장한다. 4,000마리의 초파리가 226, 764, 733, 2277의 종의 비율로 있다고 가정하자. 유전학자들의 주장이 인정된 충분한 증거가 있는가?

7 뚜렷한 관계가 있는가? 콜레스테롤의 수치가 심장병을 예측하는가? 10% 유의수준으로 검정하여라.

정도 / 수치	적은 콜레스테롤	중간 콜레스테롤	높은 콜레스테롤
치명적	29	17	18
비치명적	19	20	9

8 아침 혼잡한 시간에 도시 안에 있는 5개다리를 사용하는 비율이 2:3:3:4:6라고 주장한다. 6000대의 차를 추출했더니 5개 다리를 지나는 차의 대수가 720, 970, 1013, 1380, 1917이다. 2.5%, 5% 유의수준에서 이 주장을 기각할 수 있는가?

9 다음은 어느 공정과정에서 3대의 기계로부터 얻어진 제품을 두 등급으로 분류한 분할표이다.

등급 / 종류	기계 1	기계 2	기계 3
1등급	78	65	68
2등급	22	8	30
계	100	73	98

위의 자료에서 등급과 기계의 종류가 독립인지를 검정하여라.

10 액화천연가스(LNG)의 저장 기지의 후보지로 고려되고 있는 세 지역의 여론을 알아보기 위하여, 세 지역에서 각각 400명, 350명, 350명을 랜덤 추출하여 기지의 건설에 대한 찬성여부를 물은 결과가 다음과 같다. 지역에 따라 찬성률에 차이가 있다고 할 수 있는가?

지역 / 찬반여부	찬 성	반 대	표본크기
지역 1	198	202	$n_1 = 400$
지역 2	140	210	$n_2 = 350$
지역 3	133	217	$n_3 = 350$
합 계	471	629	$n = 1100$

CHAPTER 9

상관분석과 회귀분석

두 변수들 사이의 관계를 분석하는 경우가 있다. 이를테면 사용한 비료의 양과 수확량 사이 관계를 또는 교육학자가 대입학력고사 성적과 대학졸업성적 사이의 관계를 분석하고자 하는 경우, 그리고 유전학자가 어머니와 딸의 키 사이에 관계가 있는지를 분석하고자 하는 경우 등 두 변수 사이의 관계를 분석하거나 또는 한 변수값이 주어졌을 때 다른 변수값을 예측하고자 하는 경우가 있다. 이와 같이 두 연속형 변수들 사이의 관계를 분석하는 통계적 분석방법으로 상관분석과 회귀분석이 있다. 상관분석이란 상관계수를 이용하여 두 변수들 사이에 어느 정도 밀접한가를 분석하는 방법이고, 선형 회귀 분석이란 한 변수를 원인으로 하고 다른 변수를 결과로 하여 두 변수 사이의 선형식을 구하고 그 식을 이용하여 원인으로 측정된 변수의 값이 주어졌을 때 결과를 관측하는 변수의 값을 예측하는 통계적 분석 방법이다.

9.1 상관분석

두 연속형 변수의 값이 쌍으로 관찰되었을 때 두 변수값을 이용한 산점도(scatter plot)를 그리고 상관계수(correlation coefficient)를 구하여 두 변수사이의 관계가 얼마나 밀접한가를 관찰하는 것이다. 즉 두 변수 x, y가 다음과 같이 n개의 쌍으로 관측되었다고 할 때,

x	x_1	x_2	x_3	$\cdots$	x_n
y	y_1	y_2	y_3	$\cdots$	y_n

상관계수 r은 다음과 같이 구한다.

$$r = \frac{s_{xy}}{\sqrt{s_{xx}} \cdot \sqrt{s_{yy}}}$$

여기에서

$$s_{xy} = \sum(x_i - \bar{x})(y_i - \bar{y}) = \sum x_i y_i - \frac{\sum x_i \sum y_i}{n}$$

$$s_{xx} = \sum(x_i - \bar{x})^2 = \sum x_i^2 - \frac{(\sum x_i)^2}{n}$$

$$s_{yy} = \sum(y_i - \bar{y})^2 = \sum y_i^2 - \frac{(\sum y_i)^2}{n}$$

이다.

이론적으로 $-1 \leq r \leq 1$이며, x와 y값의 관찰값에 의한 산포도와 상관계수 r과의 관계를 그림으로 표현하면 [그림 9.1]과 같다. [그림 9.1]에서 상관계수 r값은 산포도가 중심축을 중심으로 흩어진 정도를 측정하는데, r값의 부호는 중심축의 방향이 양의 방향이면 $+$이고, 음의 방향이면 $-$이다. 두 변수 x와 y사이의 관계의 밀접도는 r값의 절대값의 크기에 의하여 측정되는데 (a)와 (b)의 경우와 같이 $r=1$ 또는 -1인 경우는 x와 y가 완전한 선형관계임을 의미한다.

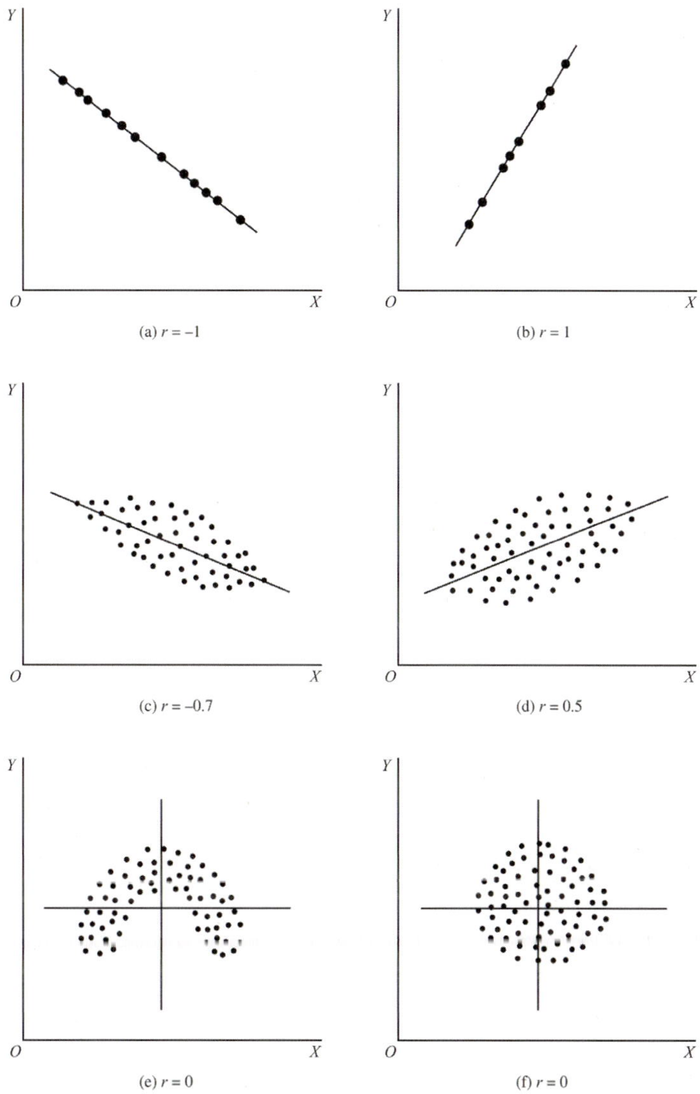

그림 9.1 산점도와 상관계수

(c)와 (d)를 비교해 보면 $|r|=0.7$인 경우가 $|r|=0.5$인 경우보다 중심축을 중심으로 좀 더 가까이 분포되어 있음을 알 수 있다. 그리고 $r=0$인 경우에는 두 변수 사이에 관계가 없음을 의미하는데 산포도에서 (e)와 (f)의 경우와 같이 특정한 하나의 중심축을 그릴 수 없는 경우이다.

예제 9.1

소득이 중간 정도인 주민들 중에서 7가구를 추출하여 지난 달 소득과 식품비에 대한 정보를 수집한다고 하자. 수집된 정보가 〈표 9.1〉에 백만 단위로 주어져 있다. 상관계수를 구하여라.

표 9.1 7가구에 대한 소득과 식품비

소 득	식품비
35	9
49	15
21	7
39	11
15	5
28	8
25	9

풀이

$$n=7\,,\quad \sum x_i = 212,\ \sum y_i = 64$$

$$\sum x_i^2 = 7222,\ \sum x_i y_i = 2150,\ \sum y_i^2 = 646$$

$$s_{xy} = \sum x_i y_i - \frac{\sum x_i \sum y_i}{n} = 211.7$$

$$s_{xx} = \sum x_i^2 - \frac{(\sum x_i)^2}{n} = 801.4$$

$$s_{yy} = \sum y_i^2 - \frac{(\sum y_i)^2}{n} = 60.86$$

이 값들을 r에 대한 공식에 대입하면 다음과 같이 구해진다.

$$r = \frac{s_{xy}}{\sqrt{s_{xx}}\ \sqrt{s_{yy}}} = .96$$

예제 9.2

어떤 지역에서 두 개의 오염물질의 농도 사이에 강한 상관관계가 있다고 알려져 있다고 하자. 즉, 오존의 농도 x(ppm)와 제2탄소의 농도 $y(\mu g/m^2)$사이에 관계는 다음의 자료와 같다. 표본상관계수와 상관관계의 유의성에 대한 가설 검정하여라.

x	0.066	0.088	0.120	0.050	0.162	0.186	0.057	0.100
y	4.6	11.6	9.5	6.3	13.8	15.4	2.5	11.8

x	0.112	0.055	0.154	0.074	0.111	0.140	0.071	0.110
y	8.0	7.0	20.6	16.6	9.2	17.9	2.8	13.00

풀이

요약한 값들과 표본상관계수 r은 다음과 같다.

$$n = 16,\ \sum x_i = 1.656,\ \sum y_i = 170.6,$$

$$\sum x_i^2 = 0.196912,\ \sum x_i y_i = 20.0397,\ \sum y_i^2 = 2253.56$$

$$r = \frac{20.0397 - (1.656)(170.6)/16}{\sqrt{0.196912 - (1.656)^2/16}\ \sqrt{2253.56 - (170.6)^2/16}}$$

$$= \frac{2.3826}{(0.1597)(20.8456)} = 0.716$$

따라서 오존농도와 제2의 탄소 사이에 모상관계수의 추정값은 $r = 0.716$이다.

상관계수의 검정

모집단에서의 상관계수를 ρ라고 하고 이에 대한 검정을 생각하여 보자. 두 변수 (x,y)가 이변량 정규분포를 따른다고 가정할 대, 모상관계수가 0이라는 귀무가설 하에서 다음과 같은

통계량

$$\frac{\sqrt{n-2}\,r}{\sqrt{1-r^2}}$$

이 자유도가 $n-2$인 $t-$분포를 따르는 것으로 알려져 있다. 따라서 유의수준을 α로 할 때 상관계수의 가설검정절차는 다음과 같다.

$$\text{귀무가설} : H_0 : \rho = 0$$

$$\text{검정통계량} : t = \frac{\sqrt{n-2}\,r}{\sqrt{1-r^2}}$$

유의수준 α에서 기각역 :

$$\begin{array}{ll} H_a : \rho > 0\text{일 때}, & t \geq t_{\alpha,(n-2)} \\ H_a : \rho < 0\text{일 때}, & t \leq -t_{\alpha,(n-2)} \\ H_a : \rho \neq 0\text{일 때}, & |t| \geq t_{\alpha/2,(n-2)} \end{array}$$

예제 9.3

예제 9.1 자료를 사용하여 소득과 식품비사이의 선형상관계수가 양수인지 유의수준 1%에서 검정하시오.

풀이

$H_0 : \rho = 0, \quad H_a : \rho > 0$

검정통계량은

$$t = \frac{\sqrt{n-2}\,r}{\sqrt{1-r^2}} = \frac{\sqrt{7-2}\,(0.96)}{\sqrt{1-(0.96)^2}} = 7.667 > t_{0.01,(5)} = 3.36$$

이므로 유의수준 1%에서 H_0을 기각한다.

따라서 소득과 식품비 사이에 양의 선형관계가 있다고 결론을 내린다.

예제 9.4

토양생산성의 정확한 평가는 토지사용계획에 비판적이다. 유감스럽게도 대개의 경우 만족스런 토양생산성 지수는 구하기 힘들다고 알려져 있다. 생산성 지표 중에 하나는 농작물을 심는 것에 의해 부분적으로 결정된다. 그리고 같은 토양에서 두 개의 다른 농작물을 심을 때의 상관관계는 매우 강하지 않을지도 모른다. 실례로 어느 한 연구결과에 의하면 다음과 같이 8개의 다른 종류의 토양에 대한 땅콩의 산출량 y와 옥수수의 산출량 x에 관한 자료를 제시하고 있다.

x	2.4	3.4	4.6	3.7	2.2	3.3	4.0	2.1
y	1.33	2.12	1.80	1.65	2.00	1.76	2.11	1.63

여기서 두 변수 간 표본상관계수 r와 상관관계의 유의성 검정하여라.

풀이

$$\sum x_i = 25.7,\ \sum y_i = 14.40,\ \sum x_i^2 = 88.31,\ \sum x_i y_i = 46.856,\ \sum y_i^2 = 26.4324$$

$$s_{xx} = 88.31 - \frac{(25.7)^2}{8} = 88.31 - 82.56 = 5.75$$

$$s_{yy} = 26.4324 - \frac{(14.40)^2}{8} = 0.5124$$

$$s_{xy} = 46.856 - \frac{(25.7)(14.40)}{8} = 0.5960$$ 으로부터

$$r = \frac{0.5960}{\sqrt{5.75}\ \sqrt{0.5124}} = 0.347$$ 이다.

연관성 검정의 가설은

$$H_0 : \rho = 0, \qquad H_a : \rho \neq 0$$

이며, $t-$통계량의 값은

$$t = \frac{\sqrt{n-2}\, r}{\sqrt{1-r^2}} = \frac{\sqrt{18-2}\,(.347)}{\sqrt{1-(.347)^2}} = .906 < t_{0.025,(6)} = 2.45$$

이므로 유의수준 5%에서 H_0를 기각하지 않는다.

땅콩의 산출량과 옥수수의 산출량 사이에 선형관계가 없다고 결론을 내린다.

9.2 단순회귀모형과 최소제곱법

r의 크기로 두 변량 간에 선형 관련성이 있는가의 여부를 결정하고, 관련성의 크기를 정할 수 있다. 단지 r에 관하여 아는 것만으로는 예측할 수 없다. 우선 선형관계가 존재한다고 가정하고 즉,

$$y_i = \beta_0 + \beta_1 x_i + \epsilon_i,\ \ i = 1,\ \cdots, n$$

으로 나타낼 수 있으며, 이를 단순회귀모형이라 한다. β_0와 β_1는 각각 절편과 기울기를 나타내는 회귀계수이며, $\epsilon_1, \cdots, \epsilon_n$은 오차항으로서 서로독립이고 평균 0, 분산 σ^2인 확률변수라고 가정한다. 회귀분석에서 일반적으로 독립변수는 x로 표시하고, x축에 표현하며, 종속변수는 y로 하고 그 값은 y축에 나타낸다. 다음의 예를 생각해 보기로 한다. 비료의 량(시비량)의 선형함수로서 곡물 수확량을 예측하고자 한다. 수확량은 예측되는 변수이므로 종속변수이고, 시비량은 예측에 사용되는 변수이므로 독립 변수이다.

〈표 9.2〉는 시비량에 상응하는 곡물 수확량의 관찰치를 제시하고 있으며, [그림 9.2]에는 산점도가 그려져 있다. 분명히 선형 관계를 보여주고 있으므로, 이러한 선형 관계를 나타내는 직선에 적합하기를 원한다.

표 9.2 곡물 수확량과 시비량

시비량 x	수확량 y
30	43
40	45
50	54
60	53
70	56
80	63

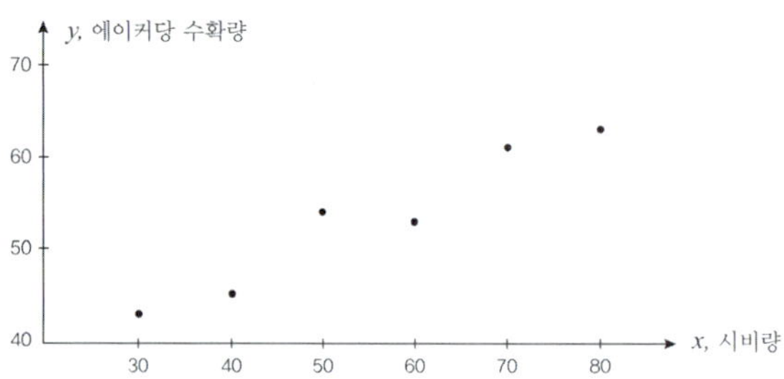

그림 9.2 시비량과 곡물 수확량의 산점도

여기에서 문제는 관찰점들이 나타내는 선형 경향을 가장 잘 적합한 특징 직선을 그리는 것이다. "가장 잘 들어맞는 직선(the line of best fit)"을 구하는데 있어서의 원리는 바로 최소자승법(method of least squares)이라고 불리우며, A. M. Legendre(1752~1833)에 의해 개발되었다. 이러한 원리의 개념을 살펴보기로 한다.

$\hat{y}=b_0+b_1x$가 n개의 관찰치들 $(x_1, y_1), (x_2, y_2), \cdots, (x_n, y_n)$으로 구성된 자료에 가장 잘 부합되는 직선이라고 하자. 이를 회귀방정식(prediction equation)이라 부르기도 한다.

예컨대, $b_0+b_1x_i$는 독립 변수 x의 값이 x_i일 대에 종속변수 y의 예측치를 나타내고, y_i는 그에 상응하는 y의 관찰치를 나타낸다.

회귀 방정식에서 다음의 값들을 구한다.

$$(x_1, b_0+b_1x_1), (x_2, b_0+b_1x_2), \cdots, (x_n, b_0+b_1x_n)$$

이 모든 점들은 회귀 방정식을 표시하는 선상에 놓인다. $y_1-(b_0+b_1x_1)$, $y_2-(b_0+b_1x_2)$, $\cdots$, $y_n-(b_0+b_1x_n)$은 관찰치와 그에 상응하는 예측치와의 편차를 보여준다. [그림 9.3]에서와 같이 $e_i=y_i-(b_0+b_1x_i)$는 관찰치 y_i와 가장 잘 부합되는 직선과의 수직 거리를 표시한다.

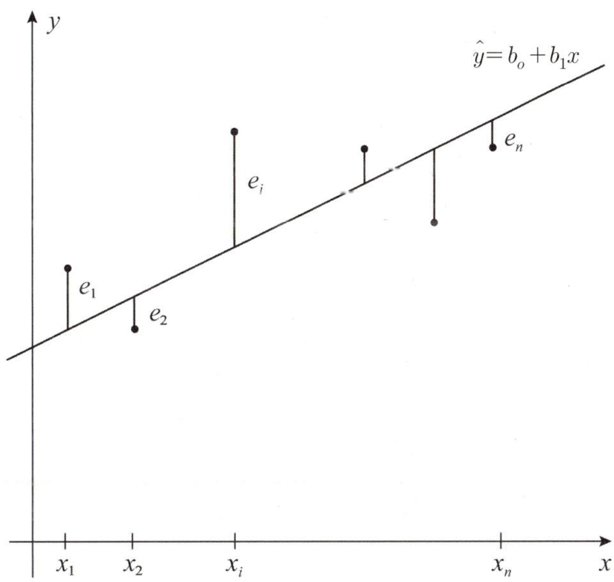

그림 9.3 y의 예측치 $\hat{y}=b_0+b_1x$와 관찰치 y간의 편차

예측을 하기 위하여 예측 방정식을 사용하는 것이 주된 목적이므로, 편차를 최소화하는 직선을 찾아내는 것이 바람직하다. 최소자승법(method of least squares)은 다음과 같이 쓸 수 있다.

최소자승회귀선은 y관찰치와 예측치와의 편차의 자승합이 최소인 직선이다. 즉, 편차의 자승합인

$$\sum_{i=1}^{n}[y_i - (\beta_0 + \beta_1 x_i)]^2$$

을 최소화하는 방법으로 β_0의 추정치 b_0, β_1의 추정치 b_1을 구한다.

이러한 기준으로 구한 직선을 최소자승회귀선(least squares regression line)이라 부르며, 가장 잘 부합되는 직선을 결정하는 b_0와 b_1의 값은 다음의 식으로 구할 수 있다.

회귀선의 기울기는

$$b_1 = r\frac{s_y}{s_x} = \frac{s_{xy}}{s_{xx}} = \frac{\sum(x_i - \overline{x})(y_i - \overline{y})}{\sum(x_i - \overline{x})^2}$$

그리고, y - 절편은 다음과 같다.

$$b_0 = \overline{y} - b_1\overline{x}$$

기울기 b_1를 표본회귀계수(sample regression coefficient)라 일컫고, 이와 같이 구한 회귀선 $\hat{y} = b_0 + b_1 x$는 x에 관한 y의 회귀선(line of regression of y on x)이라 부른다.

예제 9.5

균일한 규격인 굵은 골제와 시멘트와 물로 만들어진 콘크리트의 비(다공성 %)가 오는 지역에서 배수성 때문에 유리하다고 알려져 있다. 다음 〈표 9.3〉은 콘크리트 견본에서 y = 다공성(%)이 x = 단위무게에 어떻게 관련이 있는지에 관한 연구를 위한 자료이다. 회귀선을 구하여라.

풀이

$\overline{x} = 109.62$, $\overline{y} = 19.7857$이고 b_1과 b_0은 다음과 같이 계산할 수 있다.

$$b_1 = r\frac{s_x}{s_y} = \frac{s_{xy}}{s_{xx}} = \frac{\sum x_i y_i - \sum x_i \sum y_i / n}{\sum x_i^2 - (\sum x_i)^2/n} = \frac{29,905.5 - (1534.7)(277)/14}{168,741 - (1534.7)^2/14}$$

$$= \frac{-459.636}{504.994} = -0.91$$

표 9.3 **계산**

관찰값	x	y	x^2	xy	y^2
1	99.0	28.8	9801.00	2851.20	829.44
2	101.1	27.9	10221.21	2820.69	778.41
3	102.7	27.0	10547.29	2772.90	729.00
4	103.0	25.2	10609.00	2595.60	635.0
5	107.0	21.5	11449.00	2300.50	462.25
6	108.7	20.9	11815.69	2271.83	436.81
7	110.8	19.6	12276.64	2171.68	384.16
8	112.1	17.1	12566.41	1916.91	292.41
9	112.4	18.9	12633.76	2124.36	357.21
10	113.6	16.0	12904.96	1817.60	256.00
11	113.8	16.7	12950.44	1900.46	278.89
12	115.1	13.0	13248.01	1496.30	169.00
13	115.4	13.6	13317.16	1569.44	184.96
14	120.0	10.8	14400.00	1296.00	116.64
합	1,534.7	277	168,741	29,905.5	5,910.22

$$b_0 = 19.7857 - (-.91)(109.62) = 119.65$$

우리는 단위무게가 증가함에 따라 다공성이 0.91% 감소한다는 것을 알 수 있다.

추정된 회귀직선 $\hat{y} = -0.91x + 119.65$이다.

예제 9.6

강우량의 정도에 따른 대기오염의 제거의 정도를 알아보기 위하여 다음과 같은 표를 얻었다. 다음 물음에 답하여라.

표 9.4 강우량과 대기오염자료

강우량(x)	4.3	4.5	5.9	5.6	6.1	5.2	3.8	2.1	7.5
대기오염 제거정도(y)	126	121	116	118	114	118	132	141	108

(1) 상관계수 r을 계산하여라.

(2) 강우량으로부터 대기오염의 제거정도를 예측하기 위한 회귀직선의 방정식을 구하여라.

(3) 강우량이 $x=5.8$일 때, 대기오염 제거정도를 추정하여라.

풀이

(1) $n=9,\ \sum x_i = 45,\ \ \sum y_i = 1094,\ \sum x_i y_i = 5348.2,$

$\sum x_i^2 = 244.26,\ \sum y_i^2 = 133786,\ \bar{x}=5,\ \bar{y}=1094/9$

$$r = \frac{\frac{1}{n-1}\sum(x_i-\bar{x})(y_i-\bar{y})}{s_x s_y} = \frac{\sum x_i y_i - n\bar{x}\bar{y}}{\sqrt{\left(\sum x_i^2 - n\bar{x}^2\right)\left(\sum y_i^2 - n\bar{y}^2\right)}} \fallingdotseq -0.9787.$$

(2) $b_1 = \dfrac{s_{xy}}{s_{xx}} = \dfrac{\sum x_i y_i - n\bar{x}\bar{y}}{\sum x_i^2 - n\bar{x}^2} \fallingdotseq -6.3240,\ \ b_0 = \bar{y} - b_1\bar{x} \fallingdotseq 153.1755,$

$\hat{y} = 153.1755 - 6.3240x$

(3) $x=5.8$일 때, $\hat{y} = 153.1755 - 6.3240 \cdot 5.8 = 116.496$

예제 9.7

시비량에 의한 곡물 수확량 〈표 9.2〉의 회귀선을 구하여라.

풀이

표 9.5 계산

	시비량 x	수확량 y	x^2	xy	y^2
	30	43	900	1290	1849
	40	45	1600	1800	2025
	50	54	2500	2700	2916
	60	53	3600	3180	2809
	70	56	4900	3920	3136
	80	63	6400	5040	3969
합 계	330	314	19,900	17,930	16,704

$n=6,\ \sum_{i=1}^{6} x_i = 330,\ \sum_{i=1}^{6} y_i = 314,\ \sum_{i=1}^{6} x_i^2 = 19{,}900,$ 그리고 $\sum_{i=1}^{6} x_i y_i = 17{,}930$이므로,

값은 b_1 다음과 같다.

$$b_1 = \frac{17{,}930-(330)(314)/6}{19{,}900-(330)^2/6} = 0.377,\ \bar{x} = \frac{330}{6} = 55,$$

그리고 $\bar{y} = \frac{314}{6} = 52.33$이므로 $b_0 = \bar{y} - b_i \bar{x} = 52.33 - (0.377)(55) = 31.593$

끝으로 회귀선 또는 예측 방정식은 다음과 같다.

$$\hat{y} = 31.593 + 0.377x$$

b_1값이 0.377이라는 것은 에이커당 시비량을 1파운드 증가시키면 곡물 수확량이 0.377부쉘 증가함을 뜻한다.

회귀 방정식을 구하고 나면 회귀선을 그리기는 쉬운 일이며, 회귀선을 그리기 위하여 좌표 평면상에 두 점만 있으면 된다. 그러므로, x의 임의의 두 값을 취하고, 회귀 방정식을 사용하여 이에 상응하는 $\hat{y}$값을 구한다.

예컨대,

$x = 50$에 대하여, $\hat{y} = 31.593 + (0.377)(50) = 50.443$

그리고,

$x = 60$에 대하여, $\hat{y} = 31.593 + (0.377)(60) = 54.213$

이와 같이, 두 점 $(50, 50.443)$과 $(60, 54.213)$을 구하여 연결하면, [그림 9.4]와 같은 직선을 그릴 수 있다.

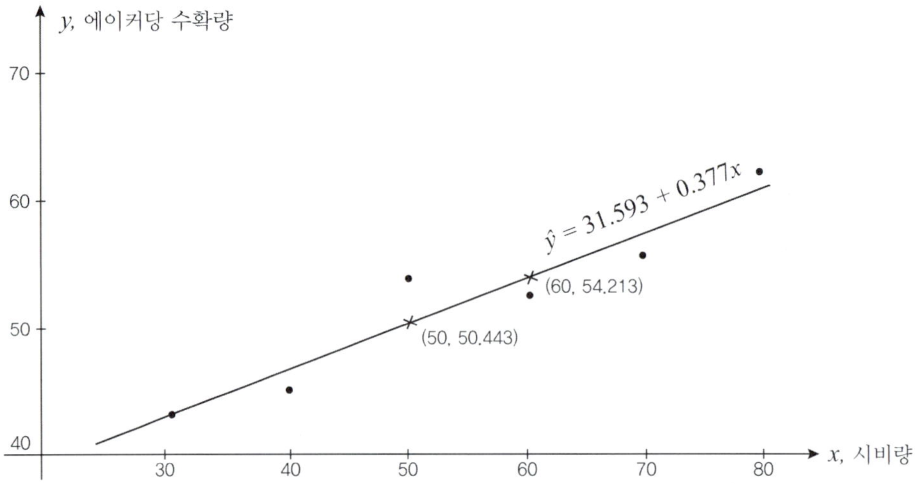

그림 9.4 시비량에 관한 곡물 수확량 회귀선

$y-$절편을 구하는 공식인 $\bar{y} = b_0 + b_1\bar{x}$를 살펴보는 것은 흥미 있는 일이다. 표본회귀선은 항상 점 $(\bar{x}, \bar{y})$를 통과함을 알 수 있다.

회귀모형에서 각각의 x_i값에 대하여 y_i와 $\hat{y}_i$의 값이 같지 않을 수 있는데, 두 값의 차이

$$e_i = y_i - \hat{y}_i,\ \ i = 1, 2, \ \cdots, n$$

는 오차항의 ε의 추정량으로 e_i를 잔차(residual) 라고 한다.

위의 자료에 대한 회귀모형에서 $\hat{y}_i$과 $e_i = y_i - \hat{y}_i$값을 구하여 정리해 놓은 표가 〈표 9.6〉이다.

표 9.6 $\hat{y}_i$와 e_i값의 표

시비량	30	40	50	60	70	80
y_i	43	45	54	53	56	63
$\hat{y}_i$	42.9	46.7	50.4	54.2	57.9	61.8
e_i	0.1	−1.7	3.6	−1.2	−1.9	1.2

〈표 9.6〉에서 e_i의 값이 양수로 나타낸 경우는 수확량이 시비량에 의하여 기대된 수확량보다 높게 나온 경우이고, e_i의 값이 음수로 나타난 경우는 수확량이 시비량에 의하여 기대된 수확량보다 낮게 나온 경우이다.

분산 σ^2의 추정

앞에서는 회귀계수의 추정량 b_0와 b_1를 구하는 과정에 대하여 설명하였는데, 오차항 e_i의 분산인 σ^2의 추정량은 다음과 같이 구한다. $\hat{y_i} = b_0 + b_1 x_i$를 구한 후에 잔차 e_i를

$$e_i = y_i - \hat{y_i} = y_i - (b_0 + b_1 x_i)$$

와 같이 정의할 때, 잔차제곱합(residual sum of squares ; SSE)을

$$SSE = \sum_{i=1}^{n} e_i^2 = \sum (y_i - \hat{y_i})^2$$

이와 같이 정의하며, σ^2의 추정량 s_e^2은

$$s_e^2 = \frac{1}{n-2} SSE = \frac{1}{n-2} \sum_{i=1}^{n} (y_i - \hat{y_i})^2$$

$$= \frac{1}{n-2} \left[\sum y_i^2 - b_0 \sum y_i - b_1 \sum x_i y_i \right] = \frac{1}{n-2} \left[s_{yy} - b_1 s_{xy} \right]$$

과 같이 구한다. s_e^2에서 분모 $n-2$는 잔차제곱합(SSE)의 자유도인데, 이 값은 위와 같은 단순선형회귀모형의 선형식에는 모수가 2개(β_0, β_1) 있으므로 표본관찰의 수 n에서 모수의 수 2를 뺀 값이라고 설명할 수 있다. 다른 설명방법으로는 SSE의 계산에서

$$SSE = \sum_{i=1}^{n} (y_i - \hat{y_i})^2 = \sum_{i=1}^{n} (y_i - b_0 - b_1 x_i)^2$$

이과 같이 두 모수의 추정량 (b_0, b_1)이 주어지기 때문에 SSE의 자유도는 표본관찰의 수 n에서 2를 뺀 값이다. 위에 주어진 자료 〈표 9.6〉에서 분산 σ^2의 추정량 s_e^2은

$$s_e^2 = \frac{1}{6-2} \sum_{i=1}^{6} (y_i - \hat{y_i})^2 = 5.59$$

이다.

9.3 회귀계수 β_1에 대한 추론

추정된 회귀선

$$\hat{y_i} = b_0 + b_1 x_i$$

에서 b_0와 b_1를 각각 모 회귀선

$$y_i = \beta_0 + \beta_1 x_i$$

에서 주어진 모수 β_0와 β_1의 추정량이다.

β_1의 추정량 b_1는 평균 β_1이고, 분산이 $\sigma^2 / \sum (x_i - \overline{x})^2$인 정규분포를 따른다. 즉,

$$b_1 \sim N(\beta_1, \frac{\sigma^2}{\sum (x_i - \overline{x})^2})$$

이며 b_1의 표준오차추정치 $s_{b_1} = \sqrt{\dfrac{s_e^2}{\sum_i^n (x_i - \overline{x})^2}}$ 이다. 이를 이용하여 β_1의 신뢰구간과 $\beta_1 = 0$에 대한 검정을 실시할 수 있다.

9.3.1 신뢰구간

모수 β_1의 신뢰구간을 구하고자 한다. 추정량이 정규분포이고, 그의 분산을 추정하여야 하는 경우의 문제를 이미 다룬 바 있으며, 이 경우에도 신뢰 구간의 상한과 하한은 다음 규칙을 적용하여 구할 수 있다.

(모수의 추정치)±(t값) • (표준오차의 추정치)

여기에서 σ^2 추정치 s_e^2는 $\sum_{i=1}^n (y_i - \hat{y_i})^2$을 $(n-2)$로 나누었으므로, t분포는 $(n-2)$의 자유도를 갖는다. 그러므로 β_1의 $(1-\alpha)100\%$ 신뢰 구간은 다음과 같다.

$$b_1 - t_{(n-2),\, \alpha/2}\ s_{b_1} < \beta_1 < b_1 + t_{(n-2),\, \alpha/2}\ s_{b_1}$$

예제 9.8 시비량과 수확량의 회귀 분석에서 모수에 관한 신뢰구간을 구하여라.

풀이

$\alpha = 0.05$로 하자. $n = 6$이므로 자유도가 4가 되고 $t_{(n-2),\,\alpha/2} = t_{(4),\,0.025} = 2.776$이다.

따라서, 95% 신뢰 구간은 다음과 같다.

$s_e = 2.367,\ \sum_i (x_i - \bar{x})^2 = 1750,\ b_1 = 0.377$이고, $s_{b_1} = 0.0566$이므로,

β_1의 95% 신뢰 구간은

$0.377 - (2.776)(0.0566) < \beta_1 < 0.377 + (2.776)(0.0566)$

$0.165 < \beta_1 < 0.589$

9.3.2 가설 검정

회귀 이론의 주요 기능은 독립 변수에 관한 지식으로 종속변수의 평균치를 예측하는 것이므로, 독립 변수가 예측 목적에 합당한지의 여부가 매우 중요한 문제이다. 따라서, 가설 $H_0 : \beta_1 = 0$을 검정하게 된다면, 비료 투여량과 수확량의 예제에서 귀무가설을 검정하기로 한다.

일반적으로 회귀선에 대한 가설검정 절차는 다음과 같다.

$$\text{귀무가설}(H_0)\,;\ \beta_1 = 0$$

$$\text{검정통계량}\ ;\ t = \frac{b_1 - 0}{s_{b_1}}$$

대립가설	유의수준 α 검정에 대한 기각역
(1) $H_a : \beta_1 > 0$	$t > t_{\alpha,\,(n-2)}$
(2) $H_a : \beta_1 < 0$	$t \leq -t_{\alpha,\,(n-2)}$
(3) $H_a : \beta_1 \neq 0$	$\lvert t \rvert \geq t_{\alpha/2,\,(n-2)}$

H_0가 참일 때 검정통계량은 자유도 $n-2$인 t분포를 따른다.

예제 9.9

시비량과 수확량의 회귀 분석에서 모수에 관한 $H_0 : \beta_1 = 0$을 검정하여라.

풀이

귀무가설 $H_0 : \beta_1 = 0$, 이의 대립가설은 $H_a : \beta_1 \neq 0$

5%의 유의수준에서 $t_{(n-2),\, \alpha/2} = 2.776$이므로, $\dfrac{b_1 - 0}{s_{b_1}} = \dfrac{b_1}{s_{b_1}}$의 계산된 값이 -2.766보다 작거나 또는 2.776보다 크면 H_0를 기각하게 된다.

$b_1 = 0.377$이고, $s_{b_1} = 0.0566$이므로 $\dfrac{b_1}{s_{b_1}} = \dfrac{0.377}{0.0566} = 6.66$

이 값이 2.776보다 크므로 $\beta_1 = 0$의 귀무가설을 기각하고, 곡물 수확량이 시비량에 의존한다고 결론이 내린다.

예제 9.10

〈표 9.7〉에는 여러 종류의 자동차들에 관한 사용 연수와 매매가격(단위 : 100$)이 나타나 있다.

표 9.7 **자동차의 사용 연수와 전매 가격**

	사용 연수	전매 가격 (단위 : 100$)			
	x	y	x^2	xy	y^2
	1	30	1	30	900
	1	32	1	32	1024
	2	25	4	50	625
	2	27	4	54	729
	2	26	4	52	676
	4	16	16	64	256
	4	18	16	72	324
	4	16	16	64	256
	4	20	16	80	400
	6	10	36	60	100
	6	8	36	48	64
	6	11	36	66	121
합 계	42	239	186	672	5475

(1) 산점도를 그려라.

(2) 사용 연수로 전매 가격을 회귀하라.

(3) 5년 후의 전매 가격을 추정하라.

(4) 분산 σ^2을 추정하라.

(5) s_{b_1}을 구하라.

(6) β_1의 95% 신뢰 구간을 추정하라.

(7) 연간 감가 상각률이 400달러인지를 가설 검정하여라.

풀이

(1) [그림 9.5]의 산점도에서 보는 바와 같이 선형성이 분명히 나타난다.

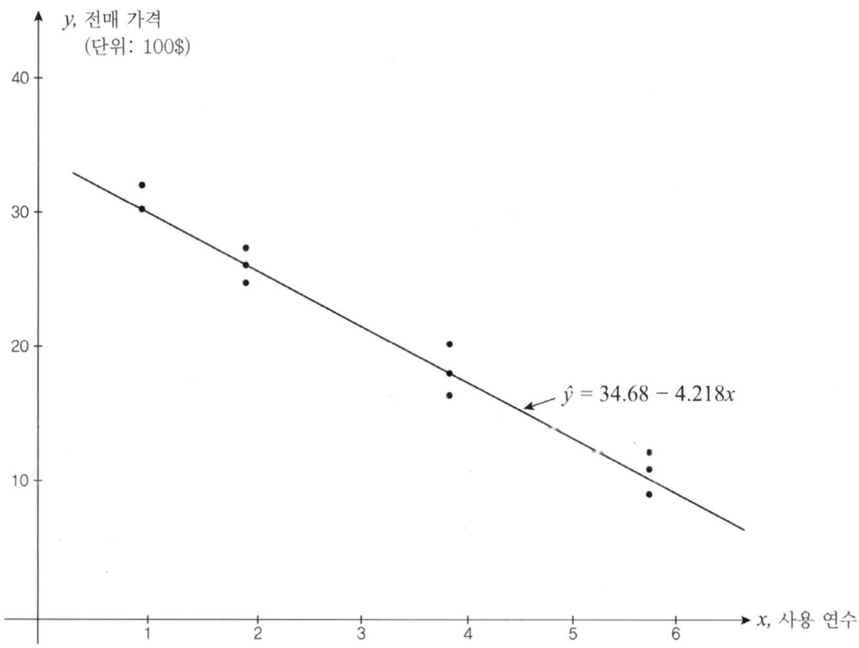

그림 9.5 사용 연수와 전매 가격의 산점도와 회귀선

(2) 〈표 9.7〉에 계산상 필요한 수치들이 주어져 있다.

즉, $n = 12,\ \sum_{i=1}^{n} x_i = 42,\ \sum_{i=1}^{n} y_i = 239,\ \sum_{i=1}^{n} x_i^2 = 186,\ \sum_{i=1}^{n} x_i y_i = 672,\ \sum_{i=1}^{n} y_i^2 = 5475$이므로,

$$b_1 = \frac{s_{xy}}{s_{xx}} = \frac{\sum x_i y_i - n\overline{x}\,\overline{y}}{\sum x_i^2 - n\overline{x}^2} = \frac{\sum x_i y_i - \frac{\sum x_i \sum y_i}{n}}{\sum x_i^2 - \frac{(\sum x_i)^2}{n}} = \frac{n\sum x_i y_i - \sum x_i \sum y_i}{n\sum x_i^2 - (\sum x_i)^2}$$

$$= \frac{(12)(672)-(42)(239)}{(12)(186)-(42)^2} = \frac{-1974}{468} = -4.218$$

그리고, $b_0 = \frac{239}{12} - (-4.218)\left(\frac{42}{12}\right) = 34.68$. 그러므로, 회귀선은 다음과 같다.

$\hat{y} = 34.68 - 4.218x$

또한, 연간 자동차의 감가상각 평균치는 421.8달러이다.

(3) 5년 후의 전매 가격 추정치는 $\hat{y} = 34.68 - (4.128)(5) = 13.59$

즉, 5년 후의 자동차 전매 가격은 1359달러이다.

(4) 따라서, 다음을 구해 보면

$$s_e^2 = \frac{1}{n-2}\left[\sum_{i=1}^{n} y_i^2 - b_0 \sum_{i=1}^{n} y_i - b_1 \sum_{i=1}^{n} x_i y_i\right]$$

$$= \frac{1}{12-2}[5,475 - (34.68)(239) - (-4.218)(672)] = 2.098, \quad s_e = 1.451$$

(5) $\sum_{i=1}^{n}(x_i - \overline{x})^2 = \sum_{i=1}^{n} x_i^2 - \frac{\left(\sum_{i=1}^{n} x_i\right)^2}{n} = 186 - \frac{(42)^2}{12} = 39$이고, $\overline{x} = \frac{42}{12} = 3.5$이므로,

$$s_{b_1}^2 = \frac{s_e^2}{\sum (x_i - \overline{x})^2} = \frac{2.098}{39} = 0.0538$$. 따라서, $s_{b_1} = 0.232$이다.

(6) 여기에서 몇 가지 가정을 할 필요가 있다. 사용 연수인 x가 주어지면, 전매가격은 정규분포를 한다고 가정한다. 또한, 전매 가격의 분포에서 분산의 x의 임의의 값에 대하여 동일하다고 가정한다.

$n = 12$이므로 t 분포는 자유도 10을 갖고 $t_{(n-2),\,\alpha/2} = t_{(10),\,0.025} = 2.228$이 된다.

$b_1 = -4.218$이고 $s_{b_1} = 0.232$이다. 따라서 β_1의 95% 신뢰 구간은

$-4.218 - (2.228)(0.232) < \beta_1 < -4.218 + (2.228)(0.232)$

$-4.735 < \beta_1 < -3.701$

(7) 연간 감각 상각이 400 달러라는 귀무가설을 검정하기로 한다. 바꾸어 말하면, 가설 $H_0 : \beta_1 = -4$를 검정하고자 한다. 대립가설을 $H_a : \beta_1 \neq -4$로 놓는다. $b_1 = -4.218$이고 $s_{b_1} = 0.232$이므로 검정통계량의 값은

$$\frac{b_1 - \beta_1}{s_{b_1}} = \frac{-4.218 - (-4)}{0.232} = -0.94$$

$t_{(10),0.025} = 2.228$이고, 검정 통계량의 수치가 -2.228과 2.228 사이에 놓이므로 귀무가설을 기각하지 않는다.

9.3.3 결정계수

회귀분석에서는 주어진 자료에 대한 회귀선의 설명력을 측정할 수가 있는데, 이와 같이 회귀선의 자료에 대한 설명력을 측정하는 통계량을 결정계수(coefficient of determinant)라고 하며, 이 통계량의 유도과정은 다음과 같이 설명할 수 있다.

[그림 9.6]에서 볼 수 있는 바와 같이 (x, y) 산점도의 각 점에서 y값 y_i와 y값의 평균 $\bar{y}$과의 편차 $y_i - \bar{y}$는 잔차에 의한 부분 $y_i - \hat{y}_i$과 회귀선에 의하여 설명되는 부분 $\hat{y}_i - \bar{y}$으로 나눌 수 있으며 모든 관찰값에 대하여 각각을 제곱하여 합한 결과는 다음과 같이 표현할 수 있다.

$$SSE = \sum_{i=1}^{n}(y_i - \hat{y}_i)^2 \ : \ \text{잔차제곱합}$$

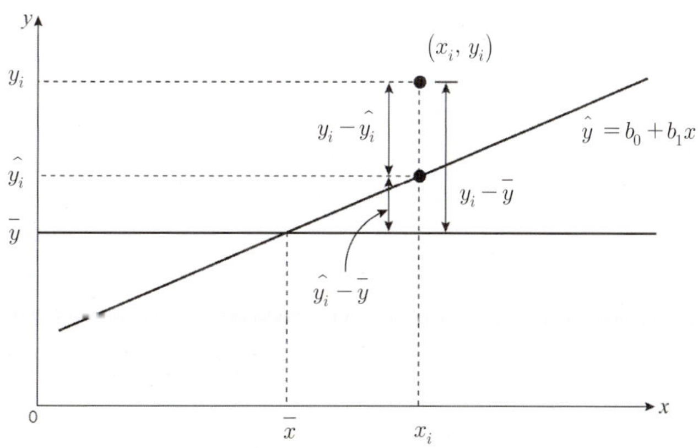

그림 9.6 편차 $y - \bar{y}$의 분할

$$SSR = \sum_{i=1}^{n}(\hat{y_i} - \bar{y})^2 \ : \text{회귀 제곱합}$$

$$SST = \sum_{i=1}^{n}(y_i - \bar{y})^2 \ : \text{총제곱합}$$

세 가지 제곱합 SST, SSE, SSR 의 정의에 의하여

$$SST = SSE + SSR$$

임을 이해할 수 있는데, 결정계수 r^2는

$$r^2 = \frac{SSR}{SST}$$

과 같이 정의한다.

결정계수 r^2는 총변동 SST 중에서 회귀선에 의하여 설명되는 변동 SSR의 비율을 측정하는 값이며 따라서 r^2은 $0 \le r^2 \le 1$ 사이의 값을 갖는다. 결정계수 r^2의 값이 1에 가깝다는 것은 관측값들이 회귀선에 가까이 있는 경우로 자료에 대한 회구선의 설명력이 크다는 것을 의미하고 r^2의 값이 0에 가깝다는 것은 관측값들이 회귀선에서 멀리 떨어져 있는 경우로 자료에 대한 회구선의 설명력이 약하다는 것을 의미한다.

결정계수를 r^2으로 표현하는 이유는 설명변수가 하나인 단순선형 회귀모형에서 결정계수 r^2의 값은 두 변수 x, y의 상관계수 r의 제곱과 같다.

예제 9.11

다음은 여섯 개의 세정제 제품의 광고비와 전체 판매량을 나타낸 것이다.

광고비	($ 1000)	(x):	2.3	5.7	4.8	7.3	5.9	6.2
전체 판매량	($ 1000)	(y):	77	105	96	118	102	95

만약 $5000이 광고비로 쓰였을 때, 전체 판매량은 얼마인지 예상해보고, 회귀선의 기울기를 구하여라. 만약 $5000이 광고비로 쓰였을 때는 얼마인가?

풀이

계산기를 사용하면, 구한 회귀직선은

$$\hat{y} = 98.833 + 7.293(x - 5.367) = 59.684 + 7.295x$$

x와 y를 더 알맞다고 불리는 변수로 대체하는 것도 도움이 된다.

예를 들어 다음과 같은 결과를 나타낸다.

판매량 = 59.684 + 7.295 광고비

회귀식은 만약 $5000이 광고비로 쓰인다면, 그 결과인 전체 판매량은 7.295(5) + 59.684 = 96.159 즉 96159$. 회귀식의 기울기는 모든 추가적으로 광고비에 사용한 $1000는 판매량에 $7295이 증가한다는 것을 알 수 있다.

예제 9.12

예제 9.11에서 결정계수 R^2값을 구하여라.

풀이

각 예측값을 구해보면

x	2.3	5.7	4.8	7.3	5.9	6.2
y	77	105	96	118	102	95
$\hat{y}$	76.5	101.3	94.7	112.9	102.7	104.9
$y - \hat{y}$	0.5	3.7	1.3	5.1	−0.7	−9.9

$\bar{y} = 98.83$이므로

$$SST = \sum(y_i - \bar{y})^2 = (77 - 98.83)^2 + (105 - 98.83)^2 + \cdots + (95 - 98.83)^2$$

$$= 914.833$$

$$SSR = \sum(\hat{y_i} - \bar{y})^2 = (76.46 - 98.83)^2 + (101.26 - 98.83)^2 + \cdots + (104.91 - 98.83)^2$$

$$= 774.432$$

따라서 결정계수는

$$R^2 = \frac{SSR}{SST} = .847$$

9.4 비선형 회귀모형

종종 두 변수들 사이의 관계를 설명하기 위해서는 직선이 가장 좋은 모델이 아닐 수도 있다. 이 문제의 명확한 표시는 산점도가 눈에 보이는 곡선을 가지고 있을 때이다. 오차들이 무작위의 분포가 아닌 명확한 모형을 가지고 있을 때이다. 이러한 경우, 하나 또는 두 개의 변수들을 변형시킨 후 선형의 관계를 확인함으로써 종종 선이 아닌 모델이 나타날 수 있다. 유용한 변형은 종종 새로운 변수들을 만드는 계산기의 log 또는 ln을 통해 나타난다.

예제 9.13

다음 년 수와 그에 해당하는 인구수를 보자

표 9.8 **년도별 인구수 자료**

년	x	1950	1960	1970	1980	1990
인구(단위 : 1000)	y:	50	67	91	122	165

산포도와 잔차플롯은 비선형관계가 더욱 강한 모형인지 확인하여라.

풀이

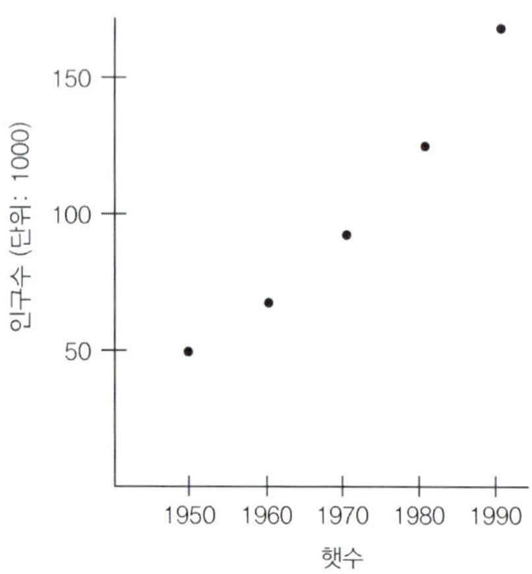

그림 9.7 산점도

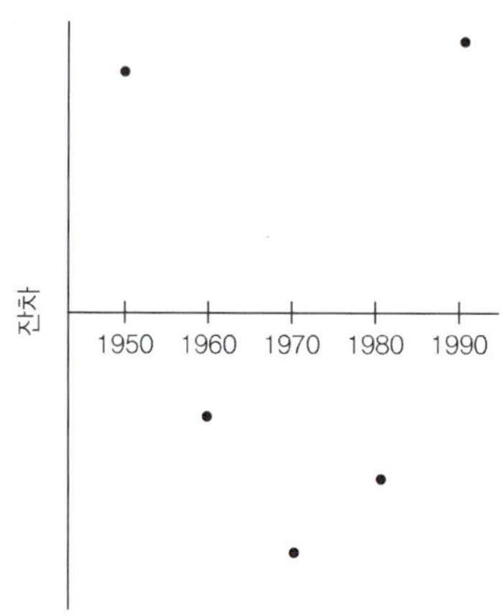

그림 9.8 잔차플롯

$\log y$를 새로운 변수라고 하면, 다음을 얻는다.

표 9.9 년도와 $\log$(인구)의 자료

x:	1950	1960	1970	1980	1990
$\log y$:	1.70	1.83	1.96	2.09	2.22

산포도와 잔차플롯은 이제 더 강한 선의 관계를 암시한다.

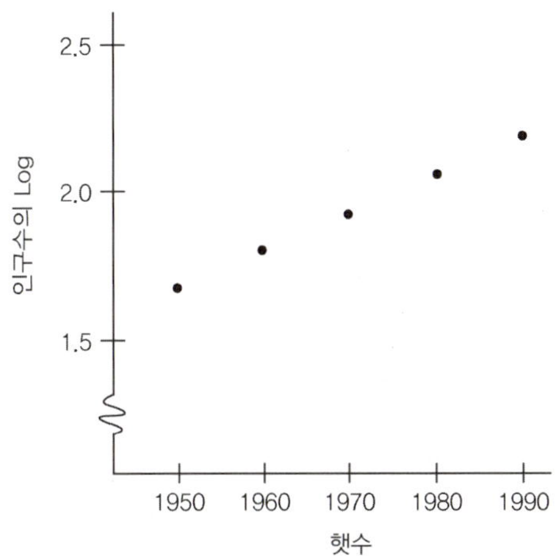

그림 9.9 산점도

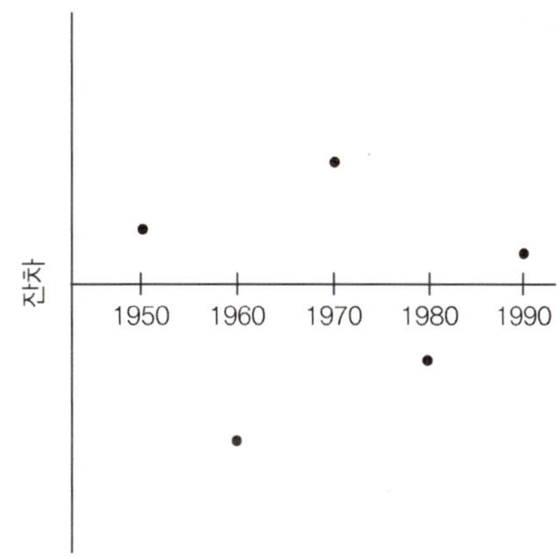

그림 9.10 잔차플롯

회귀선 분석은 $\log y = 0.013x - 23.60$를 나타낸다.

$\log (Pop) = -23.60 + 0.013(Year)$을 가진다.

예를 들어, 2000년도에 예상되는 인구수는

$\log(Pop) = 0.013(2000) - 23.60 = 2.34$일 것이고 $Pop = 10^{2.34} \approx 251$(천)

또는 224,000일 것이다. "1차" 방정식은 $\log y = 0.013x - 23.65$는

$y = 10^{0.013x - 23.60} = 10^{-23.60} \times (10^{0.013})^x = 2.512 \times 10^{-24} \times 1.0304^x$로 다시 표현될 수 있다.

많은 유용한 변형이 있다. 예를 들면,

x의 1차 함수를 $\log y$라 하면, $\log y = ax + b$ 지수로 다시 표현하면

$$y = 10^{ax+b}\text{또는 } b_1 = 10^b\text{일 때, } y = b_1 10^{ax}$$

$\log x$의 1차 함수를 $\log y$라 하면, $\log y = a\log x + b$, 제곱으로 다시 표현하면

$$y = 10^{a\log x + b} \text{ 또는 } b_1 = 10^b\text{일 때, } y = b_1 x^a$$

x의 1차 함수를 라 하면, 2차로 다시 표현하면

$$y = (ax+b)^2$$

x의 1차 함수를 $\frac{1}{y}$라 하면, $\frac{1}{y} = ax+b$, 역수로 다시 표현하면

$$y = \frac{1}{ax+b}$$

$\log x$의 1차 함수를 y라 하면, $y = a\log x + b$는 로그 함수이다.

예제 9.14 다음 자료에 가능한 모델은 무엇이 있는가?

표 9.10 x, y의 자료

x	1	2	3	4	5
y	20	60	120	190	280

풀이

x와 y에 맞는 선은 $r = 0.99$에 $\hat{y} = 65x - 61$을 나타낸다.
x와 $\log y$에 맞는 선은 $r = .98$에 $\log y = 0.279x + 1.139$을 나타낸다. 지수의 관계에서 결과가 나타난다.

$$\hat{y} = 10^{0.279x + 1.139} = 13.77(10^{0.279x}) = 13.77(1.901^x)$$

$\log x$와 $\log y$에 맞는 선은 $r = .99$에 $\log y = 1.639\log x + 1.295$를 나타낸다.
제곱 관계에서 결과가 나타난다.

$$\hat{y} = 10^{1.639\log x + 1.295} = 19.72(x^{1.639})$$

세 모델 모두 높은 상관관계를 나타내고 적합한 형태이다. 잔차플롯 검토를 통해 더 자세한 분석을 할 수 있다.

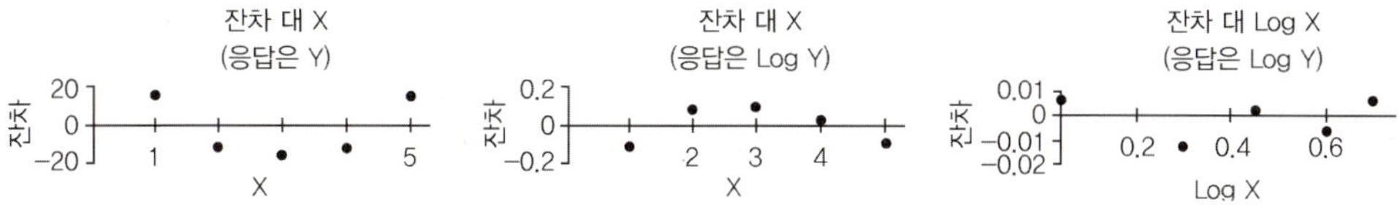

그림 9.11 잔차플롯

처음 두 잔차플롯은 명확한 곡선 패턴이 있다. 세 번째 잔차플롯은 더 무작위 패턴과 작은 오차를 나타낸다. 위의 세 모델 중, 제곱 모델인 $\hat{y} = 19.72(x^{1.639})$이 가장 좋게 나타낸다.

9.5 다중회귀모형

반응변수 $y_i(i=1,\cdots,n)$에 대해서 k개의 설명변수 $x_{1i},\ \cdots,x_{ki}$가 있다고 하자. 다중회귀의 모형식은 다음과 같다.

$$\text{다중회귀모형}:\ y_i=\beta_0+\beta_1x_{1i}+\cdots+\beta_kx_{ki}+\epsilon_i$$

여기서 오차항 ϵ_i는 평균이 0이고 분산이 σ^2인 정규분포를 따르며 서로 독립인 것을 가정한다. 모형에서는 각 설명변수들과 반응변수간의 선형관계를 가정하고 있다.

다중회귀모형은 다음과 같이 벡터 방정식으로 나타내면 편리하다.

$$y=X\beta+\epsilon$$

다만,

X는 i번째 행이 $(1,\ x_{1i},\ \cdots,\ x_{ki})$인 행렬
β는 $(\beta_0, \beta_1,\ \cdots, \beta_k)'$로 된 $(k+1)$열 벡터
ϵ은 $(\epsilon_1,\ \cdots, \epsilon_n)'$으로 된 n열 벡터
y는 $(y_1,\ \cdots, y_n)'$으로 된 n열 벡터

이와 같은 행렬을 사용하면 β의 최소제곱추정량 및 적합된 모형은 다음과 같다.

최소제곱추정량과 적합된 모형 : $\beta=(X'X)^{-1}X'y$ (X' : X의 전치행렬)

$$\hat{y}=X\hat{\beta}$$

이제 각각의 회귀계수 $\beta_j(j=1,...,k)$에 대해서 가설 $H_0:\beta_j=0$를 검정하는 방법을 알아보자. 이의 검정은 귀무가설 하에서 다음과 같은 검정통계량

$$t=\frac{b_j}{SE(b_j)}$$

이 자유도가 $n-k-1$인 $t-$분포를 따른다는 사실을 이용한다. 여기서 $SE(b_j)$는 b_j의 표준오차 추정치를 의미하는데, 구하는 식은 생략하겠다.

유의수준을 α라고 했을 때 귀무가설과 대립가설의 형태에 따른 기각역은 다음과 같이 정리된다. 여기서 $t_{\alpha,(n-k-1)}$은 자유도 $n-k-1$인 t-분포에서 상위 α의 확률을 주는 값을 의미한다.

① $H_0:\beta_j=0,\ H_a:\beta_j>0$ 일 때, $t>t_{\alpha,(n-k-1)}$이면 귀무가설 기각

② $H_0:\beta_j=0,\ H_a:\beta_j<0$ 일 때, $t<-t_{\alpha,(n-k-1)}$이면 귀무가설 기각

③ $H_0:\beta_j=0,\ H_a:\beta_j\neq 0$ 일 때, $|t|>t_{\alpha/2,(n-k-1)}$이면 귀무가설 기각

총 제곱합의 분해는 단순회귀의 경우와 같으며 다만 자유도만 변한다. 중회귀모형의 유의성을 검정하기 위하여는 가설

$$H_0:\beta_j=0,\ H_a:\beta_j\neq 0$$

을 검정하며, 이를 위한 분산분석표는 아래와 같다.

표 9.11 **분산분석표**

요인	제곱합	자유도	평균제곱	F값	$p-$값
회귀	SSR	k	MSR	f=MSR/MSE	$P(F\geq f)$
잔차	SSE	$n-k-1$	MSE		
합계	SST	$n-1$			

중회귀모형에서 결정계수는 단순회귀와 같이 정의된다. 즉, 결정계수는

$$R^2=\frac{SSR}{SST}$$

로 정의된다. 설명변수가 추가되면 R^2값은 언제나 증가한다. 그러나 때로는 추가된 설명변수가 유의성이 없거나 설명력이 미약한 경우가 있다. 이와 같은 경우에는 결정계수보다는 다음과 같이 정의된 수정결정계수(adjusted R^2)를 살펴보아야 한다.

$$\text{수정된 } R^2 = 1 - \frac{n-1}{n-k-1}\frac{SSE}{SST}$$

새로 추가되는 변수가 설명력이 없을 때는 이 수정결정계수의 값이 오히려 감소하기 때문에 새로운 설명변수의 추가 여부를 판단하는 데 도움이 된다.

예제 9.15

어떤 플라스틱 제품의 강도(kg/cm^2)가 그 제품을 생산하는 사출 과정중의 온도(℃)와 시간(sec)에 따라서 어떻게 변화하는가를 알아보기 위하여 실험을 한 결과 아래와 같은 자료를 얻는다. 사출온도와 사출시간을 각각 설명변수 x_1, x_2로 하고 강도를 반응변수 y로 하는 중선형 회귀모형을 적용할 때, 모회귀계수와 모회귀함수를 최소제곱법에 의하여 추정하여라.

표 9.12 중회귀자료

온도(x_1)	195	179	205	204	201	184	210	209
시간(x_2)	57	61	60	62	61	54	58	61
강도(y)	81.4	122.2	101.7	145.2	135.9	64.8	92.1	113.8

풀이

강도를 y, 온도를 x_1, 시간을 x_2로 놓고 SPSS를 이용하여 중회귀를 시행한 결과가 다음과 같은 결과를 얻었다. 출력결과와 모양은 일부 편집한 형태이다.

표 9.13 SPSS를 이용한 출력결과

모형 요약

모형	R	R 제곱	수정된 R 제곱	추정값의 표준오차
1	.942[a]	.888	.843	10.8734

a. 예측값: (상수), 시간, 온도

분산분석[b]

모형		제곱합	자유도	평균 제곱	F	유의확률
1	회귀 모형	4666.722	2	2333.361	19.736	.004[a]
	잔차	591.157	5	118.231		
	합계	5257.879	7			

a. 예측값: (상수), 시간, 온도

b. 종속변수: 강도

계수[a]

모형		비표준화 계수		표준화 계수	t	유의확률	B에 대한 95.0% 신뢰구간	
		B	표준오차	베타			하한값	상한값
1	(상수)	-428.885	98.987		-4.333	.007	-683.339	-174.431
	온도	-.234	.383	-.098	-.610	.569	-1.219	.751
	시간	9.829	1.623	.973	6.056	.002	5.657	14.002

a. 종속변수: 강도

출력 결과에 의하면 R^2=0.942(수정된 R^2=0.888)로서, 전체 변동의 88.8%를 회귀모형으로 설명하고 있음을 알 수 있다. 모형에 대한 분산분석의 결과 유의확률이 0.004로 매우 유의성이 있음을 나타낸다.

추정된 회귀직선은 다음과 같다.

$$\hat{y} = -428.885 - 0.234x_1 + 9.829x_2$$

회귀계수 x_1, x_2의 유의확률이 각각 0.569, 0.002로 x_1은 유의하지 않으며 x_2는 매우 유의하다.

연습문제

01 다음 표는 한 특정 차종의 자동차 8대에 대하여 년수로 나타낸 차량과 백불 단위로 나타낸 가격에 대한 자료를 다시 나타낸 것이다.

차량	8	3	6	9	2	5	6	3
가격	18	94	50	21	145	42	36	99

x = 차령(차의 나이), y = 차의 가격(단위 100＄)

(1) 차령과 가격의 관계를 양의관계로 예상하는가? 또는 음의 관계로 예상하는가? 설명하시오.

(2) 선형 상관계수를 계산하시오.

(3) 유의수준 2.5%에서 ρ가 음인지 아닌지 검정하시오.

02 다음 표는 통계학을 수강한 학생 7명의 중간고사 점수와 기말고사 점수를 나타낸 것이다.

중간고사 점수	79	95	81	66	87	94	59
기말고사 점수	85	97	78	76	94	84	67

x = 중간고사 점수, y = 기말고사 점수

(1) 중간고사와 기말고사 점수 간의 관계를 양의 관계로 예상하는가 아니면 음의관계로 예상하는가?

(2) 산점도를 그리시오. 산점도를 보고 이 두변수의 상관계수가 0, 1, -1에 가까운지 예상할 수 있는가?

(3) 상관계수를 구하시오. 상관계수 r의 값은 위 b_0와 b_1에서 예상하였던 것과 일치하는가?

(4) 유의수준 1%에서 선형 상관계수가 양인지 아닌지 검정하시오.

3 다음 표는 8명에 대하여 각각 그램 단위로 측정한 하루 동안의 평균적인 포화지방섭취량과 백밀리리터 당 밀리그램 단위로 측정한 콜레스테롤 수치를 기록한 것이다.

포화지방섭취량	55	68	50	34	43	58	77	36
콜레스테롤 수치	180	215	195	165	170	204	235	150

(1) 상관계수를 구하시오.

(2) 유의수준 1%에서 ρ가 0이 아니라고 할 수 있는지 검정하시오.

4 한 조사자는 25개 전자회사를 표본으로 취하여 2005년도에 한 회사가 광고비용으로 쓴 돈을 백만불 단위로 나타낸 금액 x와 2005년도에 이 회사의 총판매액을 백만불 단위로 나타낸 금액 y의 관계를 다음과 같이 구하였다.

$$\hat{y} = 3.6 + 11.75x$$

(1) 한 전자회사는 2005년에 광고비로 2백만 불을 썼다. 이 회사의 2005년도 총 판매액은 얼마일 것으로 기대되는가?

(2) 2005년도에 4개의 전자회사가 광고비로 각각 2백만 불씩 썼다고 가정하자 2005년도에 이 4개 회사들의 실제 총 판매액은 각각 같을 것으로 예상되는가? 설명하시오.

(3) x와 y의 관계는 확정적인가 불확정적인가?

5 한 자동차 제조회사는 그 회사의 한 차종에 대해 차령의 따라 가격이 얼마나 저하되는지 조사하려 한다. 이 회사의 조사부는 이 모형의 자동차 8대를 표본 추출하여 다음과 같이 해수로 나타낸 차량과 백만 불 단위로 나타낸 가격에 대한 정보를 수집하였다.

차량	8	3	6	9	2	5	6	3
가격	18	94	50	21	145	42	36	99

x = 차의 나이(차령), y = 차의 가격

(1) 이 자료에 대한 산점도를 그리시오. 이 산점도에서 자동차의 차령과 가격 사이에 선형관계가 나타나는가?

(2) 차령을 독립변수로 하고 가격을 종속변수로 하여 회귀직선을 구하시오.

(3) 위 x에서 계산된 b_0와 b_1의 값을 간략하게 설명하시오.

(4) 위 산점도에 회귀직선을 나타내고 산포된 점들과 회귀직선 사이에 수직선을 그려 잔차를 나타내시오.

(5) 이 모형의 7년된 차의 가격을 예측하시오.

6 한 보험회사는 개인의 소득과 생명보험금액의 관계가 어떠한지 알기를 원한다. 이 회사의 조사부에서 6명에 대한 정보를 수집하였다. 다음 표는 이 6명에 대한 천불 단위로 나타낸 연간소득과 생명보험금액을 나타낸 것이다.

연간소득	62	78	41	53	85	34
생명보험금	250	300	100	150	500	75

x = 연간소득(천달러), y = 생명보험금(천달러)

(1) 이 자료의 산점도를 그리시오. 이 산점도에서 연간소득과 생명보험금액사이에 선형관계가 나타나는가?

(2) 연간소득을 독립변수로 하고 생명보험금액을 종속변수로 하여 회귀직선 $\hat{y} = b_0 + b_1 x$을 구하시오.

(3) 위에서 계산된 b_0와 b_1의 값을 간략하게 설명하시오.

(4) 위의 산점도에 회귀직선을 나타내고 산포된 점들과 회귀직선 사이에 수직선을 그려 잔차를 나타내시오.

(5) 연간소득이 \$55000인 사람의 생명보험금액을 추정하면 얼마인가?

(6) 이 표본 중의 한 사람은 연간소득이 \$78,000이고, 생명보험금액이 \$300,000이다. 이 사람의 생명보험금액의 예측값은 얼마인가? 이 경우 오차를 구하시오.

7 다음은 8명에 대하여 각각 그램 단위로 측정한 하루 동안의 평균적인 포화지방섭취량과 백밀리리터 당 밀리그램 단위로 측정한 콜레스테롤 수치를 기록한 것이다.

포화지방섭취량	55	68	50	34	43	58	77	36
콜레스테롤수치	180	215	195	165	170	204	235	150

x = 포화지방섭취량, y = 콜레스테롤 수치

(1) S_{xx}, S_{yy}, S_{xy}

(2) 오차항의 표준편차

(3) SST, SSE, SSR

(4) 결정계수

8 다음 표는 한 특정 모형의 자동차 8대에 대하여 해수로 나타낸 차령과 백불 단위로 나타낸 가격에 대한 것이다.

차 령	8	3	6	9	2	5	6	3
가 격	18	94	50	21	145	42	36	99

x = 차령, y = 가격

(1) 오차항의 표준편차를 계산하시오.

(2) 결정계수를 계산하고 그것을 간단히 설명하시오.

09 다음은 모집단으로부터 추출한 100개의 관측값에 대한 자료이다.

$$s_{xx} = 524.884,\ \ s_e = 1.464,\ \ y = 5.48 + 2.50x$$

(1) β_1에 대한 98% 신뢰구간을 구하시오.

(2) β_1가 양수인지 아닌지 유의수준 2.5%에서 검정하시오.

(3) β_1가 0이 아니라고 결론내릴 수 있는가? 유의수준 $\alpha = 0.01$을 사용하시오.

(4) 유의수준 0.01을 사용하여 β_1가 1.75보다 더 큰지 아닌지 검정하시오.

10 다음 표는 앞에 나왔던 한 특정 차종의 자동차 8대에 대하여 해수로 나타낸 차령과 백불 단위로 나타낸 가격에 대한 자료를 다시 나타낸 것이다.

차령	8	3	6	9	2	5	6	3
가격	18	94	50	21	145	42	36	99

$x =$가격, $y =$가격

(1) β_1에 대한 95% 신뢰구간을 구하시오.

(2) β_1가 음수인지 아닌지 유의수준 5%에서 검정하시오.

11 다음은 미국의 연도별 인구수(millions)이다.

1900	76.1	1950	151.9
1905	83.8	1955	165.1
1910	92.4	1960	180.0
1915	100.5	1965	193.5
1920	106.5	1970	204.0
1925	115.8	1975	215.5
1930	123.1	1980	227.2
1935	127.3	1985	237.9
1940	132.5	1990	249.4
1945	133.4		

1) 회귀직선식과 상관계수를 구하여라.

2) 비선형 모델을 찾기 위해 log(인구수) 대 년도(1900년부터)를 그려라. 회귀직선과 상관계수를 구하여라.

3) 각각의 모델을 이용해 2100년의 인구수를 예측하고, 인구수가 300(millions)에 이르는 시기를 예측하라.

4) 3)에서 너의 답에 대한 정확성을 논평하라.

12 다음은 태양으로부터의 평균거리와 공전의 시간이다.

행성	평균거리(million mile)	공전시간(일)
수성	36	88
금성	67	275
지구	93	365
화성	141	687
목성	484	4332
토성	888	10826
천왕성	1764	30676
해왕성	2790	59911
명왕성	3654	90824

1) x를 평균거리, y를 공전시간으로 놓고 $\log x$ 대 $\log y$의 회귀직선과 상관계수를 구하여라.

2) 평균거리가 5000(millions miles)인 새로운 행성이 발견됐다고 가정하자. 회귀직선을 이용해 공전시간을 추정하라.

3) 공전시간이 45,000일 새로운 행성이 발견됐다고 가정하자. 회귀직선을 이용해 평균거리를 예측하라.

13 이 자료는 암모니아를 산화하여 질산을 만드는 화학공정에서 세 설명변수의 값과 대응되는 손실분량을 21일간 측정한 자료이다. 자료에서 변수들의 내용은 다음과 같다.

x_1 : 작업속도

x_2 : 냉각수 온도

y : 암모니아의 손실분량(%)

번 호	x_1	x_2	y
1	80	27	42
2	80	27	37
3	75	25	37
4	62	24	28
5	62	22	18
6	62	23	18
7	62	24	19
8	62	24	20
9	58	23	15
10	58	18	14
11	58	18	14
12	58	17	13
13	58	18	11
14	58	19	12
15	50	18	8
16	50	18	7
17	50	19	8
18	50	19	8
19	50	20	9
20	56	20	15
21	70	20	15

(1) 선형회귀식을 추정하여라.

(2) 결정계수는 얼마인가?

(3) 각각 회귀계수의 신뢰구간과 의미를 설명하여라.

14 어느 도시에서는 개인주택의 겨울 난방비를 예측하려고 한다. 난방비에 영향을 줄 것으로 예상되는 세 가지 변수를 다음과 같이 선정하였다.

x_1 : 1월 평균온도(℃)

x_2 : 단열재의 두께(cm)

x_3 : 주택의 나이(년)

난방비(y)를 세 변수의 선형모형으로 적합 시키기 위해 20가구를 랜덤하게 선택하여 조사한 결과 아래 자료를 얻었다. SPSS를 이용하여 다음 물음에 답하여라.

(1) 선형회귀식을 추정하여라.

(2) (1)에서 추정된 회귀식에서 회귀계수의 의미를 설명하여라.

(3) 1월 평균 기온이 $-1.1^\circ C$, 단열재의 두께가 5cm, 10년된 주택일 때 난방비를 예측하여라.

y	x_1	x_2	x_3
250	1.67	3	6
360	−1.67	4	10
165	2.22	7	3
43	15.56	6	9
92	18.33	5	6
200	−1.11	5	5
355	−12.22	6	7
290	−13.89	10	10
230	−6.11	9	11
120	12.78	2	5
73	12.22	12	4
205	8.89	5	1
400	−6.67	5	15
320	3.89	4	7
72	15.56	8	6
272	−6.67	5	8
94	14.44	7	3
190	4.44	8	11
235	−2.78	9	8
139	−1.11	7	5

15 노동조합에서는 매년 연봉협상을 하기 위해 연봉을 합리적으로 예측하려고 한다. 조합에서는 20명의 조합원을 랜덤하게 뽑아 연봉(y)에 영향을 미칠 것으로 예상하는 경력(x_1), 실적(x_2) 변수에 대해서 조사한 결과 아래의 자료를 얻었다. SPSS를 이용하여 다음에 답하여라.

(1) 선형회귀식을 추정하여라.

(2) 회귀계수 각각에 대해 유의수준 5%에서 유의성을 검정하여라.

(3) 5년 경력에 실적이 60이고 대학을 졸업한 조합원의 예상 연봉은 얼마인가?

y	x_1	x_2
21.1	8	35
23.6	5	43
19.3	2	51
33.0	15	60
28.6	11	73
35.0	14	80
32.0	9	76
26.8	7	54
38.6	22	55
21.7	3	90
15.7	1	30
20.6	5	44
41.8	23	84
36.7	17	76
28.4	12	68
23.6	14	25
31.8	8	90
20.7	4	62
22.8	2	00
32.8	8	72

CHAPTER 10

분산분석

제 7장에서는 두 개의 독립표본에 의한 두 집단의 모평균의 동질성에 대한 검정방법에 대하여 설명하였는데, 많은 경우에 있어서 두 개 이상의 집단의 모 평균에 대한 동질성 검정을 할 필요가 있다. 예를 들면 우리나라에 대한 수학교육(미적분학)에 있어서 3가지 교육방법(강의식, 토론식, 시청각기자재 이용)의 효과를 비교하기 위하여 한 대학교 1학년 9개 학과를 임의로 선발하여 3개의 학급씩 3집단으로 나눈 후에 처음 3개의 학급은 강의식 교육, 다음 3개의 학급은 토론식 교육 나머지 3개의 학급은 시청각기자재 이용교육을 각각 한 학기 동안 실시한 후에 동일한 학기말 시험을 실시하여 각 수학교육방법에 있어서 학생들의 평균성적이 동일한가를 비교 분석할 수 있다. 이와 같이 실험대상자들에게 서로 다른 처리(3가지 교육방법)를 가한 후에 그 결과를 관측하여 서로 다른 처리들 사이의 반응에 차이가 있는가를 분석하는 통계적 분석방법을 분산분석(analysis of variance ; ANOVA)이다.

10.1 일원분류 분산분석

요인이 하나인 실험에 대한 분산분석법을 일원분류 분산분석(one way ANOVA)이라고 한다. 일원분류 분산분석은 실험단위들이 처리의 각 수준에 랜덤하게 배정되는 임의의 실험으로 한다.

10.1.1 모형

실험에서 비교하자고 하는 k개 $(k \geq 2)$의 처리집단이 있을 때 각 처리집단의 반응은 모평균과 모분산이 각각 $\mu_i, \sigma_i^2, i = 1, 2, \cdots, k$로 표현할 수 있는데 이를 그림으로 표현하면 [그림 10.1]과 같다.

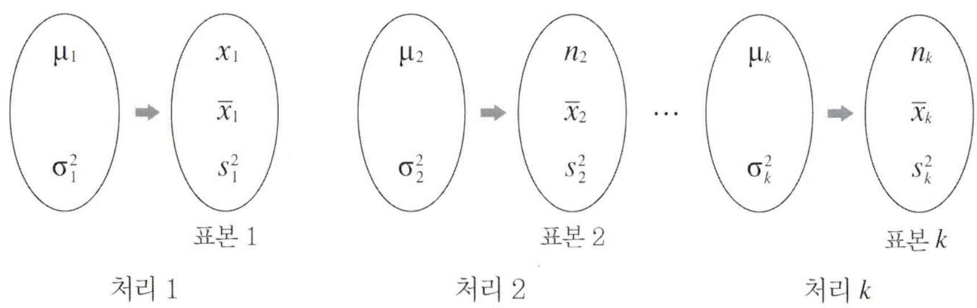

그림 10.1 모집단 모수와 표본통계량

이 경우 분석의 전제조건은 각 처리집단의 모분산은 동일하며 $(\sigma_1{}^2 = \sigma_2{}^2 = \cdots = \sigma_k{}^2 = \sigma^2)$ 각 처리집단의 관찰값은 모두 정규분포 $N(\mu_i, \sigma^2)$, $i = 1, 2, \cdots, k$를 따른다는 것이다. 이와 같은 전제조건하에서 검정하고자 하는 가설은 다음과 같이 설정할 수 있다.

$$H_0 : \mu_1 = \mu_2 = \cdots = \mu_k$$

$H_a : H_0$가 사실이 아니다.

즉, 귀무가설 H_0은 모든 처리집단의 모평균이 동일하다는 것을 의미하며 대립가설 H_a은 모평균 모두가 동일하지는 않다는 것, 즉 최소한 하나의 다른 값과 다르다는 것을 의미한다.

10.1.2 검정과정

k개의 처리집단에서 관측된 반응을 확률변수 X를 이용하여

$$x_{ij},\ i = 1, 2, \cdots, k,\ j = 1, 2, \cdots, n_{n_i}$$

로 표현할 수 있는데, 첫 번째 첨자 i는 i번째 처리집단을 의미하고 두 번째 첨자 j는 i번째 처리수준에서의 j번째 관측값을 나타내는 것으로 모든 관측값을 표로 나타내면 〈표10.1〉과 같다.

표 10.1 **일원배치법의 자료구조(반복수가 다른 경우)**

	표본1	표본2	$\cdots$	표본k	
	x_{11}	x_{21}	$\cdots$	x_{k1}	
	x_{12}	x_{22}	$\cdots$	x_{k2}	
	$\vdots$	$\vdots$	$\vdots$	$\vdots$	
	x_{1n_1}	x_{2n_2}	$\cdots$	x_{kn_k}	
표본평균	$\overline{x_1}$	$\overline{x_2}$	$\cdots$	$\overline{x_k}$	총평균 $\overline{x}..$
표본의 크기	n_1	n_2		n_k	
표본 총계	$x_{1.}$	$x_{2.}$		$x_{k.}$	

i번째 처리의 평균과 전체관측값의 평균을 각각

$$\overline{x_{i.}} = \frac{1}{n_i}\sum_{j=1}^{n_i} x_{ij}$$

$$\overline{x}.. = \frac{1}{n}\sum_{i=1}^{k}\sum_{j=1}^{n_i} x_{ij},\ \ n(\text{전체관측값의 수}) = n_1 + n_2 + \cdots + n_k$$

와 같이 표현할 때 각 관측값 x_{ij}와 전체평균 $\overline{x}..$와의 편차 $\overline{x}_{ij} - \overline{x}..$는 다음과 같이 두 부분으로 나눌 수 있다.

$$x_{ij} - \overline{x}.. = (x_{ij} - x_{i.} + x_{i.} - \overline{x}..)$$

여기에서 $x_{ij} - \overline{x}_{i.}$는 각 관측값과 그 관측값이 속한 처리집단의 평균과의 차이로 반응에 대한 오차효과를 측정하는 값이라고 할 수 있고, $\overline{x}_{i.} - \overline{x}..$는 각 처리의 평균과 전체평균과의 차이로 반응에 대한 처리효과를 측정하는 값이라고 할 수 있다.

위의 편차의 모든 관측값에 대한 제곱합은

$$\underbrace{\sum_{i=1}^{k}\sum_{j=1}^{n_i}(x_{ij} - \overline{x}..)^2}_{\text{총 제곱합}(SST)} = \underbrace{\sum_{i=1}^{k} n_i(\overline{x}_{i.} - \overline{x}..)^2}_{\text{처리제곱합}(SSB)} + \underbrace{\sum_{i=1}^{k}\sum_{j=1}^{n_i}(x_{ij} - \overline{x}_{i.})^2}_{\text{오차제곱합}(SSE)}$$

와 같이 표현할 수 있다. 즉

$$SST = SSB + SSE$$

이며, SST는 k개의 집단의 평균과 전체평균과의 편차의 제곱합이므로 자로유도 $(d.f.)$가 $k-1$이고, SSE는 서로 독립인 k개의 처리집단에서 각 관측값과 처리집단평균과의 편차의 제곱합으로 각 처리집단내의 자유도가 각각 $n_1 - 1,\ n_2 - 1,\ \cdots,\ n_k - 1$이 되어 SSE의 자유도는

$$(n_1-1)+(n_2-1)+\cdots+(n_k-1)$$
$$=\sum_{i=1}^{k}(n_i-1)=\sum_{i=1}^{k}n_i-k=n-k$$

이다. 각각의 제곱합을 자유도로 나눈값을

$$MST=SST/(k-1)$$
$$MSE=SSE/(n-k)$$

라고 할 때 다음과 같은 표를 만들 수 있으며, 이 표를 **분산분석표(ANOVA표)**라고 부른다.

표 10.2 일원배치법의 분산분석표(반복수가 다른 경우)

요인	제곱합	자유도	평균제곱	F값	유의확률
처리	$SSB=\sum_{i=1}^{k}n_i(\bar{x}_{i.}-\bar{x}_{..})^2$	$k-1$	$MSB=\frac{SSB}{(k-1)}$	$f=\frac{MSB}{MSE}$	$P(F\geq f)$
잔차	$SSE=\sum_{i=1}^{k}\sum_{j=1}^{n_i}(x_{ij}-\bar{x}_{i.})^2$	$n-k$	$MSE=\frac{SSE}{(N-k)}$		
계	$SST=\sum_{i=1}^{k}\sum_{j=1}^{n_i}(x_{ij}-\bar{x}_{..})^2$	$n-1$		(단, $n=\sum_{i=1}^{k}n_i$)	

검정하려는 것은 다음과 같다.

$$H_0:\mu_1=\mu_2=\cdots=\mu_k$$
$$H_a: H_0\text{이 사실이 아니다.}$$

이며, 귀무가설에서의 검정통계량의 값은

$$F=\frac{MSB}{MSE}$$

이고, 검정통계량 F는 자유도가 $(k-1,n-k)$인 $F-$분포를 따른다. 따라서 유의수준 α하에서의 검정은 위와 같이 구한 F값이 $F_{(k-1,n-k)}$분포에서 $f_{\alpha,(k-1,n-k)}$보다 크면 귀무가설을 기각하게 된다.

10.1.3 분산분석표의 작성

〈표 10.2〉와 같은 분산분석표를 구하기 위해서는 SST, SSB, SSE와 같은 세 가지 제곱합을 계산하여야 하는데, 이는 다음과 같은 과정을 이용하여 보다 쉽게 계산할 수 있다.

$$x_{i.} = \sum_{j=1}^{n_i} x_{ij} \text{ 즉 } i\text{번째 처리집단의 총합, } i = 1,\ 2,\ \cdots,\ k$$

$CM = \dfrac{1}{n}\left(\sum_{i=1}^{k}\sum_{j=1}^{n_i} x_{ij}\right)^2$ 전체관측치의 합을 제곱한 후에 전체관측치의 수로 나눈 값이라고 할 때,

$$SST = \sum_{i=1}^{k}\sum_{j=1}^{n_i} {x_{ij}}^2 - CM$$

$$SSB = \sum_{i=1}^{k}\frac{x_{i.}^2}{n_i} - CM$$

$$SSE = SST - SSB$$

와 같이 구할 수 있다.

예제 10.1

어느 한 직공의 생산성이 일주일(5일) 동안에 한결같은지를 검정하려고 그 직공에게는 알리지 않고, 고용주가 〈표 10.3〉에서 보는 바와 같이 18일을 무작위로 취하여 기록하였다.(생산성은 직공이 생산한 품목의 경상 시장 가격으로 측정하였다.) $\alpha = 0.05$에서 검정을 하라.

풀이

일당 직공의 생산성은 동일한 분산을 갖는 정규 분포를 하고, 그의 매일 매일의 생산성은 다음 날의 생산성에 영향을 미치지 않는다고 가정한다. 검정 절차는 다음과 같다.

표 10.3 **요일별 18일간의 생산성**

	월	화	수	목	금
	143 128 110	162 136 144 158	160 132 180 160 138	138 168 120	110 130 135
표본 크기	3	4	5	3	3
표본 합계	381	600	770	426	375
표본 평균	127	150	154	142	125

1. $H_0 : \mu_1 = \mu_2 = \mu_3 = \mu_4 = \mu_5$
2. H_a : 적어도 두 개의 평균은 같지 않다. 즉, 적어도 두 요일 간의 평균 생산성은 서로 다르다.
3. 계산 과정

$$CM = \frac{(2552)^2}{18} = 361,817$$

$$SST = 143^2 + 128^2 + \cdots + 130^2 + 135^2 - 361,817$$
$$= 368,334 - 361,817 = 6,517$$

$$SSB = \frac{381^2}{3} + \frac{600^2}{4} + \frac{770^2}{5} + \frac{426^2}{3} + \frac{375^2}{3} - 361,817$$
$$= 364,334 - 361,817 = 2517$$

$$SSE = 6,517 - 2,517 = 4,000$$

〈표 10.4〉에 ANOVA표가 제시되어 있다.

표 10.4 **분산분석표**

변 인	SS	DF	MS	F
처 리	2517	4	629.3	2.05
오 차	4000	13	307.7	
전 체	6517	17		

4. 자유도가 (4, 13)이므로, $f_{(4,\ 13),\ 0.05} = 3.18$이다. 따라서, 분산비 값이 3.18보다 크면 H_0를 기각한다.
5. 분산 분석표에서 계산된 값이 2.05이므로 H_0를 기각하지 않는다. 직공의 평균 생산성이 5일 동안에 서로 다름을 입증할 수 없다.

예제 10.2

〈표 10.5〉은 확률추출된 직업별 직공들의 시간당 임금이 나타나있다. 1%의 유의수준에서 직업별로 평균 임금이 서로 다른가?

풀이

각 직업별 시간당 임금은 동일한 분산을 갖는 정규 분포를 하며, 한 직업의 시간당 임금이 다른 직업의 임금에 영향을 미치지 않는다고 가정한다.

표 10.5 직업별 직공들의 시간당 임금

	연관공	전기 기술자	페인트공	목 수
	7.6	8.5	6.8	7.4
	8.7	8.7	6.7	6.5
	7.6	7.7	6.6	6.8
		8.3	6.4	
		7.8		
표본 크기	3	5	4	3
표본 합계	23.5	41.0	26.5	20.47
표본 평균	7.83	8.20	6.63	6.90

1. $H_0 : \mu_1 = \mu_2 = \mu_3 = \mu_4$
2. H_a : 적어도 두 개의 모평균은 서로 다르다.
3. 계산 절차 ; 총계 = 23.5 + 41.0 + 26.5 + 20.7 = 111.7

$$CM = \frac{(111.7)^2}{15} = 831.793$$

$$SST = 7.6^2 + 8.3^2 + \cdots + 6.5^2 + 6.8^2 - 831.793$$
$$= 840.675 - 831.793 = 8.477$$

$$SSB = \frac{(23.5)^2}{3} + \frac{(41.0)^2}{5} + \frac{(26.5)^2}{4} + \frac{(20.7)^2}{3} - 831.793$$

$$= 6.882$$

$$SSE = 8.477 - 6.882 = 1.595$$

이러한 결과가 〈표 10.6〉에 요약되어 있다.

표 10.6 **예제의 분산분석표**

변 인	SS	DF	MS	F
처 리	6.882	3	2.294	15.82
오 차	1.595	11	0.145	
전 체	8.477	14		

4. 자유도는 (3, 11)이며, $f_{(3,\ 11),\ 0.01} = 6.22$이므로 분산비 값이 6.22보다 크면 H_0를 기각한다.
5. 계산된 값이 15.82 이므로 1%의 유의수준에서 H_0를 기각한다. 직업별 평균 임금 수준이 유의적으로 다름을 강력히 시사해준다.

예제 10.3

토양의 박테리아 분량을 측정하기 위하여 대상 지역을 4개 구로 나누고, 각 지역에서 15개소의 토양을 채취하여 수분을 가하여 묽게한 다음 용기에 이식하고 균의 군집을 세어 본 결과 아래 표를 얻었다. 각 지역에 있어서 균(박테리아)의 군집수에는 유의적인 차이가 있는가?

표 10.7 **지역별 균의 군집수분류표**

지 역 별	I	II	III	IV	
균 의 군 집 수	72	47	56	69	
	69	52	58	67	
	63	45	56	62	
	53	30			
	51				합 계
소 계	308	174	170	198	850
자 료 수	5	4	3	3	15
평 균	308/5	174/4	170/3	198/3	850/15

풀이

전변동 SST를 구하면

$$SST = 72^2 + 69^2 + 63^2 + 53^2 + 51^2 + 47^2 + 52^2 + 45^2 + 30^2 + 56^2 + 58^2 + 56^2 + 69^2 + 67^2 + 62^2 - \frac{850^2}{15}$$
$$= 49,892 - 48,166.6 \fallingdotseq 1,725$$

처리제곱합 SSB를 구하면

$$SSB = \frac{308^2}{5} + \frac{174^2}{4} + \frac{170^2}{3} + \frac{198^2}{3} - \frac{850^2}{15} \fallingdotseq 49,243 - 48,167 = 1,076$$

따라서 급내 변동 SSE는 $SSE = 1,725 - 1,076 = 649$
분산 분석표는 다음과 같다.

표 10.8 분산분석표

요 인	평방합	자유도	평균 제곱	분산비	5% 또는 1% 점
처 리	1,076.467	3	358.83	6.073	$f_{(3,11),0.05} = 3.59$
잔 차	649.867	11	58.988		$f_{(3,11),0.01} = 6.22$
전 체	1,725.333	14			

6.073 〉 $F_{(3,11),(0.05)} = 3.59$이므로 각 지역에 있어서의 균의 군집수가 동일하다는 가설 $H_0 : \mu_1 = \mu_2 = \mu_3 = \mu_4$는 유의적이 아니다(유의수준 5%).

10.2 이원분류 분산분석

이원분류분산분석이란 실험단위들이 동질적인 것끼리 블록화되어 있으며 각 블록내에서 실험단위들은 각각의 처리에 랜덤하게 배치되는 실험을 말한다. 이와 같은 이원분류분석에서는 실험에 의한 각 개체의 반응은 블록효과(block effect)와 처리효과(treament effect) 등 2가지 효과에 의하여 설명되어지며 위의 두 효과에 의하여 설명되어지지 않는 부분을 오차효과(error effect)라고 정의한다. 그러므로 분산분석표의 작성에서 각 실험단위의 반응, 즉 관찰값 x_{ij}와 전체평균 $\overline{x}..$와의 편차의 제곱합(SST)은 블록제곱합(SSB), 처리제곱합(SS_T),

그리고 오차제곱합(SSE)으로 분할된다.

10.2.1 분산분석표의 작성

블록의 수가 k이고 처리의 수가 l이며 각 블록과 처리의 조합에는 모두 하나의 관찰값이 배치되어 있다고 할 때, 전체관측값의 수는 $k \cdot l$개이며, 이와 같은 자료는 〈표 10.9〉과 같이 표현될 수 있다.

표 10.9 **이원 배치법의 자료구조**

블럭 \ 처리	1	2	…	j	…	l	계	평균
1	x_{11}	x_{12}	…	x_{1j}	…	x_{1l}	$T_{1.}$	$\overline{x}_{1.}$
2	x_{12}	x_{22}	…	x_{2j}	…	x_{2l}	$T_{2.}$	$\overline{x}_{2.}$
⋮	…	…	…	…	…	…	…	…
i	x_{i1}	x_{i2}	…	x_{ij}	…	x_{il}	$T_{i.}$	$\overline{x}_{i.}$
⋮	…	…	…	…	…	…	…	…
k	x_{k1}	x_{k2}	…	x_{kj}	…	x_{kl}	$T_{k.}$	$\overline{x}_{k.}$
계	$T_{.1}$	$T_{.2}$	…	$T_{.j}$	…	$T_{.l}$	$T_{..} = \sum T_{i.} = \sum T_{.j}$	
평균	$\overline{x}_{.1}$	$\overline{x}_{.2}$	…	$\overline{x}_{.j}$	…	$\overline{x}_{.l}$	$\overline{x}_{..} = \dfrac{T_{..}}{kl}$	

위 가설을 검정하기 위하여 변동(제곱합)들 사이의 관계를 알아야 한다. 이원배치표에서 다음 몇 가지 변동(제곱합)을 정의한다.

- 총변동(총 제곱합) : $SST = \sum_{i=1}^{k}\sum_{j=1}^{l}(x_{ij} - \overline{x}_{..})^2$
- 자유도 : $\nu_T = n - 1 = kl - 1$
- 블럭간 변동(행처리 제곱합) : $SSB = l\sum_{i}^{k}(\overline{x}_{i.} - \overline{x}_{..})^2$
- 자유도 : $\nu_A = k - 1$
- 처리간 변동(열처리 제곱합) : $SS_T = k\sum_{j}^{l}(\overline{x}_{.j} - \overline{x}_{..})^2$
- 자유도 : $\nu_B = l - 1$

- 오차변동(오차 제곱합) : $SSE=\sum_{i}^{k}\sum_{j}^{l}(x_{ij}-\overline{x}_{i.}-\overline{x}_{.j}+\overline{x}_{..})^2$
- 자유도 : $\nu_E=\nu_T-\nu_A-\nu_B=(k-1)(l-1)$

위 네 가지 변동사이의 관계식이 다음과 같다.

전변동은 다음과 같이 분해할 수 있다.

$$SST=\sum_{i=1}^{k}\sum_{j=1}^{l}(x_{ij}-\overline{x}_{..})^2=k\sum_{j=1}^{l}(\overline{x}_{.j}-\overline{x}_{..})^2+l\sum_{i=1}^{k}(\overline{x}_{i.}-\overline{x}_{..})^2$$
$$+\sum_{j=1}^{l}\sum_{i=1}^{k}(x_{ij}-\overline{x}_{i.}-\overline{x}_{.j}+\overline{x}_{..})^2$$

$$SST=\sum_{i=1}^{k}\sum_{j=1}^{l}(x_{ij}-\overline{x}_{..})^2=\sum_{i,j}x_{ij}^2-\frac{T^2_{..}}{n}$$

$$SS_T=k\sum_{j=1}^{l}(\overline{x}_{.j}-\overline{x}_{..})^2=\frac{1}{k}\sum_{j=1}^{l}T_{.j}^2-\frac{T^2_{..}}{n}$$

$$SSB=l\sum_{i=1}^{k}(\overline{x}_{i.}-\overline{x}_{..})^2=\frac{1}{l}\sum_{i=1}^{k}T_{i.}^2-\frac{T^2_{..}}{n}$$

$$SSE=SST-SSB-SS_T=\Sigma\Sigma(x_{ij}-\overline{x}_{i.}-\overline{x}_{.y}+\overline{x}_{..})^2$$

표 10.10 이원배치법의 분산분석표

요인	평 방 합	자유도	평균 제곱	F통계량
블럭	$SSB=\frac{1}{l}\sum_{i=1}^{k}T_{i.}^2-\frac{T^2_{..}}{n}$	$k-1$	$MSB=\frac{SSB}{(k-1)}$	$F_A=\frac{MSB}{MSE}$
처리	$SS_T=\frac{1}{k}\sum_{j=1}^{l}T_{.j}^2-\frac{T^2_{..}}{n}$	$l-1$	$MST=\frac{SS_T}{(l-1)}$	$F_B=\frac{MST}{MSE}$
잔차 (오차)	$SSE=SST-SSB-SS_T$	$(k-1)\cdot$ $(l-1)$	$MSE=\frac{SSE}{(k-1)(l-1)}$	
전체	$SST=\sum_{i,j}x_{ij}^2-\frac{T^2_{..}}{n}$	$n-1$		

10.2.2 가설검정과정

이원분산분석에서 각 개체의 반응은 블록효과와 처리효과에 의하여 설명되어지므로 이 두 가지 효과에 대한 검정을 실시할 수 있는데, 두 검정의 검정통계량에 대한 정보는 〈표 10.8〉의 분산분석표에 주어져 있다.

블록효과에 대한 검정

반응이 블록에 따라 차이가 있는지를 검정하고자 할 때 i번째 블록의 효과의 모평균을 β_i, $i = 1, 2, \cdots, k$라고 하면 "모든 블록의 효과가 동일하다"는 검정에 대한 가설은 다음과 같이 설정할 수 있다.

$$H_0 : \beta_1 = \beta_2 = \cdots = \beta_k$$
$$H_a : H_0\text{이 사실이 아니다.}$$

귀무가설하에서의 검정통계량은 〈표 10.8〉에서

$$F_B = \frac{MSB}{MSE}$$

이며, F는 자유도가 $\{k-1, (k-1)(l-1)\}$인 $F-$분포를 따른다. 유의수준 α를 이용할 때 $F > f_{(\alpha\,:\,k-1,\,(k-1)(l-1))}$이면 귀무가설을 기각한다.

처리효과에 대한 검정

j번째 처리집단의 모평균을 $\alpha_j, j = 1, 2, \cdots, k$ 라고 할 때 처리집단의 모평균간에 차이가 있는가에 대한 검정, 즉 "처리집단의 평균은 모두 동일하다"의 검정에 대한 가설은 다음과 같이 설정할 수 있다.

$$H_0 : \alpha_1 = \alpha_2 = \cdots = \alpha_k$$
$$H_a : H_0\text{이 사실이 아니다.}$$

귀무가설하에서의 검정통계량의 값은 〈표 10.8〉에서

$$F_T = \frac{MST}{MSE}$$

이며, F는 자유도가 $\{l-1, (k-1)(l-1)\}$인 $F-$분포를 따른다. 따라서 유의수준 α를 이용할 때 $F > f_{(\alpha\,:\,l-1,\ (k-1)(l-1))}$이면 귀무가설을 기각한다.

예제 10.4

A, B, C 3인의 공원이 Ⅰ, Ⅱ, Ⅲ, Ⅳ 인 4대의 공작기계에 의하여 하루에 제작한 부품의 수는 다음과 같았다.(각 제품개수에서 35개를 뺐다.) 기계의 차에 의한 영향을 배제하고 개인차를 검정하여라. 또 개인차를 배제한 기계에 의한 제품수의 평균차(기계의 우열)를 검정하여라.

표 10.11 **제품수의 이원분류표**

	A	B	C	$T_i.$
Ⅰ	1	0	−1	0
Ⅱ	3	2	1	6
Ⅲ	2	3	0	5
Ⅳ	0	−2	−3	−5
$T_i.$	6	3	−3	$T.. = 6$

풀이

$$SST = (1^2+3^2+2^2)+\{2^2+3^2+(-2)^2\}+\{(-1)^2+1^2+(-3)^2\}-\frac{6^2}{12}=39$$

$$SS_T = \frac{6^2}{4}+\frac{3^2}{4}+\frac{(-3)^2}{4}-\frac{6^2}{12}=10.5$$

$$SSB = \frac{0^2}{3}+\frac{6^2}{3}+\frac{5^2}{3}+\frac{(-5)^2}{3}-\frac{6^2}{12}=25.67$$

$$SSE = SST - SSB - SS_T = 39-10.5-25.67 = 2.83$$

이것으로부터 다음 분산 분석표를 얻는다.

표 10.12 **제품수의 분산분석**

요 인	평방합	자유도	평균 제곱	분산비	5% 점
처 리	10.5	3−1=2	5.25	11.2	5.14
블 럭	25.67	4−1=3	8.55	18.2	4.76
잔 차	2.83	2×3=6	0.47		
전 체	369	11			

따라서 기계에 의한 차(18.2〉4.76), 개인에 의한 차(11.2〉5.14) 유의함을 알 수 있다.

예제 10.5

다음 자료는 4명의 사람에게 각각 3가지의 서로 다른 자극(A, B, C)을 랜덤하게 순서를 정하여 준 후에 반응하는 데까지 걸린 시간(단위 : 초)을 측정한 값이다. 3가지 자극에 있어서의 평균반응시간에 차이가 있는가와 각 사람에 따라서 평균반응시간에 차이가 있는가를 검정하여라.

사람1	사람2	사람3	사람4
A 1.7	C 2.1	A 0.1	B 2.2
C 2.3	A 1.5	B 2.3	A 0.6
B 3.4	B 2.6	C 0.8	C 1.6

그림 10.2 자극실험

풀이

이 실험의 기본목적은 3가지 자극(A, B, C)에 대한 반응시간이 같은가에 대한 검정인데 실험대상에 따라서 본질적을호 반응시간에 차이가 있을 수 있고 또 각 개인에 따라서는 자극이 주어지는 순서에 따라서도 반응에 걸리는 시간에 달라질 수 있다는 사실을 고려하여 각 사람별로 랜덤하게 순서를 정하여 3가지 자극을 준 후에 반응시간을 관측하였다. 따라서 이 실험에서는 각 사람이 블록이 되며, 각 블록내에서는 처리가 랜덤하게 부과되었다고 볼 수 있다. 분석을 하기 위하여 주어진 표를 처리(자극)과 블록(사람)에 대한 이원분류표를 만들면 다음과 같다.

표 10.13 **자극실험의 이원분류표**

블럭 \ 처리	A	B	C	합	평균
1	1.7	3.4	2.3	7.4	2.467
2	1.5	2.6	2.1	6.2	2.067
3	0.1	2.3	0.8	3.2	1.067
4	0.6	2.2	1.6	4.4	1.467
합	3.9	10.5	6.8	21.2	
평균	0.975	2.625	1.7		1.767

위의 자료와 10.2.1절에 주어진 공식을 이용하여 각각의 제곱합을 구하면 다음과 같다.

$$CM = \frac{(\text{총합})^2}{k \bullet l} = \frac{(21.2)^2}{12} = 37.453$$

$$SST = \sum_{i=1}^{4} \sum_{j=1}^{3} x_{ij}^{\ 2} - CM$$
$$= (1.7)^2 + (2.3)^2 + \cdots + (1.6)^2 - CM$$
$$= 9.4067$$

$$SS_T = \frac{1}{3} \sum_{j=1}^{3} x_{\cdot j}^{\ 2} = CM$$
$$= \frac{1}{3}\{(3.9)^2 + (10.5)^2 + (6.8)^2\} - CM$$
$$= 5.4717$$

$$SSB = \frac{1}{4} \sum_{i=1}^{4} x_{i \cdot}^{\ 2} - CM$$
$$= \frac{1}{4}\{(7.4)^2 + (6.2)^2 + (3.2)^2 + (4.4)^2\} - CM$$
$$= 3.4767$$

$$SSE = TSS - SSB - SS_T$$
$$= 9.4069 - 3.48 - 54717$$
$$= 0.4550$$

그리고 SST, SS_T, SSB, SSE의 자유도는 각각 11, 2, 3, 6 이므로 분산분석표(ANOVA)는 다음과 같다.

표 10.14 **자극실험의 분산분석표**

변 인	SS	$d.f.$	MS	F	
블 럭	3.4767	3	1.16	15.26	
처 리	5.4767	2	2.74	36.05	
오 차	0.4533	6	0.076		
전 체	9.4067	11			

각각의 처리집단에 있어서 반응시간의 기댓값이 동일한가에 대한 검정은 각 처리집단의 반응시간의 모평균을 α_1, α_2, α_3라고 할 때,

$H_0 : \alpha_1 = \alpha_2 = \alpha_3$

$H_a : H_0$이 사실이 아니다.

에 대한 검정이며 귀무가설하에서 검정통계량의 값은 〈표 10.14〉에서

$$F = \frac{MST}{MSE} = \frac{2.74}{0.076} = 36.05$$

이다. 이 검정통계량 F는 자유도가 (2, 6)인 $F-$분포를 따르며 유의수준을 5%로 할 때 부록에 의하여 $f_{0.05,\,(2,\,6)} = 5.14$이다. 따라서 $F = 36.05 > f_{0.05,\,(2,\,6)}$이므로 귀무가설은 기각된다. 즉 위의 자료에 의할 때 각 자극에 대한 평균반응시간이 모두 같다고 주장할 수 없다.

각각의 사람에 따른 반응시간의 기댓값이 동일한가에 대한 검정은 각 사람에 대한 반응시간의 모평균을 $\beta_1, \beta_2, \beta_3, \beta_4$라고 할 때

$H_0 : \beta_1 = \beta_2 = \beta_3 = \beta_4$

$H_a : H_0$이 사실이 아니다.

에 대한 검정이며 귀무가설하에서 검정통계량의 값은 〈표 10.10〉에서

$$F = \frac{MSB}{MSE} = \frac{1.16}{0.076} = 15.26$$

이다. 이 검정통계량 F는 자유도가 (3, 6)인 $F-$분포를 따르며 유의수준을 5%로 할 때 부록에 의하여 $f_{0.05,\,(3,\,6)} = 4.76$ 이다. 따라서 $F = 15.26 > f_{0.05,\,(3,\,6)}$이므로 귀무가설은 기각된다. 즉 위의 자료에 근거할 때 각 사람에 따라서 나타나는 반응의 평균시간이 모두 같다고 볼 수 없다.

예제 10.6

무연탄에서 코크스(cokes)를 제조하는데 10% 첨가하는 역청탄 (A)을 5종류 $(A_1, A_2, A_3, A_4, A_5)$ 선택하고, 타르피치(tar pitch)의 첨가량 (B)을 4수준 $(B_1 : 4\%, B_2 : 6\%, B_3 : 8\%, B_4 : 10\%)$ 택하여 첨가한 후에 이것을 가열 성형하고, 코크스의 내압강도(kg/com^2)를 측정한 결과 다음과 같이 얻었다. 이 자료에 대하여 이원배치법의 모형을 적용할 때, 역청탄의 종류와 타르피치의 첨가량이 코크스의 내압강도에 유의한 영향을 미치는가의 여부를 알아보기 위해 유의수준 5%로 검정하여라.

표 10.15 역청탄과 첨가량의 이원분류표

	A_1	A_2	A_3	A_4	A_5	평 균
B_1	79	72	51	58	68	65.6
B_2	75	66	48	56	65	62
B_3	69	64	44	51	61	57.8
B_4	65	62	41	45	58	54.2
평 균	72	66	46	52.5	63	총평균 59.9

풀이

인자 A(역청탄의 종류)와 인자 B(타르피치의 첨가량)의 유의성을 판단하기 위한 가설

$H_0 : \alpha_1 = \cdots = \alpha_5 = 0,$ $\quad H_a$: 적어도 한 α_i는 0이 아니다.

$H_0 : \beta_1 = \cdots = \beta_4 = 0,$ $\quad H_a$: 적어도 한 β_j는 0이 아니다.

을 검정하기 위한 제곱합을 계산하면

$$SS_T = 5\{(72-59.9)^2 + \cdots + (63-59.9)^2\} = 1764.8$$

$$SSB = 4\{(65.6-59.9)^2 + \cdots + (54.2-59.9)^2\} = 369$$

$$SST = (79-59.9)^2 + \cdots + (58-59.9)^2 = 2153.8$$

$$SSE = SST - SS_T - SSB = 20$$

이고, 각각의 자유도는 5−1=4. 4−1=3, 5×4−1=19, (5−1)(4−1)=12이다. 따라서, 이로부터 평균제곱과 F 검정통계량의 관측값들을 구해보면

$$MST = SS_T/4 = 441.2$$

$$MSB = SSB/3 = 123$$

$$MSE = SSE/12 = 1.67$$

$$F_A = MS_T/MSE = 264.19$$

$$F_B = MSB/MSE = 73.65$$

이며, 부록의 F 분포표에서 $F \sim F_{(4.12)}$와 $F \sim F_{(3.12)}$일 때

$P(F \geqq 264.19) < 0.001$ 과 $P(F \geqq 73.65) < 0.001$

임을 알 수 있으며, 실제로 SPSS를 이용하면 유의확률은

$P = P(F \geqq 264.19) = 0.0001$ 과 $P = P(F \geqq 73.65) = 0.0001$

이다. 이로부터 역청탄의 종류에 따라서 코크스의 인장강도에 유의한 차이가 있다는 결론을 유의수준 5%에서 내릴 수 있으며, 타르피치의 첨가량에 따라서도 코크스의 인장강도가 유일하게 다름을 알 수 있다. 이러한 검정과정을 분산분석표로 나타내면 다음과 같다.

표 10.16 **분산분석표**

요인	제곱합	자유도	평균제곱	F값	유의확률
인자 A	1764.8	4	441.2	264.19	0.0001
인자 B	369	3	123	73.65	0.0001
잔차	20	12	1.67		
계	2153.8	19			

연습문제

1 두 가지 약물(A, B)의 효과를 비교하기 위하여 생쥐실험을 하고자 한다. 실험을 생쥐 20마리가 있다고 할 때,

1) 약물 A, B에 배분하는 방법을 설명하여라.
2) 실험단위(experimental unit)는 무엇인가?
3) 처리(treatment)는 무엇인가?
4) 실험계획 방법은 무엇인가?

2 암 환자를 치료하는 두 가지 서로 다른 치료방법(A, B)를 비교하고자 한다. 암에 대한 치료효과는 환자의 상태(암이 심하게 퍼진 경우/암의 초기단계)에 따라 다르다고 하며, 한병원에는 암의 상태가 심한 환자 20명과 암의 초기단계인 환자 40명이 있다고 할 때,

1) 이러한 경우에 적절한 실험계획법은 무엇인가?
2) 실험단위(experimental unit)는 무엇인가?
3) 처리(treatment)는 무엇인가?
4) 블록(block)은 무엇인가?

03 완전확률화계획법의 실험에 의하여 구한 분산분석표(ANOVA)의 일부가 다음과 같이 주어져 있다.

변 인	SS	$d.f.$	MS	F
처 리	24.7	4		
오 차				
전 체	62.4	34		

1) 위의 분산분석표를 완성하여라.
2) 위의 실험에서 처리의 수는 몇 개인가?
3) 위의 자료에 의할 때 처리집단의 모집단들이 모두 같다는 가설을 받아들 일 수 있는가에 대하여 유의수준 5%하에서 검정을 실하여라.

04 토양의 박테리아 분량을 측정하기 위하여 대상 지역을 4개 구로 나누고, 각 지역에서 15개 소의 토양을 채취하여 수분을 가하여 묽게 한 다음 용기에 이식하고 균의 군집을 세어본 결과 아래 표를 얻었다. 각 지역에 있어서 균(박테리아)의 군집수에는 유의적인 차이가 있는가?

박테리아 군집수

지 역 별	I	II	III	IV	합 계
균의 군집수	72	47	56	69	
	69	52	58	67	
	63	45	56	62	
	53	30			
	51				
소 계	308	174	170	198	850
자 료 수	5	4	3	3	15
평 균	308/5	174/4	170/3	198/3	850/15

5 3종류의 온도계(A_1, A_2, A_3)로 어느 날의 온도를 4회 측정한 결과 오른쪽 표와 같았다. 각 온도계에 의한 온도에 차이가 있는가를 검정하여라. 단, 표의 수치는 각 측정값에서 67.0을 뺀 것이다.

회 \ 수준	A_1	A_2	A_3
1	18	24	5
2	−18	20	−24
3	−4	1	−8
4	8	10	−17
계	4	55	−44

6 두 가지 서로 다른 생산공정에 의하여 생산된 플라스틱의 탄력도를 조사한 결과가 다음 표와 같다.

공정 A	6.1	7.1	7.8	6.9	7.6	8.2
공정 B	9.1	8.2	8.6	6.9	7.5	7.9

1) 두 공정에 의한 플라스틱의 평균 탄력도가 동일한가에 대하여 $t-$검정을 실시하여라.
2) 위의 자료에 대한 ANOVA표를 작성하고 두 공정에 의한 플라스틱의 평균탄력도의 동일성에 대한 $F-$검정을 실시하여라.
3) 위의 (1)에서 구한 $t-$값과 (2)에서 구한 $F-$값의 관계를 설명하여라.

07 A, B, C 3인의 공원이 매일 같은 시간 씩 일을 하여 1주간에 만들어낸 부품수는 오른쪽 표와 같았다. 이 3인의 제품수의 평균 사이에는 유의차가 있다고 생각되느냐?

수준	A	B	C
월	28	27	24
화	30	29	25
수	30	30	28
목	29	27	24
금	30	26	24
토	27		

08 확률화 블록계획법의 실험에 의하여 구한 분산분석표(ANOVA)의 일부가 다음과 같이 주어져 있다.

변 인	SS	$d.f.$	MS
처 리	27.1	3	
블 럭		5	14.9
오 차	33.4		
전 체			

1) 분산분석표를 완성하여라.

2) 각 처리집단의 평균들이 동일한가($H_0 : \mu_1 = \mu_2 = \mu_3 = \mu_4$)에 대하여 유의수준 5% 하에서 검정을 실시하여라.

3) 각 블록의 효과가 동일하다고 볼 수 있는가를 설명하여라.

9 섬유에 대하여 방수처리를 하는 네 가지 화약약품 A, B, C, D의 효과를 비교하기 위하여 세 가지 서로 다른 섬유로부터 각각 크기가 동일한 네 개의 조각을 짤라서 각 조각에 네 화학약품의 처리를 랜덤한 순서로 가한 후에 물을 붓고 5분 후에 측정한 습도가 다음과 같이 조사되었다.

섬유 종류

1	2	3
C 9.9	D 13.4	B 12.7
A 10.1	B 12.9	D 12.9
B 11.4 D 12.1	A 12.2 C 12.3	C 11.4 A 11.9

1) 분산분석표를 작성하여라.

2) 각 화학약품의 효과가 동일한가에 대하여 유의수준 5%하에서 검정을 실시하여라.

3) 섬유의 종류에 따라 방수효과가 다르다고 할 수 있는가에 대하여 검정을 실시하여라.

10 다음의 자료는 컴퓨터활용, 교양영어, 미적분학, 확률과 통계에서 5명의 학생이 얻은 최종 성적을 나타낸 것이다.

학생 \ 과목	컴퓨터활용	교양영어	미적분학	확률과 통계
1	68	57	73	61
2	83	94	91	86
3	72	81	63	59
4	55	73	77	66
5	92	68	75	87

유의수준 0.05를 사용하여 다음의 가설을 검정하여라.

1) 강좌들은 같은 난이도를 가지고 있다.

2) 학생들은 같은 능력을 가지고 있다.

11 아래의 자료는 어느 생산 공장에서 5명의 기능공 $(A_1, A_2, A_3, A_4, A_5)$이 4대의 기계 $(B_1, B_2 B_3, B_4)$를 하루씩 사용하여 생산한 제품의 양을 조사한 결과이다. 제품을 생산하는데 기능공 사이에 효과가 다른지 기계들의 효과가 다른지를 분석하라.

	A_1	A_2	A_3	A_4	A_5
B_1	90	98	99	100	96
B_2	92	92	93	94	98
B_3	95	93	91	96	90
B_4	98	96	97	93	99

PART 2

SPSS 통계자료분석

CHAPTER 1

간단한 SPSS의 사용법

유틸리티(U) : 파일이나 변수의 정보를 표시

창(W) : Window 창 메뉴를 표시

도움말(H) : SPSS에 관한 도움말

④ 도구상자(toolbar)는 많이 사용되는 파일열기, 저장하기, 인쇄하기 등의 명령어를 그림 도구로 표시한다.

⑤ 행 및 변수표시기는 현재 활성화된 셀의 행번호와 변수명이 표시되는 곳이다.

⑥ 현재 시트의 이름을 나타낸다. [그림 1.2]에서 데이터 보기가 활성화된 것은 지금 사용하는 시트가 데이터 시트임을 나타낸다.

⑦ 변수보기 탭을 클릭하면 데이터 시트에 나타난 변수의 이름과 특성을 볼 수 있다.

⑧ 상태표시줄은 화면의 가장 아래에 위치하는 긴 상자로, 현재 SPSS 창의 상태를 표시한다.

1.2 자료의 입력

SPSS에서 자료를 입력하는 방법으로는 외부의 파일을 불러오는 방법과 SPSS에서 직접 데이터를 입력하는 방법이 있다.

만약 이미 형성된 자료 파일이나 SPSS 파일(확장자가 .sav)이 있으면 [그림 1.3]과 같은 초기화면에서 기타 파일 아래에 파일의 이름들이 나열되어 있을 것이며 그 중 하나를 선택한 후 〈확인〉을 클릭하여 불러온다. 또는 [그림 1.3]에서처럼 메뉴에서 파일(F) → 열기(O) → 데이터(A)를 선택해서 [그림 1.4]를 얻으면 읽어 들이고자 하는 자료를 포함하는 파일이름을 지정해서 읽어 들일 수 있다. 읽어 들일 수 있는 외부 파일의 형태는 확장자가 .sav인 SPSS 전용 파일, 확장자가 .txt나 .dat와 같은 일반적인 텍스트 파일, 확장자가 .xls인 Excel 파일, 그리고 SAS 파일 등이다.

만약 이미 형성된 자료가 외부에 없다면 [그림 1.2]의 초기화면에서 〈취소〉를 선택한 후 직접 자료를 입력하려면 데이터 편집기를 이용하여 자료를 입력한다. 자료 입력의 예를 들기 위해서 다음의 자료를 사용하자.

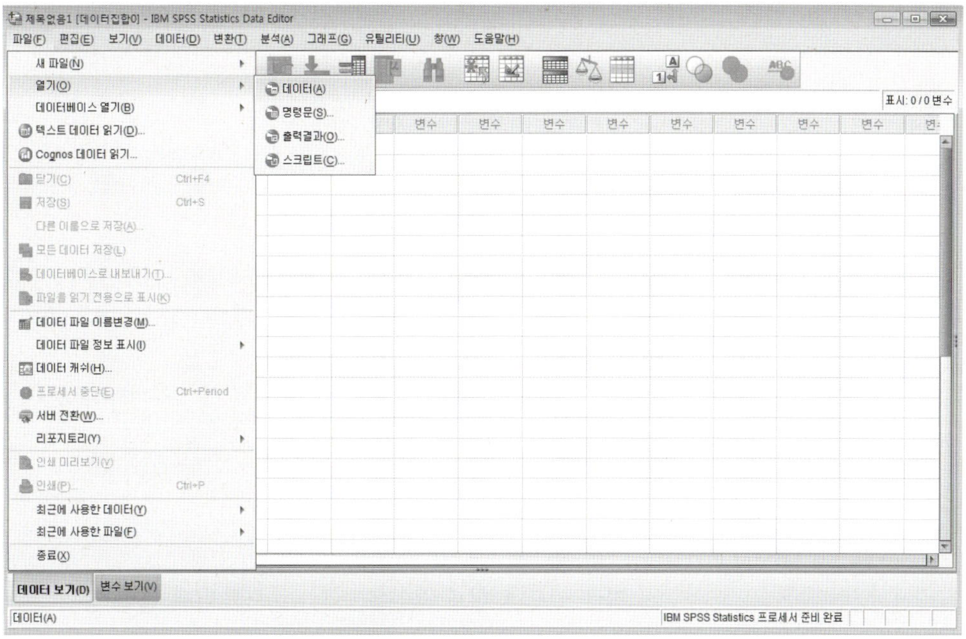

그림 1.3 외부 파일 열기 명령어

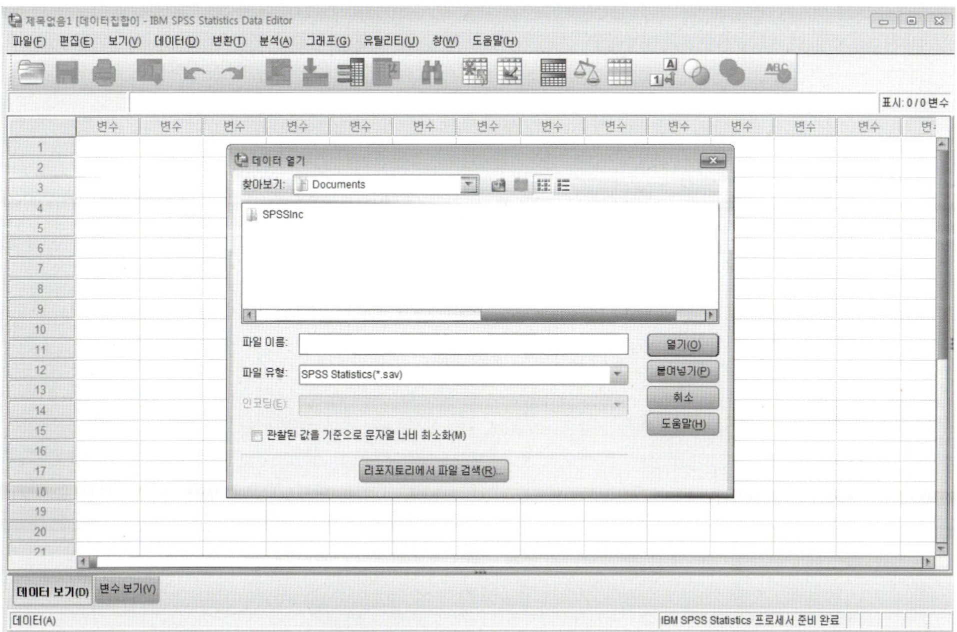

그림 1.4 외부 파일 불러들이기

어느 대도시와 지방도시에서 남녀 25명을 뽑아서 다음의 설문조사를 하였다.

1. 성별 : ① 남자　　② 여자

2. 연령 : 만(　)세

3. 쇼핑할 때 주로 어디를 이용하십니까?
   ① 백화점　② 할인점　③ 재래시장　④ 동네 주변　⑤ 기타

4. 문화생활에 대한 만족도는 어느 정도입니까?
   ① 매우 불만족　② 불만족　③ 보통　④ 만족　⑤ 매우만족

5. 귀하는 흡연하고 계십니까?
   ① 경력없음　② 경력 있으나 현재 끊었음　③ 현재 흡연 중임

6. 귀하의 한 달 평균 월 지출액은 얼마입니까? (　)만원

7. 귀하는 자신의 수입이 어느 정도라고 생각하십니까? (　)만원

그 결과 〈표 1.1〉 자료를 얻었다.

표 1.1 대도시설문조사 결과(test1.sav)

ID	성별	연령	쇼핑장소	문화생활	흡연	지출액	수입
101	1	35	1	5	1	150	250
102	1	48	2	3	2	180	300
103	2	52	1	4	1	160	350
104	2	24	3	4	1	60	150
105	1	27	2	2	1	100	180
106	1	52	4	1	2	85	200
107	2	37	5	2	2	95	250
108	2	42	3	3	3	120	200
109	1	38	2	2	3	180	250
110	2	32	1	2	3	97	200
111	1	25	1	3	1	85	150
112	2	41	4	4	2	190	250
113	2	26	3	5	3	100	250

114	1	50	5	2	3	200	300
115	1	30	3	3	1	180	250
116	2	40	1	4	3	230	350
117	2	39	2	4	3	130	250
118	1	32	2	3	1	110	200
119	2	31	3	4	2	140	250
120	2	47	4	5	1	90	200
121	1	57	3	1	1	260	400
122	2	58	2	2	2	170	350
123	2	42	1	3	1	132	300
124	2	53	5	4	1	90	200
125	2	29	4	4	1	70	150

표 1.2 **지방도시 설문조사 결과(test2. sav)**

ID	성별	연령	쇼핑장소	문화생활	흡연	지출액	수입
201	1	27	1	3	3	85	200
202	1	51	2	4	3	100	180
203	2	41	1	5	3	110	210
204	2	57	3	4	1	90	230
205	1	56	2	4	2	85	150
206	2	45	4	2	2	90	150
207	1	30	5	1	1	120	200
208	2	32	3	2	1	100	200
209	2	38	2	3	1	120	220
210	2	38	1	2	1	110	230
211	1	37	1	1	3	140	240
212	1	49	4	3	3	100	190
213	1	25	3	3	3	80	180
214	2	27	5	4	1	70	170
215	2	30	3	5	2	85	200
216	2	27	1	2	2	65	150
217	1	38	2	4	3	120	250
218	1	42	2	4	3	150	270
219	1	53	3	3	3	140	240
220	2	27	4	5	1	90	180
221	1	28	3	5	3	120	250
222	2	34	2	2	1	180	350
223	1	35	1	1	2	170	370
224	2	52	5	4	3	100	270
225	1	47	4	3	3	98	100

대도시에서 남녀 25명을 뽑아서 추가 설문조사를 하였다.

1. 귀하의 경제사정은?
   ① 상류 ② 중류 ③ 하류

2. 귀하는 현재 자신의 행복도는 10점 만점에 몇 점이라 생각합니까? ( )점

표 1.3 **대도시 설문 추가 조사 결과(test3.sav)**

ID	경제사정	행복도
101	1	9
102	2	7
103	1	8
104	3	7
105	2	8
106	3	9
107	2	8
108	2	7
109	1	9
110	2	7
111	2	8
112	2	7
113	2	7
114	1	9
115	2	8
116	1	8
117	2	8
118	2	8
119	2	7
120	3	6
121	1	9
122	2	8
123	2	7
124	3	6
125	3	6

〈표 1.1〉의 자료를 SPSS에서 직접 입력하기 위해서는 데이터 편집기 창에서 입력하고자 하는 셀을 마우스로 클릭하면 [그림 1.5]에서처럼 그 셀이 활성화되어 굵은 선이 나타난다.

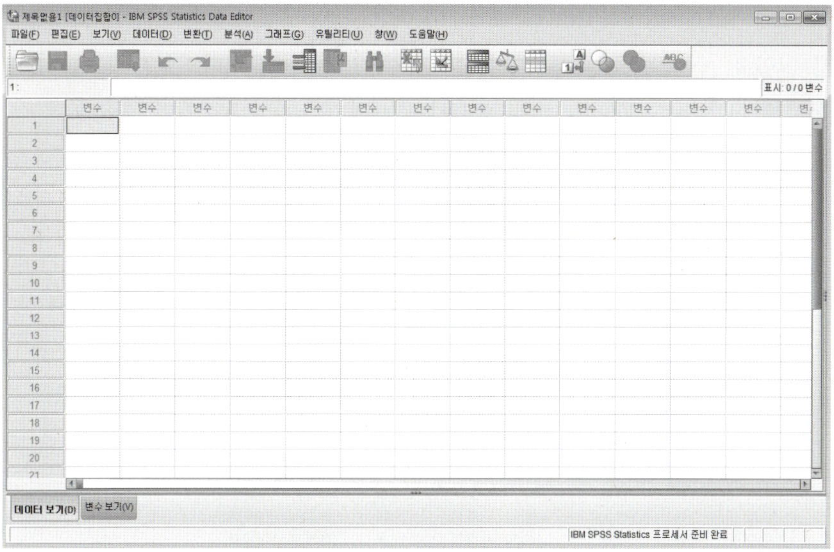

그림 1.5 자료 입력하기의 준비화면

이제 1번의 ID인 숫자 101을 입력하고 다음 행에 자료를 입력하기 위해 마우스를 움직이면 [그림 1.6]과 같이 열의 이름이 변수에서 임의의 변수이름인 VAR00001로 바뀐다.

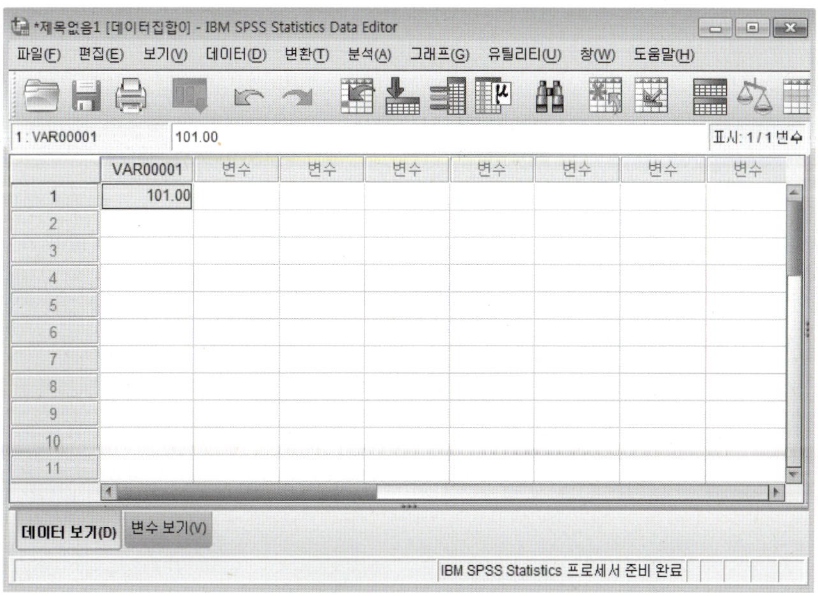

그림 1.6 자료 입력의 예

여기서 숫자 101을 입력하였는데, 셀에 101.00으로 나타나는 것은 변수의 소수자리를 아직 지정하지 않았고, 임시로 소수 두 자리가 지정되어 있기 때문이다. 또한, [그림 1.7]에서 볼 수 있듯이 행 및 변수 표시기가 현재 활성화된 행인 2와 열의 이름인 VAR00001 로 생성된다. 모든 변수를 입력하게 되면 [그림 1.7]을 얻게 된다.

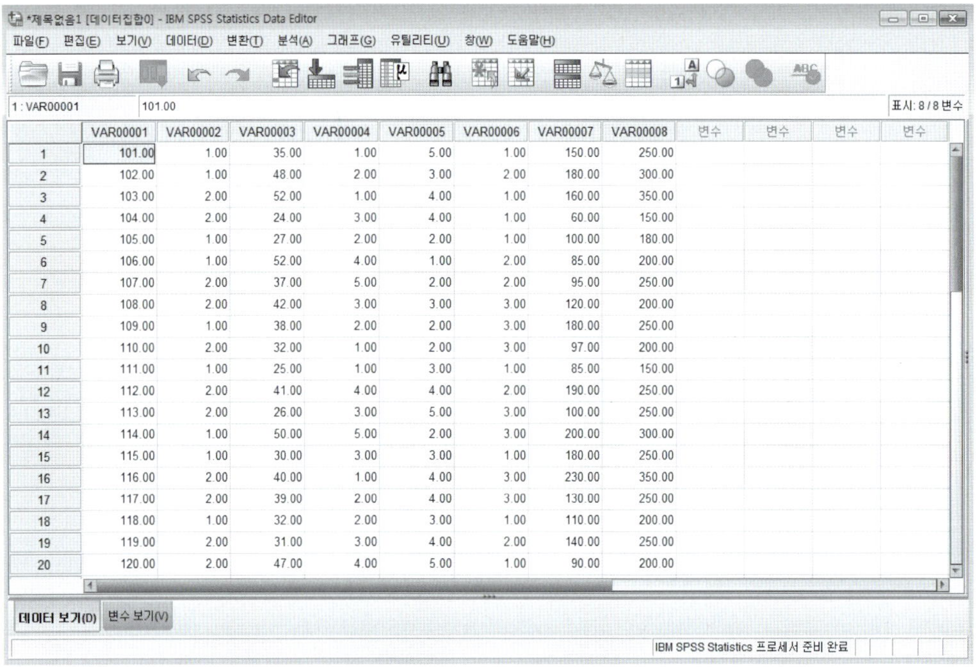

	VAR00001	VAR00002	VAR00003	VAR00004	VAR00005	VAR00006	VAR00007	VAR00008	변수	변수	변수	변수
1	101.00	1.00	35.00	1.00	5.00	1.00	150.00	250.00				
2	102.00	1.00	48.00	2.00	3.00	2.00	180.00	300.00				
3	103.00	2.00	52.00	1.00	4.00	1.00	160.00	350.00				
4	104.00	2.00	24.00	3.00	4.00	1.00	60.00	150.00				
5	105.00	1.00	27.00	2.00	2.00	1.00	100.00	180.00				
6	106.00	1.00	52.00	4.00	1.00	2.00	85.00	200.00				
7	107.00	2.00	37.00	5.00	2.00	2.00	95.00	250.00				
8	108.00	2.00	42.00	3.00	3.00	3.00	120.00	200.00				
9	109.00	1.00	38.00	2.00	2.00	3.00	180.00	250.00				
10	110.00	2.00	32.00	1.00	2.00	3.00	97.00	200.00				
11	111.00	1.00	25.00	1.00	3.00	1.00	85.00	150.00				
12	112.00	2.00	41.00	4.00	4.00	2.00	190.00	250.00				
13	113.00	2.00	26.00	3.00	5.00	3.00	100.00	250.00				
14	114.00	1.00	50.00	5.00	2.00	3.00	200.00	300.00				
15	115.00	1.00	30.00	3.00	3.00	1.00	180.00	250.00				
16	116.00	2.00	40.00	1.00	4.00	3.00	230.00	350.00				
17	117.00	2.00	39.00	2.00	4.00	3.00	130.00	250.00				
18	118.00	1.00	32.00	2.00	3.00	1.00	110.00	200.00				
19	119.00	2.00	31.00	3.00	4.00	2.00	140.00	250.00				
20	120.00	2.00	47.00	4.00	5.00	1.00	90.00	200.00				

그림 1.7 자료 입력의 결과

따라서 변수 보기(V) 탭에서 먼저 지정된 변수를 사용자가 알기 쉬운 이름으로 바꾸기 위해서는 변수의 속성을 지정 하는 것이 좋다. 화면의 왼쪽 아래에 위치한 변수 보기(V) 를 클릭하면 [그림 1.8]과 같은 화면을 얻게 된다.

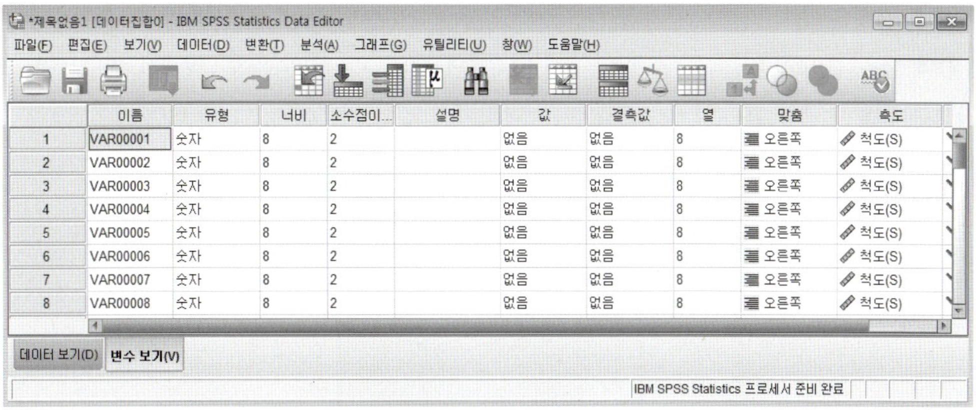

그림 1.8 변수 보기의 예

다음은 변수 보기 화면의 각 열의 기능에 대해 알아보자. 변수의 이름을 바꾸려면 이름 열을 이용한다. 이름을 바꾸고자 하는 셀을 마우스로 클릭하여 새로운 변수명을 입력하면 된다. 예를 들어, VAR00001 을 ID로 바꾸고 싶다면 [그림 1.8]의 화면에서 VAR00001 위에 마우스로 클릭하고 ID를 입력한 후 마우스를 이동하면 된다. 같은 방법으로 변수의 이름을 ID-수입액으로 바꾸면 [그림 1.9]와 같다.

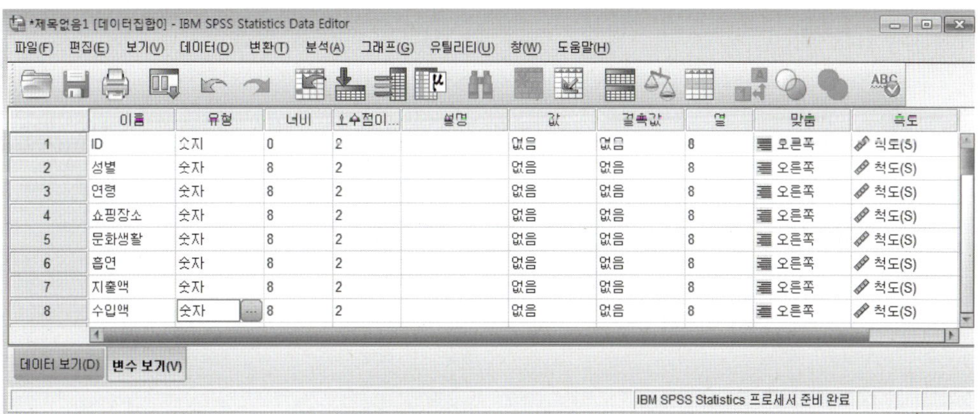

그림 1.9 변수 이름 바꾸기

변수 유형은 숫자, 날짜, 문자열 등으로 지정할 수 있는데, 해당 변수(행)에 해당하는 유형(열)의 셀을 클릭하면 …이 나타난다. …을 누르면 나타나는 「변수유형」 창에서 변수 유형과 자리수 등을 선택한 후 〈확인〉을 누른다.

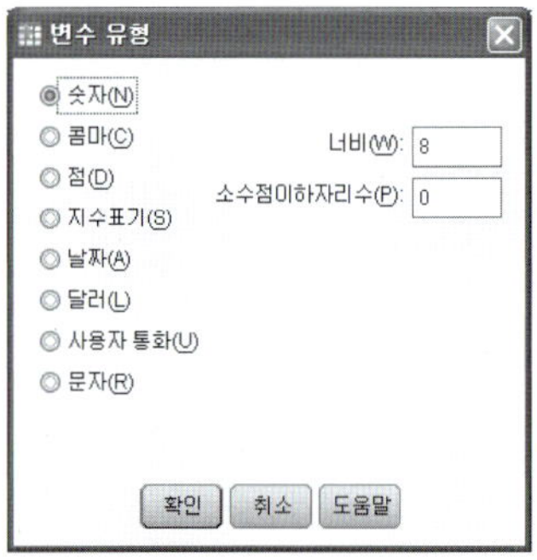

그림 1.10 변수유형

[그림 1.11]의 화면에서 소수점이하자리 열을 이용하여 소수 둘째 자리까지 입력된 자료들의 소수점 자리수를 조정할 수 있다. 예를 들어, ID가 소수점 이하 두 자리 수로 입력되어 있지만 소수점 없이 입력하도록 조정하기 위해서는 [그림 1.9]의 화면에서 1번째 행의 4번째 셀을 마우스로 선택하여 [그림 1.11]을 얻는다. 이제의 2 를 한 번 클릭하면 셀 안의 수가 2에서 1로 감소하고, 다시 한 번 클릭하면 0이 된다. 단말기에서 0을 직접 입력할 수도 있다.

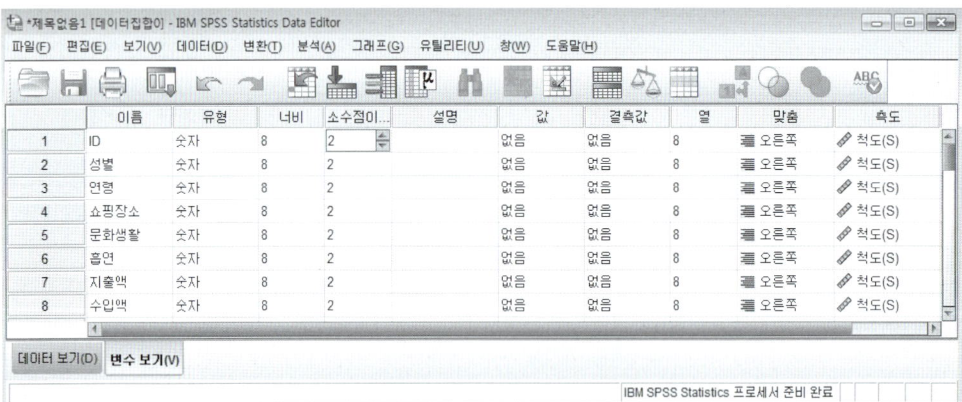

그림 1.11 소수점 이하 자리 조정

[그림 1.11]에서 첫 번째 변수의 이름이 기호로 지정되어 있는데, 이 기호에 대한 설명을 설명 열에 입력할 수 있다. 예를 들어, 변수 ID의 학생은 식별을 나타내는 변수이므로 [그림 1.12]와 같이 '식별번호'을 입력한다. 비슷하게 변수 식별번호-수입액의 설명을 추가할 수 있다.

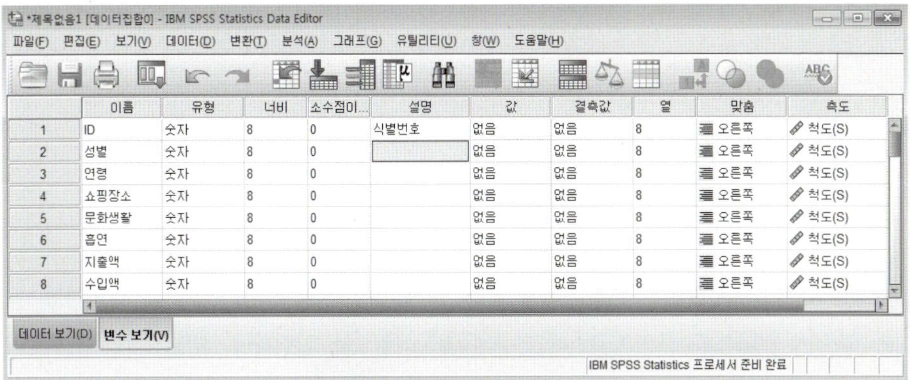

그림 1.12 변수명에 대한 설명

변수의 값에 대한 설명을 값 열에 입력해 놓으면 나중에 변수값의 의미를 쉽게 파악할 수 있다. 예를 들어, 성별이라는 변수의 값이 1이면 남자를 나타내고, 2이면 여자를 나타낸다는 것을 입력해 두기 위해 마우스를 1행의 값 열에 마우스를 놓고 클릭하면 [그림 1.13]에서처럼 그 셀이 없음 에서 없음 ... 으로 바뀐다. 이제 ...를 클릭하면 [그림 1.14]와 같은 화면이 열린다.

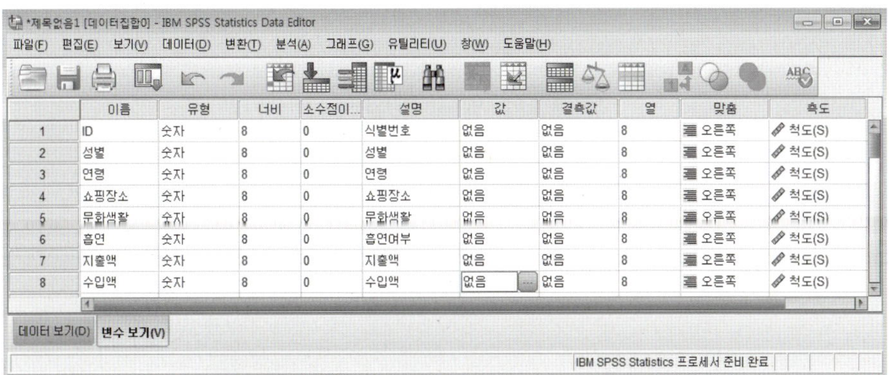

그림 1.13 변수값의 설명을 추가하기 위한 초기화면

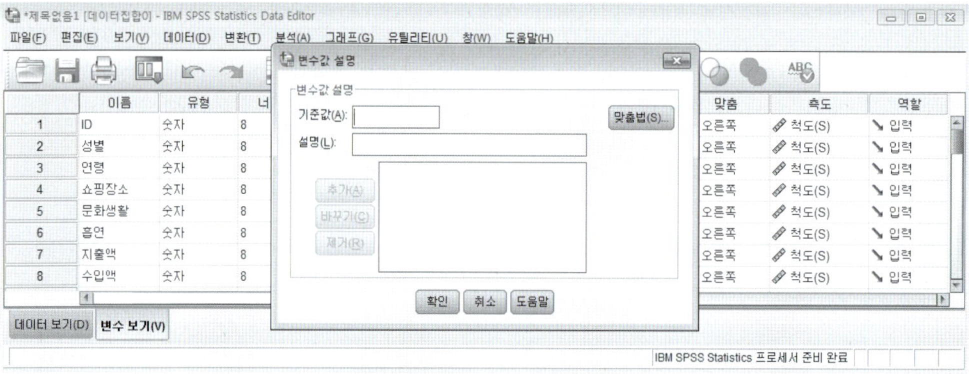

그림 1.14 변수값 설명의 예 I

[그림 1.14]의 화면에서 기준값(A):에 1을 입력하고 설명(L):에 남자를 입력하고 [그림 1.15]를 얻으면 추가(A)를 클릭하고, 다시 기준값(A):에 2를 입력하고 설명(L):에 여자를 입력하고 추가(A)를 클릭한 후 확인을 클릭한다.

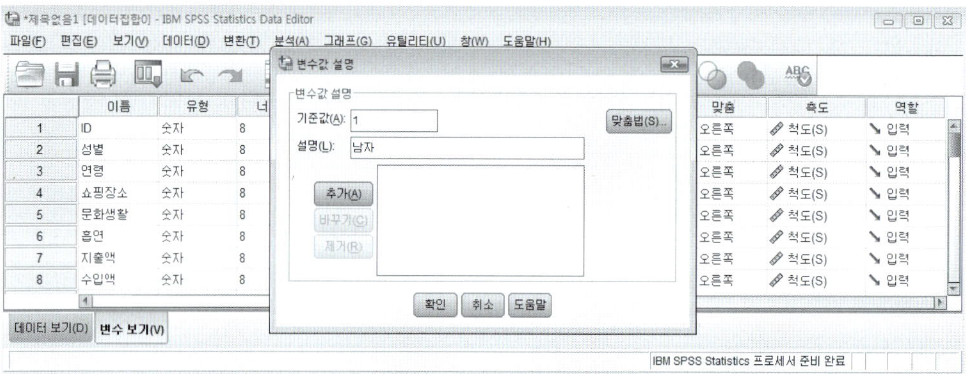

그림 1.15 변수값 설명의 예 II

마찬가지로 변수 X3와 X5의 값에 대한 설명을 모두 입력하면 [그림 1.16]을 얻게 된다.

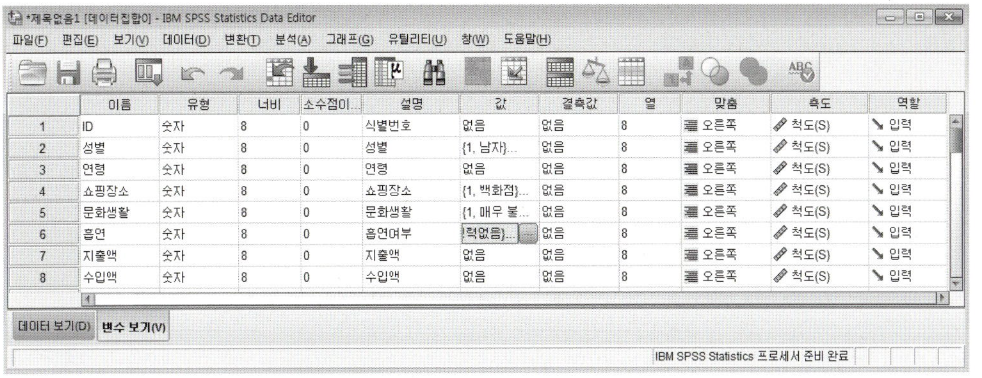

그림 1.16 변수값 설명 후의 변수 보기 화면

[그림 1.16]에서 보면 측도 행에는 임의로 모든 변수를 척도(S)로 지정해 놓았다. 그러나 편의상 모든 자료를 숫자로 입력하였다고 하지만, 어떤 변수의 값은 숫자로서의 의미를 가지지 않는다. 예를 들어, 성별은 숫자로 입력되어 있지만, 그 숫자에는 크기나 순서로서의 의미를 가지지 않는다. 이를 변경하기 위해서 먼저 1행의 측도열을 마우스로 클릭하여 그 셀이 척도(S)에서 척도(S) ▾로 변하게 되고, 다시 ▾를 클릭하여 셀이 척도(S) 순서(O) 명목(N)으로 변하면 그 중 명목을 선택한다. 마찬가지로 쇼핑장소, 문화생활, 흡연여부를 변경시킨 후 [그림 1.17]을 얻는다.

뿐만 아니라 유형부분을 숫자가 아닌 문자로 바꾼다면 앞에 조건에 대해 미리 만족하기 때문에 척도부분이 명목으로 바뀌어있는 것을 볼 수 있다.

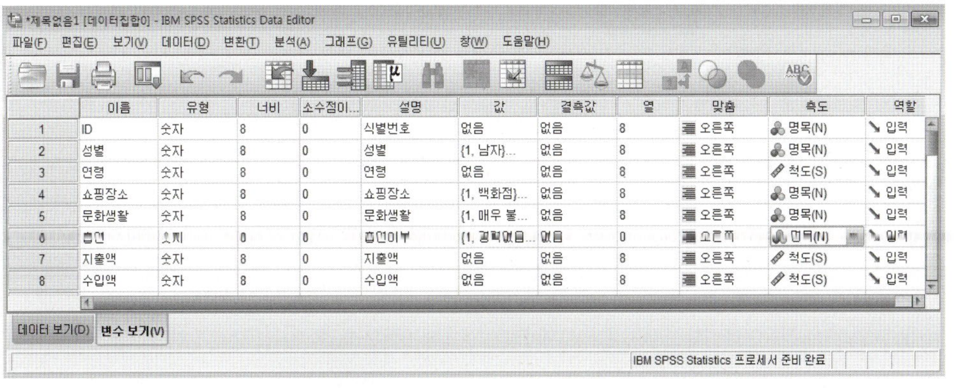

그림 1.17 변수 특성을 지정한 후 화면

이제 다시 화면의 왼쪽 아래에 위치한 데이터 보기를 클릭하면 [그림 1.17]이 [그림 1.18]로 변함을 볼 수 있다.

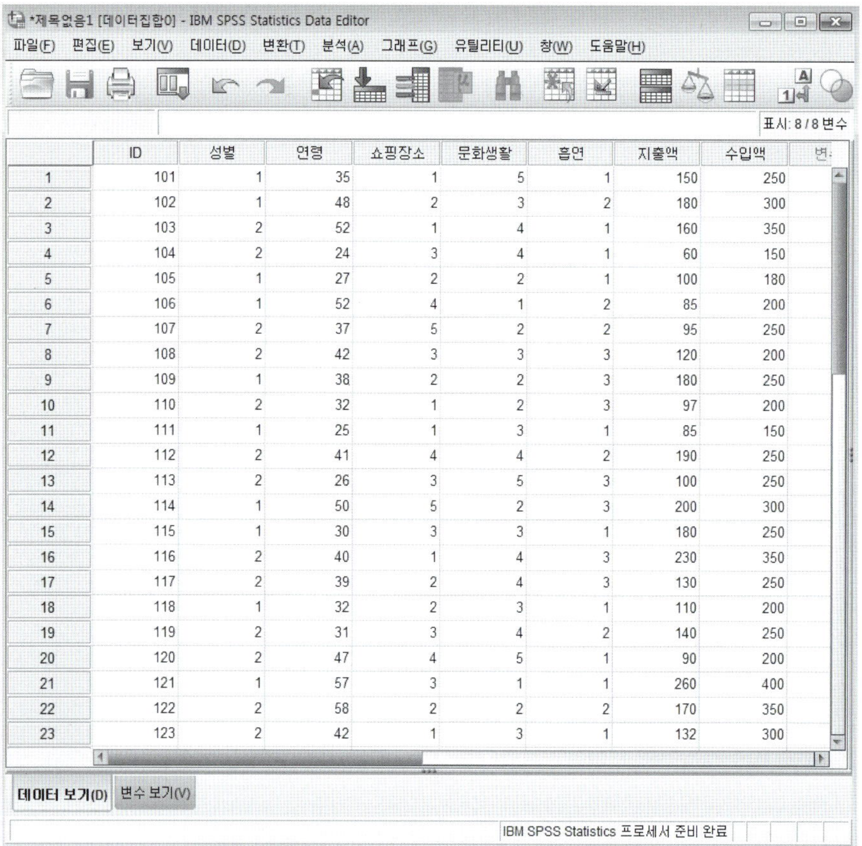

	ID	성별	연령	쇼핑장소	문화생활	흡연	지출액	수입액
1	101	1	35	1	5	1	150	250
2	102	1	48	2	3	2	180	300
3	103	2	52	1	4	1	160	350
4	104	2	24	3	4	1	60	150
5	105	1	27	2	2	1	100	180
6	106	1	52	4	1	2	85	200
7	107	2	37	5	2	2	95	250
8	108	2	42	3	3	3	120	200
9	109	1	38	2	2	3	180	250
10	110	2	32	1	2	3	97	200
11	111	1	25	1	3	1	85	150
12	112	2	41	4	4	2	190	250
13	113	2	26	3	5	3	100	250
14	114	1	50	5	2	3	200	300
15	115	1	30	3	3	1	180	250
16	116	2	40	1	4	3	230	350
17	117	2	39	2	4	3	130	250
18	118	1	32	2	3	1	110	200
19	119	2	31	3	4	2	140	250
20	120	2	47	4	5	1	90	200
21	121	1	57	3	1	1	260	400
22	122	2	58	2	2	2	170	350
23	123	2	42	1	3	1	132	300

그림 1.18 변수이름 지정 후의 데이터 보기 화면

1.3 데이터 저장하기

데이터가 열린 상태에서 각 셀을 클릭하여 내용을 편집할 수 있다. 기존 데이터를 편집하거나 새로운 데이터를 입력한 후 저장하려면 메뉴에서 『파일(F) → 저장(S)』을 누르거나 『파일(F) → 다른 이름으로 저장(A)』을 선택한다. 『데이터를 다른 이름으로 저장』창이 나타나면, [저장위치(I)를 지정한 후 [파일이름(N)]에 새로운 파일이름을 쓰고 〈저장(S)〉을 누른다. 저장된 SPSS 데이터의 확장자는 *.sav이다.

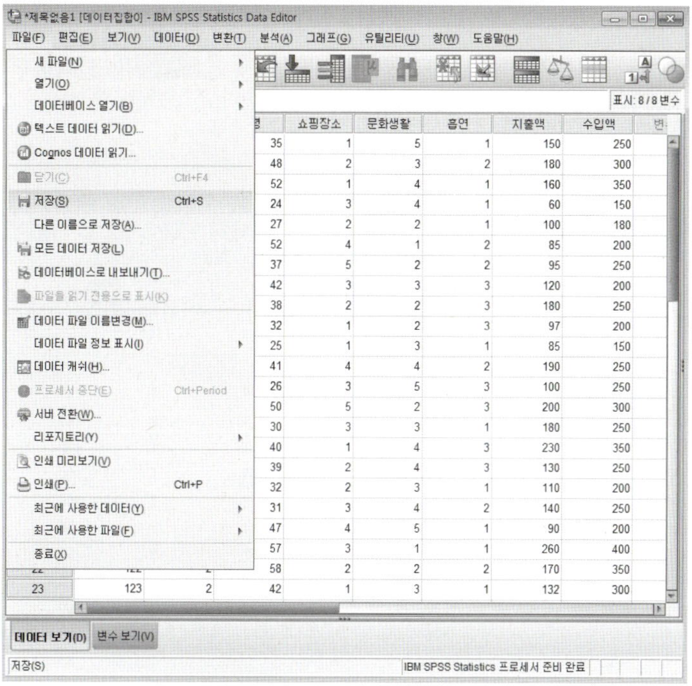

그림 1.19 파일 저장을 위한 명령어

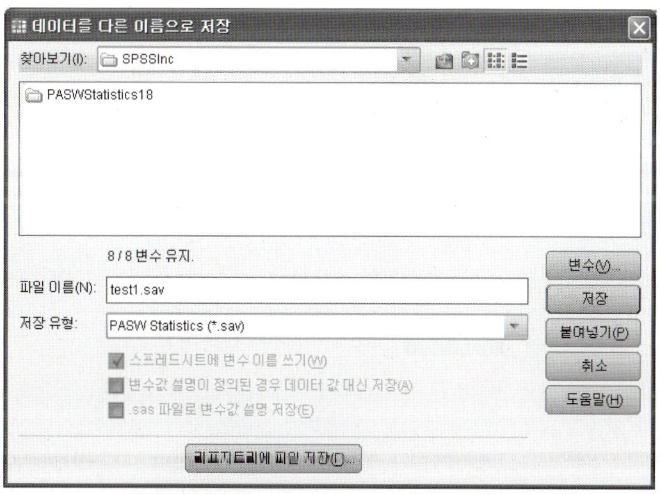

그림 1.20 저장 파일의 이름을 지정

이 책에서 사용되는 데이터 파일을 저장하기 위한 폴더를 만들고 그 폴더를 "저장 위치"로 지정해 주면 나중에 다시 사용하기 편리할 것이다. 이제 [저장]을 클릭하면 [그림 1.21]과 같이 제목 표시줄의 제목 없음이 test1로 바뀐다.

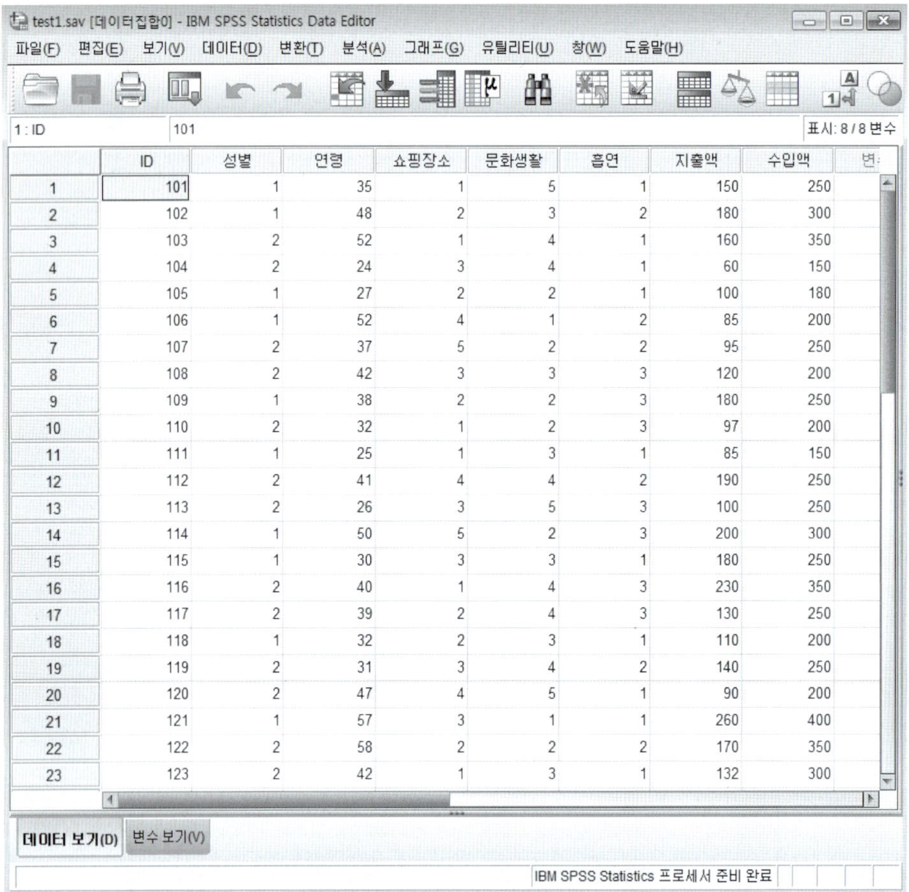

그림 1.21 실행결과 보기와 저장하기

1.4 파일 합치기

예를 들어, 대도시 자료와 지방도시 설문조사 자료가 각 도시에서 25명씩 조사되어 각각 다른 파일로 저장되었다고 하자. 분석을 하기 위해서는 이들을 하나의 데이터로 통합하여야 할 것이다. 한편 각 ID에 대해서 경제사정과 행복도 등의 변수가 나중에 추가되는 경우도 있을 수 있다. 이런 경우에 SPSS의 [파일 합치기] 기능을 이용할 수 있다. 위 예에서 전자는 [케이스 추가]이고, 후자는 [변수 추가]가 된다. [변수 추가]를 위해서는 통합하여야 하는 데이터들이 각각 기준이 되는 변수를 공통적으로 가지고 있어야 한다.

1.4.1 케이스 추가

다음의 예를 통해 두 개의 파일에 나누어 입력된 케이스를 합치는 방법에 대해 알아보자.

대도시 설문조사와 지방도시 설문조사 정보를 합쳐보자. 다운로드 한 파일 test1.save와 test2.sav를 이용한다.

test1.sav와 test2.sav를 연다.

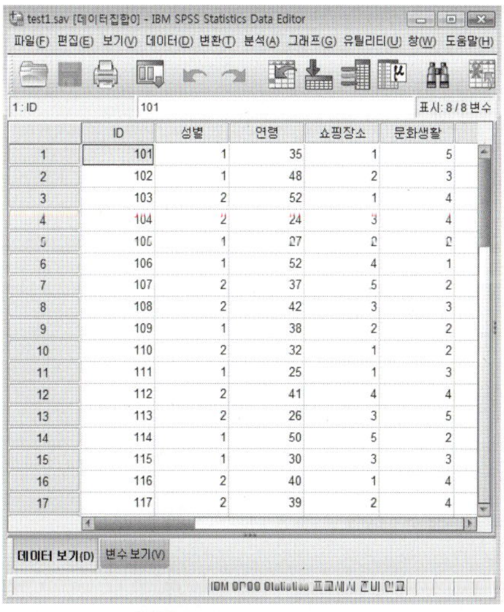

	ID	성별	연령	쇼핑장소	문화생활
1	101	1	35	1	5
2	102	1	48	2	3
3	103	2	52	1	4
4	104	2	24	3	4
5	105	1	27	2	2
6	106	1	52	4	1
7	107	2	37	5	2
8	108	2	42	3	3
9	109	1	38	2	2
10	110	2	32	1	2
11	111	1	25	1	3
12	112	2	41	4	4
13	113	2	26	3	5
14	114	1	50	5	2
15	115	1	30	3	3
16	116	2	40	1	4
17	117	2	39	2	4

그림 1.2 test1.sav

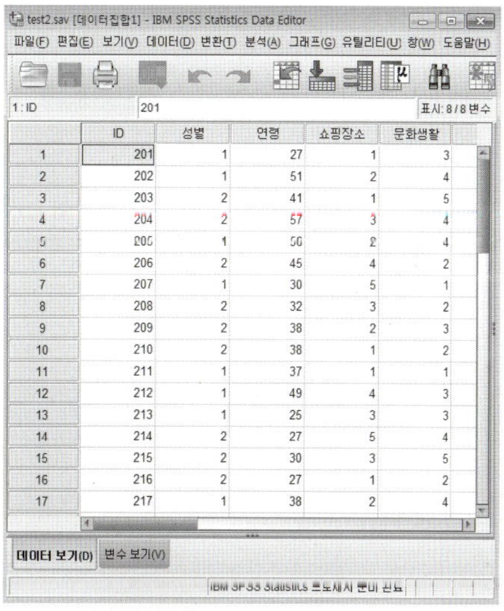

	ID	성별	연령	쇼핑장소	문화생활
1	201	1	27	1	3
2	202	1	51	2	4
3	203	2	41	1	5
4	204	2	57	3	4
5	205	1	50	2	4
6	206	2	45	4	2
7	207	1	30	5	1
8	208	2	32	3	2
9	209	2	38	2	3
10	210	2	38	1	2
11	211	1	37	1	1
12	212	1	49	4	3
13	213	1	25	3	3
14	214	2	27	5	4
15	215	2	30	3	5
16	216	2	27	1	2
17	217	1	38	2	4

그림 1.22 test2.sav

test1 데이터가 열려 있는 창의 메뉴에서 『데이터(D) → 파일합치기(G) → 케이스 추가(C)』를 선택한다.

그림 1.24 케이스 추가를 위한 명령어

「케이스 추가」창에서 '열려있는 데이터 파일(D)'의 목록 중 'test2.sav를 선택하고 [계속]을 누른다.

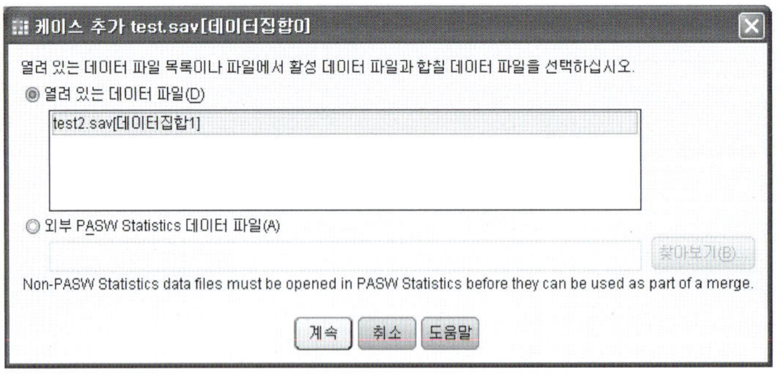

그림 1.25 열려있는 데이터 파일 확인

test2.sav 데이터셋의 변수 중 형식(문자열/숫자) 또는 길이가 다르거나, 한쪽에만 있는 변수라서 합치지 않을 변수가 있으면 오른쪽 [대응되지 않은 변수(U)]로 보낸다. 이 예제의 경우 변수 이름과 속성이 모두 동일하므로 확인 버튼을 누르면 두 데이터가 합쳐진다.

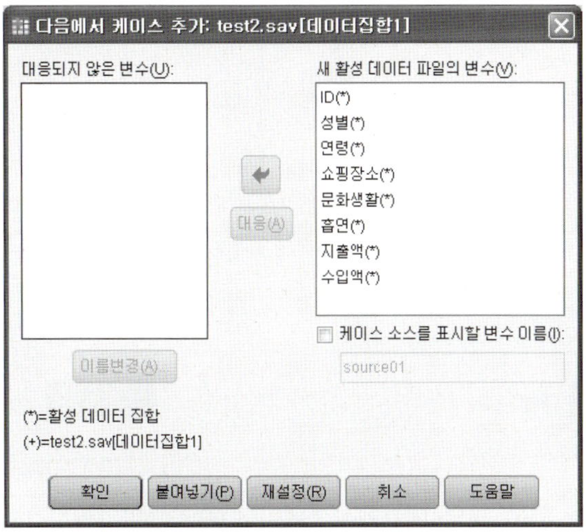

그림 1.26 대응되지 않는 변수 확인

케이스를 추가하고자 하는 변수들은 이름, 유형, 길이 등의 변수의 속성이 반듯이 동일해야만 한다.

1.4.2 변수추가

이번에는 두 개의 파일에 변수별로 나누어 입력된 데이터를 합치는 방법에 대해 알아보자.

대도시 설문조사 정보 외에 추가로 경제사정과 행복도에 대한 데이터가 있을 때 이들은 하나의 데이터로 합쳐보자. test1.sav와 test3.sav를 이용한다.

test1.sav, test3.sav를 연다. 아래 두 데이터셋의 기준변수는 ID이며, 파일 합치기 전에 기준변수는 반드시 올림차순으로 정렬되어 있어야 한다.

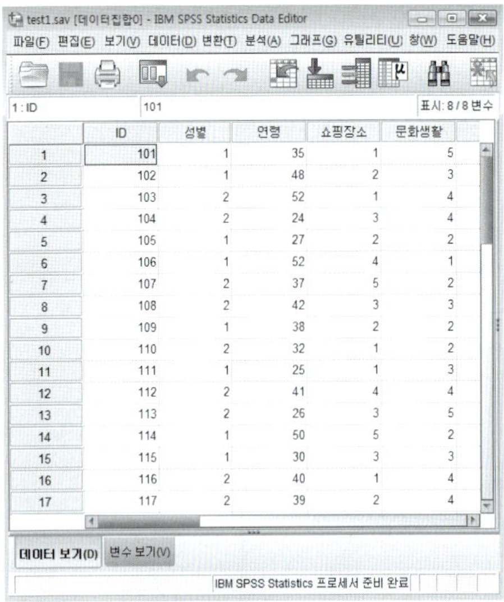

그림 1.27 test1.sav

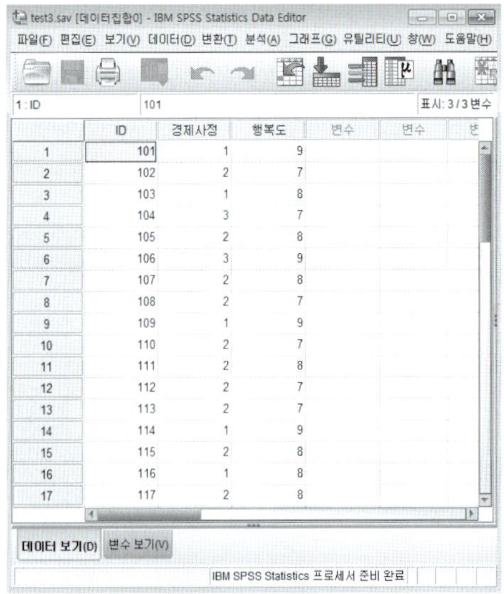

그림 1.28 test3.sav

test1 데이터가 열려 있는 창의 메뉴에서 『데이터(D) → 파일합치기(G) → 변수 추가(V)』를 선택한다.

「변수 추가」창에서 '열려있는 데이터 파일(D)'의 목록 중 'test3.sav를 선택하고 [계속]을 누른다.

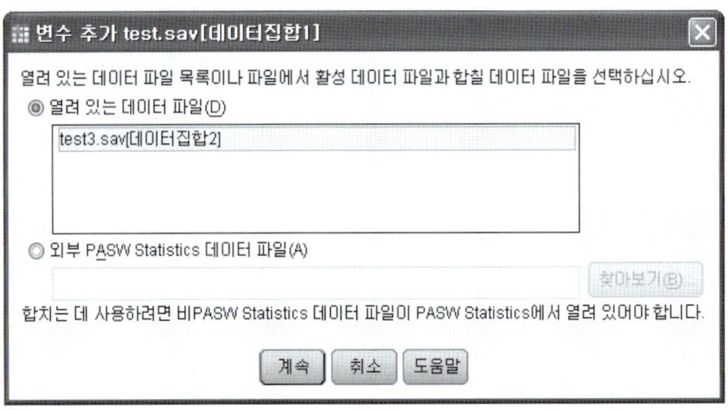

그림 1.29 변수추가를 위한 파일 열기

두 데이터셋에 ID 변수가 공통적으로 있으므로 [제외된 변수(E)에 ID가 보일 것이다. 변수 ID는 양 데이터셋을 합치는 기준변수이므로 '정렬된 파일에서 기준변수에 맞추어 케이스를 연결'을 선택하고, 그 중 '양쪽 파일에 기준이 있음(B)'을 선택한다. [제외된 변수(E)]리스트의

ID를 [→]를 눌러 [기준변수(V)] 리스트에 보내고 [확인]버튼을 누른다.

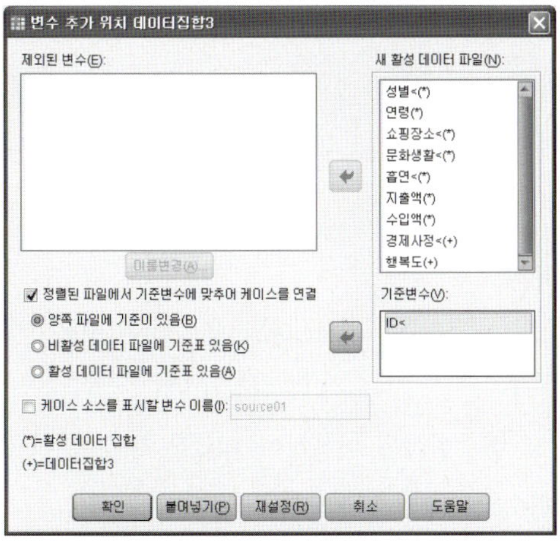

그림 1.30 변수추가 하는 방법

다음과 같이 test1.sav 데이터 셋에 경제사정과 행복도 결과가 합쳐진다.

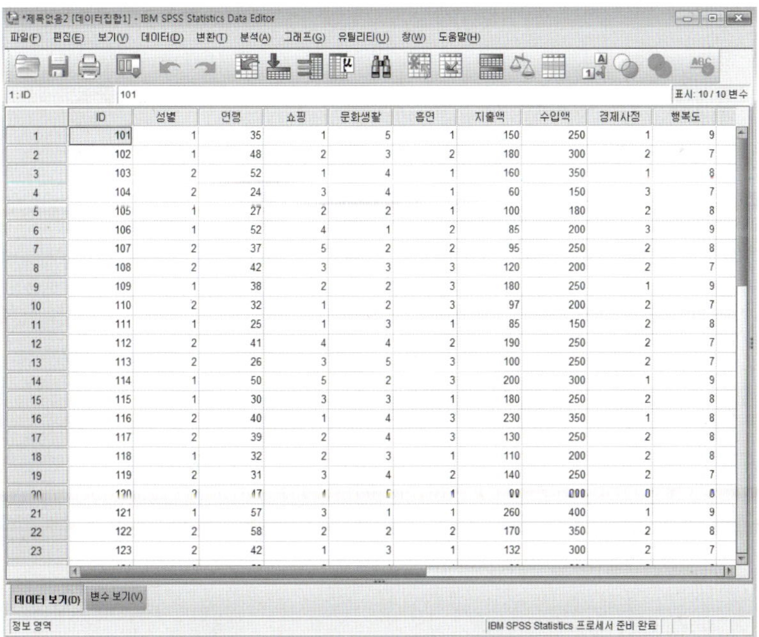

그림 1.31 새 변수추가된 후의 데이터 보기화면

1.5 데이터 변환

이 절에서는 생성된 데이터를 정렬하거나, 코드를 변경하는 등의 데이터 변환 기능과 새로운 변수의 생성기능에 대해 살펴보고자 한다. 주로 SPSS 메뉴 중 [변환(T)]의 사용법에 대한 설명이 될 것이다.

1.5.1 변수 계산

변수계산은 기존 변수로부터 단순한 수식, 조건문, 함수 등을 이용하여 새로운 변수를 추가하는 기능이다.

test1.sav 데이터를 열고 변수변환을 이용하여 새로운 변수를 만들어보자.

메뉴에서 『변환(T) → 변수계산(C)』를 선택한다.

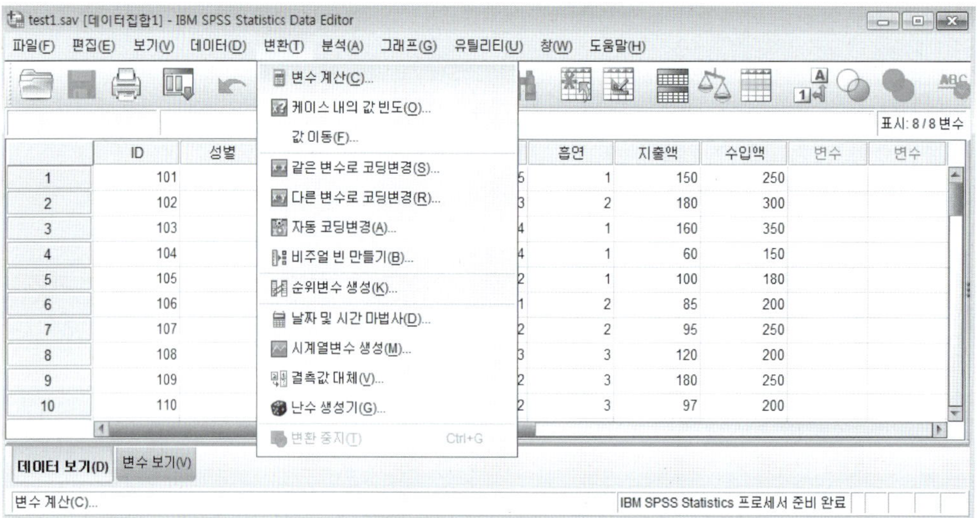

그림 1.32 변수계산 명령어

「변수 계산」창에서 [대상변수(T)]에 새로이 추가할 변수이름을 입력하고, [숫자표현식(E)]에 기존에 있던 변수를 이용한 수식을 완성하면 된다. [숫자표현식(E)]을 완성하기 위하여는 왼쪽에 있는 변수창에서 필요한 변수를 선택한 후 ➡를 클릭하여 오른쪽의 [숫자표현식(E)]으로 보내고, 아래에 있는 부등호와 연산자를 이용한다. 이 예제에서는 새로운 변수로 수입액에서 지출액을 뺀 저축액을 아래와 같이 생성하였다. [숫자표현식(E)]을 완성하고 확인을 누른다.

그림 1.33 새로운 변수 계산식의 표현

이번에는 로그함수를 이용한 변수 변환을 해보자. 연속으로 변수변환을 이용하려면 두 번째 새변수를 만들기 전에 「변수 계산」창에서 〈재설정(R)〉버튼을 눌러서 새로운 변수계산을 실시할 것임을 알려야 한다.

〈재설정(R)〉버튼을 누른 후, 수입을 로그변환 하여보도록 하자. [함수집단(G)]에서 산술을 선택하면 [함수 및 특수변수(F)]에 가능한 함수명이 나열된다. 이 중 자연로그 Ln을 선택하고 를 누른 후, 변수명단 중 수입액을 선택하고 를 누른다. [대상변수(T)]에 '로그수입액'이라고 쓴 후, 확인을 누른다.

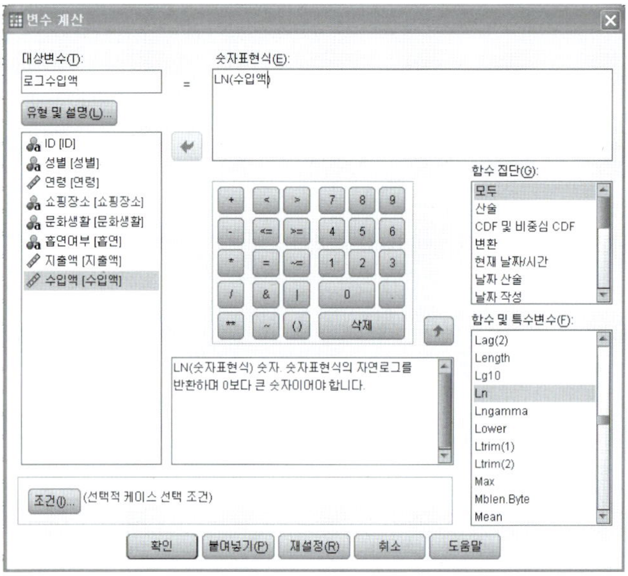

그림 1.34 새로운 계산식의 표현

유형 및 설명(L)... 을 클릭하여 [그림 1.35]와 같은 화면을 얻으면 새로 생성한 로그수입액에 대한 설명을 입력할 수 있다.

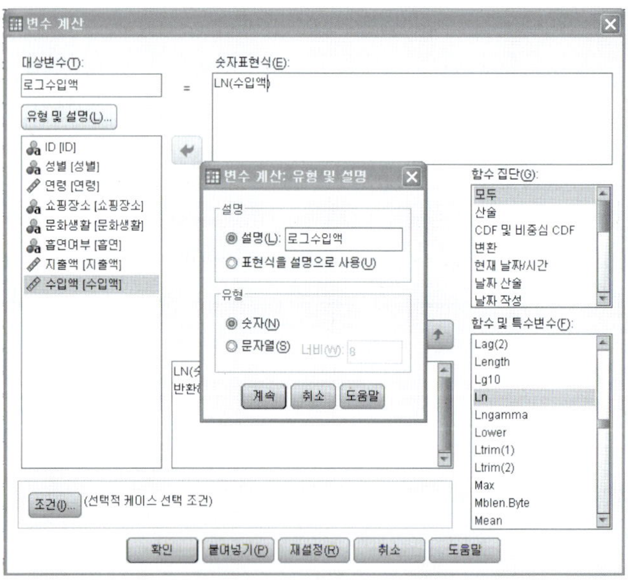

그림 1.35 새로운 변수의 설명

계속 과 확인 을 클릭하면 [그림 1.36]과 같이 저축액이라는 변수가 데이터 보기의 창에 새로 생성된다.

다음과 같이 저축액과 로그수입액 두 변수가 계산되어 추가되었다.

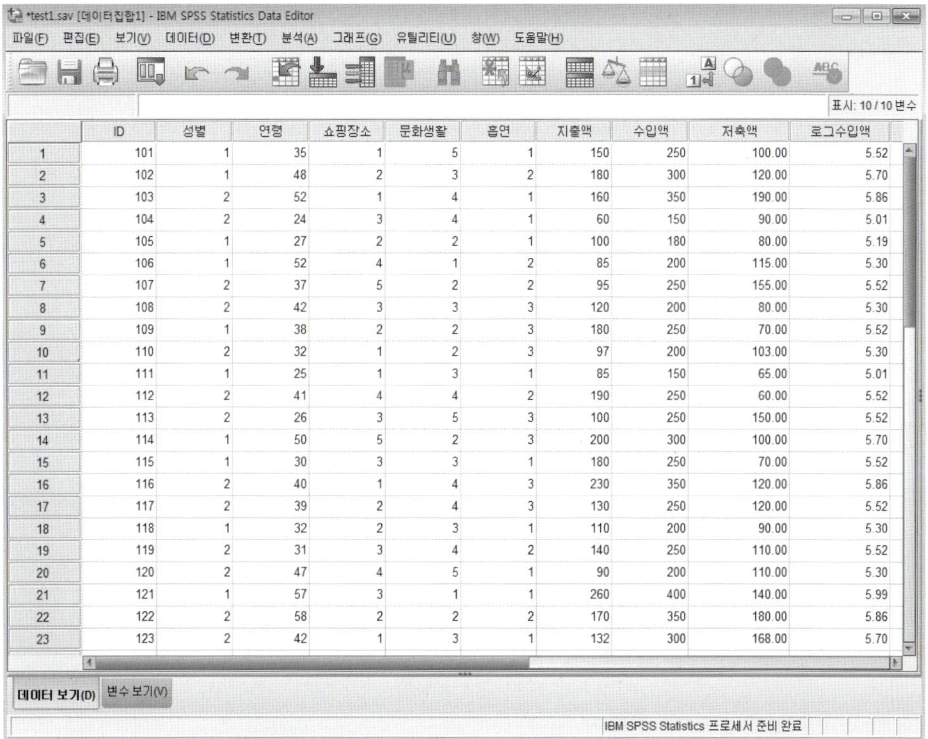

	ID	성별	연령	쇼핑장소	문화생활	흡연	지출액	수입액	저축액	로그수입액
1	101	1	35	1	5	1	150	250	100.00	5.52
2	102	1	48	2	3	2	180	300	120.00	5.70
3	103	2	52	1	4	1	160	350	190.00	5.86
4	104	2	24	3	4	1	60	150	90.00	5.01
5	105	1	27	2	2	1	100	180	80.00	5.19
6	106	1	52	4	1	2	85	200	115.00	5.30
7	107	2	37	5	2	2	95	250	155.00	5.52
8	108	2	42	3	3	3	120	200	80.00	5.30
9	109	1	38	2	2	3	180	250	70.00	5.52
10	110	2	32	1	2	3	97	200	103.00	5.30
11	111	1	25	1	3	1	85	150	65.00	5.01
12	112	2	41	4	4	2	190	250	60.00	5.52
13	113	2	26	3	5	3	100	250	150.00	5.52
14	114	1	50	5	2	3	200	300	100.00	5.70
15	115	1	30	3	3	1	180	250	70.00	5.52
16	116	2	40	1	4	3	230	350	120.00	5.86
17	117	2	39	2	4	3	130	250	120.00	5.52
18	118	1	32	2	3	1	110	200	90.00	5.30
19	119	2	31	3	4	2	140	250	110.00	5.52
20	120	2	47	4	5	1	90	200	110.00	5.30
21	121	1	57	3	1	1	260	400	140.00	5.99
22	122	2	58	2	2	2	170	350	180.00	5.86
23	123	2	42	1	3	1	132	300	168.00	5.70

그림 1.36 새로운 변수가 생성된 후의 데이터 보기화면

1.5.2 코딩변경

기존에 기록되어 있는 코드 방식을 변경하는 기능으로, 저장되어 있는 변수의 값을 변경할 수도 있고, 새로운 코딩 규칙에 따른 새 변수를 추가할 수도 있다. 가급적 기본 변수를 그대로 누고 새로운 변수를 추가하는 것이 좋다.

test1.sav 데이터에서 기존의 '흡연력' 변수를 이용하여 '흡연여부'이라는 새로운 변수를 만들어보자. 흡연력이 1 또는 2이면 흡연여부는 0으로, 흡연력이 3이면 흡연여부는 1이 되도록 코딩을 변경하여 보자.

메뉴에서 『변환(T) → 다른변수로 코딩변경(R)』를 선택한다.

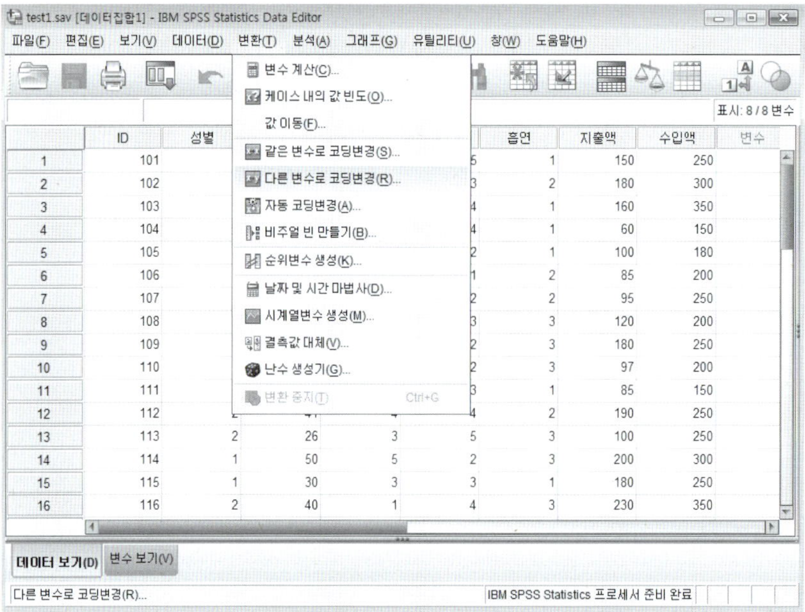

그림 1.37 코딩변경 명령어

「다른 변수로 코딩변경」창의 왼쪽에 있는 변수창에서 코딩변경을 실시할 변수를 선택한 후 ➡를 클릭하면 아래와 같은 화면이 된다.

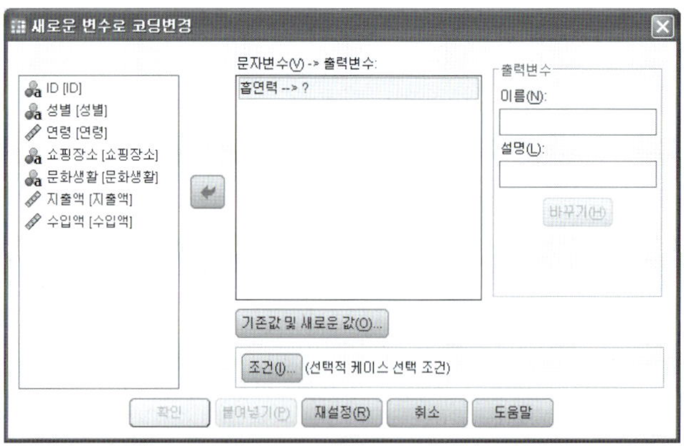

그림 1.38 코딩변경 화면

오른쪽 [출력변수]에 새 변수이름과 변수설명을 쓰고 〈바꾸기(H)〉를 누르면 가운데 [문자변수(V) → 출력변수] 창이 완성된다.

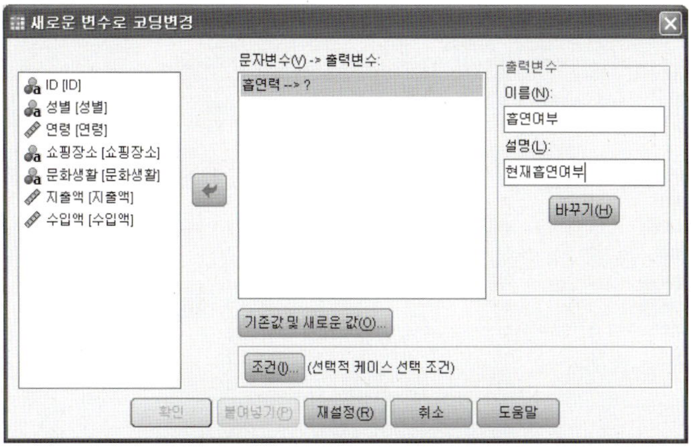

그림 1.39 코딩변경 출력변수 표현

〈기존값 및 새로운 값(O)〉 버튼을 누르면 변경할 코드의 조건을 입력할 수 있는 창이 열린다. 만약, 새 변수를 문자열로 지정하고 싶으면 오른쪽 아래의 출력변수가 문자열임(B)을 선택한다. [기존값]의 값(V)에 흡연력의 1을 입력하고, [새로운 값]의 값(D)에 흡연여부의 0을 입력한 후 〈추가(A)〉를 누른다. 동일한 방법으로 아래의 그림을 참조하여 새로운 코드 값을 입력한다. 계속을 누른다.

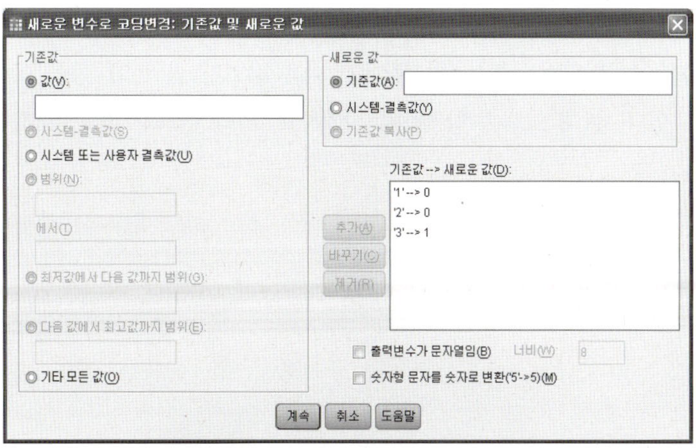

그림 1.40 코딩변경 기존값과 새로운 값

「새로운 변수로 코딩변경」창에서 [확인]을 누른다. 다음과 같이 흡연여부라는 새로운 변수가 추가된 데이터를 얻을 수 있다.

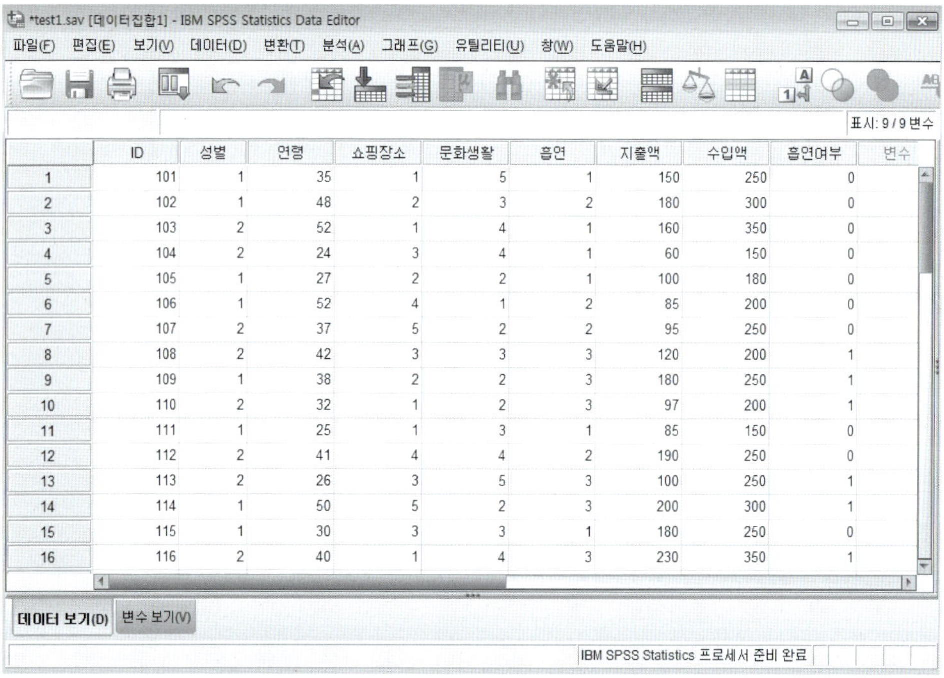

	ID	성별	연령	쇼핑장소	문화생활	흡연	지출액	수입액	흡연여부	변수
1	101	1	35	1	5	1	150	250	0	
2	102	1	48	2	3	2	180	300	0	
3	103	2	52	1	4	1	160	350	0	
4	104	2	24	3	4	1	60	150	0	
5	105	1	27	2	2	1	100	180	0	
6	106	1	52	4	1	2	85	200	0	
7	107	2	37	5	2	2	95	250	0	
8	108	2	42	3	3	3	120	200	1	
9	109	1	38	2	2	3	180	250	1	
10	110	2	32	1	2	3	97	200	1	
11	111	1	25	1	3	1	85	150	0	
12	112	2	41	4	4	2	190	250	0	
13	113	2	26	3	5	3	100	250	1	
14	114	1	50	5	2	3	200	300	1	
15	115	1	30	3	3	1	180	250	0	
16	116	2	40	1	4	3	230	350	1	

그림 1.41 새로운 변수로 코딩 된 데이터 보기 화면

기타옵션

코딩 변경의 옵션 중 '범위(N)' 또는 '최저값에서 다음 값까지 범위(G)' 등을 이용하여 동일한 효과를 낼 수도 있다. 아래 그림을 참조하여 실행하고, 위의 결과와 비교해보자.

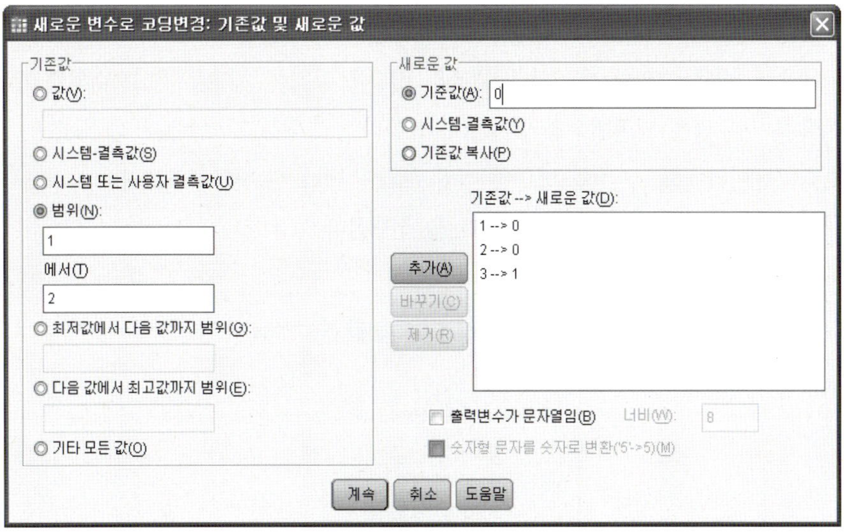

그림 1.42 범위(N)

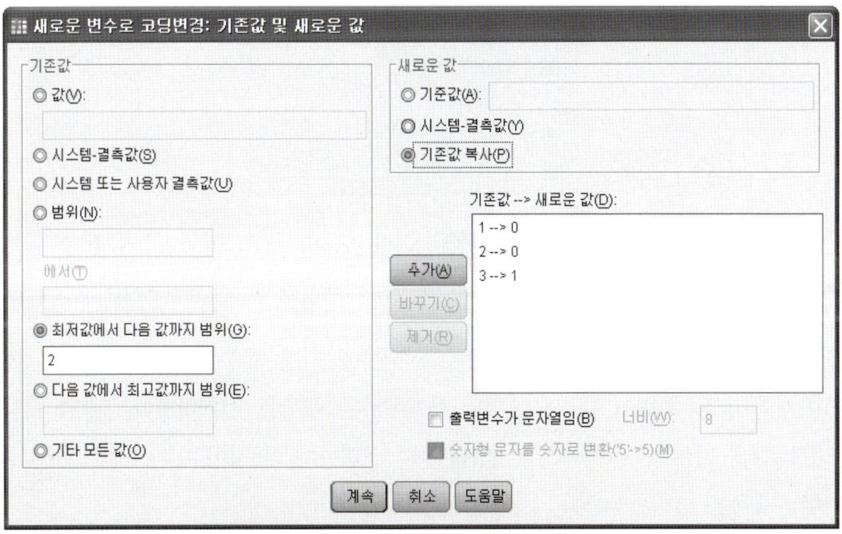

그림 1.43 최저값에서 다음 값까지 범위(G)

1.5.3 순위변수 생성

기존 변수에 대해 순위를 매기거나 새로운 변수를 구하여 새로운 변수 순위를 생성할 수 있다. 새로운 변수명은 기존변수명 앞에 R이 붙는다.

test1.sav 데이터에서 '수입액' 변수에 대해 순위를 매긴 변수를 구해보자

메뉴에서 『변환(T) → 순위변수 생성(K)』을 선택한다.

그림 1.44 순위병수명령어

「순위변수 생성」창에서 순위를 매길 변수를 왼쪽에 있는 변수창에서 선택한 후 [→]를 클릭하면 아래와 같은 화면이 나타난다. 본 예제에서는 신장을 선택하였다. [순위 1을 할당할 값]이 '가장 작은 값(S)'인지 '가장 큰 값(L)'인지 선택한다. 동점이 있는 경우의 순위를 정하기 위하여는 〈동률(T)〉을 누른다.

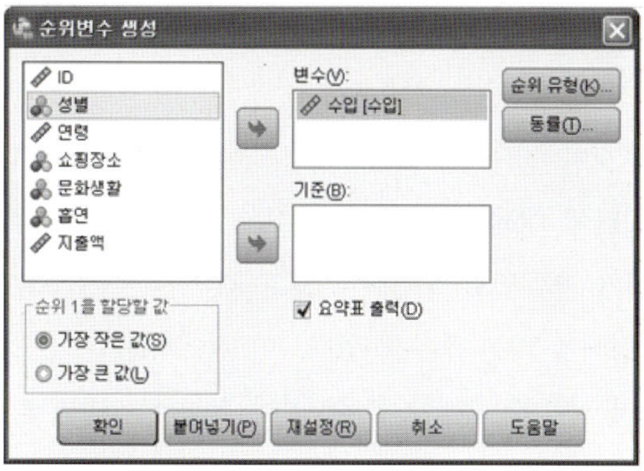

그림 1.45 순위변수생성창에서 변수선택

동점자의 순위를 아래의 보기에서 선택한 후 〈계속〉을 누른 후 「순위변수 생성」창에서 〈확인〉을 누른다.

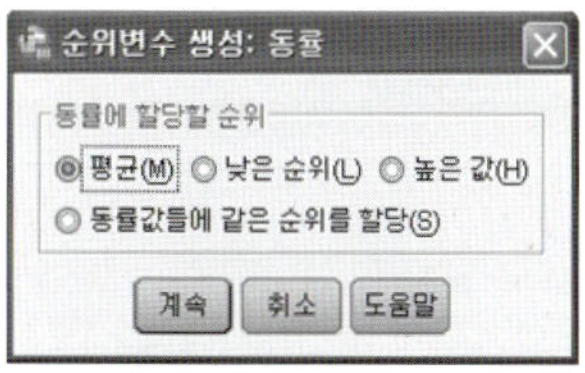

그림 1.46 동점의 순위

『SPSS 뷰어』창에 생성된 순위 변수와 순위를 생성할 때의 기준이 설명된다.

생성된 변수[a]

소스 변수	함수	새로운 변수	설명
수입[b]	순위	R수입	Rank of 수입

a. 등률값의 평균순위가 등률에 사용됩니다.
b. 순위는 오름차순으로 표시됩니다.

그림 1.47 생성된 변수

『데이터 편집기』를 보면 새로 생성된 순위변수가 추가된다. 'R수입'이라는 새 변수가 생겼음을 확인할 수 있다.

1.6 데이터 조건설정

통계분석을 진행하다 보면 전체 데이터를 성별, 쇼핑장소 등으로 분할하여 각각 분석하거나 특정 조건을 가진 집단에 대해서만 분석할 경우가 있다. 또는 범주형 변수에 대한 분할표를 생성해야하는 데이터가 개체별로 수집되지 않고 각 범주별 빈도수로 저장되어 있어 가중치를 가지는 변수를 지정해야 하는 경우도 있다. 이 절에서는 분석을 진행할 때 기존 데이터에 일정 조건을 부여하여 향후에 수행할 통계분석에 작용하는 방법에 대해 알아보도록 한다.

1.6.1 파일분할

데이터에서 특정 변수에 대한 일부 집단별로 분석을 실시하고자 할 때 적용할 수 있는 방법이다. 예를 들면, 남성과 여성을 나누어 성별 특성을 보고자 하거나 쇼핑장소별 수입액의 특성을 보고자 하는 경우를 생각하면 된다.

test1.sav 데이터에서 성별로 각각 분석을 실시하기 위한 파일분할을 하여보자.

『데이터(D) → 파일분할(F)』을 선택한다.

그림 1.48 파일 분할 명령어

「파일분할」창에서 '집단들 비교(C)'를 선택하고 조건으로 만들 변수를 왼쪽에 있는 변수창에서 선택한 후 을 클릭한다. 만약 데이터가 선택된 변수를 기준으로 정렬이 되어 있지 않으면, '집단변수 기준으로 케이스 정렬(S)'을 선택하고, 확인 을 누른다.

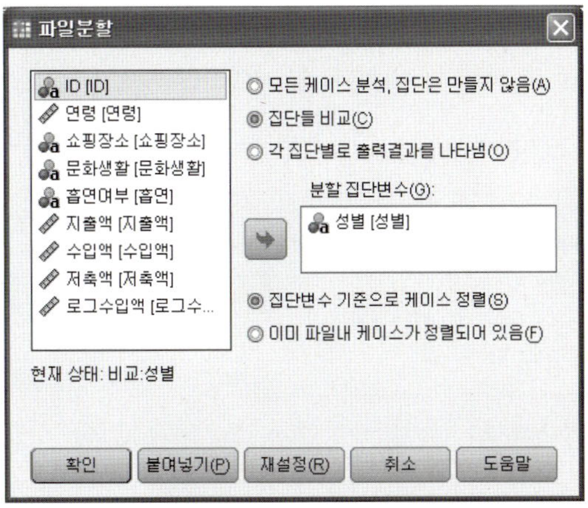

그림 1.49 파일 분할 설명

파일분할이 실시된 상태에서 『분석(A) → 기술통계량(E) → 기술통계(D)』를 선택하고 변수 중 수입액을 선택하여 보자. 다음과 같이 여성과 남성의 결과가 각각 계산된다. 참고로 「파일분할」창에서 '각 집단별로 출력결과 나타냄(O)'을 선택하면 남녀별로 표가 따로 작성된다.

기술통계량

성별		N	최소값	최대값	평균	표준편차
남성	수입액	10	150	400	248.00	72.541
	유효수 (목록별)	10				
여성	수입액	15	150	350	246.67	66.726
	유효수 (목록별)	15				

그림 1.50 성별 기술통계 결과

파일 분할 기능의 해제

해제를 위해서는 다시 『데이터(D) → 파일분할(F)』을 선택한 후, 「파일분할」창에서 '모든 케이스 분석, 집단은 만들지 않음(A)'을 선택하거나 [분할집단변수(G)]로 지정된 것을 삭제하며 된다. 해제를 하지 않으면 이후에 진행되는 모든 분석에 대해 파일분할결과를 주므로 주의를 요한다.

1.6.2 케이스 선택

데이터에서 특정 조건에 부합하는 데이터만 선별하여 통계분석을 실시하고자 할 때 적용할 수 있는 방법이다. 예를 들면 남성만을 분석하거나 조건에 해당하는 것만을 분석하고자 할 때 사용된다.

test1.sav 데이터에서 연령이 40세 이하인 사람만 선택하여 분석하는 방법에 대해 알아보자. 메뉴에서 『데이터(D) → 케이스 선택(S)』을 선택한다.

그림 1.51 케이스 선택 명령어

「케이스 선택」창에서 '조건을 만족하는 케이스(C)'를 선택하고 〈조건(I)〉을 누른다.

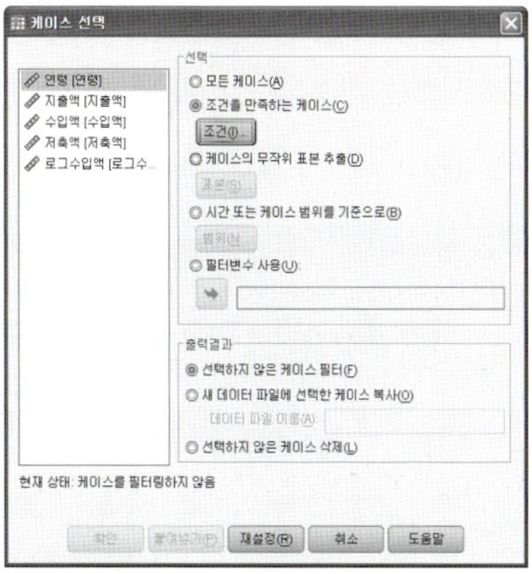

그림 1.52 케이스 선택에서 조건 명령어

전체 케이스(A) : 조건 없이 모든 데이터를 선택함.

조건을 만족하는 케이스(C) : 조건식을 만족하는 데이터를 선택함.

케이스의 무작위 표본추출(D) : 무작위 표본을 추출함(선택될 데이터의 백분율 또는 개체 수를 지정할 수 있음).

시간 또는 케이스 범위를 기준으로(B) : 개체번호의 범위나 시계열 변수의 기간을 지정하여 선택함.

조건을 지정할 변수를 왼쪽에 있는 변수창에서 선택한 후 ➡와 연산자를 이용하여 조건식을 작성한다. 본 예제에서는 연령이 40세 이하인 조건식을 아래와 같이 지정하였다.

계속 을 누르고 나와 「케이스 선택」창에서 확인 을 누른다.

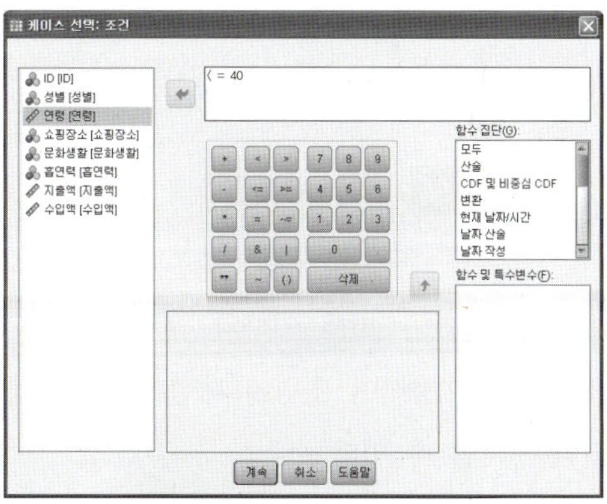

그림 1.53 케이스 선택 조건

조건에 맞는 연령이 40세 이하인 환자만 선택되었음을 'filter_$' 변수에서 확인할 수 있다. 화면 왼쪽에 선택되지 않은 케이스에서 빗금이 그어지게 된다.

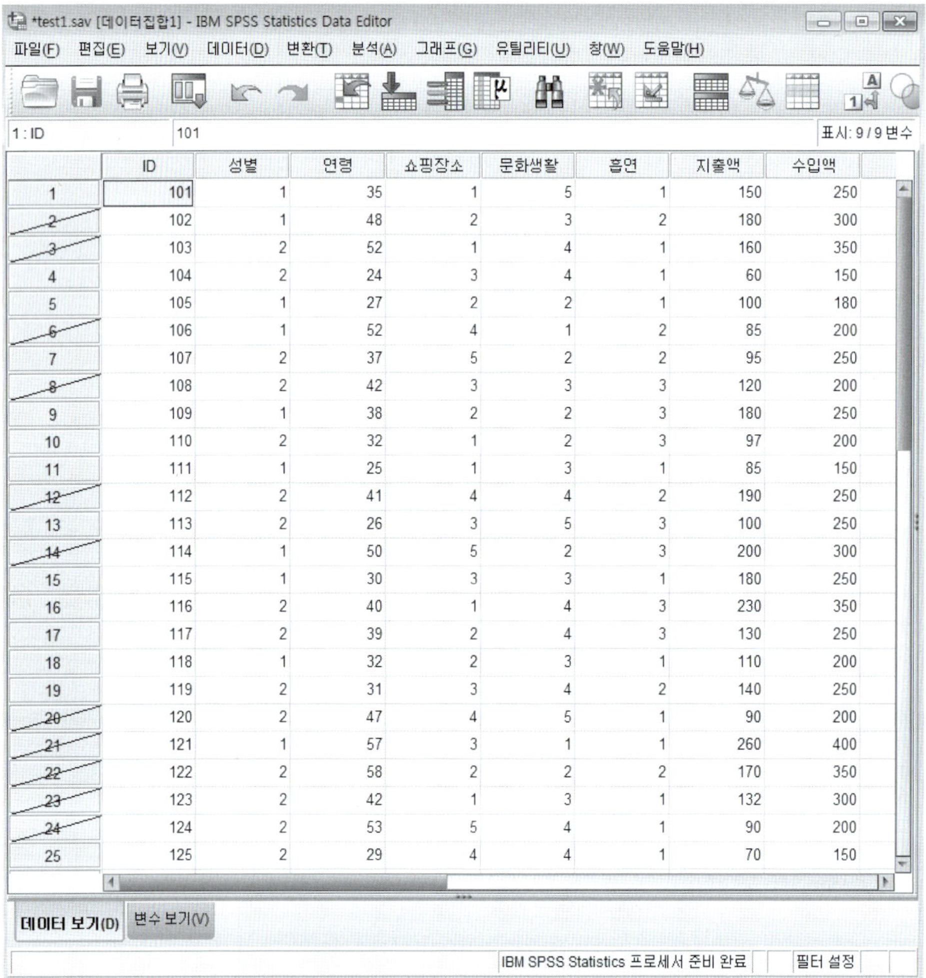

	ID	성별	연령	쇼핑장소	문화생활	흡연	지출액	수입액
1	101	1	35	1	5	1	150	250
2	102	1	48	2	3	2	180	300
3	103	2	52	1	4	1	160	350
4	104	2	24	3	4	1	60	150
5	105	1	27	2	2	1	100	180
6	106	1	52	4	1	2	85	200
7	107	2	37	5	2	2	95	250
8	108	2	42	3	3	3	120	200
9	109	1	38	2	2	3	180	250
10	110	2	32	1	2	3	97	200
11	111	1	25	1	3	1	85	150
12	112	2	41	4	4	2	190	250
13	113	2	26	3	5	3	100	250
14	114	1	50	5	2	3	200	300
15	115	1	30	3	3	1	180	250
16	116	2	40	1	4	3	230	350
17	117	2	39	2	4	3	130	250
18	118	1	32	2	3	1	110	200
19	119	2	31	3	4	2	140	250
20	120	2	47	4	5	1	90	200
21	121	1	57	3	1	1	260	400
22	122	2	58	2	2	2	170	350
23	123	2	42	1	3	1	132	300
24	124	2	53	5	4	1	90	200
25	125	2	29	4	4	1	70	150

그림 1.54 케이스 선택 된 후의 화면

아래 '기술통계량'에 대한 분석결과는 40세 이하의 환자가 선택된 상태에서 『분석(A) → 기술통계량(E) → 기술통계(D)』를 이용하여 연령에 대한 기술통계량을 계산한 결과이다. 전체 25명 중 14명이 선택되었음을 알 수 있다.

기술통계량

	N	최소값	최대값	평균	표준편차
연령	14	24	40	31.79	5.338
유효수 (목록별)	14				

그림 1.55 기술통계결과

케이스 선택 기능의 해제

메뉴에서 『데이터(D) → 케이스 선택(C)』을 선택하고 「케이스선택」창에서 '전체케이스(A)를 선택한다. 해제를 하지 않으면 이후의 모든 분석에서 선택된 케이스만 분석한다.

1.6.3 가중 케이스

범주형 형태의 데이터가 개체별로 코딩되어 있지 않고 이미 표로 정리되어 있을 수 있다. 이러한 경우에는 일일이 다시 입력하지 않고 가중치변수를 선언해주면 된다.

예를 들면 액화천연가스(LNG)의 저장 기지의 후보지로 고려되고 있는 세 지역의 여론을 알아보기 위하여, 세 지역에서 각각 400명, 350명, 350명을 랜덤 추출하여 기지의 건설에 대한 찬성여부를 물은 결과가 다음과 같다.

표 1.4 분할표

	찬 성	반 대	표본크기
지역1	198	202	$n_1 = 400$
지역2	140	210	$n_2 = 350$
지역3	133	217	$n_3 = 350$
합 계	471	629	$n = 1100$

이 데이터는 지역(지역: 1, 지역: 2, 지역: 3)과 찬반여부(찬성: 1,반대: 2)라고 이미 표로 정리되어 있다면 [그림 1.57]과 같이 가중치 변수를 넣어주면 간단하다. 다음의 절차에 따라 가중치변수를 선언해 주어야 한다.

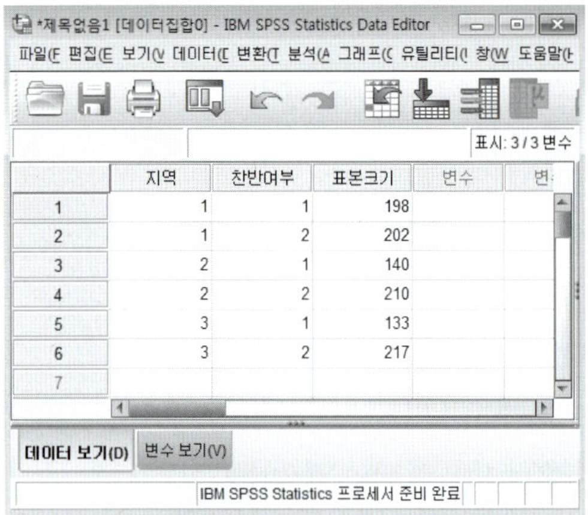

그림 1.56 데이터 입력

위의 그림과 같이 지역, 찬반여부, 표본크기를 각각 입력한다. 메뉴에서 『데이터(D) → 가중 케이스(W)』를 선택한다.

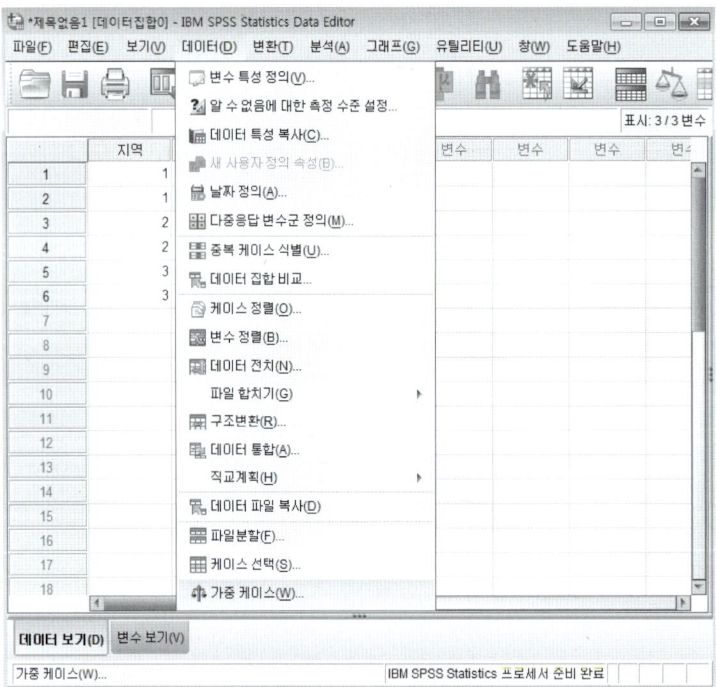

그림 1.57 가중케이스 명령어

'가중 케이스 지정(W)'을 선택하고 변수창에서 해당 변수를 선택한 후 를 눌러, [빈도변수(F)]로 옮기고 을 누른다. 여기서 표본크기를 선택하였다.

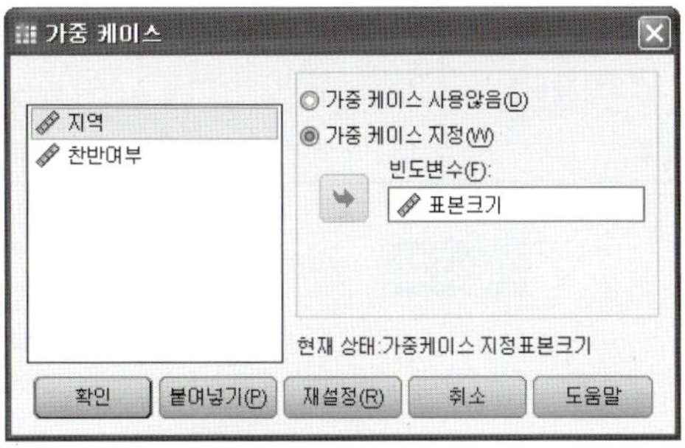

그림 1.58 가중케이스 지정

아래 결과는 표본크기 가중케이스로 지정한 후 『분석(A) → 기술통계량(E) → 교차분석(C)』에서 행과 열을 각각 '지역'과 '찬반여부'로 지정하여 분할표를 생성한 결과이다.

지역 * 찬반여부 교차표

빈도

		찬반여부		
		찬성	반대	전체
지역	지역1	198	202	400
	지역2	140	210	350
	지역3	133	217	350
전체		471	629	1100

그림 1.59 분할표 결과1

만약 가중케이스를 선언하지 않고 단순히 두 변수의 교차분석을 실시하면 아래 그림과 같이 각 범주별로 찬성 혹은 반대하는 표본크기가 1명씩인 것으로 간주되어 잘못된 결과를 가져오므로 주의해야 한다. 한편, 가중케이스선택을 해제하기 위해서는 「가중케이스」창에서 '가중케이스 사용 않음(D)'을 체크하면 된다.

지역 * 찬반여부 교차표

빈도

		찬반여부		전체
		찬성	반대	
지역	경력없음	1	1	2
	끊은상태	1	1	2
	흡연중	1	1	2
전체		3	3	6

그림 1.60 분할표 결과2

1.7 자료의 수정 및 편집

1.7.1 데이터 편집기 창 수정 및 편집

자료를 입력한 후 케이스(행 또는 관측값)를 추가하고자 한다면, 추가할 행의 번호를 마우스로 클릭하여 블록을 설정하고, 메뉴의 편집(E) → 케이스 삽입(I)을 클릭한다. 예를 들어, 5번째 행에 아래와 같은 케이스를 추가하고자 한다고 가정하자.

ID	성 별	연 령	쇼 핑	문 화	흡 연	지 출	수입액
301	2	37	3	4	3	150	350

[그림 1.61]과 같이 행 번호 7을 마우스로 클릭하고 메뉴에서 편집(E) → 케이스 삽입(I)을 클릭하면 [그림 1.62]처럼 블록을 설정한 행 번호 7에 새로운 케이스를 입력하도록 공백이 생기고, 이후의 케이스들은 한 행씩 아래로 움직이게 된다. 이제 이 공란에 새로운 케이스를 입력하면 된다.

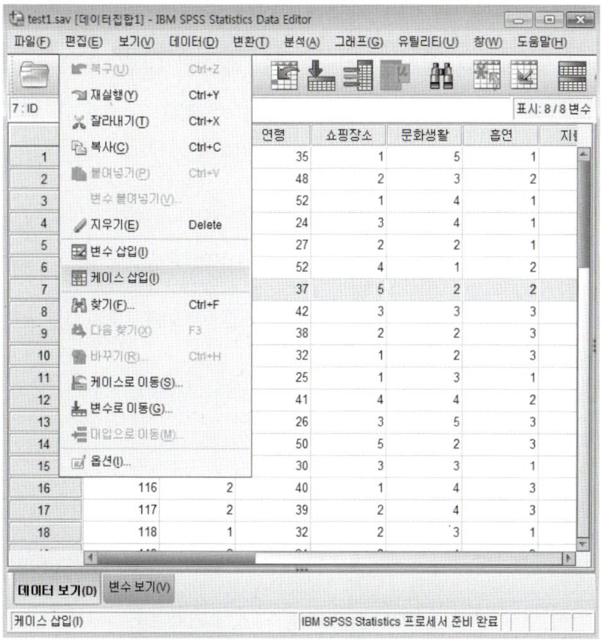

그림 1.61 케이스 삽입을 위한 명령어

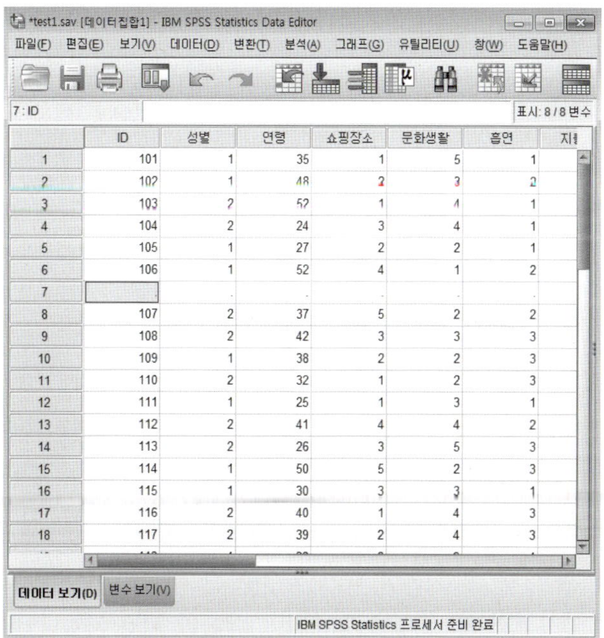

그림 1.62 케이스 삽입 화면

자료를 입력한 후 케이스나 변수를 삭제하고자 한다면 [그림 1.63]에서처럼 해당 행이나 열의 번호를 마우스로 클릭하여 블록을 설정한 후 메뉴의 편집(E) → 지우기(E)를 클릭하면 된다. 실수로 삭제한 케이스나 변수를 다시 살리기 위해서는 메뉴의 편집(E) → 복구(U)를 클릭하면 된다.

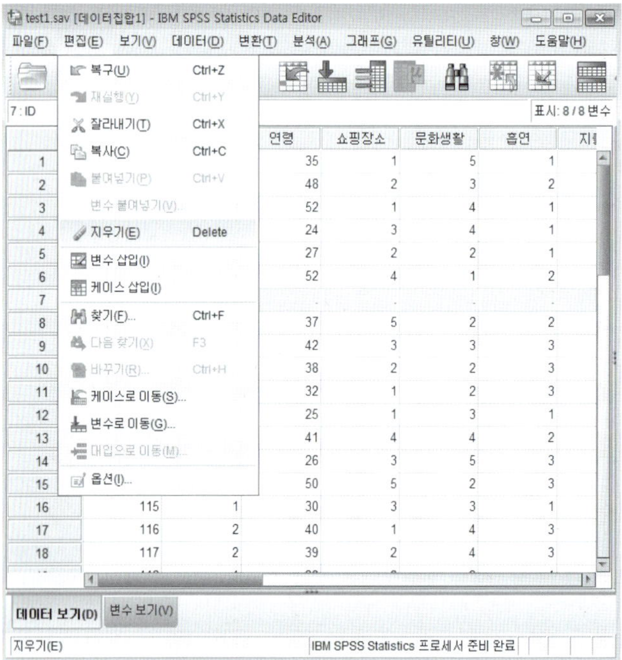

그림 1.63 케이스 삭제 명령어

1.7.2 SPSS 뷰어 창 수정과 편집 및 저장

데이터 편집기 창은 SPSS를 시작하면 그 초기화면에 나타나며 이 창을 이용하여 사용자가 분석하고자 하는 자료를 입력하고 편집할 수 있다. 자료를 입력한 후 적절한 통계절차를 수행하면 SPSS의 출력 결과가 나타나는 새로운 창이 열리는데, 이 창이 뷰어 창이다.

[그림 1.64]는 test1.sav 파일을 가지고 변수 지출액을 기술통계 처리한 후에 얻게 된 뷰어 창이다. [그림 1.64]에서 볼 수 있듯이 뷰어 창에는 데이터 편집기 창에서처럼 컨트롤 메뉴 버튼, 제목 표시줄 등이 있으며, 크게 왼쪽 화면과 오른쪽 화면으로 나뉘어져 있다. 왼쪽 화면은 결과물의 목차를 나타내고, 오른쪽 화면은 SPSS의 출력 결과들이다.

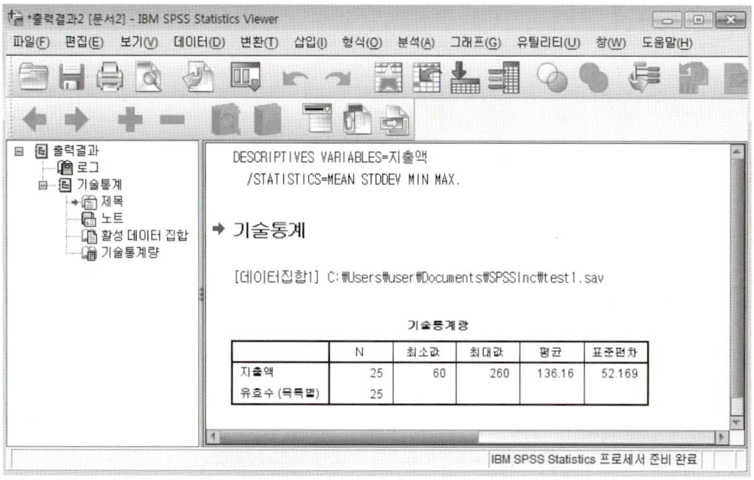

그림 1.64 SPSS 뷰어 창의 예

SPSS 뷰어 창에서 결과물을 편집하고 파일로 저장하는 과정에 대하여 간단히 알아보자.

수정 또는 편집하고자 하는 결과를 마우스로 선택한 후 마우스를 더블 클릭하면 [그림 1.65]와 같은 점선이 나타난다. 이후 수정하고자 하는 부분에 커서를 두고 마우스로 더블 클릭한 후 수정하면 된다.

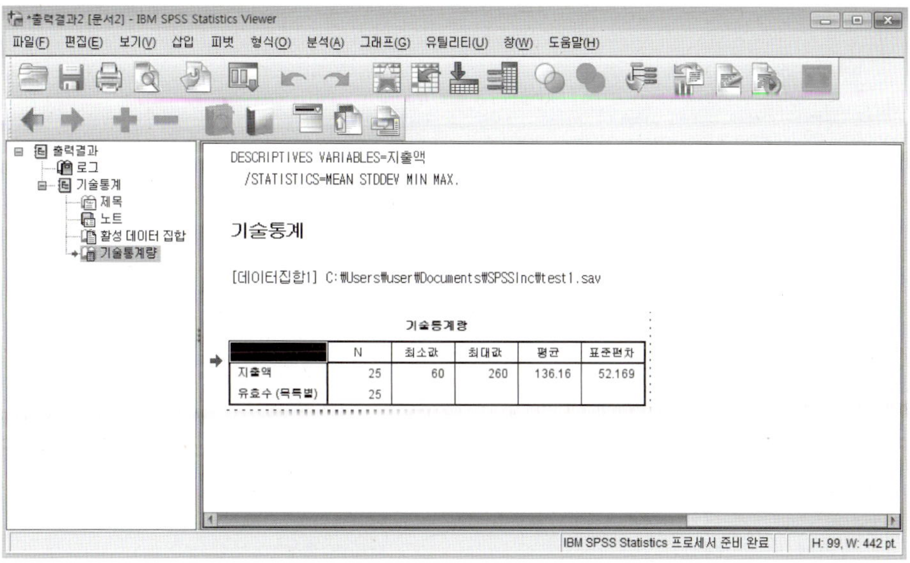

그림 1.65 SPSS 결과 수정하기 1

[그림 1.66]은 [그림 1.65]에서 N을 수정하기 위해 N 위에 커서를 두고 마우스를 더블 클릭하여 얻은 화면이다.

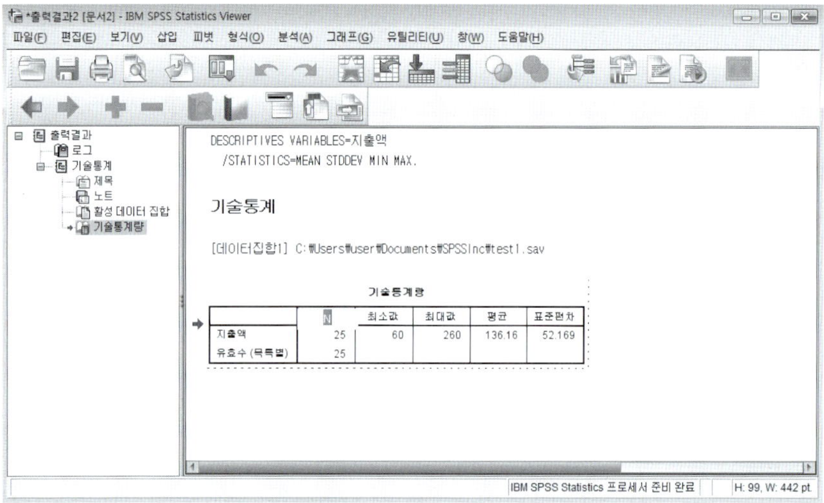

그림 1.66 SPSS 결과 수정하기 1

이제 N을 Backspace로 지우고 '표본크기'를 입력하면 [그림 1.67]의 결과를 얻을 수 있다. 비슷한 방법으로 출력 결과의 표에서 불필요한 행이나 열을 삭제할 수 있다.

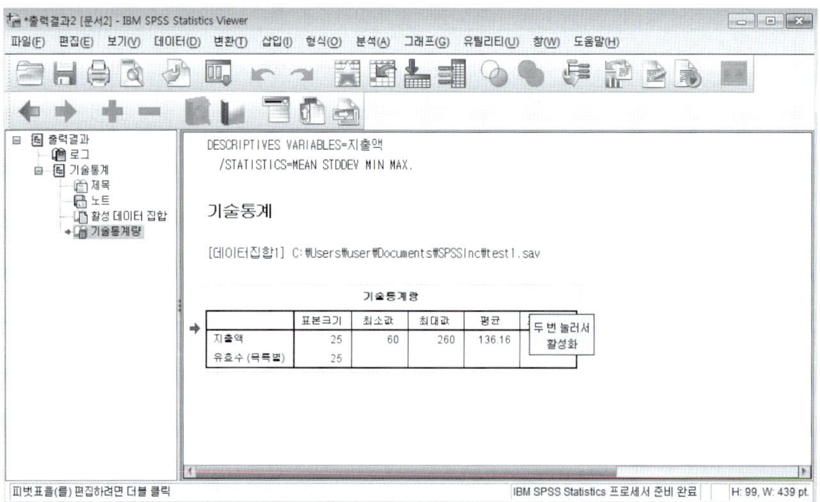

그림 1.67 SPSS 결과 수정의 예

필요한 수정 및 편집을 한 후 결과를 저장하기 위해서는 [그림 1.68]과 같이 메뉴에서 확인 → 다른 이름으로 저장(A)을 선택함으로써 확장자가 .spo인 SPSS 전용 파일로 저장할 수 있다.

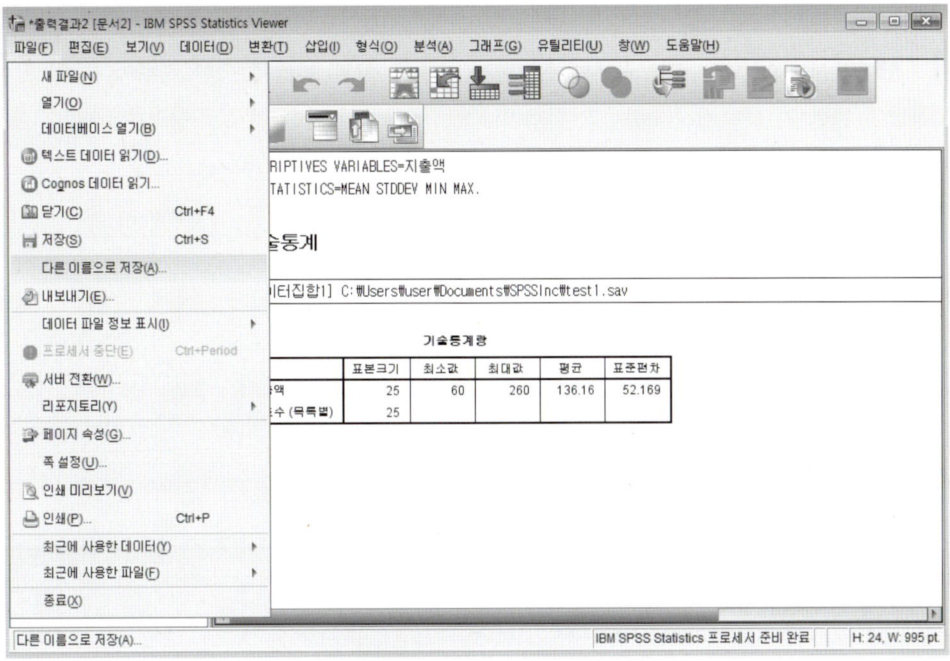

그림 1.68 SPSS 결과 저장하기

연습문제

1 아래의 자료는 어느 대학교에서 랜덤하게 추출된 학생 20명에 대한 자료이다. 이 표에서 성별에 관한 자료는 질적자료이고, 학년이나 키, 몸무게에 관한 자료는 양적자료이다.

번 호	성 별	학 년	키(cm)	몸무게(kg)
1	1	3	183	82
2	2	1	168	52
3	2	1	160	48
4	2	2	160	50
5	1	4	180	79
6	1	2	183	73
7	2	2	170	60
8	1	1	170	66
9	1	2	185	74
10	1	3	165	57
11	1	3	170	54
12	2	2	152	50
13	2	1	173	60
14	2	1	163	63
15	2	4	163	57
16	2	1	178	77
17	2	3	163	50
18	2	2	168	57
19	2	2	170	54
20	2	2	145	37

* 성별에서 1은 남자, 2는 여자를 의미함.

1) 적절한 변수속성을 정의하고 환자번호와 이름, 성별, 체중, 키를 입력하라.

2) 변수계산 기능을 이용하여 비만도를 구하여라, 단, 비만도 BMI=체중(kg)/키$(m)^2$으로 계산한다.(참고: 현재 데이터는 cm단위로 입력되어 있으므로 전환이 필요하다)

3) 성별로 각각 키에 대한 기술통계량을 계산하여라.

4) 이 데이터를 문제1.sav로 저장하고, 결과는 답안1.sop로 저장하라.

02 다음 자료는 K대학에서 시행한 모의 Toeic 성적의 일부이다.

일련번호	학 년	LC	RC
1	2	305	350
2	4	355	265
3	4	350	270
4	4	305	300
5	4	235	345
6	4	315	225
7	4	280	260
8	4	290	225
9	3	220	285
10	4	235	265
11	3	215	280
12	4	250	235
13	3	245	240
14	4	230	250
15	3	235	240
16	4	220	255
17	3	215	260
18	4	245	225
19	4	235	235
20	4	220	250
21	4	255	210
22	4	220	240
23	4	220	235
24	4	245	200
25	4	235	205

1) 일련번호, LC, RC를 입력하라.

2) 변수계산 기능을 사용하여 LC, RC, 총합을 구하여라.

3) 2)에서 구한 종합점수에 대해 순위변수(석차)를 생성하여라.

4) RC 점수가 250점 이상인 학생들만 선택하여 점수의 기술통계량을 계산하여라.

3 10명의 의과대학 학생을 대상으로 인턴쉽을 실시하고 활동에 대한 평가점수를 매겼다. 학생들은 두 개 그룹으로 나누어 활동한 후, 그룹별 점수 및 개별 점수를 받았다. 그룹별 점수는 a.sav에, 개인별 점수는 b.sav에 저장하였다고 하자.

1) 다음과 같이 a.sav와 b.sav파일을 작성하여라.

a.sav

번 호	그 룹	그룹평가
1	A	70
2	A	70
3	B	60
4	B	60
5	A	70

b.sav

번 호	개별평가1	개별평가2
1	70	50
2	80	70
3	90	90
4	90	80
5	70	70

2) 향후 분석을 위해서 그룹정보를 이용하여 다음의 c.sav와 같이 해당하는 개별평가 및 그룹별평가점수를 하나의 파일로 만들고자 한다. a.sav와 b.sav를 가지고 [파일합치기] 기능을 이용하여 c.sav를 만들어 보아라.

c.sav

번 호	그 룹	그룹평가	개별평가1	개별평가2
1	A	70	70	50
2	A	70	80	70
3	B	60	90	90
4	B	60	90	80
5	A	70	70	70

3) 3명의 학생에 대한 데이터를 추가로 받은 결과는 다음과 같다. 데이터를 d.sav로 저장하고, c.sav에 이를 추가하여 보아라.

d.sav

번 호	그 룹	그룹평가	개별평가1	개별평가2
1	A	70	80	70
2	B	60	80	70
3	B	60	90	85

04 한 지역에서 10~12세의 아동 61명을 대상으로 SED(seriously emotionally distributed) 여부와 우울증 정도를 한 결과는 다음과 같다.

	우울증 정도	
	낮음	높음
SED 없음	34	14
SED 있음	5	8

1) 61명의 자료를 각각 입력하는 방식으로 데이터를 작성하여라.

2) 가중치 변수를 지정하여 입력하는 방식으로 데이터를 작성하고 가중치변수를 설정하여라.

05 A병원 20명과 B병원 환자로부터 기초정보인 성별, 체중, 신장, 연령, 흡연력(0: 경력없음, 1: 과거경력 있으나 현재 끊었음, 2: 현재 흡연 중임)를 조사한 결과이다.

e.sav

ID	기 관	성 별	체 중	신 장(cm)	연 령	흡연력
0101	A	F	46.8	132.6	35	1
0102	A	F	57.6	148.2	67	0
0103	A	F	44.3	156.9	57	0
0104	A	F	58.4	153.0	65	0
0105	A	F	51.1	148.1	38	0
0106	A	F	45.8	150.5	47	0
0107	A	F	61.4	158.3	42	0
0108	A	F	57.5	136.8	76	0
0109	A	M	83.6	171.9	41	1
0110	A	F	40.6	155.5	31	1
0111	A	F	62.0	145.1	58	0
0112	A	M	83.4	171.5	46	2
0113	A	M	58.6	171.6	63	1
0114	A	M	65.5	177.5	55	1
0115	A	F	55.6	157.6	57	1
0116	A	M	67.2	174.3	48	2
0117	A	F	56.5	142.3	43	0
0118	A	M	59.0	166.2	68	2
0119	A	F	62.2	146.8	54	0
0120	A	F	51.9	154.1	69	1

f.sav

ID	기 관	성 별	체 중	신 장	연 령	흡연력
0201	B	M	56.3	154.3	62	0
0202	B	F	51.4	132.4	52	0
0203	B	F	43.7	150.6	59	0
0204	B	F	45.3	142.1	38	0
0205	B	F	55.9	141.0	48	0
0206	B	F	44.1	149.5	30	2
0207	B	F	52.6	167.1	40	0
0208	B	F	50.4	153.9	42	0
0209	B	F	65.5	161.1	56	2
0210	B	F	60.3	161.8	36	0
0211	B	F	53.5	142.4	49	1
0212	B	M	65.0	169.0	59	0
0213	B	F	47.7	150.8	48	1
0214	B	F	48.0	150.1	56	0
0215	B	F	60.6	160.8	59	1
0216	B	F	58.7	158.1	48	0
0217	B	F	50.7	142.4	54	0
0218	B	M	74.6	180.4	41	2
0219	B	F	44.8	163.1	58	0
0220	B	F	50.9	149.8	57	0

g.sav

ID	WBC	Hb
0101	6.9	13.9
0102	6.5	13.8
0103	7.1	14.5
0104	4.0	14.9
0105	8.1	14.2
0106	4.1	14.5
0107	5.7	15.9
0108	7.1	15.1
0109	8.2	16.5
0110	8.7	14.8
0111	7.4	14.7
0112	4.9	16.7
0113	9.9	18.8
0114	4.7	13.7
0115	4.2	12.8
0116	7.7	14.3
0117	8.0	14.0
0118	3.1	14.8
0119	5.4	13.4
0120	6.0	13.4

1) A병원과 B병원의 변수속성을 정의하고 환자번호와 기관, 신장, 연령, 흡연력 등을 입력하라.

2) A병원의 환자기초정보와 B병원 기초정보를 합쳐보아라.

3) A병원의 환자기초정보 외에 추가로 이 환자들에 대해 혈액검사결과에 대한 데이터가 있을 때 이들을 하나의 데이터로 합쳐보아라.

4) A병원에서 미반지수(BMI) = 체중 $\div$(신장$\div$100)^{2}와 로그체중 = ln(체중)으로 새로운 변수를 생성하여라.

CHAPTER 2

기술통계 SPSS 실습

2.1 범주형자료에서 도수분포표

『SPSS 데이터 편집기창』에 간단한 SPSS의 사용법에서 test1.sav를 열어 놓은 후 도수분포표를 그리기 위해서는 아래와 같이 메뉴에서 『분석(A) → 기술통계량(E) → 빈도분석(F)』를 클릭하여 [그림 2.1]을 얻는다.

그림 2.1 도수분포표을 얻기 위한명령어

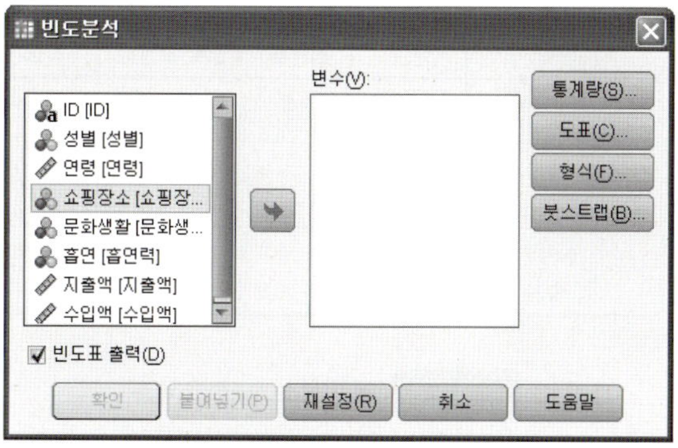

그림 2.2 빈도분석대화상자

빈도분석 대화상자의 왼쪽 창에는 현재의 변수들이 모두 나열되어 있는데, 그 중에서 빈도분석을 적용하고자 하는 변수 이름 위로 마우스를 옮겨서 파란색으로 변한 후 [➔]를 클릭하면 선택된 변수가 오른쪽으로 이동하게 된다. [그림 2.3]은 변수 쇼핑장소의 빈도분석을 위해 오른쪽으로 이동시킨 것이다.

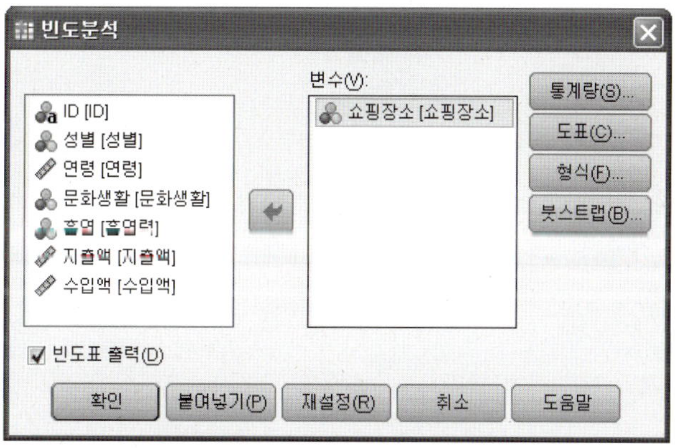

그림 2.3 빈도분석을 위한 변수선택

[확인]을 클릭하면 SPSS 뷰어 창 화면이 새로 생기면서 결과들이 출력된다. [그림 2.4]는 그 출력 결과에서 빈도표(도수표)만 복사하여 편집한 것이다.

쇼핑장소

		빈도	퍼센트	유효 퍼센트	누적퍼센트
유효	백화점	6	24.0	24.0	24.0
	할인점	6	24.0	24.0	48.0
	재래시장	6	24.0	24.0	72.0
	동네주변	4	16.0	16.0	88.0
	기타	3	12.0	12.0	100.0
	합계	25	100.0	100.0	

그림 2.4 쇼핑장소에대한 도수표

쇼핑장소의 각 항목에 대한 빈도와 전체에서 차지하는 퍼센트가 나타나 있다.

참고로 [그림 2.5]와 같이 메뉴에서 『분석(A) → 표(T) → 통계표 작성(C)』를 선택하여 도수분포표를 얻을 수도 있다.

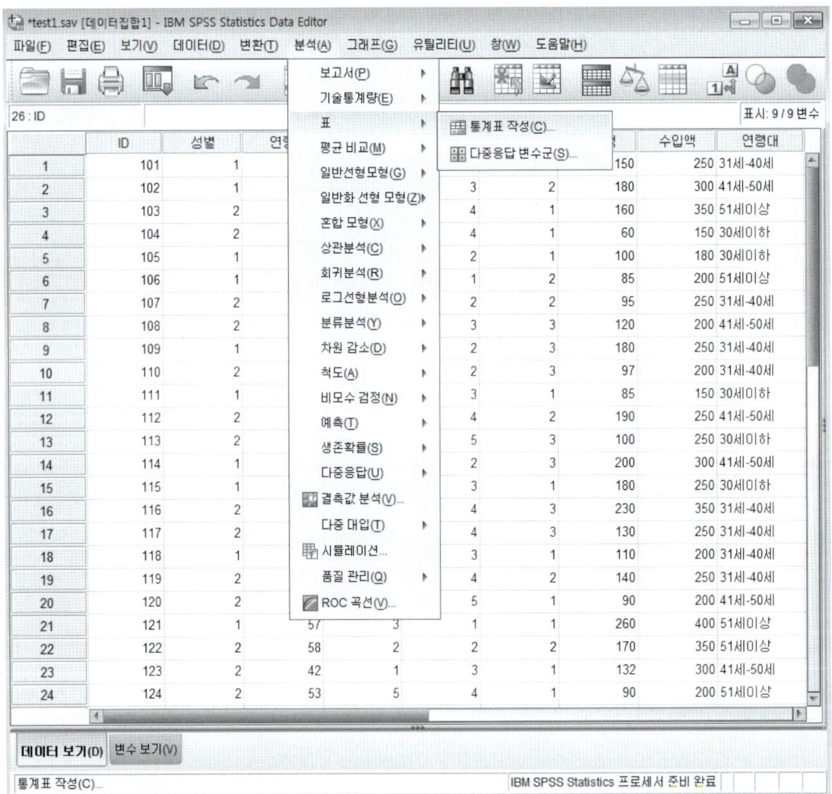

그림 2.5 도수분포표를 얻기 위한 명령어

2.2 연속형자료에서 도수분포표

『SPSS 데이터 편집기창』에 test1.sav를 열어 놓은 후 SPSS를 이용하여 연속형 변수의 도수분포표를 만들기 위하여는 먼저 계급구간 변수를 생성하여야 한다.

『변환(T) → 다른 변수로 코딩변경(R)』에서 위에서 정의한 계급구간에 따른 변수를 생성한다.

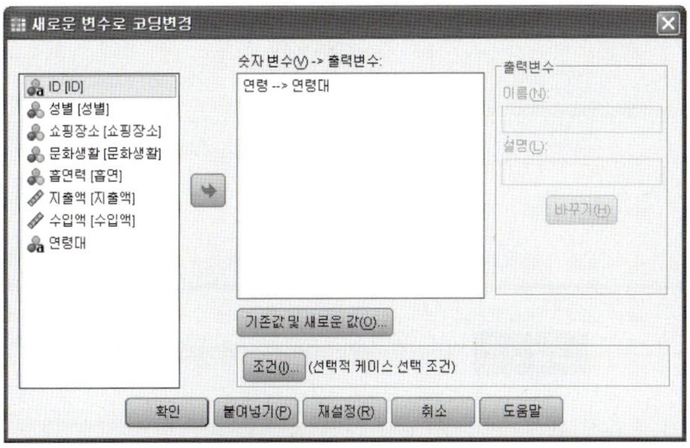

그림 2.6 코딩변경화면

'최저값에서 다음 값까지 범위(G)' 또는 '다음 값에서 최고값까지 범위(E)'를 이용하여 아래와 같이 변수의 [자리수(W)]를 10으로 한 문자열 변수 연령대를 생성한다.

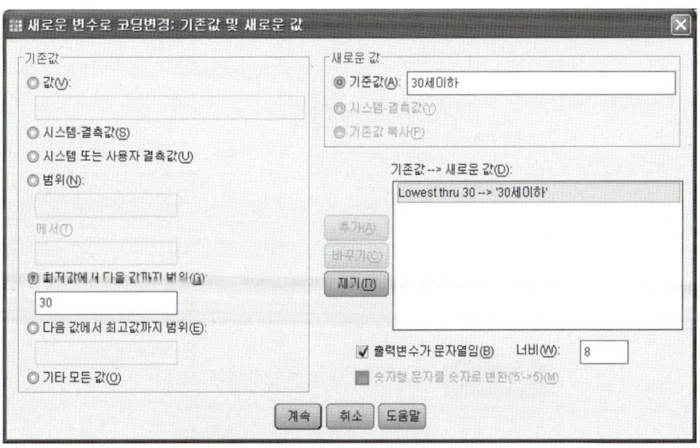

그림 2.7 최저값에서 다음값까지 범위

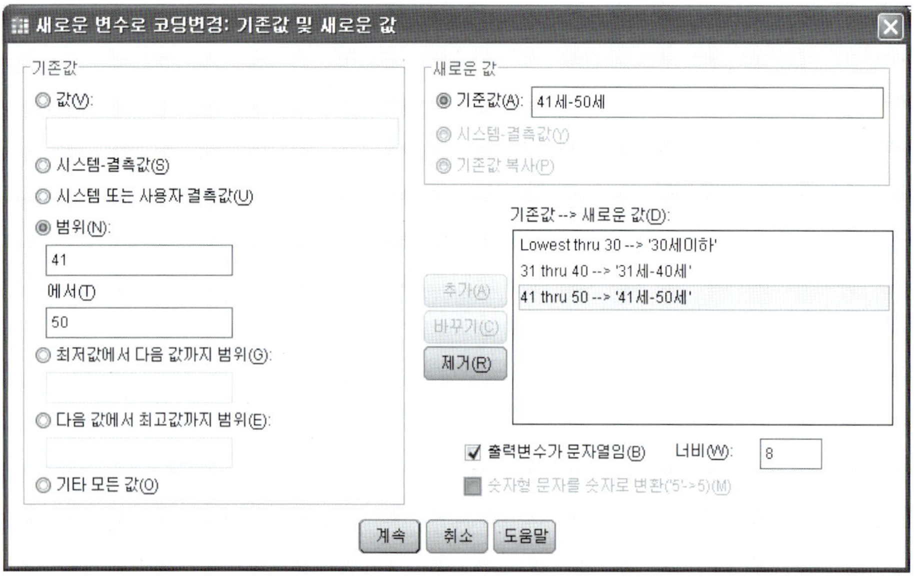

그림 2.8 너비를 10으로한 문자열변수연령대

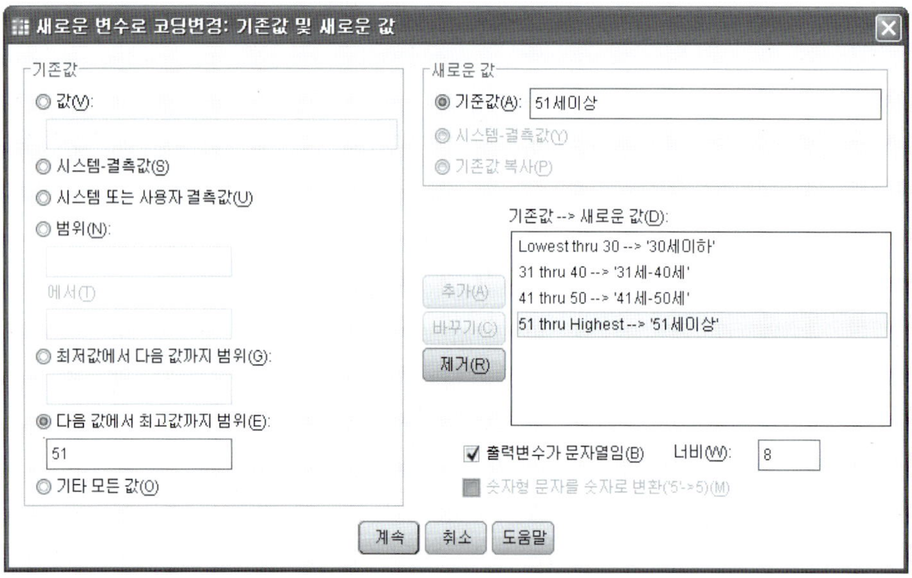

그림 2.9 다음값에서 최고값까지의 범위

『분석(A) → 기술통계량(E) → 빈도분석(F)』을 선택한다. 「빈도분석」창에서 왼쪽변수 리스트 중 연령대를 선택하여 오른쪽으로 옮긴 후 확인을 누른다.

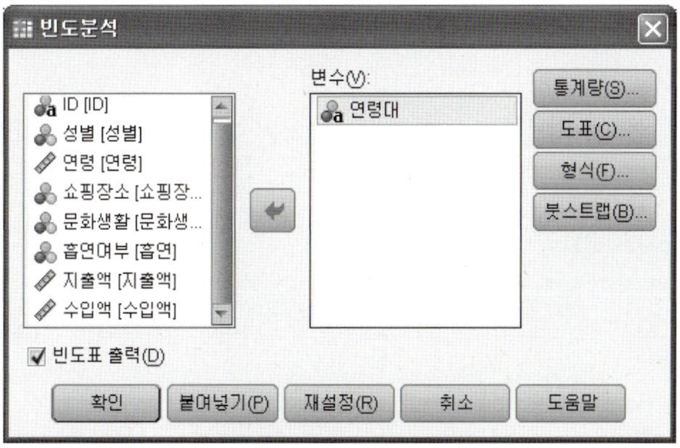

그림 2.10 빈도분석화면

『SPSS 뷰어』창의 도수분포표를 확인한다. 여기서 상대도수와 누적상대도수는 각기 '퍼센트'와 '누적퍼센트'로 표시된다.

연령대

		빈도	퍼센트	유효 퍼센트	누적퍼센트
유효		3	10.7	10.7	10.7
	30세이하	6	21.4	21.4	32.1
	31세-40세	8	28.6	28.6	60.7
	41세-50세	6	21.4	21.4	82.1
	50세이상	5	17.9	17.9	100.0
	합계	28	100.0	100.0	

그림 2.11 SPSS뷰어창의 도수분포표

2.3 분할표

한 개체에 대해 두 가지 변수를 조사하고 이것이 모두 질적 범주인 경우에는 두 변수를 각기 행과 열에 배치하고 해당되는 관측치를 세어서 이차원 분할표(contingency table)로 데이터를 정리할 수 있다.

test1.sav 데이터에서 성별과 흡연경력에 대한 2차원 분할표를 구하면 다음과 같다.

표 2.1 도수에 대한 2차원 분할표

흡연경력 \ 성 별	여 성	남 성	총 계
경험 없음	6	6	12
과거 경험 있으나 현재 끊었음	4	2	6
현재 흡연 중	5	2	7
총 계	15	10	25

위의 표는 분할표의 각 셀에 도수를 쓴 경우이나, 상대도수를 쓸 수도 있다. 예컨대 성별로 흡연경력의 분포를 비교하고 싶다면 다음 분할표의 여성과 남성의 상대도수가 각각 1이 되도록 할 수 있다.

표 2.2 상대도수에 대한 2차원 분할표

흡연경력 \ 성 별	여 성	남 성
경험 없음	0.4	0.6
과거 경험 있으나 현재 끊었음	0.26	0.2
현재 흡연 중	0.34	0.2
총 계	1	1

SPSS를 사용하여 분할표를 작성하여 보자.

『분석(A) → 기술통계량(E) →교차분석(C)』을 선택하여 「교차분석」창에서 성별을 [행(W)] 칸으로, 흡연력을 [열(C)] 칸으로 옮긴다.

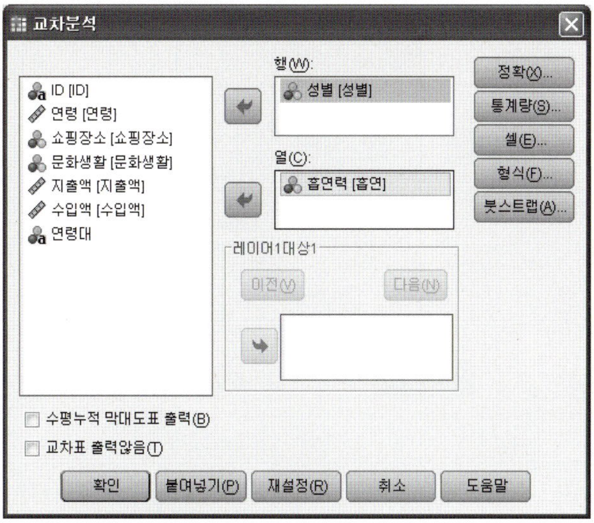

그림 2.12 교차분석을 위한 명령어

확인을 누르면 다음과 같은 결과가 나타난다.

성별 * 흡연력 교차표

빈도

		흡연력			전체
		경력없음	끊은상태	흡연중	
성별	남성	6	2	2	10
	여성	6	4	5	15
전체		12	6	7	25

그림 2.13 이차원분할표

단순빈도 외에 기대빈도나 행 또는 열 백분율을 보고 싶으면 〈셀〉 버튼을 눌러 아래와 같이 분할표에 출력할 통계량을 체크한다.

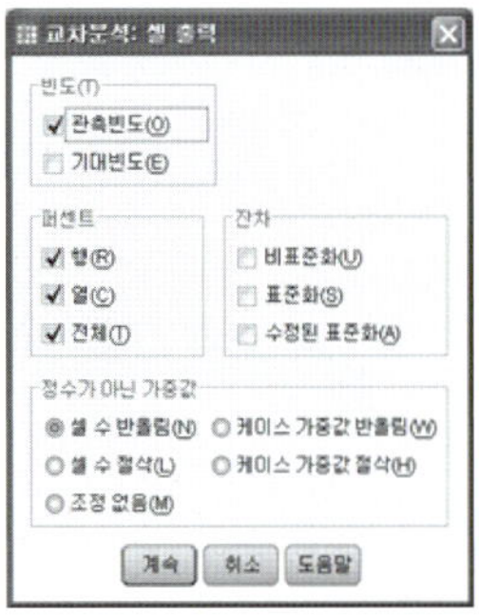

그림 2.14 행 또는 열백분율 명령어

2.4 막대도표

막대도표를 그리기 위해서는 『분석(A) → 기술 통계량(E) → 빈도분석(F)』에서 [도표(C)...]를 선택하여 [그림 2.15]을 얻는다.

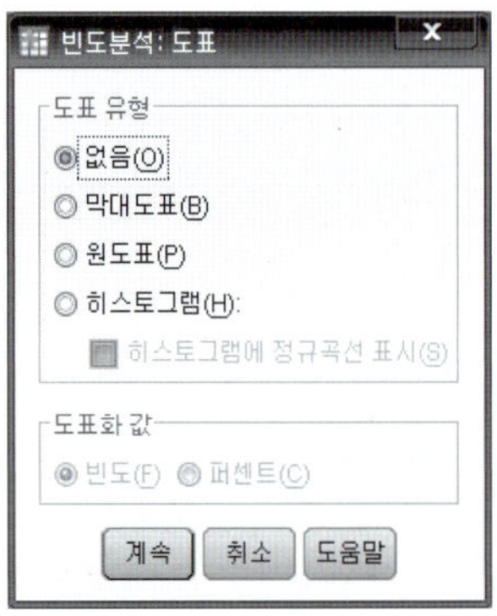

그림 2.15 빈도분석도표 화면

도표 유형에 막대도표(B) 를 선택하면 아래의 도표화 값이 더 진하게 변하는데, 이 때 막대도표의 세로축에 빈도를 표시할 것인가 퍼센트를 표시할 것인가를 선택한 다음 [계속]을 클릭하면 다시 빈도분석 화면을 얻게 되고, 여기서 [확인]을 클릭하여 막대도표결과 [그림 2.16]를 얻는다. 또는 데이터 편집기 메뉴에서 『그래프(G) → 레거시대화상자(L) → 막대도표(B)』를 클릭하여 막대도표를 그릴 수 있다.

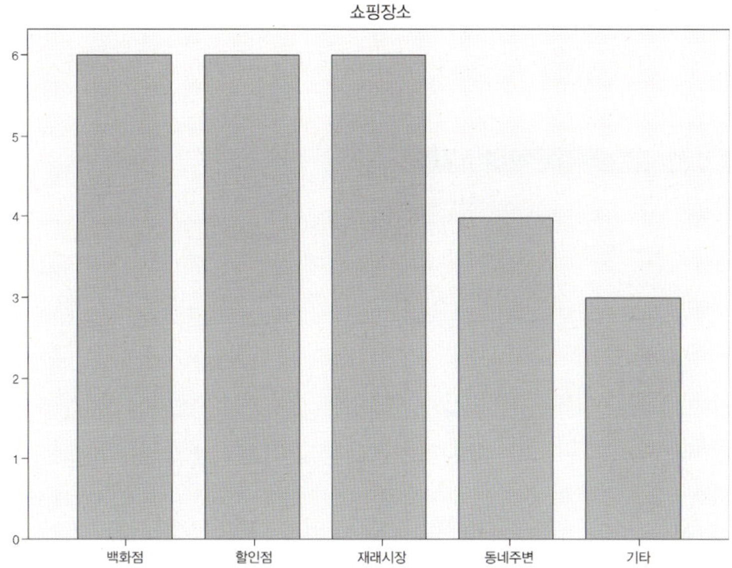

그림 2.16 막대도표의 결과

또 데이터 편집기 메뉴에서 『그래프(G) → 레거시대화상자(L) → 막대도표(B)』를 클릭하여 막대도표를 그려보자.『그래프(G) → 레거시대화상자(L) → 막대도표(B)』를 선택하면 「막대도표」 창이 나타나는데, 여기서[단순]을 선택하고 〈정의〉 버튼을 누른다.

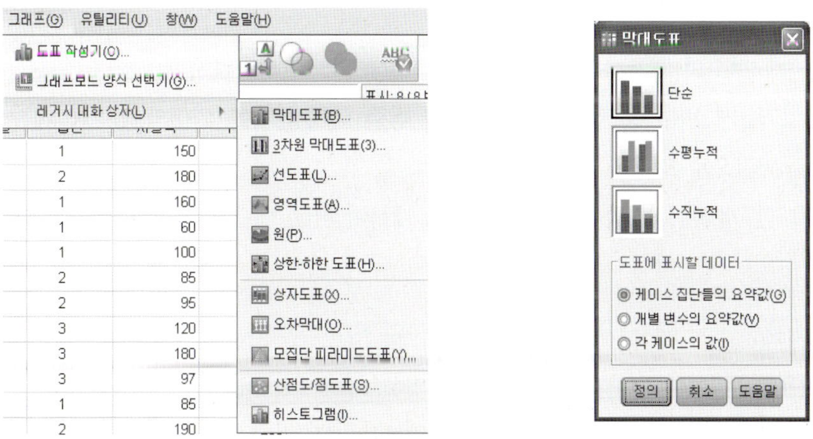

그림 2.17 막대도표명령어

[막대표시]에는 도표에 표시할 통계량을 선택한 후, [범주축(X)]에 성별을 옮기고 〈확인〉을 누른다. 여기서는 막대의 높이가 '케이스 수'인 그래프가 아래와 같이 구해진다.

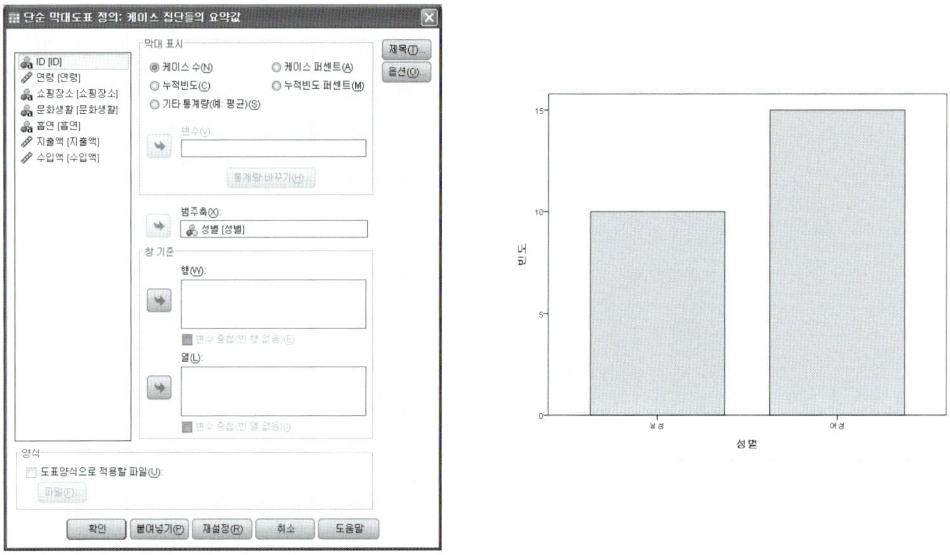

그림 2.18 성별막대그래프

「막대도표」창에는 [단순]외에도 [수평누적]이나 [수직누적]을 선택할 수 있다. 예를 통해 기능을 알아보자.

- 단순 : 한 개 변수의 범주에 대한 요약값으로 그래프의 막대를 표시함.
- 수평누적 : 두 개 변수 중 나머지 한 변수의 범주 내에서 다른 변수의 범주에 대한 요약값으로 막대를 표시함.
- 수직누적 : 한 개 변수의 범주에 대한 막대에 대하여 다른 변수 범주의 요약치를 수직적으로 구분하여 표시함.

이번에는 『그래프(G) → 레거시대화상지(L) → 막대도표(B)』를 선택한 후 「막대도표」창에서 [수평누적]을 선택하고 〈정의〉버튼을 누른다. 대화창에 [수평누적 기준변수(B)]라는 항목이 추가되었다. 아래 그림과 같이 [수평누적 기준변수(B)]라는 항목이 추가되었다. 아래 그림과 같이 [수평누적 기준변수(B)]에 흡연을 지정하고 〈확인〉을 누르면, 아래 그림과 같이 성별로 흡연 수준을 구분해서 막대도표가 그려진다.

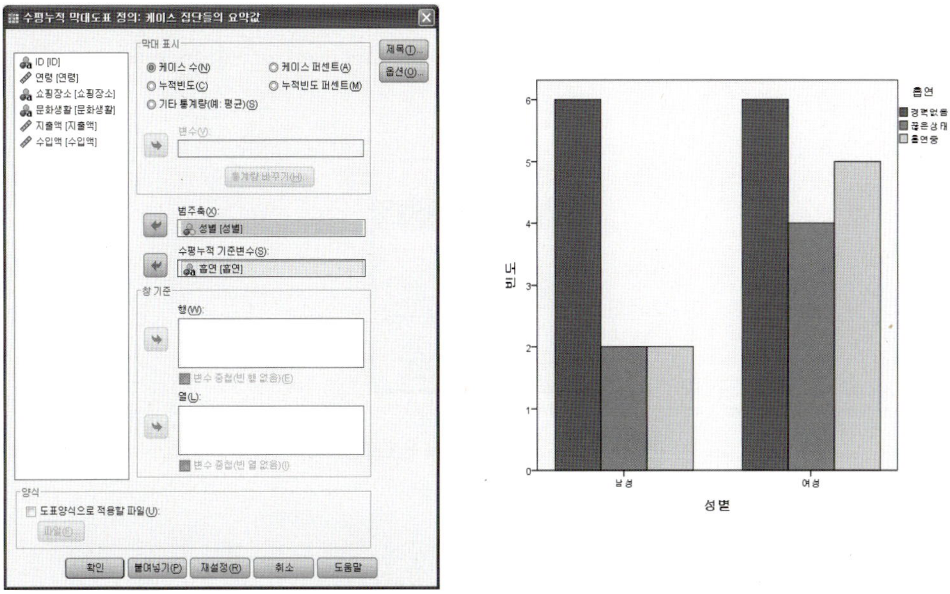

그림 2.19 성별 흡연력 막대그래프

2.5 원도표

원도표를 그리기 위해서는 빈도분석 도표 화면에서 도표 유형으로 원도표(P)를 선택하고 [계속]을 클릭하면 다시 빈도분석 화면을 얻게 되는데, 여기서 [확인]을 클릭하여 [그림 1.36]과 같은 결과를 얻는다.

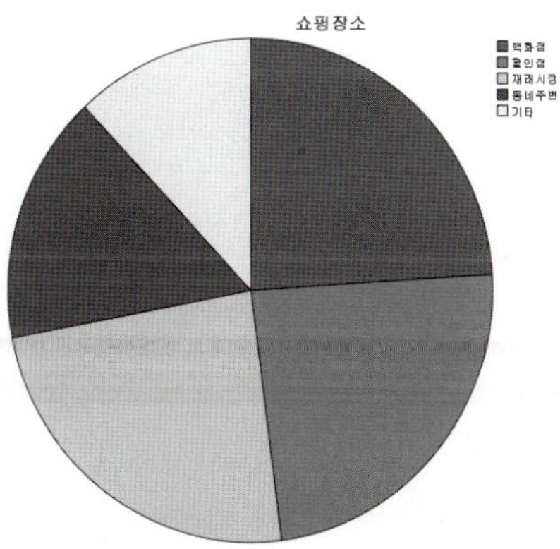

그림 2.20 원도표결과

또는 데이터 편집기 메뉴에서 『그래프(G) → 원도표(P)』를 클릭하여 원도표를 그릴 수도 있다.

『그래프(G) → 레거시대화상자(L) → 원(P)』를 선택하면 「원도표」창이 나타나는데, 이 중 적절한 데이터 형태를 선택한 후 [정의]를 누른다.

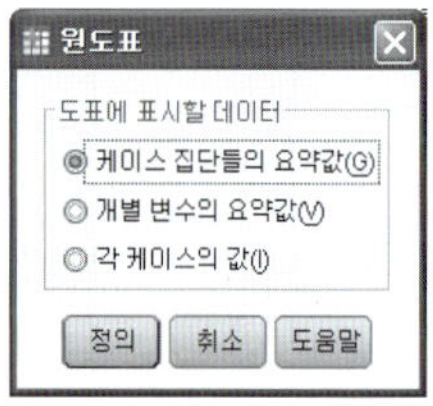

그림 2.21 그래프(G)에서 원도표명령어

- 케이스 집단들의 요약값(G) : 한 개 변수의 범주에 대한 요약값으로 도표를 작성함.
- 개별 변수의 요약값(V) : 두 개 이상의 숫자변수에 대한 요약값으로 도표를 작성함.
- 각 케이스의 값(I) : 각 관측치의 단일 숫자변수를 요약하여 도표를 작성함.

「원도표」창에서 [케이스 집단들의 요약값(G)]을 선택하고 〈정의〉 버튼을 누른다. [조각표시]에는 도표에 표시할 통계량을 선택한 후, [수평누적 기준변수(B)]에 흡연을 지정하고 〈확인〉을 누른다.

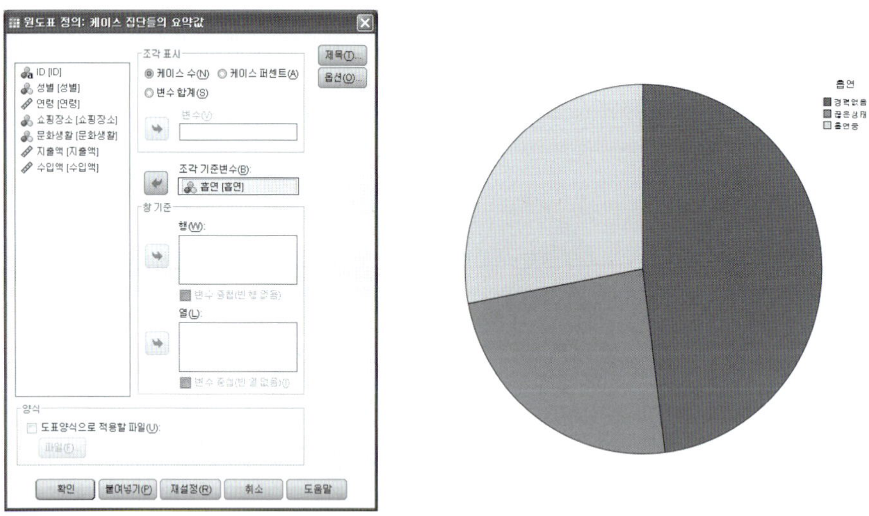

그림 2.22 원도표결과

2.6 줄기-잎그림

데이터 편집기의 메뉴에서 『분석(A) → 기술통계량(E) → 데이터 탐색(E)』을 클릭하면 데이터 탐색 화면을 얻게 된다. 탐색 화면의 왼쪽 창에는 현재의 변수들이 모두 나열되어 있는데 그 중에서 관심의 대상이 되는 변수 이름을 마우스로 클릭하고 파란색으로 변하면 [➔]를 클릭하여 오른쪽으로 이동하도록 한다. [그림 2.23]은 연령을 선택하여 [➔]를 클릭하여 오른쪽 종속변수로 이동시킨 다음 [도표(T)...]를 선택하여 얻은 화면이다.

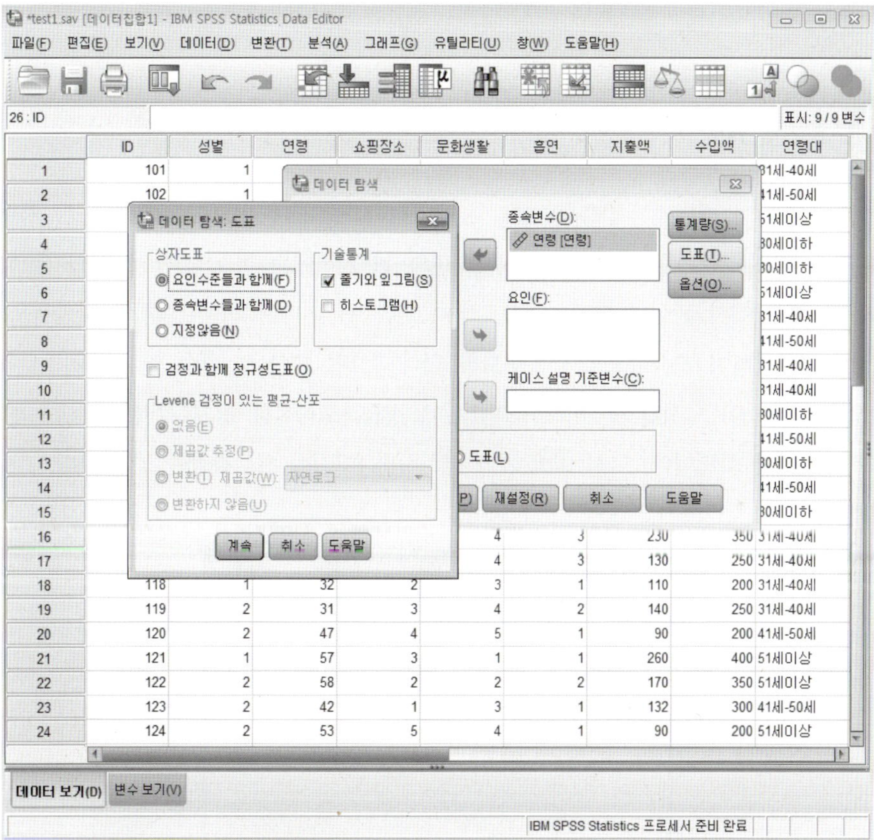

그림 2.23 줄기-잎그림을 위한 도표화면

이제 줄기-잎 그림이 선택되어 있으므로 [계속]을 클릭한다. 그러면 데이터 탐색 화면이 나타나고, 이때 [확인]을 클릭하면 다음과 같은 출력 결과를 얻는다.

```
연령 Stem-and-Leaf Plot

Frequency    Stem &  Leaf

    1.00        2 .  4
    4.00        2 .  5679
    4.00        3 .  0122
    4.00        3 .  5789
    4.00        4 .  0122
    2.00        4 .  78
    4.00        5 .  0223
    2.00        5 .  78

Stem width:      10
Each leaf:       1 case(s)
```

그림 2.24 줄-잎 그림

2.7 히스토그램

데이터 편집기의 메뉴에서 『그래프(G) → 레거시대화상자(L) → 히스토그램(I)』을 선택하면 히스토그램 화면을 얻게 된다. 히스토그램 화면의 왼쪽 창에는 현재의 변수들이 모두 나열되어 있는데 그 중에서 관심의 대상이 되는 변수 이름 위를 마우스로 클릭하고 파란색으로 변하면 [➔]를 클릭하여 오른쪽으로 이동하도록 한다. [그림 1.41]는 변수 연령의 히스토그램을 위해 오른쪽으로 이동 시킨 후 히스토그램 위에 정규분포곡선을 겹쳐 그리도록 정규곡선 출력(D) 을 선택한 화면이다. 다시 [확인]을 클릭하면 [그림 1.42] 결과를 얻게 된다.

그림 2.25 히스토그램의 변수지정

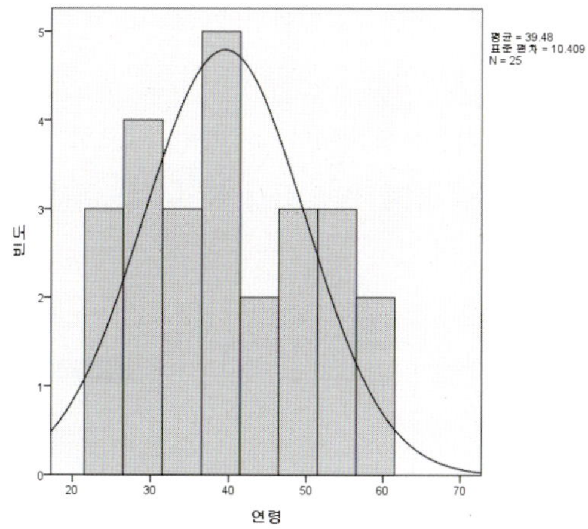

그림 2.26 연령의 히스토그램

같은 그림을 줄기-잎 그림에서처럼 『분석(A) → 기술통계량(E) → 데이터 탐색(E)』을 클릭하고 데이터 탐색 화면을 얻으면 [도표(T)...]를 선택하고 다시 히스토그램(H)을 클릭하여 그릴수도 있다.

『SPSS 뷰어』창에 생성된 히스토그램의 가로축, 계급구간을 변경할 수 있다.

『SPSS 뷰어』창의 히스토그램을 더블클릭하면 아래와 같은 「도표편집기」창이 열린다.

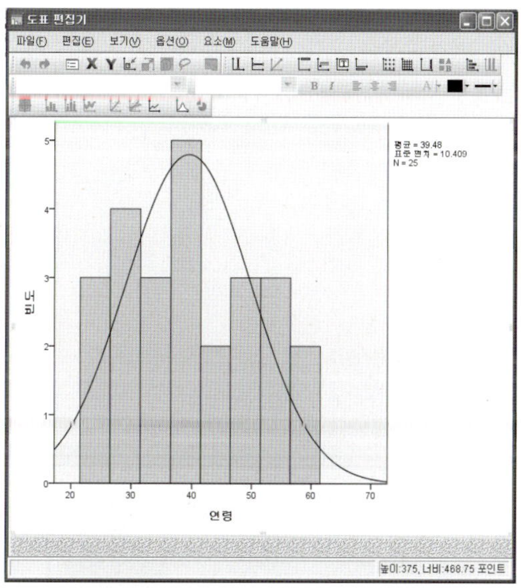

그림 2.27 SPSS뷰어창에서 히스토그램

「도표편집기」창에서 막대그래프 부분을 클릭하면 막대그래프 부분이 선택이 된다. 이 상태에서 메뉴의 『편집 → 특성』을 선택하거나, 도구모음의 ☰를 클릭하면 「특성」창의 [히스토그램 옵션]탭이 열린다. [x축의 사용자정의]에서 구간수는 '6'으로 설정하고 〈적용〉을 누른다. 그리고 막대그래프 부분에서 x축을 선택하면 「특성」창의 [척도화분석]창이 열린다. 이때 [최솟값]을 20으로 하고 〈적용〉을 누른다.

그림 2.28 SPSS뷰어창에서 가로축, 계급구간 변경화면

히스토그램이 아래와 같이 변경되었다.

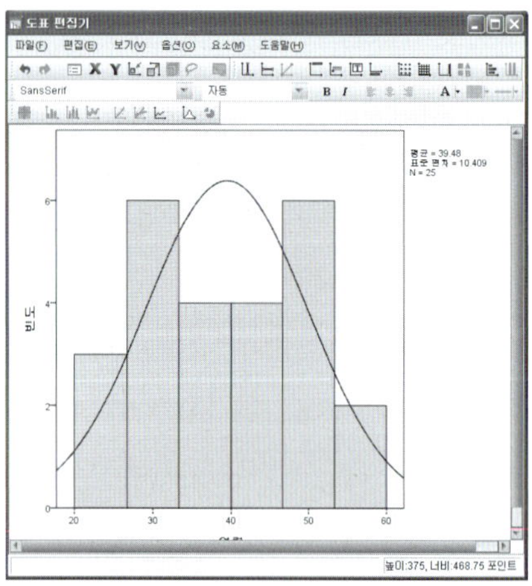

그림 2.29 변경된 히스토그램

『SPSS 뷰어』창에 나타난 그림을 선택한 후, 『파일(F) → 내보내기(T)』를 선택하면 결과를 그림파일로 저장할 수 있다. 「내보내기 출력결과」창에서 [내보내기 대상]을 '선택한 개체'로 지정하고, 〈찾아보기(B)〉 버튼을 눌러 그림을 저장할 위치와 파일이름을 지정하면 된다.

2.8 중심과 산포의 측도

수리적인 측도를 통해서 자료의 특성을 파악하기 위해서는 메뉴에서 『분석(A) → 기술통계량(E) → 기술통계(D)』를 클릭하여 기술통계 화면을 얻고, 기술통계 화면의 왼쪽 창에 있는 변수들 가운데 관심의 대상이 되는 변수 이름을 마우스로 클릭하고 파란색으로 변하면 를 클릭하여 오른쪽으로 이동한다. [그림 2.30]은 변수 연령과 지출액을 선택하고 를 클릭하여 오른쪽 '변수'로 이동시킨 후 얻은 화면이다.

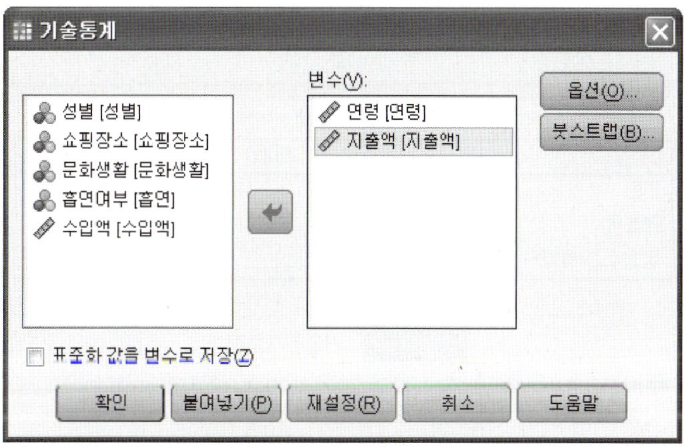

그림 2.30 기술통계명령어화면

기술통계 화면에서 옵션(O)...을 클릭하면 [그림 1.46]의 기술통계 옵션 화면을 얻게 된다. 여기서 원하는 통계량을 선택한 다음 계속을 클릭하여 다시 기술통계 화면으로 돌아오고, 확인을 클릭하면 뷰어 창에 [그림 2.31]과 같은 출력 결과를 얻는다.

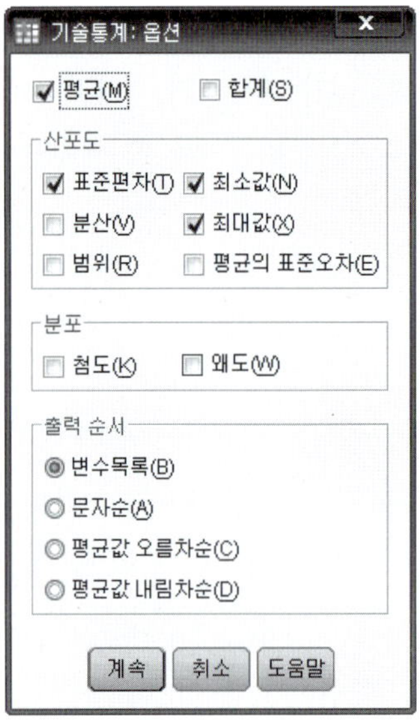

그림 2.31 기술통계옵션화면

기술통계량

	N	최소값	최대값	평균	표준편차
연령	25	24	58	39.48	10.409
지출액	25	60	260	136.16	52.169
유효수 (목록별)	25				

그림 2.32 기술통계결과

다음은 연령과 지출액의 기술통계량 값을 성별에 따라 구해 보자.

메뉴에서 『분석(A) → 표(T) → 통계표 작성(C)』를 클릭하여 통계표 작성 화면을 연 다음 왼쪽에 나열되어 있는 변수들 중에서 성별을 행(W)로 옮기고 연령과 지출액을 마우스로 클릭 성별 우측으로 드래그해서 다음 그림과 같이 될 수 있게 옮긴다.

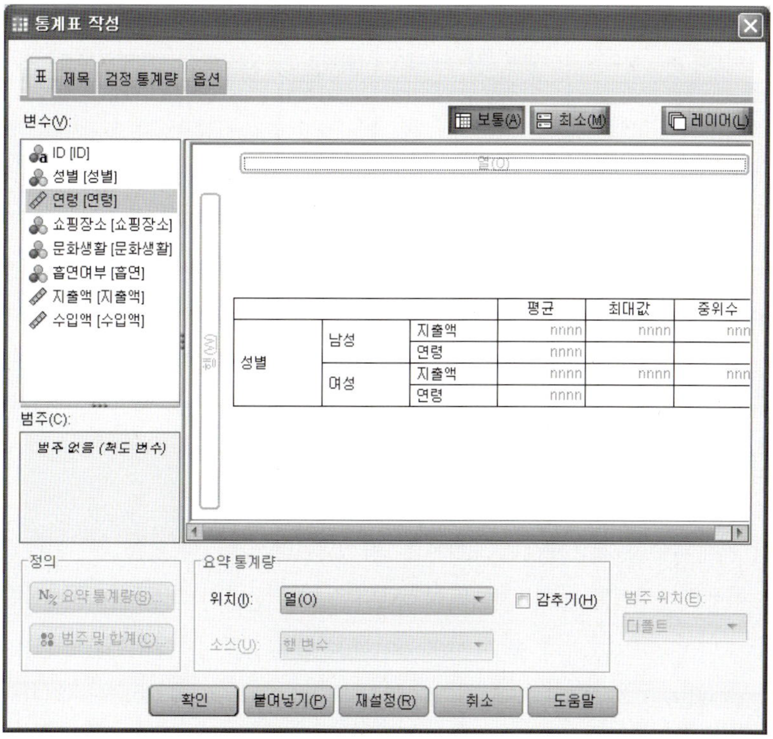

그림 2.33 통계표 작성 화면

이제 변수(지출액, 연령)를 더블클릭하여 통계량 화면을 얻으면 왼쪽의 통계량 리스트에서 필요한 통계량을 선택하고 [선택한 항목에 적용(S)]을 클릭하면 [그림 2.34] 표시(D)에 추가되어 나타난다. 다시 [확인]을 클릭하면 뷰어 창에 [그림 2.35]과 같은 출력 결과를 얻는다.

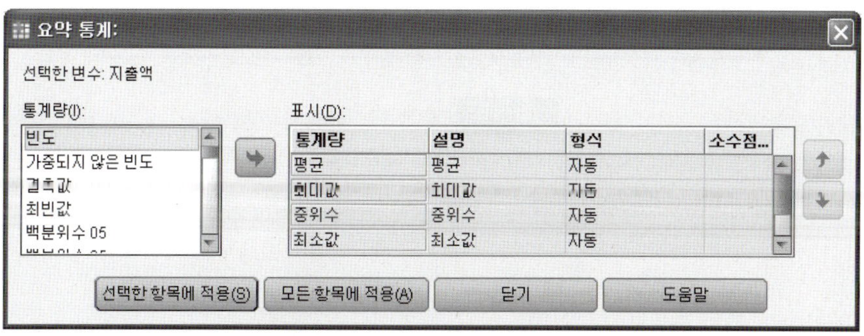

그림 2.34 통계표 작성 통계량 화면

통계표

			평균	최대값	중위수	최소값	범위	표준편차
성별	남성	지출액	153	260	165	85	175	58
		연령	39	57	37	25	32	11
	여성	지출액	125	230	120	60	170	47
		연령	40	58	40	24	34	10

그림 2.35 통계표 작성 출력결과

2.9 상대적 위치의 측도

SPSS에서 백분위수를 계산하기 위해서는 [그림 2.39]와 같이 『분석(A) → 표(T) → 통계표 작성(C)』를 이용한다. 예를 들어, 지출액의 백분위수를 계산하기 위해서는 지출액을 요약변수로 선택하고 부집단을 지정하지 않은 상태에서 N% 요약 통계량(S)... 를 클릭하여 통계표 작성: 통계량 화면을 얻으면 왼쪽의 통계량 리스트에 제5, 제25, 제75, 제95 백분위수를 지정한다. 이 과정을 나타낸 화면이다. 여기서 '계속'과 '확인'을 계속 클릭하면 [그림 2.37]의 출력 결과를 얻는다.

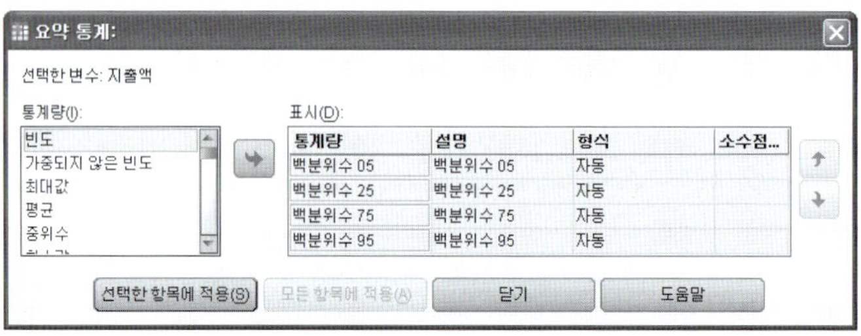

그림 2.36 백분위수 계산

통계표

			백분위수 05	백분위수 25	백분위수 75	백분위수 95
성별	남성	지출액	85	100	180	260
	여성	지출액	60	90	160	230

그림 2.37 백분위수 출력결과

이제 SPSS를 이용하여 z-점수를 계산하는 방법을 알아보자.

X7(지출액) 값의 z-점수를 계산하기 위해서는 『분석(A) → 기술통계량(E) → 기술통계(D)』를 클릭하여 기술통계 화면을 얻으면 [그림 2.38]와 같이 변수를 선택하고 '표준화값을 변수로 저장(Z)'을 체크한 다음 확인 을 클릭한다.

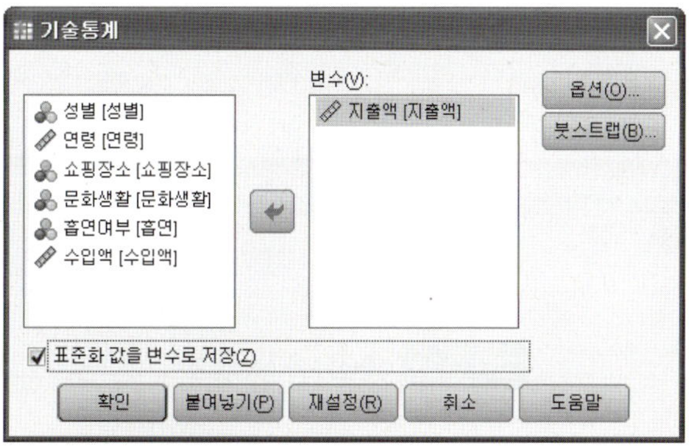

그림 2.38 7-점수를 계산하기 위한 명령어

데이터 편집기 화면을 열어보면 [그림 2.39] 새로운 변수 Z지출액이 지출액의 각 값에 대한 z-점수를 저장하기 위해 새로 생성되어 있는 것을 확인할 수 있다.

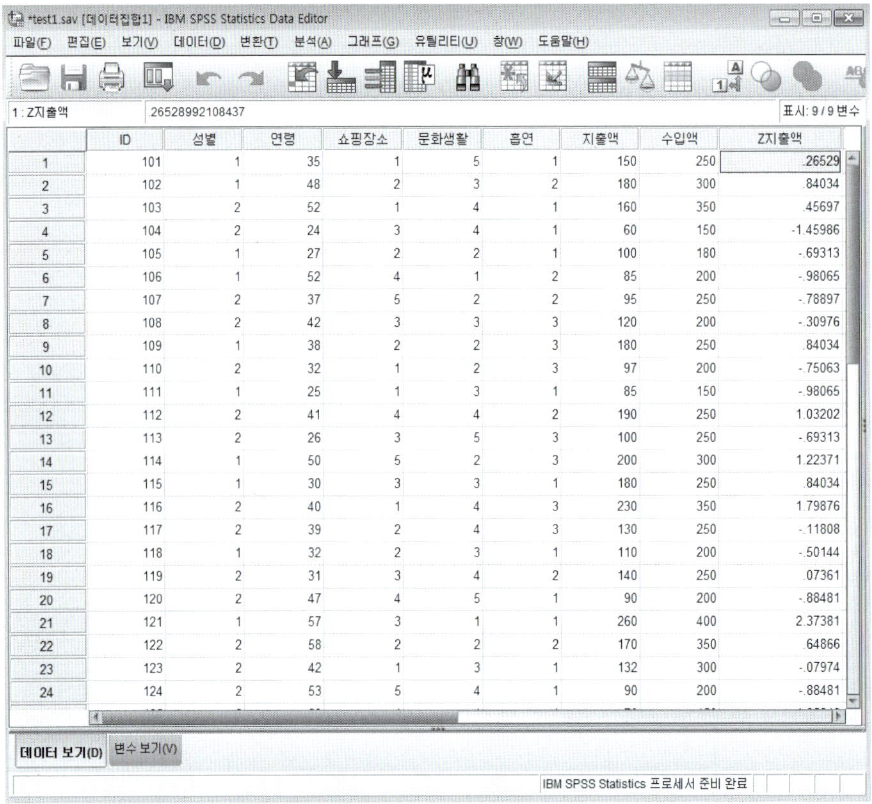

	ID	성별	연령	쇼핑장소	문화생활	흡연	지출액	수입액	Z지출액
1	101	1	35	1	5	1	150	250	.26529
2	102	1	48	2	3	2	180	300	.84034
3	103	2	52	1	4	1	160	350	.45697
4	104	2	24	3	4	1	60	150	-1.45986
5	105	1	27	2	2	1	100	180	-.69313
6	106	1	52	4	1	2	85	200	-.98065
7	107	2	37	5	2	2	95	250	-.78897
8	108	2	42	3	3	3	120	200	-.30976
9	109	1	38	2	2	3	180	250	.84034
10	110	2	32	1	2	3	97	200	-.75063
11	111	1	25	1	3	1	85	150	-.98065
12	112	2	41	4	4	2	190	250	1.03202
13	113	2	26	3	5	3	100	250	-.69313
14	114	1	50	5	2	3	200	300	1.22371
15	115	1	30	3	3	1	180	250	.84034
16	116	2	40	1	4	3	230	350	1.79876
17	117	2	39	2	4	3	130	250	-.11808
18	118	1	32	2	3	1	110	200	-.50144
19	119	2	31	3	4	2	140	250	.07361
20	120	2	47	4	5	1	90	200	-.88481
21	121	1	57	3	1	1	260	400	2.37381
22	122	2	58	2	2	2	170	350	.64866
23	123	2	42	1	3	1	132	300	-.07974
24	124	2	53	5	4	1	90	200	-.88481

그림 2.39 Z-점수를 생성결과

추가적 SPSS 실습은 PART 1의 제1장 기술통계의 연습문제를 더 해보기로 한다.

CHAPTER 3

통계적 추정 SPSS 실습

6장에서 설명한 모수의 구간추정에 관한 예제를 SPSS를 이용하여 분석하는 방법을 알아보도록 한다.

3.1 모평균(μ)의 구간추정

[예제 6.7]에서 모분산이 알려져 있지 않고 소표본인 경우의 μ의 신뢰구간을 구하여 보자.

데이터 입력 : [예제 6.7]을 아래와 같이 SPSS 데이터 편집기 창에 입력한다.

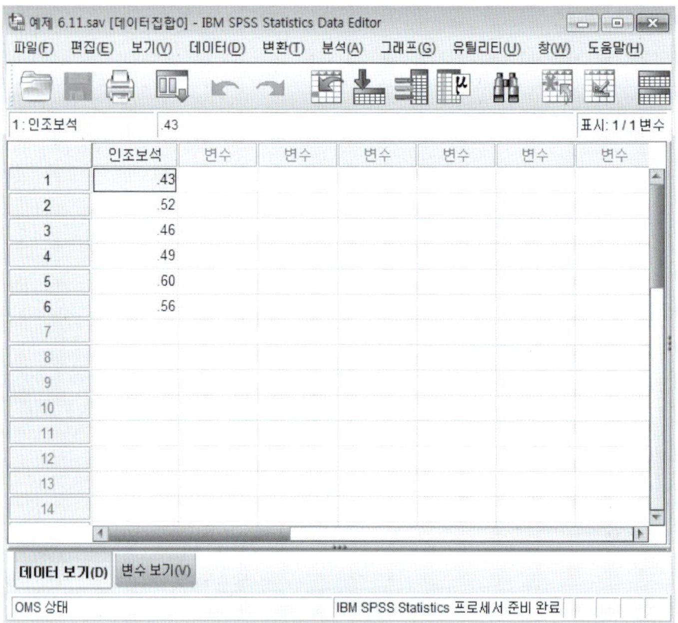

그림 3.1 데이터입력

모평균의 구간추정을 위하여 분석(A) → 평균비교(M) → 일표본 T검정(S)과 같이 순서대로 실행명령을 지정한다.

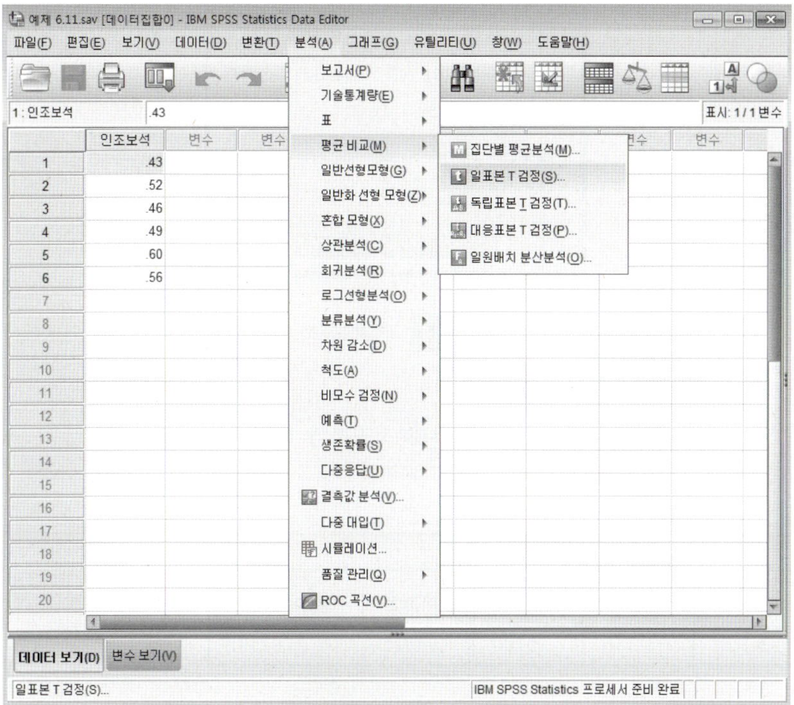

그림 3.2 실행명령지정

일표본 T 검정 대화상자에서 인조보석 변수를 [검정변수(T)]란으로 이동시키고 모평균의 신뢰구간을 구하기 위하여 [검정값(V)]란에 0을 입력한다.

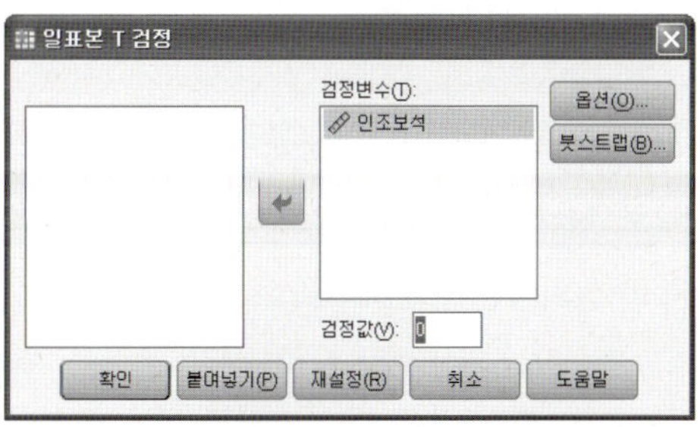

그림 3.3 검정변수지정

일표본 T 검정 대화상자에서 하단의 옵션을 선택한 후 90%의 신뢰구간을 구하기 위하여 [신뢰구간(C)]란에 90을 입력하고 계속을 누른다.

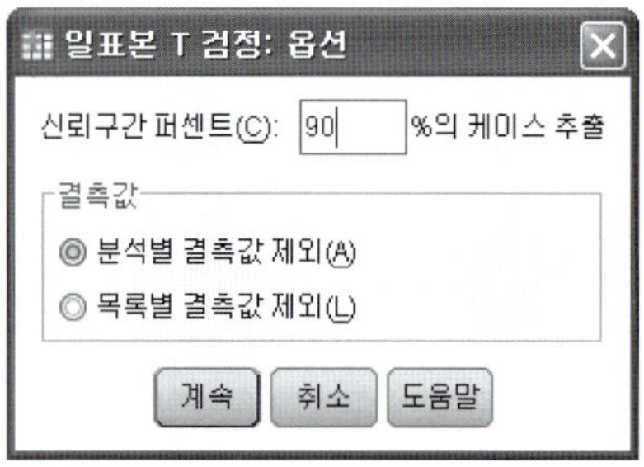

그림 3.4 신뢰도지정

확인을 누르면 출력결과창에 다음과 같은 분석결과가 나타난다.

일표본 통계량

	N	평균	표준편차	평균의 표준오차
인조보석	6	.5100	.06325	.02582

일표본 검정

	검정값 = 0					
					차이의 90% 신뢰구간	
	t	자유도	유의확률 (양쪽)	평균차	하한	상한
인조보석	19.752	5	.000	.51000	.4580	.5620

그림 3.5 분석결과

기술통계 분석결과를 보면, 6개의 case에서 평균이 0.51이고 표준편차가 0.06325 그리고 평균의 표준오차가 0.02582로 나타났다. 평균 인조보석의 무게의 90% 신뢰구간에 관한 추정 결과, 신뢰하한이 0.4580이고 신뢰상한이 0.5620으로 나타났다.

3.2 쌍체(대응)표본에서 두 모평균의 차에 대한 구간추정

[예제 6.10]의 두 표본이 대응을 이룬 경우의 $\mu_1 - \mu_2$의 신뢰구간을 구하여 보도록 한다.

데이터 입력 : [예제 6.10]을 아래와 같이 SPSS 데이터 편집기 창에 입력한다. 독립표본과 대응표본은 자료를 입력하는 방법이 다르다는 것에 주의한다. 독립표본에서는 두 집단의 변수값들은 각기 다른 사람들에 의한 변수값이기 때문에 한 사례당 하나의 변수값이 생성되는 데 반하여 대응표본의 두 집단 변수값은 동일한 사람에 의한 사전-사후 대응값이기 때문에 한 case 당 2개의 변수값이 생성된다.

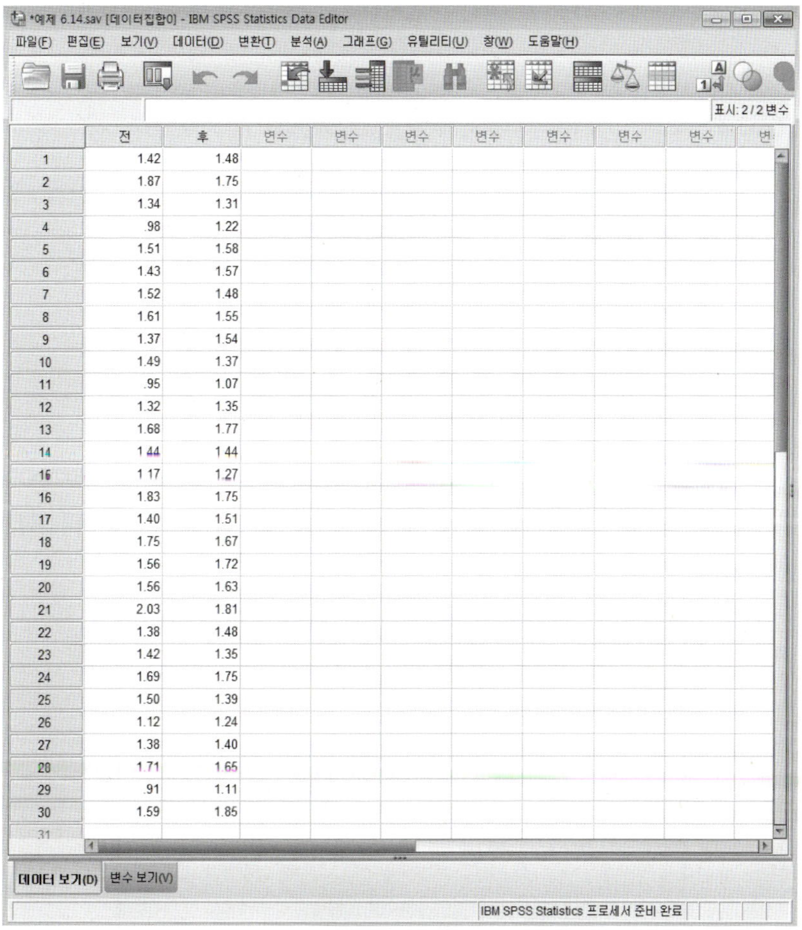

	전	후
1	1.42	1.48
2	1.87	1.75
3	1.34	1.31
4	.98	1.22
5	1.51	1.58
6	1.43	1.57
7	1.52	1.48
8	1.61	1.55
9	1.37	1.54
10	1.49	1.37
11	.95	1.07
12	1.32	1.35
13	1.68	1.77
14	1.44	1.44
15	1.17	1.27
16	1.83	1.75
17	1.40	1.51
18	1.75	1.67
19	1.56	1.72
20	1.56	1.63
21	2.03	1.81
22	1.38	1.48
23	1.42	1.35
24	1.69	1.75
25	1.50	1.39
26	1.12	1.24
27	1.38	1.40
28	1.71	1.65
29	.91	1.11
30	1.59	1.85

그림 3.6 데이터입력

두 모평균의 차의 구간추정을 위하여 분석(A) → 평균비교(M) → 대응표본 T검정(P)과 같이 순서대로 실행명령을 지정한다.

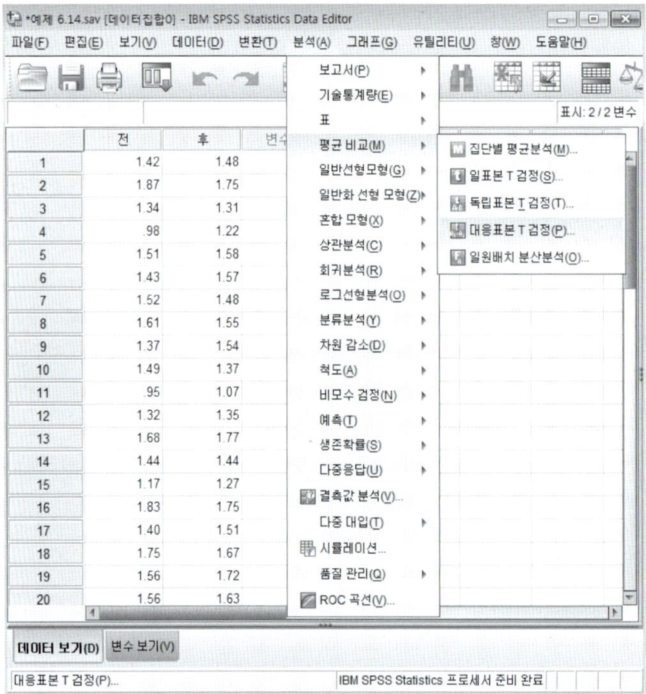

그림 3.7 실행명령지정

대응표본 T 검정 대화상자에서 전과 후의 변수를 [대응변수(V)]란으로 이동시킨다.

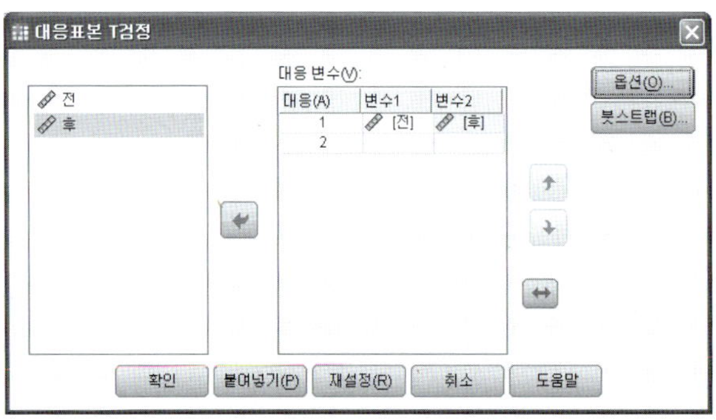

그림 3.8 대응변수지정

대응표본 T 검정 대화상자에서 하단의 옵션을 선택한 후 95% 신뢰구간을 구하기 위하여 [신뢰구간(C)]란에 95을 입력하고 계속을 누른다.

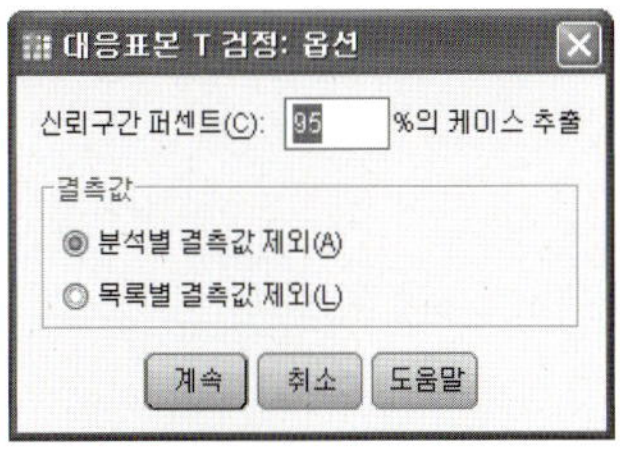

그림 3.9 신뢰도지정

확인을 누르면 출력결과창에 다음과 같은 분석결과가 나타난다.

대응표본 통계량

		평균	N	표준편차	평균의 표준오차
대응 1	전	1.4643	30	.26267	.04796
	후	1.5020	30	.20942	.03824

대응표본 상관계수

		N	상관계수	유의확률
대응 1	전 & 후	30	.900	.000

대응표본 검정

		대응차					t	자유도	유의확률 (양쪽)
					차이의 95% 신뢰구간				
		평균	표준편차	평균의 표준오차	하한	상한			
대응 1	전 - 후	-.03767	.11755	.02146	-.08156	.00623	-1.755	29	.090

그림 6.10 분석결과

대응표본 검정 결과를 보면 전에서 후를 뺀 대응차에 관한 데이터의 평균이 -0.3767이고 표준편차가 0.11755, 평균의 표준오차가 0.02146로 나타났다. 따라서 대응표본 검정 결과에서 두 모평균의 차에 관한 95% 신뢰구간은 신뢰하한이 -0.08156이고 신뢰상한은 0.00623로 나타났다.

추가적으로 SPSS 실습은 PART 1의 제6장 통계적 추정의 연습문제를 더 해보기로 한다.

CHAPTER 4

가설검정 SPSS 실습

SPSS는 구간추정과 검정의 결과를 동일한 메뉴에서 다루고 있다. 7장에서 설명한 모수의 검정에 관한 예제를 SPSS를 이용하여 분석하는 방법을 알아보도록 한다.

4.1 모평균(μ)의 검정

[예제 7.6]처럼 모분산이 알려져 있지 않고 소표본인 경우에 대하여 검정을 하도록 한다.

데이터 입력 : [예제 7.9]를 아래와 같이 SPSS 데이터 편집기 창에 입력한다.

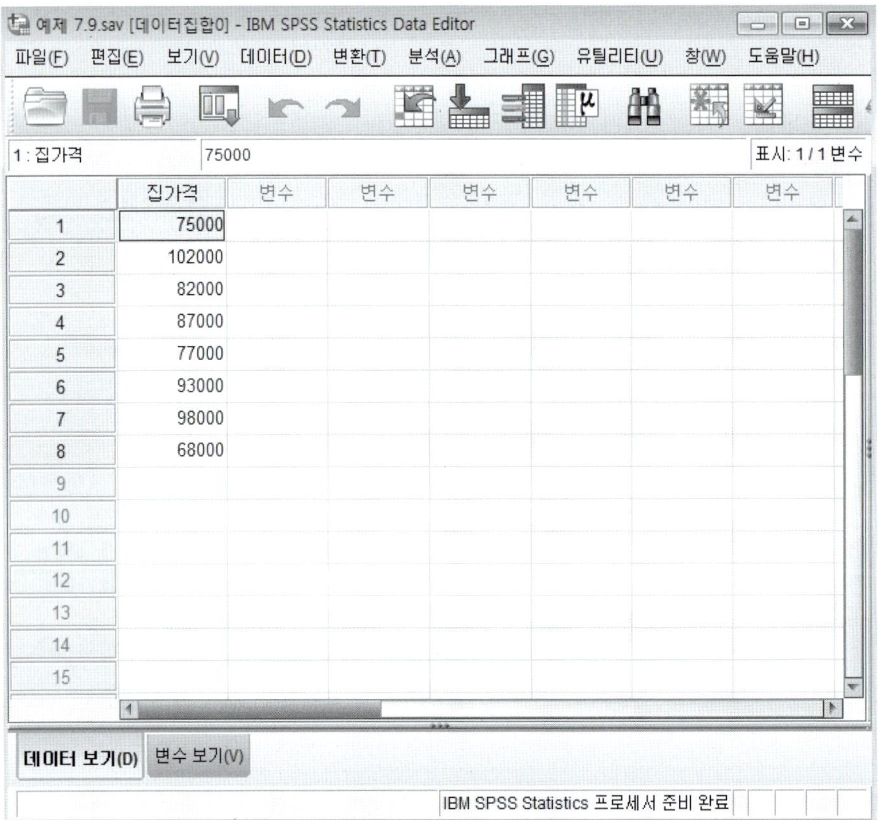

그림 4.1 데이터입력

모평균의 검정을 위하여 분석(A) → 평균비교(M) → 일표본 T검정(S)과 같이 순서대로 실행명령을 지정한다.

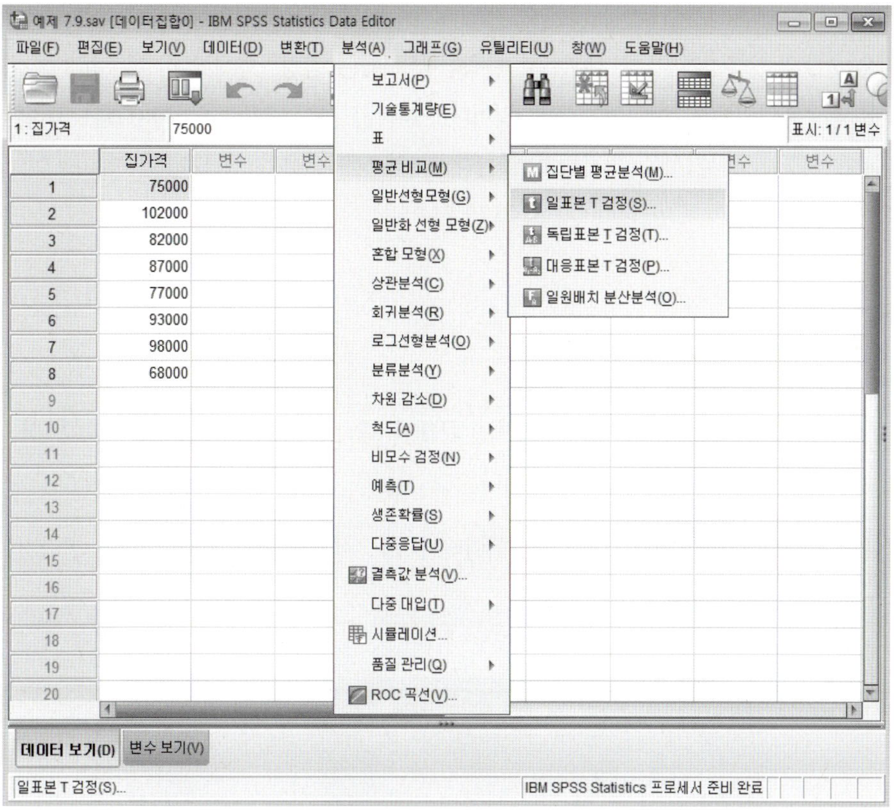

그림 4.2 실행명령지정

일표본 T검정 대화상자에서 집가격을 [검정변수(T)]란으로 이동시키고 귀무가설이 참일 때 모평균의 값이 90,000을 [검정값(V)]란에 입력한다.

일표본 통계량

	N	평균	표준편차	평균의 표준오차
집가격	8	85250.00	11877.349	4199.277

일표본 검정

	검정값 = 90000					
					차이의 95% 신뢰구간	
	t	자유도	유의확률 (양쪽)	평균차	하한	상한
집가격	-1.131	7	.295	-4750.000	-14679.71	5179.71

그림 4.3 분석결과

일표본 검정 결과를 보면 t검정 통계량 값은 -1.131이고 구해진 p값은 0.295이다. 검정결과에 나온 p값은 양쪽검정일 때 사용하고 단측검정일 때는 검정결과에서 산출된 p값을 $p/2$로 수정한 후 유의수준과 비교해야 할 것이다. 따라서, 유의수준 $\alpha = 0.05$를 고려한다면 $p/2 > \alpha$이므로 귀무가설을 기각하지 않는다. 그러므로 집들의 평균가격은 90,000이다. 신뢰구간은 $-14679.71 \le \mu - 90000 \le 5179.71$이다.

4.2 쌍체표본에서 두 모평균차 검정

표본이 대응을 이룬 경우의 검정을 하는 문제에 대하여 알아보자. [예제 7.9]은 약 복용 전 후 차이를 알아보기 위한 검정 문제이다.

데이터 입력 : [예제 7.9]는 대응표본 데이터이므로 아래와 같이 SPSS 데이터 편집기 창에 입력한다.

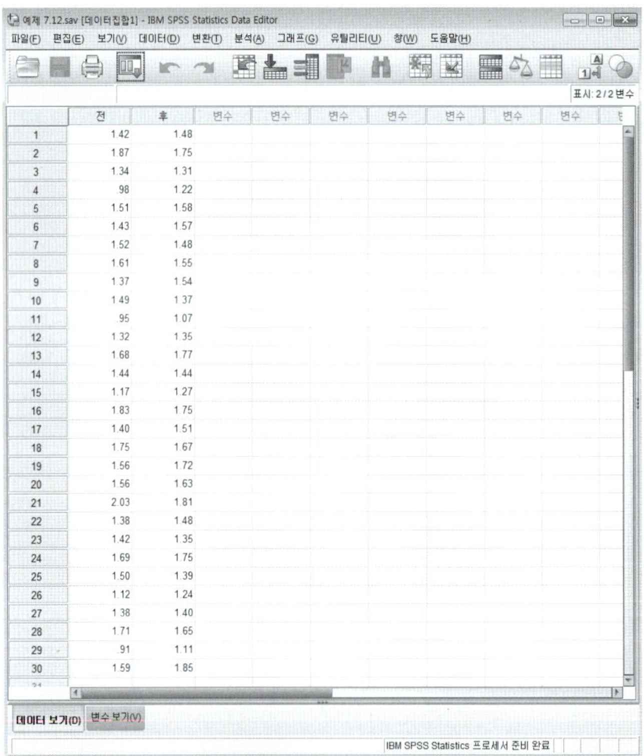

	전	후
1	1.42	1.48
2	1.87	1.75
3	1.34	1.31
4	.98	1.22
5	1.51	1.58
6	1.43	1.57
7	1.52	1.48
8	1.61	1.55
9	1.37	1.54
10	1.49	1.37
11	.95	1.07
12	1.32	1.35
13	1.68	1.77
14	1.44	1.44
15	1.17	1.27
16	1.83	1.75
17	1.40	1.51
18	1.75	1.67
19	1.56	1.72
20	1.56	1.63
21	2.03	1.81
22	1.38	1.48
23	1.42	1.35
24	1.69	1.75
25	1.50	1.39
26	1.12	1.24
27	1.38	1.40
28	1.71	1.65
29	.91	1.11
30	1.59	1.85

그림 4.4 데이터입력

두 모평균의 차의 구간추정을 위하여 분석(A) → 평균비교(M) → 대응표본 T검정(P)과 같이 순서대로 실행명령을 지정한다.

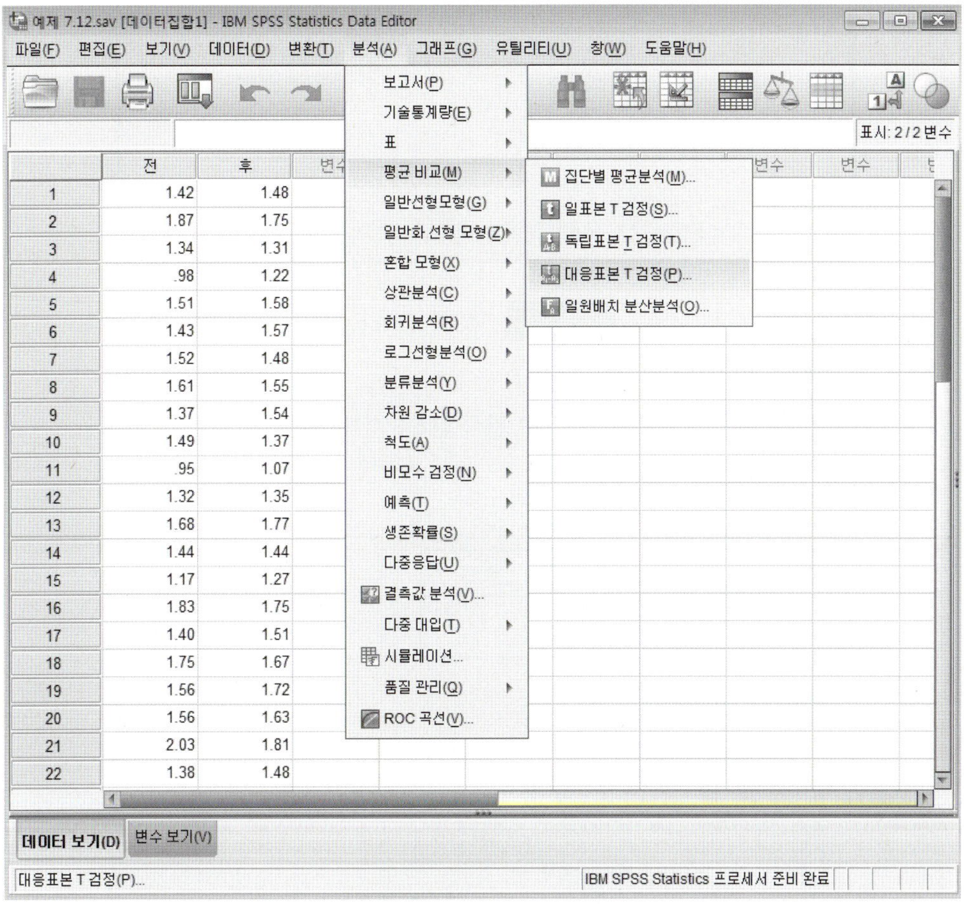

그림 4.5 실행명령지정

대응표본 T 검정 대화상자에서 전과 후의 변수를 [대응변수(V)]란으로 이동시킨다.

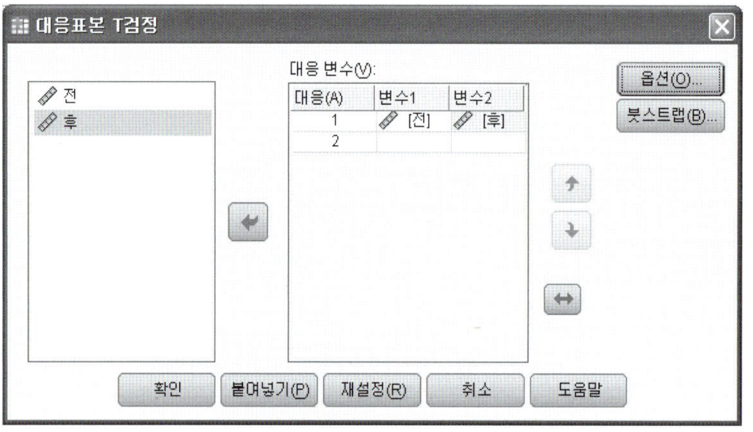

그림 4.6 대응변수지정

확인을 누르면 출력결과창에 다음과 같은 분석결과가 나타난다.

대응표본 통계량

		평균	N	표준편차	평균의 표준오차
대응 1	전	1.4643	30	.26267	.04796
	후	1.5020	30	.20942	.03824

대응표본 상관계수

		N	상관계수	유의확률
대응 1	전 & 후	30	.900	.000

대응표본 검정

		대응차					t	자유도	유의확률 (양쪽)
					차이의 95% 신뢰구간				
		평균	표준편차	평균의 표준오차	하한	상한			
대응 1	전 - 후	-.03767	.11755	.02146	-.08156	.00623	-1.755	29	.090

그림 4.7 분석결과

대응표본 검정 결과를 보면 전에서 후를 뺀 대응차에 관한 데이터의 평균이 −0.3767이고 표준편차가 0.11755, 평균의 표준오차가 0.02146로 나타났다. 따라서 대응표본 검정 결과에서 t값은 −1.755이고 유의확률은 $0.09/2 < 0.05$이므로 귀무가설을 기각한다. 즉 약물복용 전과 후의 차이가 있다고 할 수 있다.

4.3 독립표본인 두 모평균의 차에 대한 검정

[예제 7.17]은 두 모분산 $\sigma_1^2,\ \sigma_2^2$을 모르고 소표본인 경우에 해당하는 검정문제이다. 성별에 따라서 승진에 차이가 나는지 알아보고자 한다.

데이터 입력 : [예제 7.17]을 아래와 같이 SPSS 데이터 편집기 창에 입력한다. 성별에서 남자를 1, 여자를 2로 코딩한다.

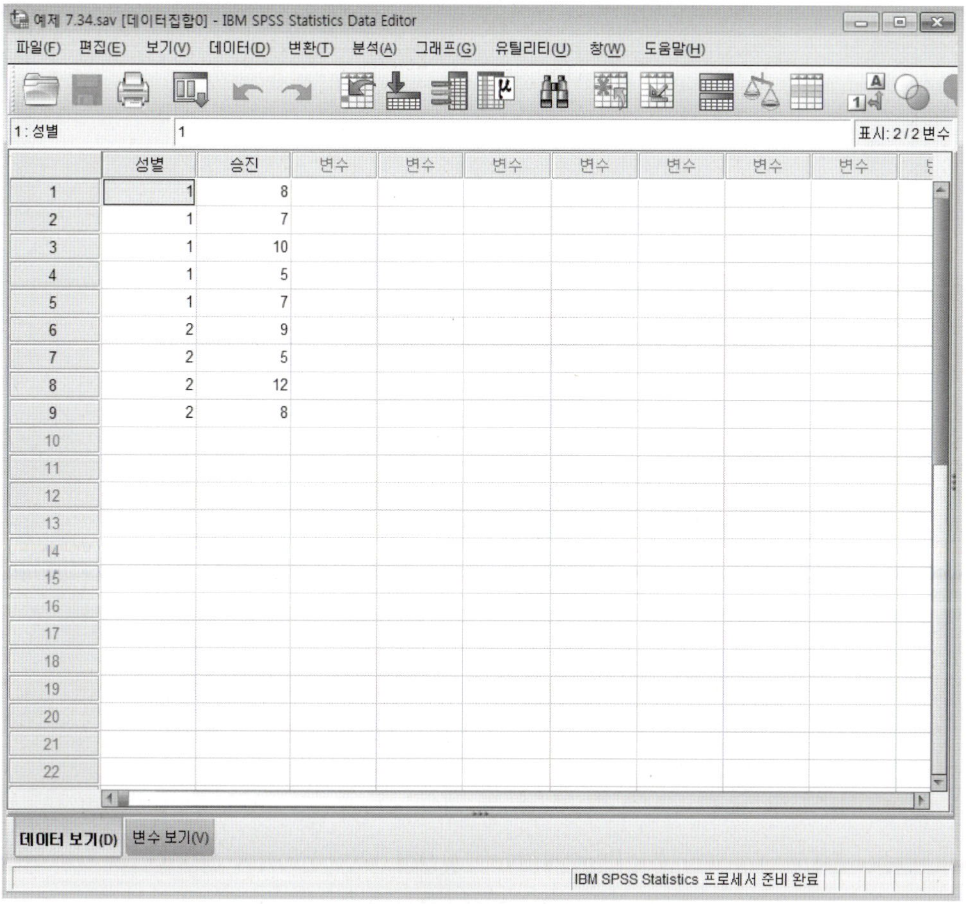

그림 4.8 데이터입력

독립표본 검정을 위하여 분석(A) → 평균비교(M) → 독립표본 T 검정(T)과 같이 순서대로 실행명령을 지정한다.

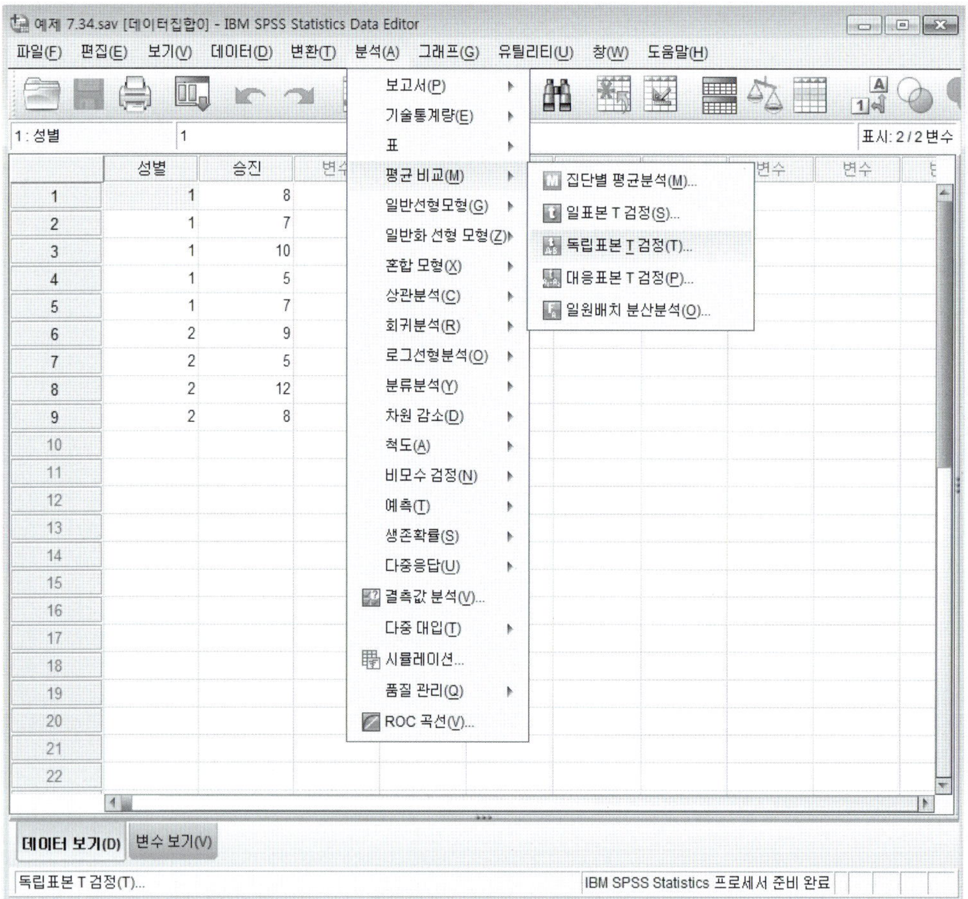

그림 4.9 검정명령어

독립표본 T 검정 대화상자에서 승진 변수를 [검정변수(T)]란으로 이동시키고 성별 변수를 [집단변수(G)]으로 이동시킨 후 [집단정의(D)]가 활성화 되면 선택하여 성별을 1과 2로 구분하였으므로 집단1에 1, 집단2에 2를 입력하고 계속을 누른다.

그림 4.10 검정변수지정

확인을 누르면 출력결과창에 다음과 같은 분석결과가 나타난다.

집단통계량

	성별	N	평균	표준편차	평균의 표준오차
승진	남자	5	7.40	1.817	.812
	여자	4	8.50	2.887	1.443

독립표본 검정

		Levene의 등분산 검정		평균의 동일성에 대한 t-검정						
									차이의 95% 신뢰구간	
		F	유의확률	t	자유도	유의확률 (양쪽)	평균차	차이의 표준오차	하한	상한
승진	등분산이 가정됨	.576	.473	-.702	7	.505	-1.100	1.567	-4.806	2.606
	등분산이 가정되지 않음			-.664	4.838	.537	-1.100	1.656	-5.401	3.201

그림 4.11 분석결과

기술통계 분석결과를 보면, 남자집단은 5개의 case에서 평균이 7.40이고 표준편차가 1.817 그리고 평균의 표준오차가 0.812를 보이는 반면 여자집단의 경우에는 4개의 case에서 평균이 8.50이고 표준편차가 2.887, 그리고 평균의 표준오차가 1.443로 나타났다.

독립표본 검정결과에서 우선 Levene의 등분산 검정을 살펴보면 F값이 0.576이고 유의확률이 0.473으로 유의수준 0.05보다 크기 때문에 모집단의 분산이 동일하다는 귀무가설이 채택된다. 따라서 모집단의 분산이 동일하다는 가정된다. 그 다음의 평균차의 검정에서 검정값인 t값은 -0.702이고 유의확률이 0.505로 유의수준 0.1보다 크기 때문에 귀무가설을 채택한다. 따라서 성별과 승진까지 걸리는 시간의 차이가 있다고 할 수 없다.

4.4 모비율 검정

SPSS를 이용하여 [예제 7.18]의 모비율이 0.75 미만이라는 주장에 대한 검정을 실시해 보자.

먼저 데이터를 다음과 같이 입력한다. 여기서 연합 인원들의 수가 가중치이다. 그러므로, 메뉴에서 데이터(D) → 가중케이스(W) 기능을 이용하여 연합 인원들의 수를 [가중케이스로 지정(W)]을 선택해 주어야 한다.

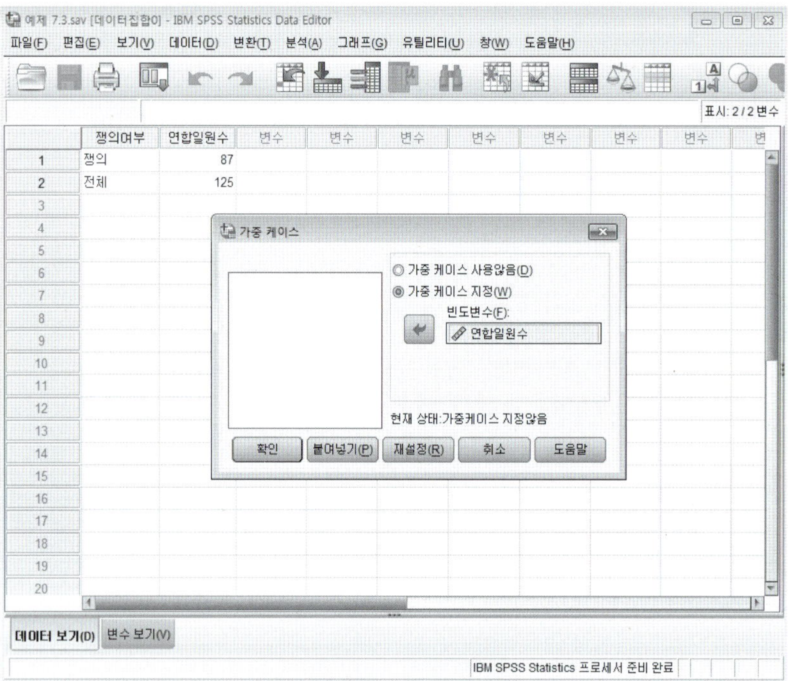

그림 4.12 데이터입력

모비율 검정은 분석(A) → 비모수 검정(N) → 레거시 대화상자(L) → 이항(B)에서 실시할 수 있다.

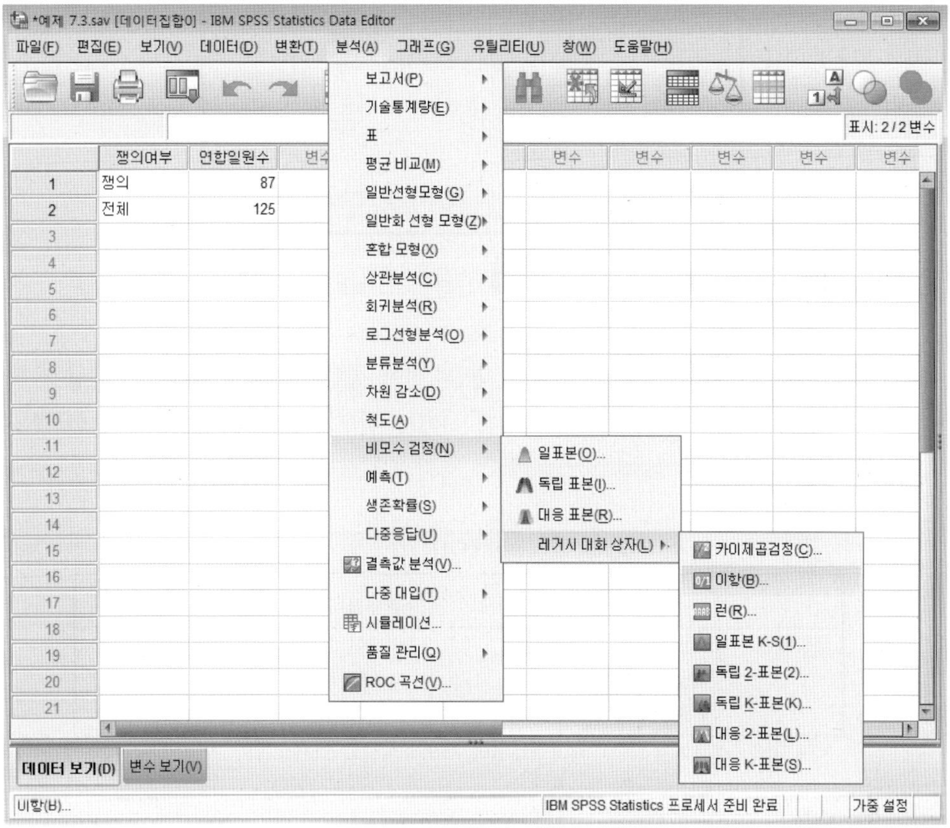

그림 4.13 검정명령어

「이항검정」 창에서 [검정변수(T)]에 연합일원수를 옮기고, 아래 [검정비율(E)]에 귀무가설의 모비율인 p_0를 써 넣는다. 본 예제에서는 0.75이다. 〈확인〉을 누른다.

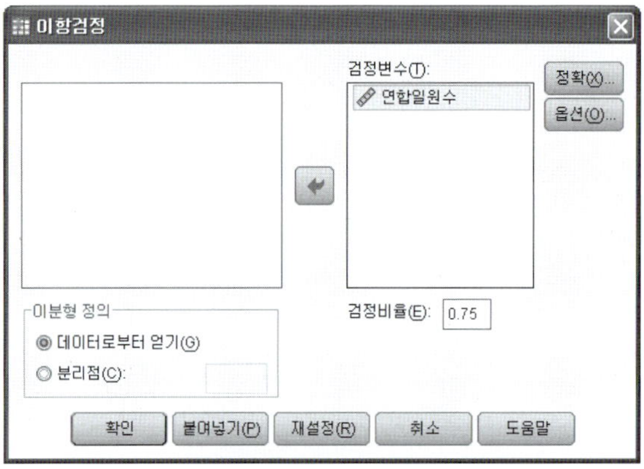

그림 4.14 검정변수지정

결과는 아래와 같다. 각주의 a는 지정된 대립가설이 설명되어 있고, 정규근사검정을 실시한 결과 유의확률이 0.000으로 10% 유의수준 하에서 귀무가설을 기각할만한 충분한 증거가 있다.

이항검정

		범주	N	관측비율	검정 비율	근사 유의확률 (단측)
연합일원수	집단 1	87	87	.41	.75	.000[a,b]
	집단 2	125	125	.59		
	합계		212	1.00		

a. 대립가설은 처음 집단의 케이스 비율이 .75보다 작다고 선언합니다.

b. Z 근사법을 기준으로.

그림 4.15 분석결과

CHAPTER 5

범주형 자료분석 SPSS 실습

8장에서 설명한 범주형 자료분석의 예제를 SPSS를 이용하여 분석하는 방법을 알아보도록 한다.

5.1 적합도 검정

[예제 8.4]에서 오후 6시간대에 TV 채널 2,3,4,5 시청률의 비가 30%, 25%, 20%, 25%에 어긋난다고 할 수 있는지를 유의수준 0.05에서 검정하여라.

데이터 입력 : [예제 8.4]을 아래와 같이 SPSS 데이터 편집기 창에 입력한다. TV채널에서 TV채널 2를 1, TV채널 3를 2, TV채널 4를 3, TV채널 5를 4로 코딩한다.

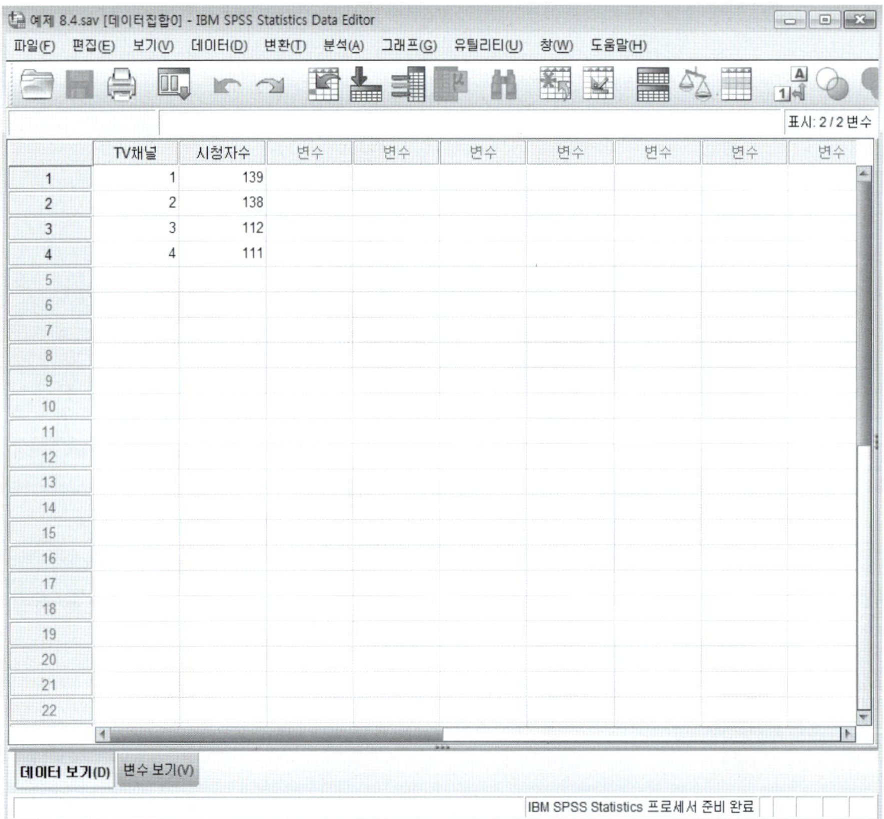

그림 5.1 적합도 검정을 위한 데이터입력

이와 같은 입력자료를 가지고 적합도 검정을 실시하기 위하여 취의 수 변수에 대하여 가중치를 부여해 주어야 한다. SPSS에서는 모든 입력자료를 하나의 경우로 인식하기 때문에 인원수에 입력된 값이 하나의 수가 아닌 인원수로 인식되도록 하기 위해서이다. 우선 가중치를 부여하기 위해서는 데이터 → 가중 케이스와 같이 순서대로 실행명령을 지정한다.

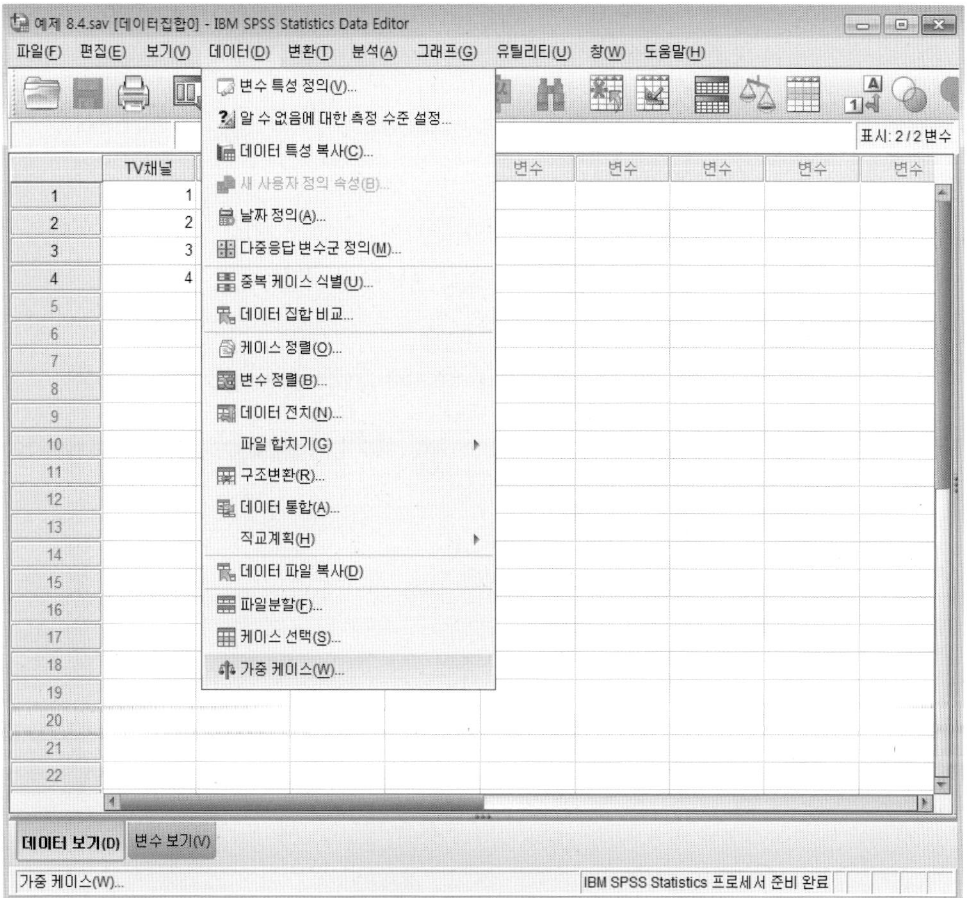

그림 5.2 가중케이스명령어

가중 케이스 대화상자에서 [가중 케이스 지정(W)]를 선택하고 시청자의 수 변수를 [빈도변수(F)]란으로 이동시킨다.

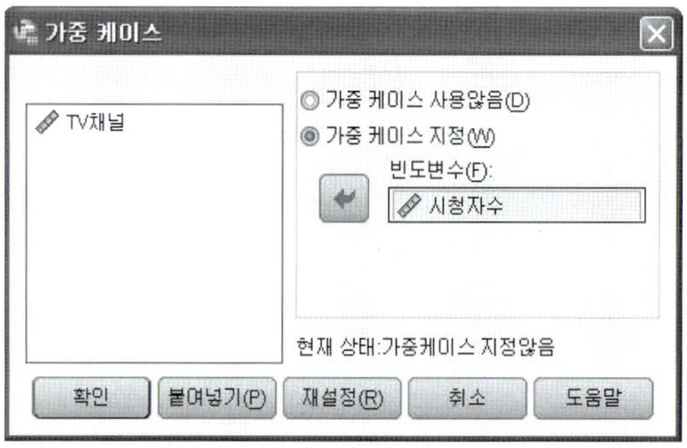

그림 5.3 빈도변수대화상자

가중 케이스를 지정해 주었으면 적합도 검정을 위하여 분석 → 비모수 검정(N) → 레거시 대화상자(L) → 카이제곱검정(C)과 같이 순서대로 실행명령을 지정한다.

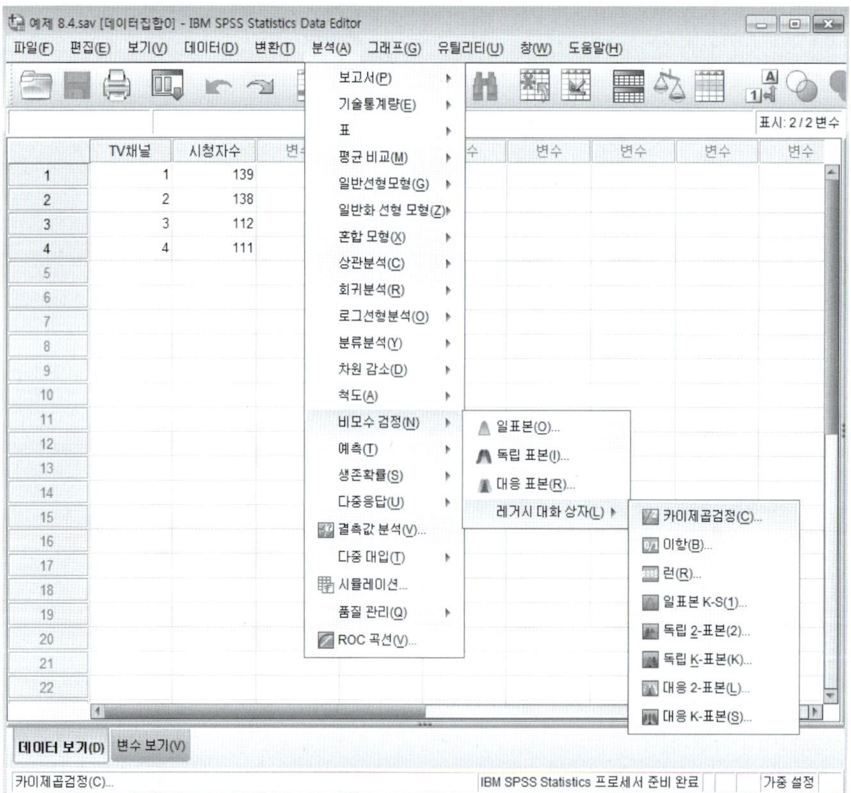

그림 5.4 카이제곱검정절차

카이제곱 검정 대화상자에서 TV채널 변수를 [검정변수(T)]란으로 이동시키고 하단의 기댓값에서 [값(V)]란에 차례대로 30/100=0.3, 25/100=0.25, 20/100=0.2, 25/100=0.25를 입력하여 추가한다.

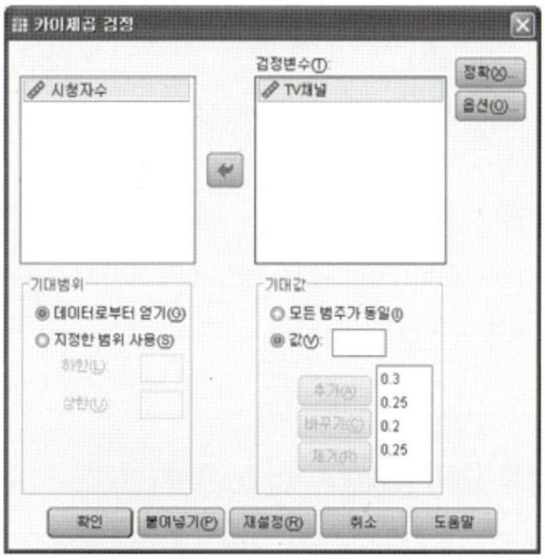

그림 5.5 검정변수 및 기대값입력

필요한 부분을 모두 지정한 후 확인을 누르면 출력결과창에 다음과 같은 분석결과가 나타난다.

TV채널

	관측수	기대빈도	잔차
채널1	139	150.0	-11.0
채널2	138	125.0	13.0
채널3	112	100.0	12.0
채널4	111	125.0	-14.0
합계	500		

검정 통계량

	TV채널
카이제곱	5.167[a]
자유도	3
근사 유의확률	.160

a. 0 셀 (0.0%)은(는) 5보다 작은 기대빈도를 가집니다. 최소 셀 기대빈도는 100.0 입니다.

그림 5.6 도수분포표와 검정통계량결과

적합도 검정결과를 보면 카이제곱 값이 5.167이고 유의확률 값이 0.16로서 유의수준 0.05보다 크므로 유의하지 않다. 즉, 시청자들의 선택이 바뀌었다고 할 만한 충분한 근거가 없다.

5.2 독립성 검정

[예제 8.6]에서 소속 정당과 은행 제도와의 관련성을 유의수준 0.05에서 검정하여라.

데이터 입력 : [예제 8.6]을 아래와 같이 SPSS 데이터 편집기 창에 입력한다. 소속 정당은 민주당을 1로 공화당을 2로 독립당을 3으로 만족여부는 예를 1로 아니오를 2로 무응답을 3으로 입력한다.

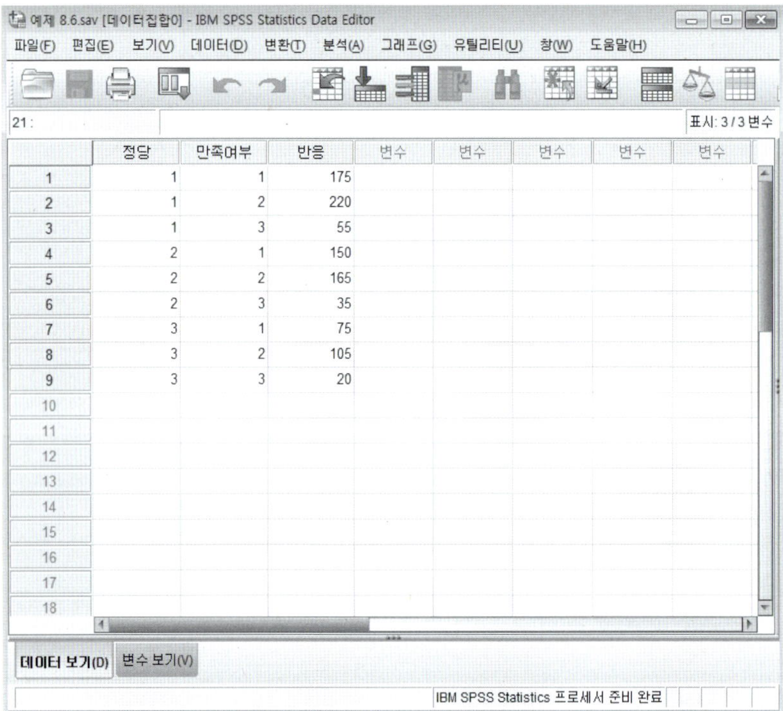

그림 5.7 독립성검정을 위한 데이터입력

이와 같은 입력자료를 가지고 독립성 검정을 실시하기 위하여 반응 변수에 대하여 가중치를 부여하기 위해서는 데이터(D) → 가중 케이스(W)와 같이 순서대로 실행명령을 지정한다.

그림 5.8 가중케이스 명령어

가중 케이스 대화상자에서 [가중 케이스 지정(W)]를 선택하고 반응 변수를 [빈도변수(F)]란으로 이동시킨다.

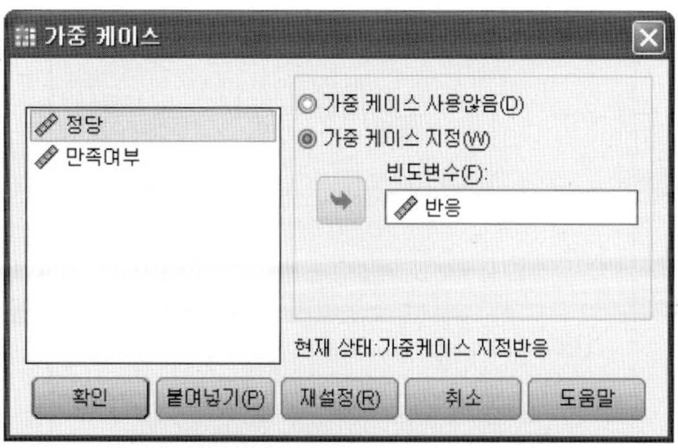

그림 5.9 빈도변수대화상자

가중 케이스를 지정해 주었으면 독립성 검정을 위하여 분석(A) → 기술통계량(E) → 교차분석(C)과 같이 순서대로 실행명령을 지정한다.

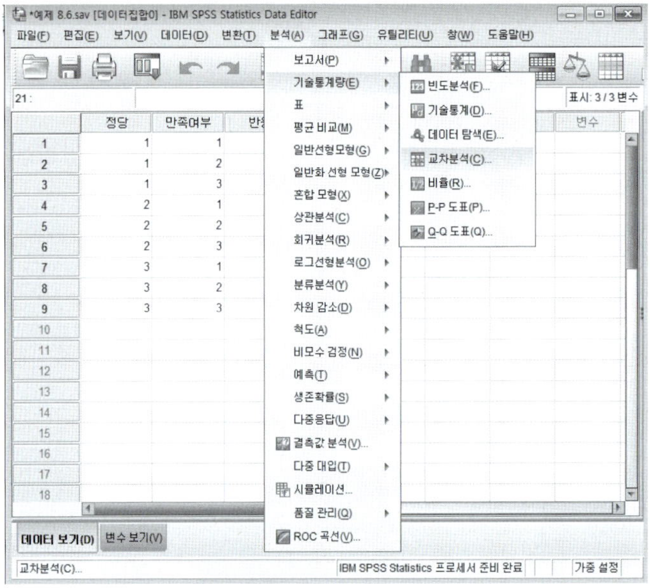

그림 5.10 교차분석명령어

교차분석 대화상자에서 정당 변수를 [행(O)]란으로 이동시키고 찬반여부 변수를 [열(C)]란으로 이동시킨다.

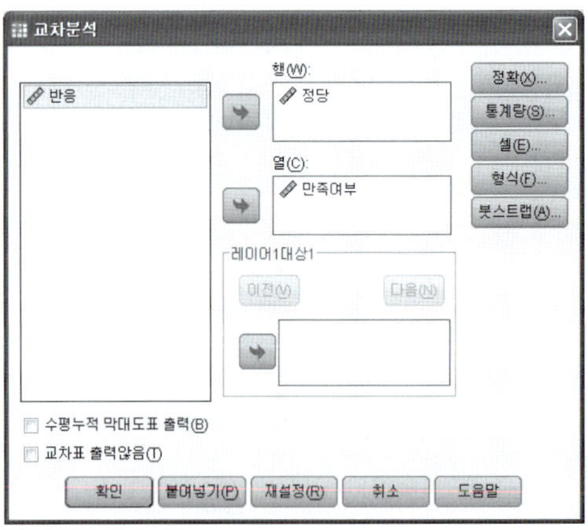

그림 5.11 교차분석대화상자

교차분석 대화상자에서 하단에 있는 [통계량(S)]를 선택한 후 [카이제곱(H)]을 체크하고 계속을 누른다.

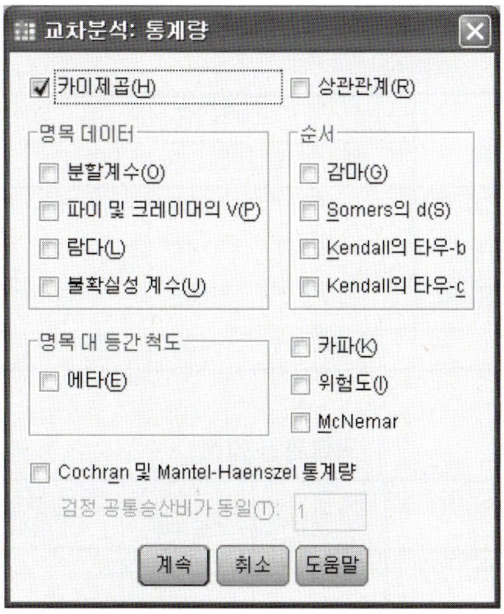

그림 5.12 교차분석통계량명령어

교차분석 대화상자 하단에 있는 [셀(E)]를 관측빈도와 기대빈도를 각각 체크하고 계속을 누른다.

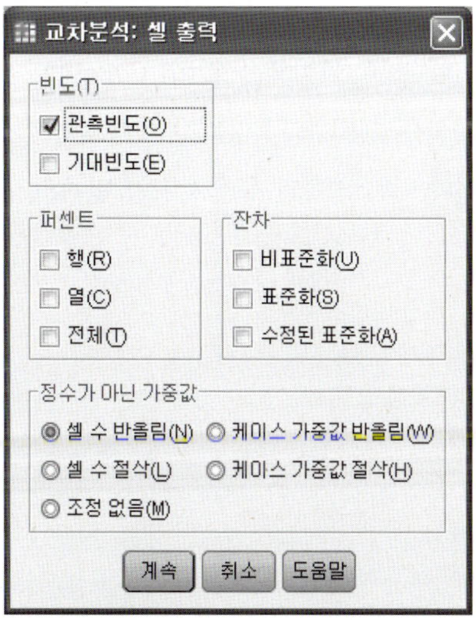

그림 5.13 교차분석셀출력명령어

필요한 부분을 모두 지정한 후 확인을 누르면 출력결과 창에 다음과 같은 분석결과가 나타난다.

정당 * 만족여부 교차표

빈도

		만족여부			전체
		예	아니오	무반응	
정당	민주당	175	220	55	450
	공화당	150	165	35	350
	독립당	75	105	20	200
전체		400	490	110	1000

카이제곱 검정

	값	자유도	점근 유의확률 (양측검정)
Pearson 카이제곱	3.024[a]	4	.554
우도비	3.002	4	.557
선형 대 선형결합	.225	1	.636
유효 케이스 수	1000		

a. 0 셀 (.0%)은(는) 5보다 작은 기대 빈도를 가지는 셀입니다. 최소 기대빈도는 22.00입니다.

그림 5.14 교차분석결과 및 카이제곱검정결과

독립성 검정 결과를 보면 Pearson 카이제곱 값이 3.024이고 유의확률 값이 0.554로 유의수준 0.05보다 크므로 귀무가설을 채택한다. 따라서 소속정당과 만족여부와는 관련성이 있다고 할 만한 충분한 근거가 없다. 즉, 정당과 은행제도의 만족도 사이에 아무관계가 없다.

5.3 동질성 검정

[예제 8.8]에서 지역에 따라 A, B, C 세 후보에 대한 지지도가 같은지를 유의수준 0.01에서 검정하여라.

데이터 입력 : [예제 8.8]을 아래와 같이 SPSS 데이터 편집기 창에 입력한다. 지역에 따라서 서울을 1, 부산을 2, 대구를 3, 광주를 4로 입력하고 후보는 A후보를 1, B후보를 2, C후보를 3으로 입력한다.

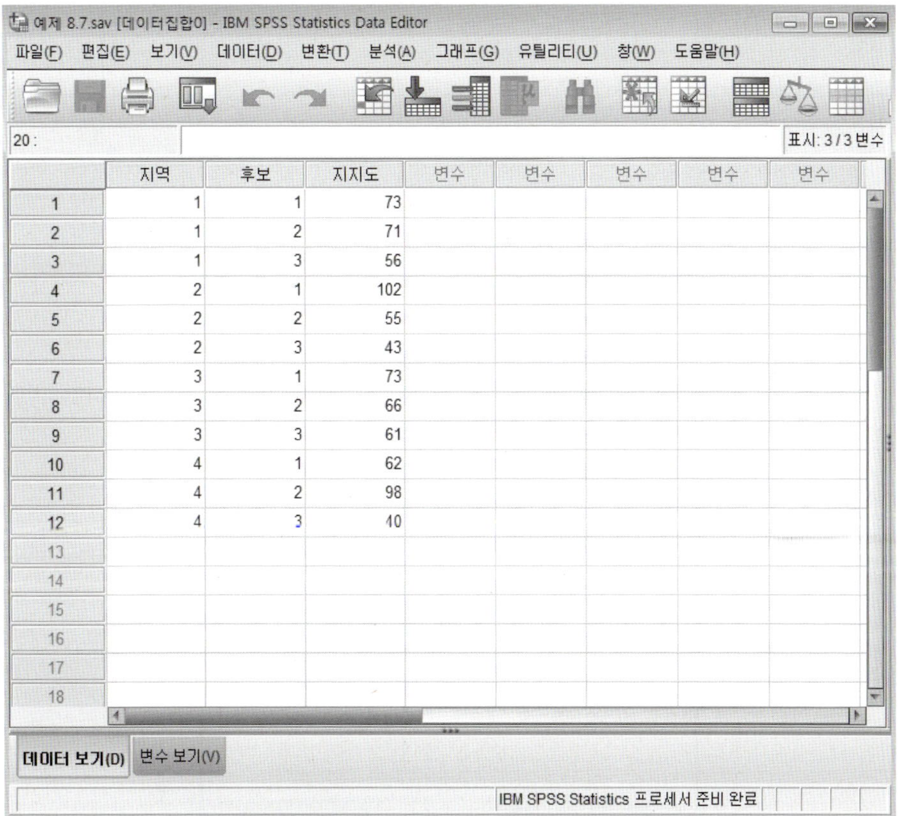

	지역	후보	지지도
1	1	1	73
2	1	2	71
3	1	3	56
4	2	1	102
5	2	2	55
6	2	3	43
7	3	1	73
8	3	2	66
9	3	3	61
10	4	1	62
11	4	2	98
12	4	3	40

그림 5.15 동질성검정을 위한 데이터입력

이와 같은 입력 자료를 가지고 동질성 검정을 실시하기 위하여 지지도 변수에 대하여 가중치를 부여하기 위해서는 데이터(D) → 가중 케이스(W)와 같이 순서대로 실행명령을 지정한다.

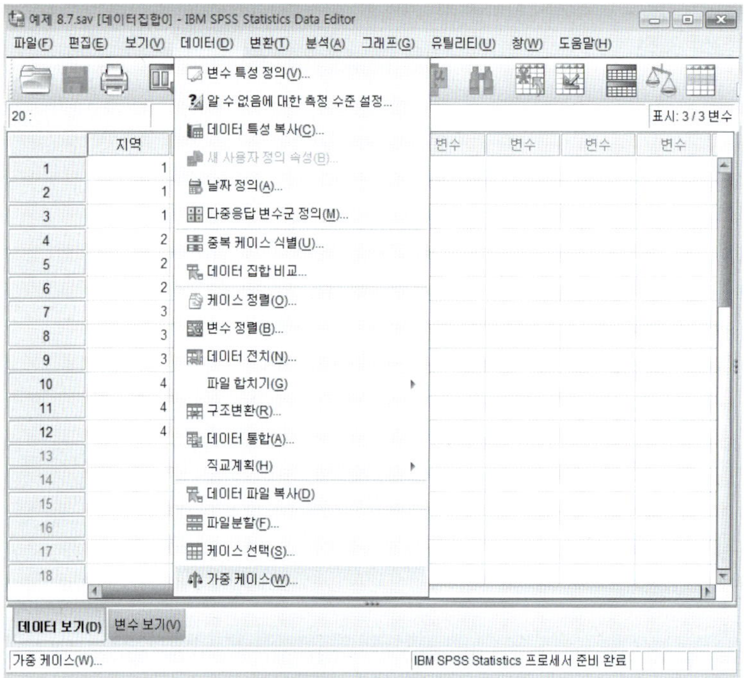

그림 5.16 가중케이스명령어

가중 케이스 대화상자에서 [가중 케이스 지정(W)]를 선택하고 지지도 변수를 [빈도변수(F)]란으로 이동시킨다.

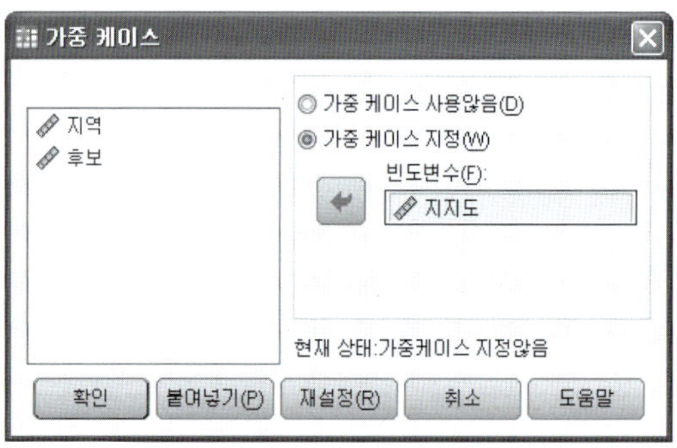

그림 5.17 빈도변수대화상자

가중 케이스를 지정해 주었으면 동일성 검정을 위하여 분석(A) → 기술통계량(E) → 교차분석(C)과 같이 순서대로 실행명령을 지정한다.

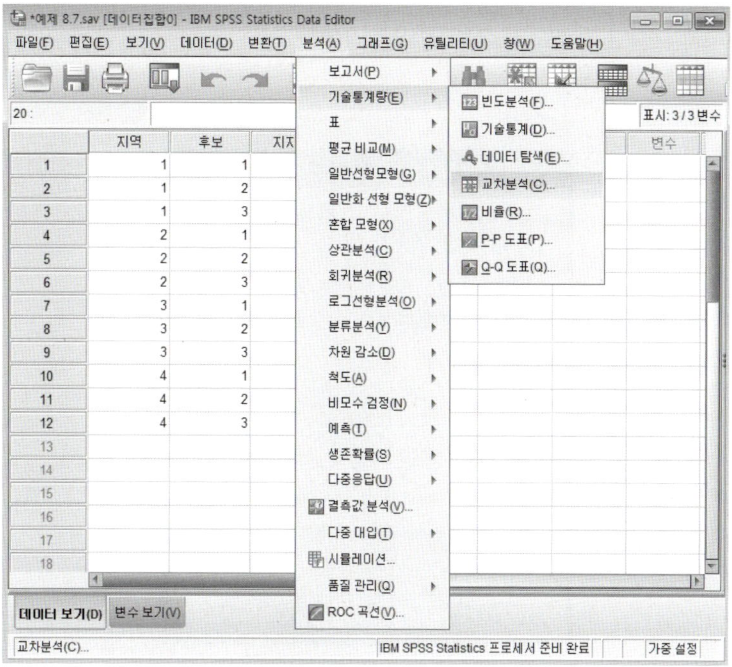

그림 5.18 교차분석명령어

교차분석 대화상자에서 지역 변수를 [행(O)]란으로 이동시키고 후보 변수를 [열(C)]란으로 이동시킨다.

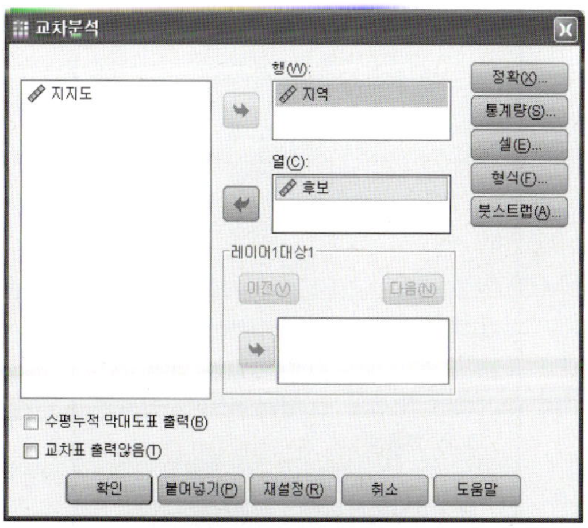

그림 5.19 교차분석대화상자

교차분석 대화상자에서 하단에 있는 [통계량(S)]를 선택한 후 [카이제곱(H)]을 체크하고 계속을 누른다.

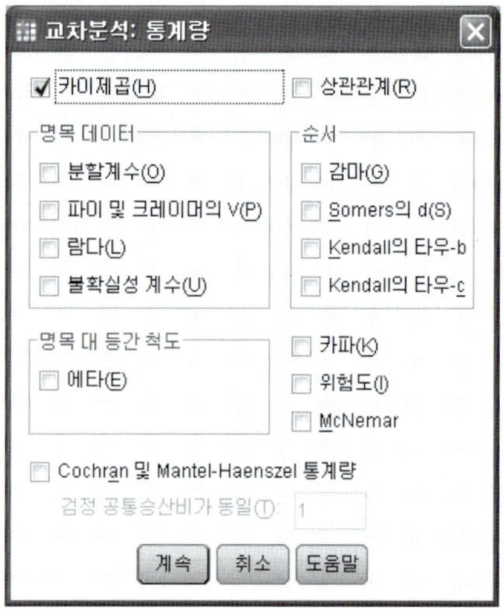

그림 5.20 교차분석통계량명령어

교차분석 대화상자 하단에 있는 [셀(E)]를 관측빈도와 기대빈도를 각각 체크하고 계속을 누른다.

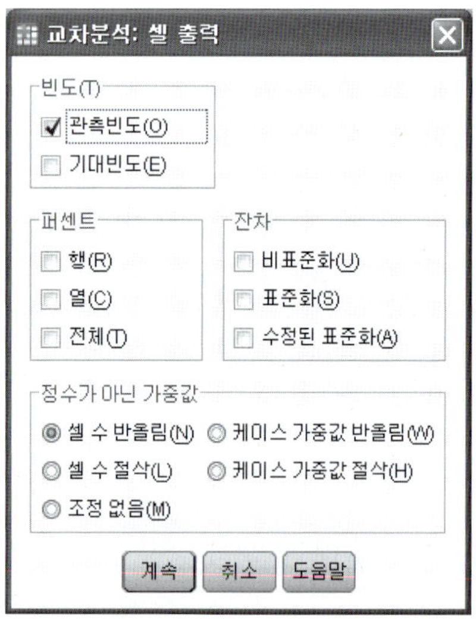

그림 5.21 교차분석셀출력명령어

필요한 부분을 모두 지정한 후 확인을 누르면 출력결과창에 다음과 같은 분석결과가 나타난다.

지역 * 후보 교차표

빈도

		후보			전체
		A	B	C	
지역	서울	73	71	56	200
	부산	102	55	43	200
	대구	73	66	61	200
	광주	62	98	40	200
전체		310	290	200	800

카이제곱 검정

	값	자유도	점근 유의확률 (양측검정)
Pearson 카이제곱	31.295[a]	6	.000
우도비	30.346	6	.000
선형 대 선형결합	.413	1	.520
유효 케이스 수	800		

a. 0 셀 (.0%)은(는) 5보다 작은 기대 빈도를 가지는 셀입니다. 최소 기대빈도는 50.00입니다.

그림 5.22 교차분석결과 및 카이제곱검정결과

동일성 검정 결과를 보면 pearson의 카이제곱 값은 31.295이고 유의확률 값이 0.000으로 유의수준 0.01보다 작으므로 귀무가설은 기각된다. 즉, 지역에 따라 지지도가 다르다고 결론을 내린다.

추가적인 SPPP 실습은 PART 2의 제8장 범주형자료분석의 연습문제를 더 해보기로 한다.

CHAPTER 6

상관분석과 회귀분석 SPSS 실습

9장에서 설명한 회귀분석의 예제를 SPSS를 이용하여 분석하는 방법을 알아보도록 한다.

6.1 상관계수

[예제 9.2]에서 두 변수 X, Y의 상관계수를 구해보자.

데이터 입력 : [예제 9.2]을 아래와 같이 SPSS 데이터 편집기 창에 입력한다.

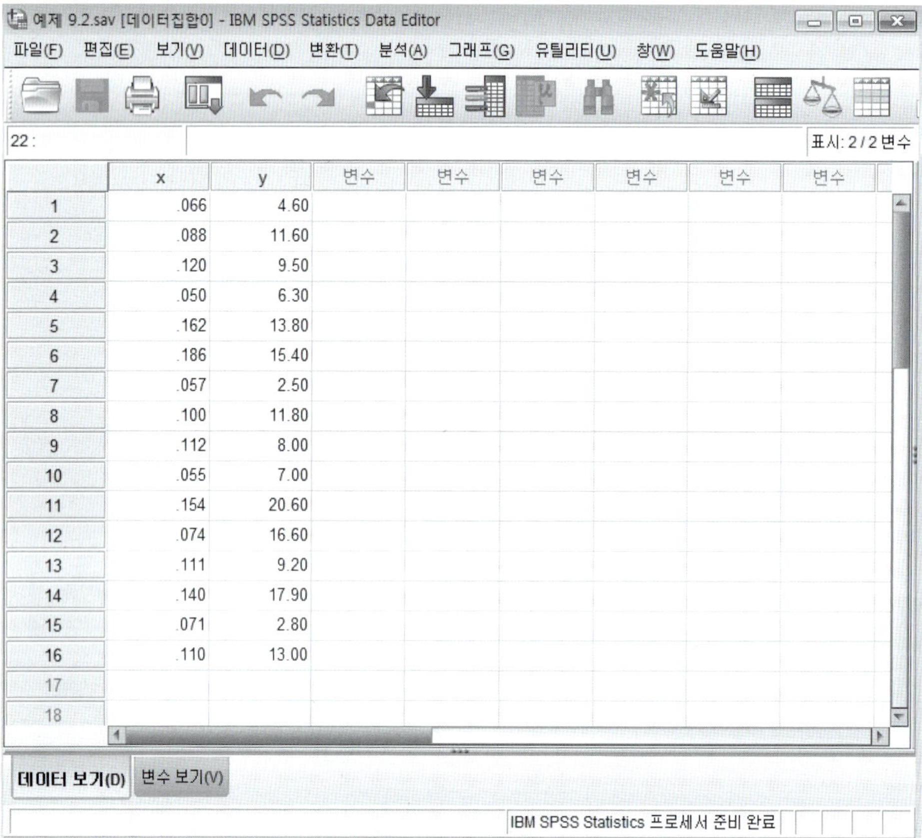

	x	y
1	.066	4.60
2	.088	11.60
3	.120	9.50
4	.050	6.30
5	.162	13.80
6	.186	15.40
7	.057	2.50
8	.100	11.80
9	.112	8.00
10	.055	7.00
11	.154	20.60
12	.074	16.60
13	.111	9.20
14	.140	17.90
15	.071	2.80
16	.110	13.00
17		
18		

그림 6.1 데이터입력

상관분석을 위하여 분석(A) → 상관분석(C) → 이변량(B) 상관계수와 같이 순서대로 실행 명령을 지정한다.

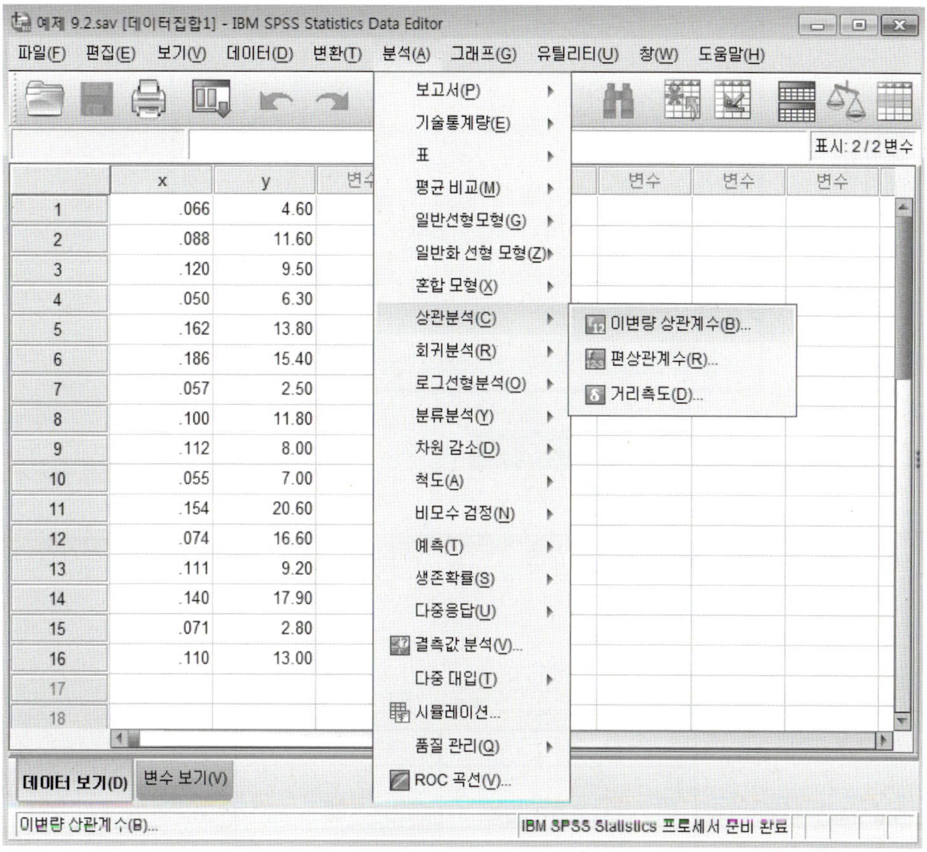

그림 6.2 실행명령지정

이변량 상관계수 대화상자에서 x, y을 [변수(V)]란으로 이동시키고 하단에 있는 상관계수 중에서 Pearson을 체크한다. 하단부에 [유의한 상관계수 별표시 (F)]는 통계적으로 유의한 상관계수 값에 별표시를 하겠다는 것을 나타낸다

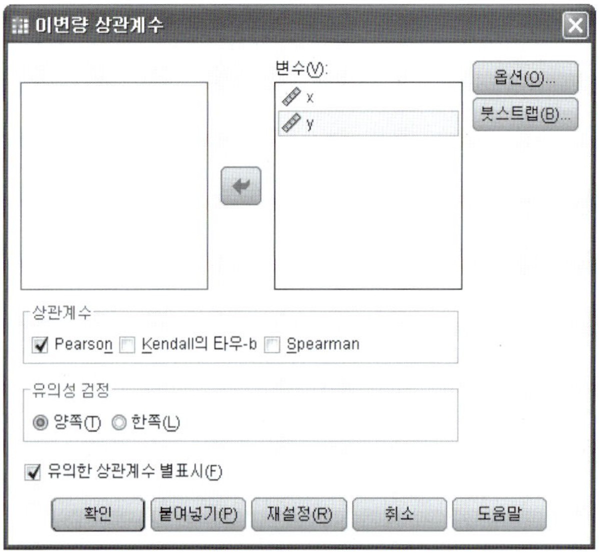

그림 6.3 변수지정

필요한 부분을 모두 지정한 후 확인을 누르면 출력결과창에 다음과 같은 분석결과가 나타난다.

상관계수

		x	y
x	Pearson 상관계수	1	.716**
	유의확률 (양쪽)		.002
	N	16	16
y	Pearson 상관계수	.716**	1
	유의확률 (양쪽)	.002	
	N	16	16

**. 상관계수는 0.01 수준(양쪽)에서 유의합니다.

그림 6.4 분석결과

분석결과를 보면 Pearson 상관계수 r=0.716이고 유의확률은 0.002로서 두 변수 x와 y사이에 강한 상관관계가 있다는 것을 알 수 있다.

6.2 단순회귀분석

[예제 9.6] 데이터에 대해서 SPSS를 통해서 회귀분석을 실시하여 보자. 「데이터 편집기」에 다음과 같이 강우량, 오염정도를 입력하자.

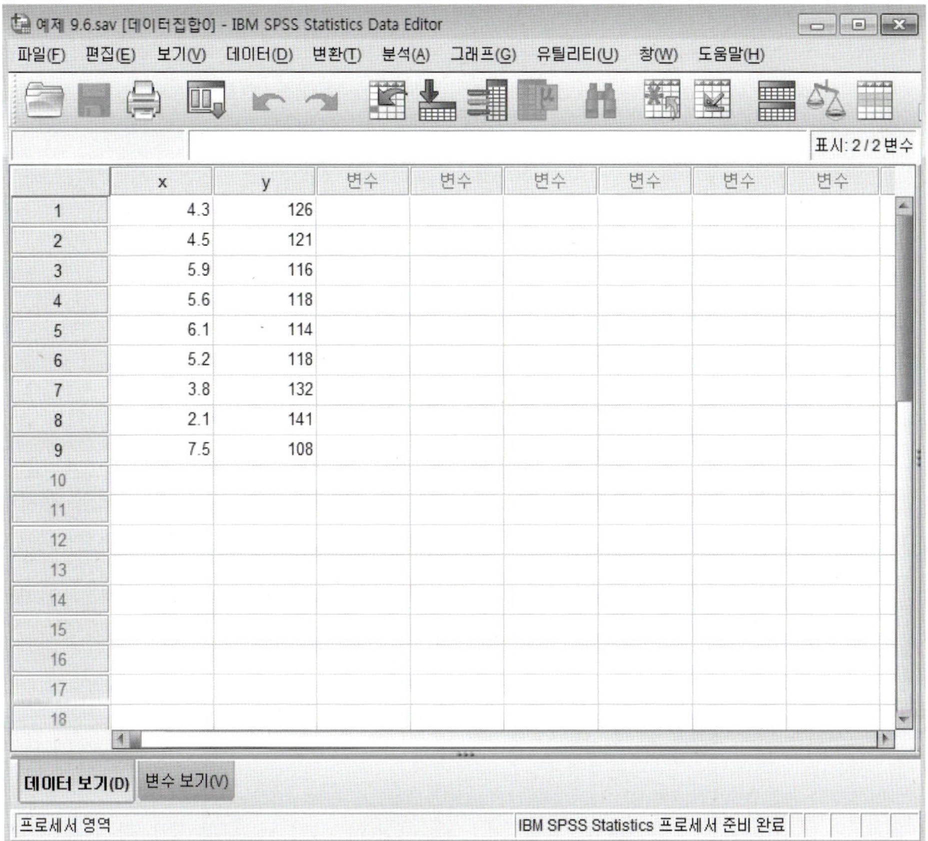

그림 6.5 . 데이터입력

분석(A) → 회귀분석(R) → 선형(L)을 선택한다.

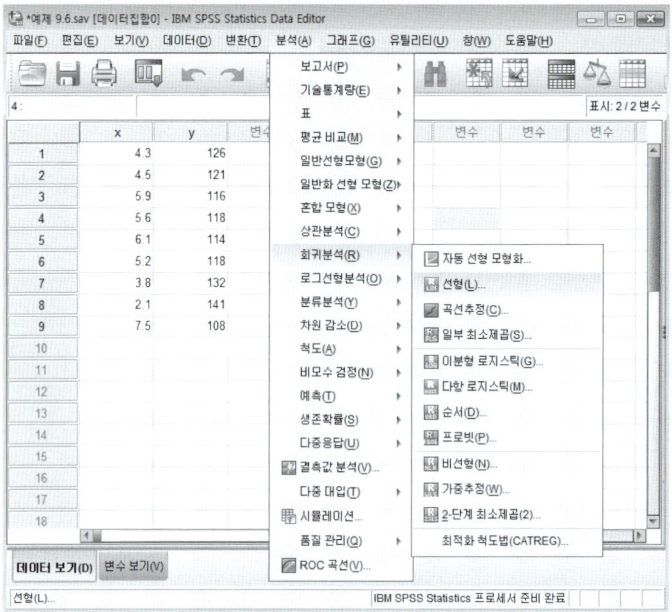

그림 6.6 실행명령지정

대화상자가 나오면 왼쪽의 변수목록에서 반응변수(종속변수)에 해당하는 대기오염 제거정도 (y)를 선택하여 오른쪽의 [종속변수(D)]로 이동시키고, 설명변수(독립변수)에 해당하는 강우량 (x)를 선택하여 오른쪽의 [독립변수(I)]로 이동시킨다. '방법(M)'은 변수선택방법을 의미하는 것으로 디폴트가 '입력'으로 되어 있다. 다음으로 〈통계량(S)〉 버튼을 누른다.

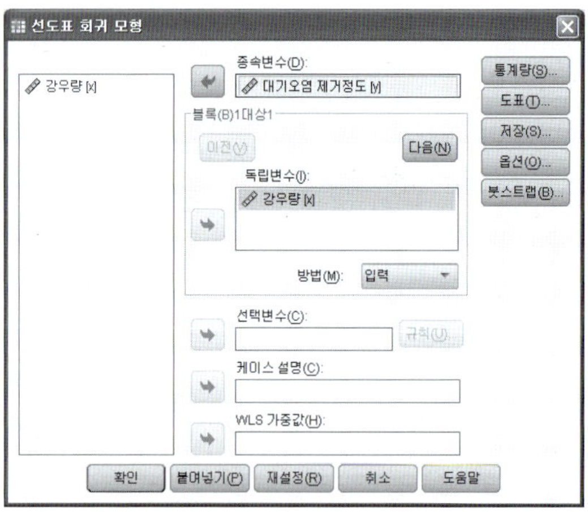

그림 6.7 종속변수와 독립변수지정

「통계량」 대화상자에서 옵션을 선택한다. 디폴트로 '추정값(E)'과 '모형적합(M)'이 선택되어 있는데 이는 각각 회귀계수 β_0, β_1의 추정치와 분산분석결과를 제공한다. 회귀계수의 신뢰구간과 기술통계량 및 상관계수를 보기 위해서 다음과 같이 '신뢰구간(N)'과 '기술통계(D)'를 선택하자. 〈계속〉을 누르고 나와 〈확인〉을 누른다.

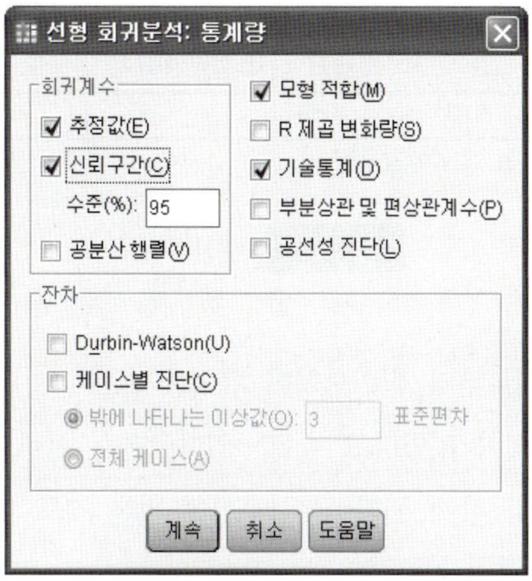

그림 6.8 통계량지정

먼저 기술통계량과 상관계수를 확인한다. 강우량과 대기오염 제거정도의 상관계수는 =0.979 이며 유의확률은 0.000으로 매우 작음을 알 수 있다.

기술통계량

	평균	표준편차	N
대기오염 제거정도	121.56	10.026	9
강우량	5.000	1.5516	9

상관계수

		대기오염 제거정도	강우량
Pearson 상관	대기오염 제거정도	1.000	-.979
	강우량	-.979	1.000
유의확률 (단측)	대기오염 제거정도	.	.000
	강우량	.000	.
N	대기오염 제거정도	9	9
	강우량	9	9

그림 6.9 분석결과

모형 요약에서 결정계수는 'R제곱'으로 나와 있다. 결정계수가 0.958이므로 이 회귀모형이 전체 변동의 약 95.8%정도 설명하고 있음을 알 수 있다. 결정계수는 독립변수가 많아지면 많아질수록 커지는 경향이 있는데 이를 수정한 것이 수정된 결정계수(수정된 R 제곱으로 출력됨)이다. 이에 대해서는 다중회귀에서 다루기로 하자.

모형 요약

모형	R	R 제곱	수정된 R 제곱	추정값의 표준오차
1	.979[a]	.958	.952	2.203

a. 예측값: (상수), 강우량

그림 6.10 결정계수

분산분석표가 나오는데 이로부터 회귀모형이 유의한지 볼 수 있다. 유의확률이 0.000으로 매우 작으므로 회귀모형은 의미가 있다고 할 수 있다. 단순 선형모형에서는 이 값이 β에 대한 유의성 검정의 유의확률과 같게 된다. 분산분석에 관한 것도 다중회귀분석에서 다시 설명할 것이다.

분산분석[b]

모형		제곱합	자유도	평균 제곱	F	유의확률
1	회귀 모형	770.262	1	770.262	158.768	.000[a]
	잔차	33.961	7	4.852		
	합계	804.222	8			

a. 예측값: (상수), 강우량

b. 종속변수: 대기오염 제거정도

그림 6.11 분산분석

다음으로 계수부분에는 회귀계수에 대한 추정치, 검정통계량과 95% 신뢰구간을 제공하여 준다. '비표준화 계수'에서 'B'라고 된 부분이 추정된 회귀계수이다. '(상수)'는 회귀모형에서의 절편항 β_0에 대한 추정치이며, '강우량'으로 되어 있는 부분이 β_1에 관한 추정치이다. 예제 9.6에서 계산한 바와 같이 $b_0 = 153.175$, $b_1 = -6.324$로 추정되었다. $H_0 : \beta_1 = 0$에 대한 양측검정의 유의확률이 0.000으로 매우 작으므로 가설은 기각되며, 강우량이 대기오염 제거정도와 유의한 선형관계에 있다고 할 수 있다. 'β_1에 대한 95% 신뢰구간'은 회귀계수의 95% 신뢰구간의 하한과 상한으로 β_1의 신뢰구간은 (-7.511, -5.137)로 나왔다.

계수[a]

모형		비표준화 계수		표준화 계수	t	유의확률	B에 대한 95.0% 신뢰구간	
		B	표준오차	베타			하한값	상한값
1	(상수)	153.175	2.615		58.583	.000	146.993	159.358
	강우량	-6.324	.502	-.979	-12.600	.000	-7.511	-5.137

a. 종속변수: 대기오염 제거정도

그림 6.12 회귀계수

적합된 회귀직선을 그림으로 나타내기 위해서는 먼저 산점도를 그려야 한다. 「그래프(G)메뉴 → 레거시대화상자(L) → 산점도/점도표(S)」를 선택하여 산점도를 그린 다음 그림을 더블 클릭한다. 「도표편집기」가 나오면 찍힌 점들을 오른단추로 클릭하고 단축메뉴 중에서 [추가(D) 전체적합선]을 선택한다. 특성창이 뜨면 '적합방법' 중 선형을 선택하고 〈닫기(C)〉단추를 누른다.

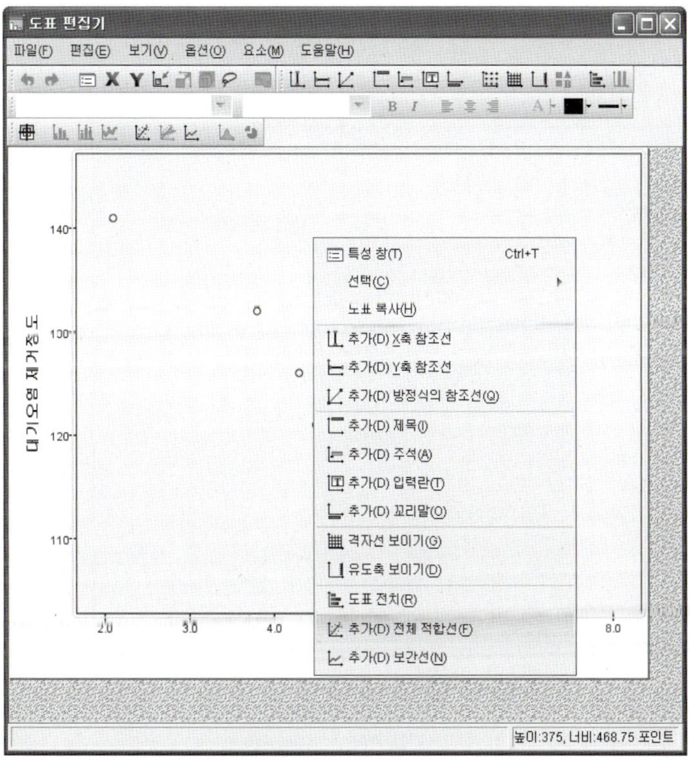

그림 6.13 산점도 명령어

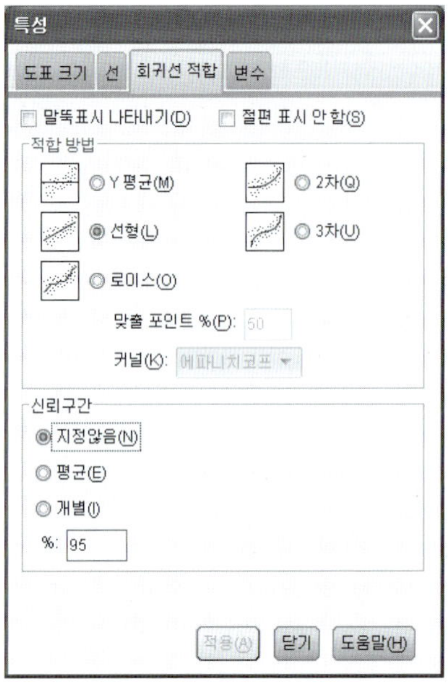

그림 6.14 회귀선적합선택

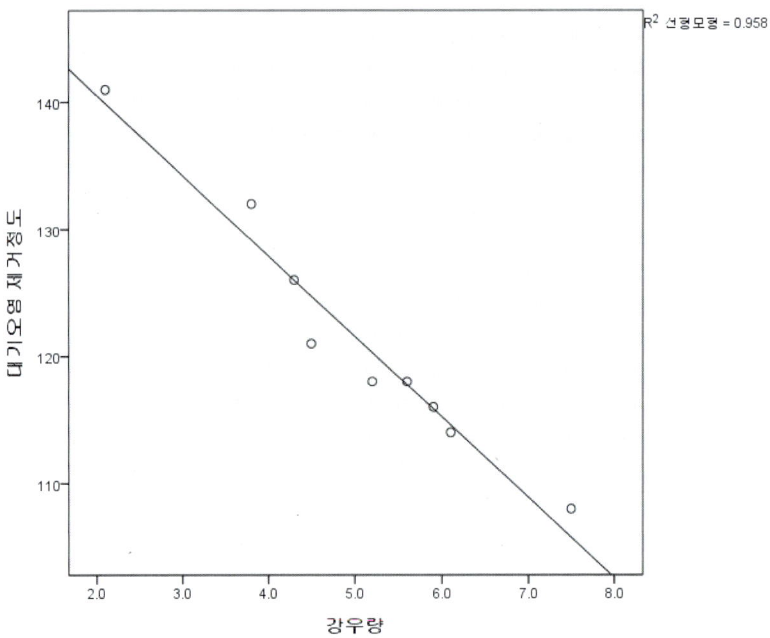

그림 6.15 산점도와 회귀선

6.3 선형성을 위한 변수변환

[예제 9.13]에서 비선형 회귀 분석을 하여보자.

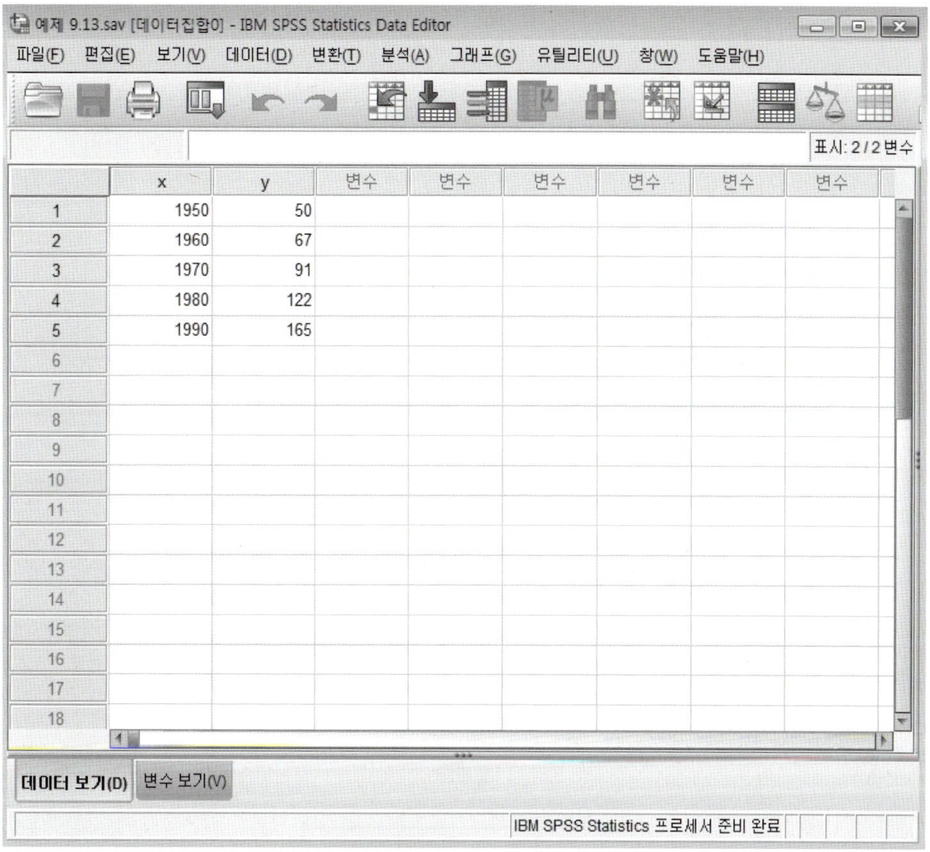

그림 6.16 데이터입력

회귀모형 적합에 앞서 두 변수간의 산점도를 그려보자. 산점도를 보면, 년도에 따라서 인구수가 곡선을 그리면서 증가하고 있으며 두 변수간의 관계가 선형성을 보이지 않음을 알 수 있다.

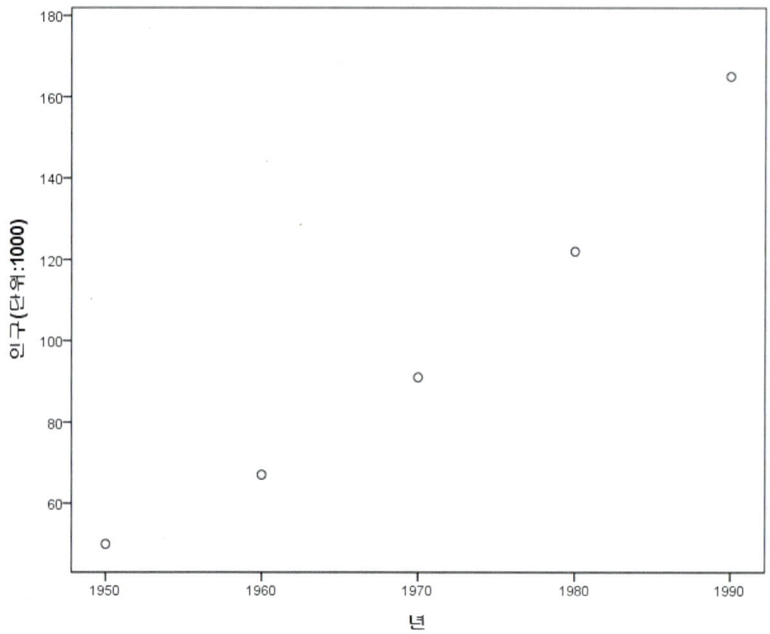

그림 6.17 산점도

또한 인구의 기술통계량을 구해보면 중위수는 91이고, 범위는 최솟값이 50, 최댓값이 165이며, 왜도가 0.647로 오른쪽으로 꼬리가 긴 형태의 분포를 가지고 있다. 이런 경우는 설명변수의 변환을 통하여 문제를 해결할 수 있다.

통계량

인구(단위:1000)

N	유효	5
	결측	0
평균		99.00
중위수		91.00
표준편차		45.755
왜도		.647
왜도의 표준오차		.913
첨도		-.564
첨도의 표준오차		2.000
최소값		50
최대값		165

그림 6.18 통계량

「변환(T) → 변수계산(C)」을 선택하여 아래와 같이 인구에 Log10 변환을 하여 새 변수 'log$y$'를 생성하고 〈확인〉을 누른다.

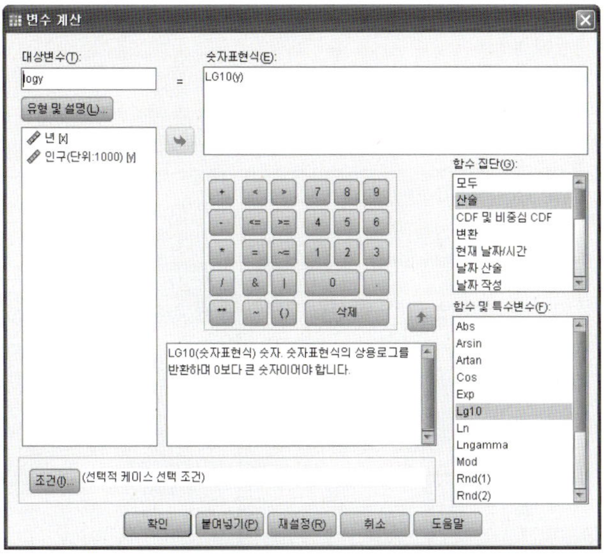

그림 6.19 변수변환명령어

로그인구와 년도의 산점도를 다시 그려보면 다음과 같다. 변수변환하기 이전과 비교하면, 로그인구의 산점도에서 선형적인 경향이 보다 명확해졌음을 쉽게 확인할 수 있다.

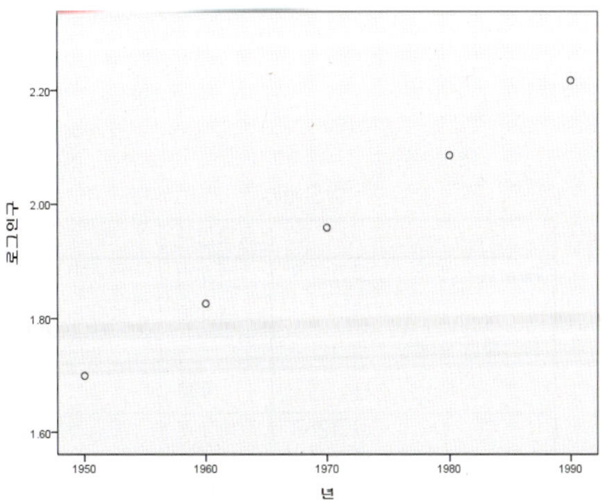

그림 6.20 변환된 산점도

이제 로그변환한 변수를 이용하여 회귀분석을 실시하여 보자. 「분석(A) → 회귀분석(R) → 선형(L)」을 선택한다. 대화상자가 나오면 왼쪽의 변수목록에서 로그인구를 선택하여 오른쪽의 [종속변수(D)]로 이동시키고 년도를 선택하여 오른쪽의 [독립변수(I)]로 이동시킨다. 〈통계량〉 버튼을 눌러 원하는 통계량을 선택한 뒤 〈계속〉을 누르고 나와 〈확인〉을 누른다.

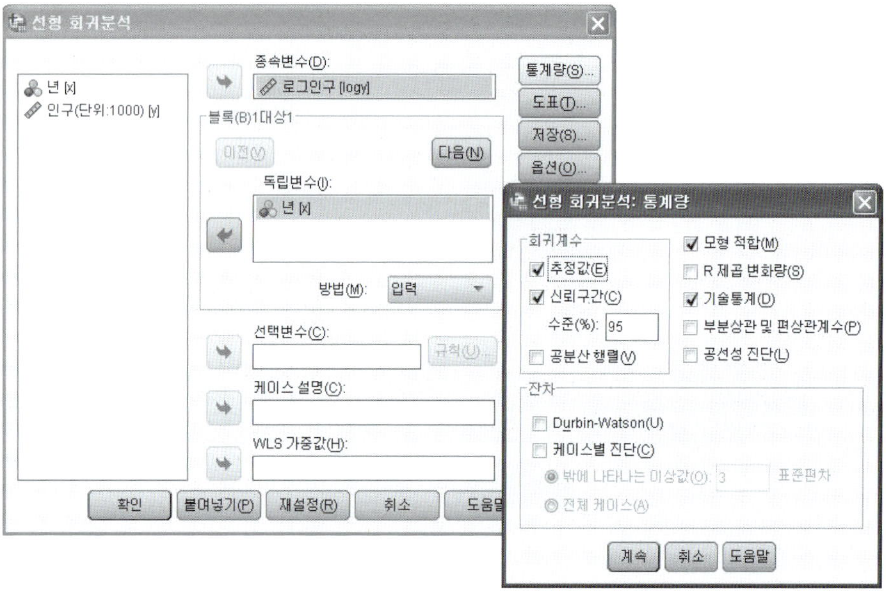

그림 6.21 종속변수와 독립변수지정

결과는 다음과 같다. 로그인구와 년도의 상관계수는 1.000이고 유의확률은 0.000이므로 두 변수는 선형관계를 보임을 알 수 있다.

상관계수

		로그인구	년
Pearson 상관	로그인구	1.000	1.000
	년	1.000	1.000
유의확률 (단측)	로그인구	.	.000
	년	.000	.
N	로그인구	5	5
	년	5	5

그림 6.22 분석결과

모형 요약에서 결정계수 R제곱이 1.000이므로 이 회귀모형이 전체 변동의 100%정도 설명하고 있음을 알 수 있다.

모형 요약

모형	R	R 제곱	수정된 R 제곱	추정값의 표준오차
1	1.000[a]	1.000	1.000	.00154

a. 예측값: (상수), 년

그림 6.23 모형 요약

계수부분을 살펴보자. 회귀모형에서의 β_0의 추정치는 $b_0 = -23.599$이며, 로그인구에 대한 회귀계수 추정치 $b_1 = 0.013$으로 추정되었다. $H_0 : \beta_1 = 0$에 대한 양측검정의 유의확률이 0.000으로 매우 작으므로 가설은 기각된다. 즉, 년도가 10년 증가하면 인구는 0.013만큼 증가하며, 이 값은 유의하다. 한편 회귀계수 β_1의 95% 신뢰구간은 (0.0128, 0.0131)이다.

계수[a]

모형		비표준화 계수		표준화 계수	t	유의확률	B에 대한 95.0% 신뢰구간	
		B	표준오차	베타			하한값	상한값
1	(상수)	-23.599	.096		-246.079	.000	-23.905	-23.294
	년	.013	.000	1.000	266.498	.000	0.0128	0.0131

a. 종속변수: 로그인구

그림 6.24 회귀계수

6.4 중회귀 모형

[예제 9.15]의 강도 데이터에 대해서 SPSS를 이용하여 다중회귀를 실행하고 결과를 해석하여 보자. 다음의 형태로 설명변수들과 반응변수를 입력한다.

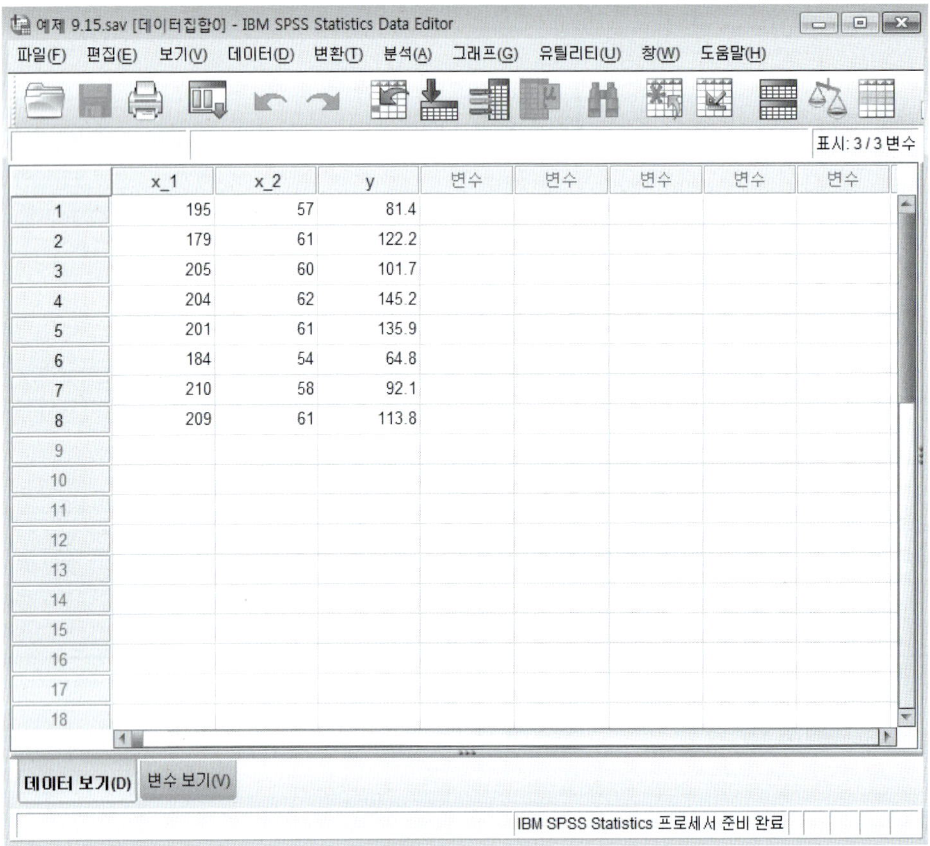

	x_1	x_2	y
1	195	57	81.4
2	179	61	122.2
3	205	60	101.7
4	204	62	145.2
5	201	61	135.9
6	184	54	64.8
7	210	58	92.1
8	209	61	113.8

그림 6.25 데이터입력

각 설명변수와 반응변수를 짝지어 산점도를 그린 결과는 다음과 같다. 각 설명변수와 반응변수 간에 어느 정도 선형성이 있음을 짐작할 수 있으며, 회귀분석을 적용하는 것이 타당해 보인다.

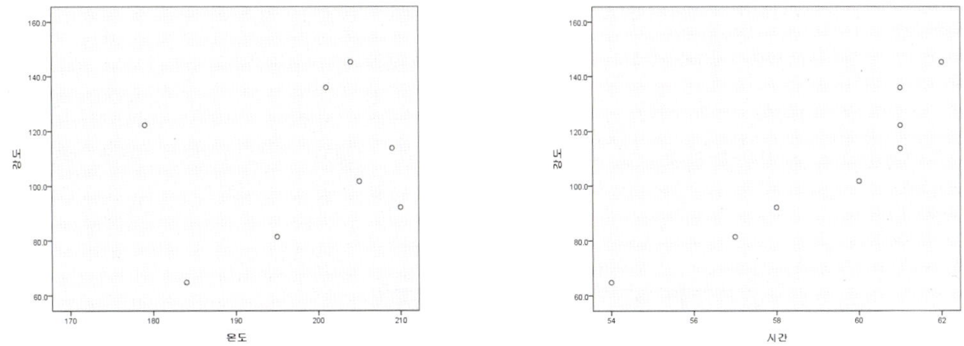

그림 6.26 산점도

「분석(A) → 회귀분석(R) → 선형(L)」을 선택한다. 「선형 회귀분석」 대화상자가 나타나면 왼쪽의 변수목록에서 강도(y)를 선택하여 오른쪽의 [종속변수(D)]로 이동시키고 온도(x_1)과 시간(x_2)을 선택하여 오른쪽의 [독립변수(I)]로 이동시킨다. [방법(M)]은 '입력'으로 그대로 둔다. 〈통계량(S)〉 버튼을 통계량을 선택하고 〈계속〉을 누른다.

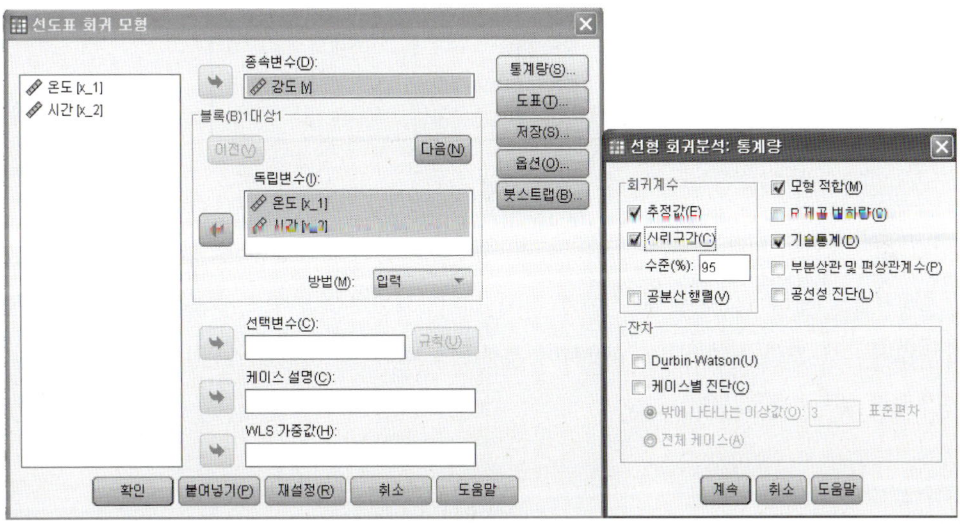

그림 6.27 통계량 지정

출력 결과는 다음과 같다. 강도와 온도의 상관계수는 0.251, 강도와 시간의 상관계수는 0.938, 온도와 시간의 상관계수는 0.359이다. 강도와 시간은 유의수준이 0.05보다 작으므로 5% 유의수준 하에서 귀무가설을 기각하지만 강도와 온도, 온도와 시간은 각각 유의수준이 0.274, 0.191로 유의수준 0.05보다 크므로 5% 유의수준 하에서 귀무가설을 기각하지 않는다.

기술통계량

	평균	표준편차	N
강도	107.137	27.4067	8
온도	198.38	11.488	8
시간	59.25	2.712	8

상관계수

		강도	온도	시간
Pearson 상관	강도	1.000	.251	.938
	온도	.251	1.000	.359
	시간	.938	.359	1.000
유의확률 (단측)	강도	.	.274	.000
	온도	.274	.	.191
	시간	.000	.191	.
N	강도	8	8	8
	온도	8	8	8
	시간	8	8	8

그림 6.28 출력결과

실행결과를 보면 다중상관계수(R)가 0.942이며, 결정계수(R^2)는 0.888이다. 즉, 온도와 시간이라는 두 개의 설명변수를 이용하여 총변동의 88.8%를 설명할 수 있다. 수정된 결정계수(수정된 R^2)는 0.843으로 나온다.

모형 요약

모형	R	R 제곱	수정된 R 제곱	추정값의 표준오차
1	.942[a]	.888	.843	10.8734

a. 예측값: (상수), 시간, 온도

그림 6.29 모형 요약

분산분석표는 다음과 같다. 모형이 유의한지 여부에 대한 검정통계량 F-값은 19.736으로 매우 크고 이의 유의확률(p-값)은 0.004으로 매우 작다. 따라서 모든 회귀계수가 0이라는 가설은 기각되고, 다중회귀모형이 유의하다고 할 수 있다.

분산분석[b]

모형		제곱합	자유도	평균 제곱	F	유의확률
1	회귀 모형	4666.722	2	2333.361	19.736	.004[a]
	잔차	591.157	5	118.231		
	합계	5257.879	7			

a. 예측값: (상수), 시간, 온도

b. 종속변수: 강도

그림 6.30 분산분석

회귀계수에 대한 추정 및 검정결과를 보면 "비표준화 계수"라고 되어 있는 부분이 각 설명변수에 대한 회귀계수의 추정치이다.

모형 요약

모형	R	R 제곱	수정된 R 제곱	추정값의 표준오차
1	.942[a]	.888	.843	10.8734

a. 예측값: (상수), 시간, 온도

분산분석[b]

모형		제곱합	자유도	평균 제곱	F	유의확률
1	회귀 모형	4666.722	2	2333.361	19.736	.004[a]
	잔차	591.157	5	118.231		
	합계	5257.879	7			

a. 예측값: (상수), 시간, 온도

b. 종속변수: 강도

계수[a]

모형		비표준화 계수		표준화 계수	t	유의확률	B에 대한 95.0% 신뢰구간	
		B	표준오차	베타			하한값	상한값
1	(상수)	-428.885	98.987		-4.333	.007	-683.339	-174.431
	온도	-.234	.383	-.098	-.610	.569	-1.219	.751
	시간	9.829	1.623	.973	6.056	.002	5.657	14.002

a. 종속변수: 강도

그림 6.31 회귀계수

따라서, 적합된 회귀식은

$$\hat{y} = -428.885 - 0.234x_1 + 9.829x_2$$

가 된다. 유의확률을 보면 온도(x_1)과 시간(x_2)의 회귀계수에 대한 p-값이 각각 0.569과 0.002으로 나와 있다. 따라서 5% 유의수준에서 온도의 회귀계수는 유의하지 않고 시간의 회귀계수만 유의하게 나타난다. 시간(x_2)의 계수는 9.829이므로 온도(x_1)이라는 영향을 제거한 뒤에 순수하게 시간가 1단위 증가함에 따라 강도가 9.829만큼 유의하게 증가함을 의미한다. 반면 온도(x_1)은 시간(x_2)의 효과를 제거한 후 강도에 유의하게 영향을 미치지 않음을 알 수 있다. 한편 "B에 대한 95% 신뢰구간"은 각각 회귀계수에 대한 95% 신뢰구간의 하한과 상한을 가리킨다. 예를 들어 시간의 회귀계수에 대한 95% 신뢰구간은 (5.657, 14.002)이다.

추가적인 SPSS 실습은 PART 1의 제9장 회귀분석의 연습문제를 더 해보기로 한다.

CHAPTER 7

분산분석 SPSS 실습

10장에서 설명한 분산분석의 예제를 SPSS를 이용하여 분석하는 방법을 알아보도록 한다.

7.1 일원배치 분산분석

[예제 10.3]에서 지역에 따른 균의 군집의수에 차이가 있는지를 일원배치 분산분석과 Duncan의 다중범위검정을 실시해 보자.

데이터 입력 : [예제 10.3]을 아래와 같이 『SPSS 데이터편집기창』에 입력한다. 지역을 1, 2, 3, 4로 코딩한다.

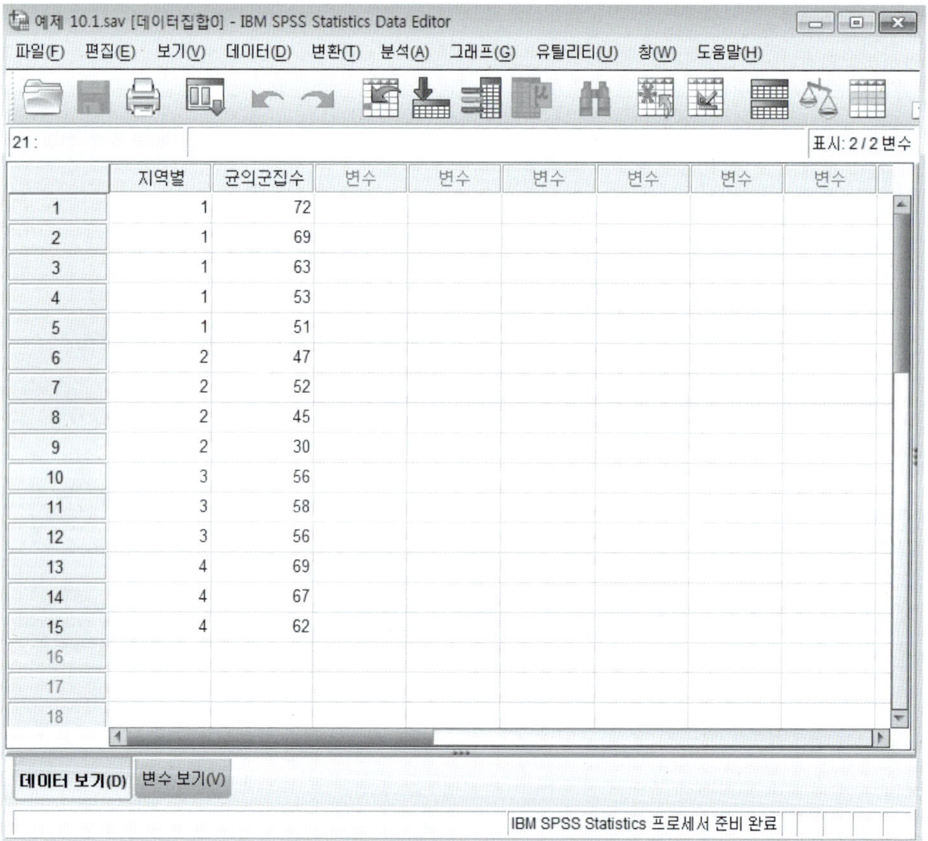

그림 7.1 데이터입력

일원배치 분산분석을 위하여 『분석 → 평균비교 → 일원배치 분산분석』과 같이 순서대로 실행명령을 지정한다.

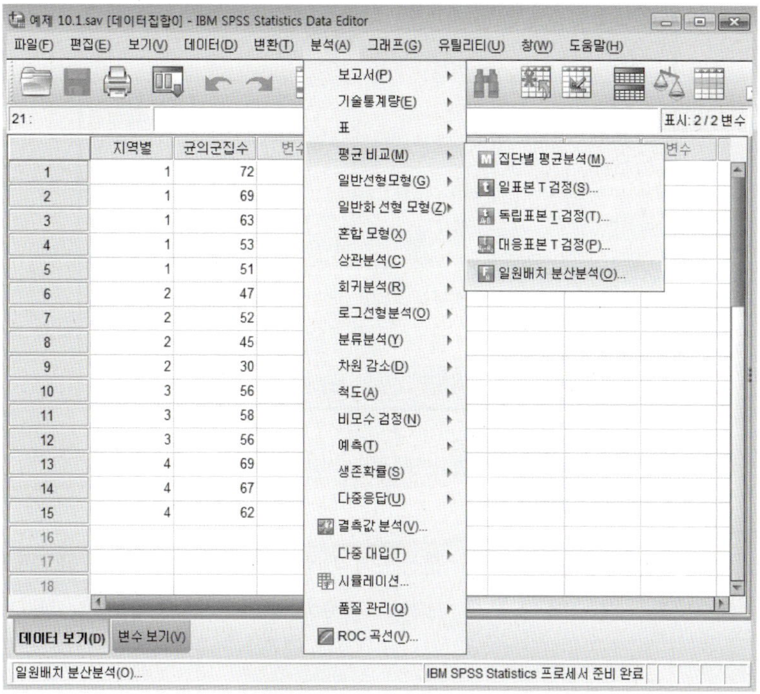

그림 7.2 실행명령지정

일원배치 분산분석 대화상자에서 군집의 수 변수를 [종속변수(E)]란으로 이동시키고 균의 지역별 변수를 [요인변수(F)]란에 이동시킨다.

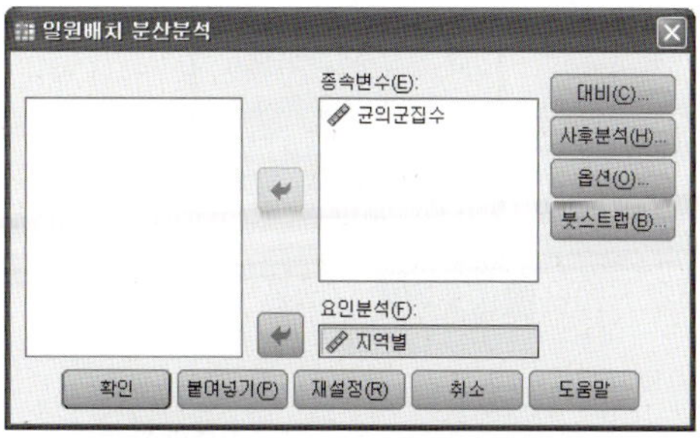

그림 7.3 종속변수와 요인분석지정

④ Duncan의 다중범위검정을 위하여 일원배치 분산분석 대화상자에서 하단의 [사후분석(H)]을 선택하고, 다중비교 방법들 중 Duncan을 체크하고 계속을 누른다.

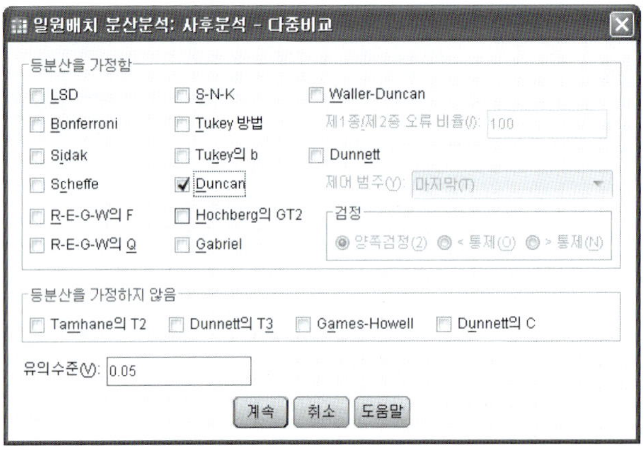

그림 7.4 Duncan의 다중범위검정

기술통계를 구하기 위하여 일원배치 분산분석 대화상자에서 하단의 [옵션(O)]을 선택하고 기술통계를 체크하고 모집단의 등분산 검정을 위하여 분산 동질성 검정을 체크하고 계속을 누른다.

그림 7.5 기술통계지정

필요한 부분을 모두 지정한 후 확인을 누르면 출력결과창에 다음과 같은 분석결과가 나타난다.

기술통계

균의군집수

	N	평균	표준편차	표준오차	평균에 대한 95% 신뢰구간		최소값	최대값
					하한값	상한값		
지역1	5	61.60	9.370	4.190	49.97	73.23	51	72
지역2	4	43.50	9.469	4.735	28.43	58.57	30	52
지역3	3	56.67	1.155	.667	53.80	59.54	56	58
지역4	3	66.00	3.606	2.082	57.04	74.96	62	69
합계	15	56.67	11.101	2.866	50.52	62.81	30	72

분산의 동질성 검정

균의군집수

Levene 통계량	df1	df2	유의확률
2.852	3	11	.086

분산분석

균의군집수

	제곱합	df	평균 제곱	F	유의확률
집단-간	1076.467	3	358.822	6.083	.011
집단-내	648.867	11	58.988		
합계	1725.333	14			

사후검정

동일 집단군

균의군집수

Duncan[a,b]

지역별	N	유의수준 = 0.05에 대한 부집단	
		1	2
지역2	4	43.50	
지역3	3		56.67
지역1	5		61.60
지역4	3		66.00
유의확률		1.000	.140

동일 집단군에 있는 집단에 대한 평균이 표시됩니다.

a. 조화평균 표본 크기 3.582을(를) 사용합니다.

b. 집단 크기가 동일하지 않습니다. 집단 크기의 조화평균이 사용됩니다. I 유형 오차 수준은 보장되지 않습니다.

그림 7.6 분석결과

기술통계치를 살펴보면 각 지역별 균의 군집수의 증가에 대한 평균값, 표준편차, 표준오차, 평균값의 신뢰구간, 최솟값, 최댓값들이 나타나 있다. 분산분석이 가능하기 위해서는 모집단 등분산의 가정이 충족되어야 한다. 따라서 분산의 동질성 검정 결과를 보면 Levene의 통계량인 F값이 2.852이고 유의확률값이 0.086으로 유의수준 0.05보다 작기 때문에 모집단의 분산이 동일하다는 귀무가설을 기각하지 않는다.

다음으로 분산분석 검정 결과를 보면 F값이 6.0083이고 유의확률 값이 0.011로 유의수준

0.05보다 작기 때문에 귀무가설을 기각한다. 따라서 지역별로 균의 군집수의 차이가 있다고 할 수 있다.

이와 같이 분산분석을 통해서 4개의 지역 간에 균의 군집수의 증가는 차이가 있다는 것이 입증되었으며 4개의 지역 간에 서로 어떻게 차이가 있는지에 대한 의문이 생긴다. 이를 알아보는 분석을 사후검정이라 한다. Ducan의 다중범위검정 결과를 살펴보면 4개의 지역의 종류가 2개의 동일집단군으로 분류되었는데 그 동일 집단군에 속한 지역의 종류는 차이가 있지 않으므로 지역의 종류는 1,3,4와는 차이가 있지 않고 이들 외의 2는 차이가 있다.

7.2 반복이 없는 이원배치 분산분석

[예제 10.6]에서 제품의 내압강도에 대한 역청탄과 첨가량의 차이는 없는지를 유의수준 $\alpha = 0.05$로 검정하여 보자.

데이터 입력 : [예제 10.6]을 아래와 같이 『SPSS 데이터 편집기 창』에 입력한다. 역청탄 종류를 1, 2, 3, 4,5로 코딩하고 첨가량 종류를 1, 2, 3, 4로 코딩한다.

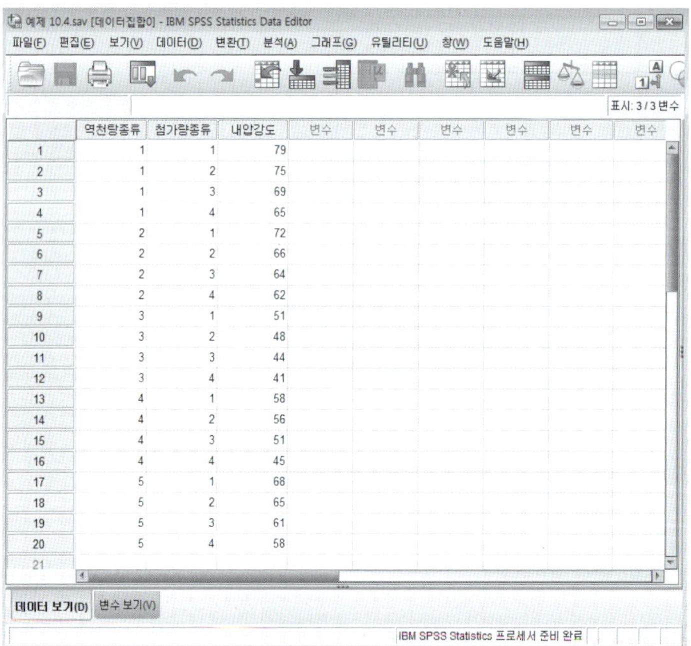

	역천탕종류	첨가량종류	내압강도
1	1	1	79
2	1	2	75
3	1	3	69
4	1	4	65
5	2	1	72
6	2	2	66
7	2	3	64
8	2	4	62
9	3	1	51
10	3	2	48
11	3	3	44
12	3	4	41
13	4	1	58
14	4	2	56
15	4	3	51
16	4	4	45
17	5	1	68
18	5	2	65
19	5	3	61
20	5	4	58

그림 7.7 데이터입력

반복이 없는 이원배치 분산분석을 위하여 『분석 → 일반선형모형 → 일변량』과 같이 순서대로 실행명령을 지정한다.

그림 7.8 실행명령지정

일변량 대화상자에서 내압강도 변수를 [종속변수(D)]란으로 이동시키고 역청탄 변수와 첨가량 종류 변수를 [모수요인(F)]란에 이동시킨다.

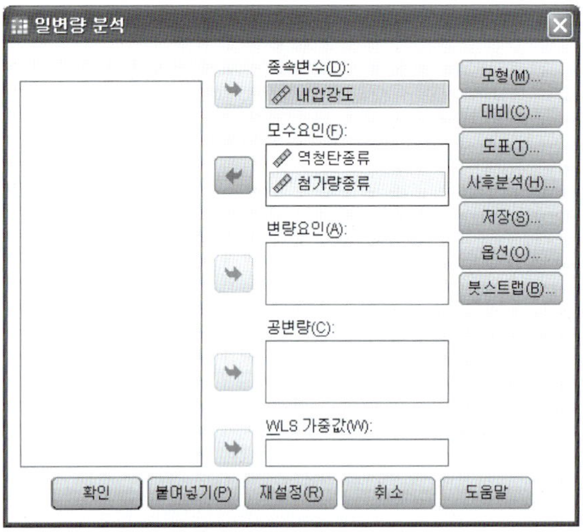

그림 7.9 종속변수와 모수요인지정

일변량 대화상자에서 오른쪽 맨 위의 [모형(M)]을 선택한 후 모형설정에서 사용자 정의를 체크하고 항 설정에서 주효과로 선택한 후 역청탄과 첨가량 종류를 [모형(M)]으로 이동시키고 계속을 누른다.

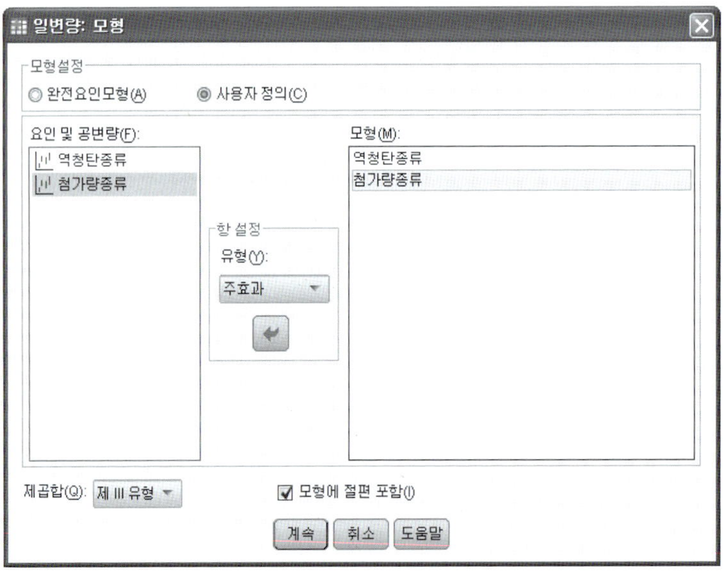

그림 7.10 모형 선택

필요한 부분을 모두 지정한 후 확인을 누르면 출력 결과 창에 다음과 같은 분석결과가 나타난다.

개체-간 효과 검정

종속 변수: 내압강도

소스	제 III 유형 제곱합	자유도	평균 제곱	F	유의확률
수정 모형	2133.800[a]	7	304.829	182.897	.000
절편	71760.200	1	71760.200	43056.120	.000
역청탄종류	1764.800	4	441.200	264.720	.000
첨가량종류	369.000	3	123.000	73.800	.000
오차	20.000	12	1.667		
합계	73914.000	20			
수정 합계	2153.800	19			

a. R 제곱 = .991 (수정된 R 제곱 = .985)

그림 7.11 분석결과

역청탄과 첨가량에 대한 주효과의 유의확률은 각각 0.000과 0.000으로 유의수준 0.05보다 작으므로 귀무가설을 기각한다. 즉 역청탄의 종류와 첨가량의 종류에 따른 내압강도는 통계적으로 유의하게 차이가 있다.

APPENDIX

1. 이항누적분포표
2. 누적포아송분포표
3. 카이제곱분포표
4. 표준정규분포표
5. T–분포표
6. F–분포표

1. 이항누적분포표

$$B(x\,;\,n,\,p)=\sum_{k=0}^{x}\binom{n}{k}p^k(1-p)^{n-k}$$

n	x	0.05	0.10	0.15	0.20	0.25	0.30	0.35	0.40	0.45	0.50	0.55	0.60	0.65	0.70	0.75	0.80	0.85	0.90	0.95
1	0	0.9500	0.9000	0.8500	0.8000	0.7500	0.7000	0.6500	0.6000	0.5500	0.5000	0.4500	0.4000	0.3500	0.3000	0.2500	0.2000	0.1500	0.1000	0.0500
2	0	0.9025	0.8100	0.7225	0.6400	0.5625	0.4900	0.4225	0.3600	0.3025	0.2500	0.2025	0.1600	0.1225	0.0900	0.0625	0.0400	0.0225	0.0100	0.0025
	1	0.9975	0.9900	0.9775	0.9600	0.9375	0.9100	0.8775	0.8400	0.7975	0.7500	0.6975	0.6400	0.5775	0.5100	0.4375	0.3600	0.2775	0.1900	0.0975
3	0	0.8574	0.7290	0.6141	0.5120	0.4219	0.3430	0.2746	0.2160	0.1664	0.1250	0.0911	0.0640	0.0429	0.0270	0.0156	0.0080	0.0034	0.0010	0.0001
	1	0.9928	0.9720	0.9393	0.8960	0.8438	0.7840	0.7182	0.6480	0.5748	0.5000	0.4252	0.3520	0.2818	0.2160	0.1406	0.1040	0.0608	0.0280	0.0072
	2	0.9999	0.9990	0.9967	0.9920	0.9844	0.9730	0.9571	0.9360	0.9089	0.8750	0.8336	0.7840	0.7254	0.6570	0.5625	0.4880	0.3859	0.2710	0.1426

n	x	0.05	0.10	0.15	0.20	0.25	0.30	0.35	0.40	0.45	0.50	0.55	0.60	0.65	0.70	0.75	0.80	0.85	0.90	0.95
4	0	0.8145	0.6561	0.5220	0.4096	0.3164	0.2401	0.1785	0.1296	0.0915	0.0625	0.0410	0.0256	0.0150	0.0081	0.0039	0.0016	0.0005	0.0001	0.0000
	1	0.9860	0.9477	0.8905	0.8192	0.7383	0.6517	0.5630	0.4752	0.3910	0.3125	0.2415	0.1792	0.1265	0.0837	0.0508	0.0272	0.0120	0.0037	0.0005
	2	0.9995	0.9963	0.9880	0.9728	0.9492	0.9163	0.8735	0.8208	0.7585	0.6875	0.6090	0.5248	0.4370	0.3483	0.2617	0.1808	0.1095	0.0523	0.0140
	3	1.0000	0.9999	0.9995	0.9984	0.9961	0.9919	0.9850	0.9744	0.9590	0.9375	0.9085	0.8704	0.8215	0.7599	0.6836	0.5904	0.4780	0.3439	0.1855
5	0	0.7738	0.5905	0.4437	0.3277	0.2373	0.1681	0.1160	0.0778	0.0503	0.0312	0.0185	0.0102	0.0053	0.0024	0.0010	0.0003	0.0001	0.0000	0.0000
	1	0.9774	0.9185	0.8352	0.7373	0.6328	0.5282	0.4284	0.3370	0.2562	0.1875	0.1312	0.0870	0.0540	0.0308	0.0156	0.0067	0.0022	0.0005	0.0000
	2	0.9988	0.9914	0.9734	0.9421	0.8965	0.8369	0.7648	0.6826	0.5931	0.5000	0.4069	0.3174	0.2352	0.1631	0.1035	0.0579	0.0266	0.0086	0.0012
	3	1.0000	0.9995	0.9978	0.9933	0.9844	0.9692	0.9460	0.9130	0.8688	0.8125	0.7438	0.6630	0.5716	0.4718	0.3672	0.2627	0.1648	0.0815	0.0226
	4	1.0000	1.0000	0.9999	0.9997	0.9990	0.9976	0.9947	0.9898	0.9815	0.9688	0.9497	0.9222	0.8840	0.8319	0.7627	0.6723	0.5563	0.4095	0.2262
6	0	0.7351	0.5314	0.3771	0.2621	0.1780	0.1176	0.0754	0.0467	0.0277	0.0156	0.0083	0.0041	0.0018	0.0007	0.0002	0.0001	0.0000	0.0000	0.0000
	1	0.9672	0.8857	0.7765	0.6554	0.5339	0.4202	0.3191	0.2333	0.1636	0.1094	0.0692	0.0410	0.0223	0.0109	0.0046	0.0016	0.0004	0.0001	0.0000
	2	0.9978	0.9842	0.9527	0.9011	0.8306	0.7443	0.6471	0.5443	0.4415	0.3438	0.2553	0.1792	0.1174	0.0705	0.0376	0.0170	0.0059	0.0013	0.0001
	3	0.9999	0.9987	0.9941	0.9830	0.9624	0.9295	0.8826	0.8208	0.7447	0.6562	0.5585	0.4557	0.3529	0.2557	0.1694	0.0989	0.0473	0.0158	0.0022
	4	1.0000	0.9999	0.9996	0.9984	0.9954	0.9891	0.9777	0.9590	0.9308	0.8906	0.8364	0.7667	0.6809	0.5798	0.4661	0.3446	0.2235	0.1143	0.0328
	5	1.0000	1.0000	1.0000	0.9999	0.9998	0.9993	0.9982	0.9959	0.9917	0.9844	0.9723	0.9533	0.9246	0.8824	0.8220	0.7379	0.6229	0.4686	0.2649
7	0	0.6983	0.4783	0.3206	0.2097	0.1335	0.0824	0.0490	0.0280	0.0152	0.0078	0.0037	0.0016	0.0006	0.0002	0.0001	0.0000	0.0000	0.0000	0.0000
	1	0.9556	0.8503	0.7166	0.5767	0.4449	0.3294	0.2338	0.1586	0.1024	0.0625	0.0357	0.0188	0.0090	0.0038	0.0013	0.0004	0.0001	0.0000	0.0000
	2	0.9962	0.9743	0.9262	0.8520	0.7564	0.6471	0.5323	0.4199	0.3164	0.2266	0.1529	0.0963	0.0556	0.0288	0.0129	0.0047	0.0012	0.0002	0.0000
	3	0.9998	0.9973	0.9879	0.9667	0.9294	0.8740	0.8002	0.7102	0.6083	0.5000	0.3917	0.2898	0.1998	0.1260	0.0706	0.0333	0.0121	0.0027	0.0002
	4	1.0000	0.9998	0.9988	0.9953	0.9871	0.9712	0.9444	0.9037	0.8471	0.7734	0.6836	0.5801	0.4677	0.3529	0.2436	0.1480	0.0738	0.0257	0.0038
	5	1.0000	1.0000	0.9999	0.9996	0.9987	0.9962	0.9910	0.9812	0.9643	0.9375	0.8976	0.8414	0.7662	0.6706	0.5551	0.4233	0.2834	0.1497	0.0444
	6	1.0000	1.0000	1.0000	1.0000	0.9999	0.9998	0.9994	0.9984	0.9963	0.9922	0.9848	0.9720	0.9510	0.9176	0.8665	0.7903	0.6794	0.5217	0.3017

(Column values 0.05–0.95 are p.)

n	x	p = 0.05	0.10	0.15	0.20	0.25	0.30	0.35	0.40	0.45	0.50	0.55	0.60	0.65	0.70	0.75	0.80	0.85	0.90	0.95
8	0	0.6634	0.4305	0.2725	0.1678	0.1001	0.0576	0.0319	0.0168	0.0084	0.0039	0.0017	0.0007	0.0002	0.0001	0.0000	0.0000	0.0000	0.0000	0.0000
	1	0.9428	0.8131	0.6572	0.5033	0.3671	0.2553	0.1691	0.1064	0.0632	0.0352	0.0181	0.0085	0.0036	0.0013	0.0004	0.0001	0.0000	0.0000	0.0000
	2	0.9942	0.9619	0.8948	0.7969	0.6785	0.5518	0.4278	0.3154	0.2201	0.1445	0.0885	0.0498	0.0253	0.0113	0.0042	0.0012	0.0002	0.0000	0.0000
	3	0.9996	0.9950	0.9786	0.9437	0.8862	0.8059	0.7064	0.5941	0.4770	0.3633	0.2604	0.1737	0.1061	0.0580	0.0273	0.0104	0.0029	0.0004	0.0000
	4	1.0000	0.9996	0.9971	0.9896	0.9727	0.9420	0.8939	0.8263	0.7396	0.6367	0.5230	0.4059	0.2936	0.1941	0.1138	0.0563	0.0214	0.0050	0.0004
	5	1.0000	1.0000	0.9998	0.9988	0.9958	0.9887	0.9747	0.9502	0.9115	0.8555	0.7799	0.6846	0.5722	0.4482	0.3215	0.2031	0.1052	0.0381	0.0058
	6	1.0000	1.0000	1.0000	0.9999	0.9996	0.9987	0.9964	0.9915	0.9819	0.9648	0.9368	0.8936	0.8309	0.7447	0.6329	0.4967	0.3428	0.1869	0.0572
	7	1.0000	1.0000	1.0000	1.0000	1.0000	0.9999	0.9998	0.9993	0.9983	0.9961	0.9916	0.9832	0.9681	0.9424	0.8999	0.8322	0.7275	0.5695	0.3366
9	0	0.6302	0.3874	0.2316	0.1342	0.0751	0.0404	0.0207	0.0101	0.0046	0.0020	0.0008	0.0003	0.0001	0.0000	0.0000	0.0000	0.0000	0.0000	0.0000
	1	0.9288	0.7748	0.5995	0.4362	0.3003	0.1960	0.1211	0.0705	0.0385	0.0195	0.0091	0.0038	0.0014	0.0004	0.0001	0.0000	0.0000	0.0000	0.0000
	2	0.9916	0.9470	0.8591	0.7382	0.6007	0.4628	0.3373	0.2318	0.1495	0.0898	0.0498	0.0250	0.0112	0.0043	0.0013	0.0003	0.0000	0.0000	0.0000
	3	0.9994	0.9917	0.9661	0.9144	0.8343	0.7297	0.6089	0.4826	0.3614	0.2539	0.1658	0.0994	0.0536	0.0253	0.0100	0.0031	0.0006	0.0001	0.0000
	4	1.0000	0.9991	0.9944	0.9804	0.9511	0.9012	0.8283	0.7334	0.6214	0.5000	0.3786	0.2666	0.1717	0.0988	0.0489	0.0196	0.0056	0.0009	0.0000
	5	1.0000	0.9999	0.9994	0.9969	0.9900	0.9747	0.9464	0.9006	0.8342	0.7461	0.6386	0.5174	0.3911	0.2703	0.1657	0.0856	0.0339	0.0083	0.0006
	6	1.0000	1.0000	1.0000	0.9997	0.9987	0.9957	0.9888	0.9750	0.9502	0.9102	0.8505	0.7682	0.6627	0.5372	0.3993	0.2618	0.1409	0.0530	0.0084
	7	1.0000	1.0000	1.0000	1.0000	0.9999	0.9996	0.9986	0.9962	0.9909	0.9805	0.9615	0.9295	0.8789	0.8040	0.6997	0.5638	0.4005	0.2252	0.0712
	8	1.0000	1.0000	1.0000	1.0000	1.0000	1.0000	0.9999	0.9997	0.9992	0.9980	0.9954	0.9899	0.9793	0.9596	0.9249	0.8658	0.7684	0.6126	0.3698
10	0	0.5987	0.3487	0.1969	0.1074	0.0563	0.0282	0.0135	0.0060	0.0025	0.0010	0.0003	0.0001	0.0000	0.0000	0.0000	0.0000	0.0000	0.0000	0.0000
	1	0.9139	0.7361	0.5443	0.3758	0.2440	0.1493	0.0860	0.0464	0.0233	0.0107	0.0045	0.0017	0.0005	0.0001	0.0000	0.0000	0.0000	0.0000	0.0000
	2	0.9885	0.9298	0.8202	0.6778	0.5256	0.3828	0.2616	0.1673	0.0996	0.0547	0.0274	0.0123	0.0048	0.0016	0.0004	0.0001	0.0000	0.0000	0.0000
	3	0.9990	0.9872	0.9500	0.8791	0.7759	0.6496	0.5138	0.3823	0.2660	0.1719	0.1020	0.0548	0.0260	0.0106	0.0035	0.0009	0.0001	0.0000	0.0000
	4	0.9999	0.9984	0.9901	0.9672	0.9219	0.8497	0.7515	0.6331	0.5044	0.3770	0.2616	0.1662	0.0949	0.0473	0.0197	0.0064	0.0014	0.0001	0.0000
	5	1.0000	0.9999	0.9986	0.9936	0.9803	0.9527	0.9051	0.8338	0.7384	0.6230	0.4956	0.3669	0.2485	0.1503	0.0781	0.0328	0.0099	0.0016	0.0001
	6	1.0000	1.0000	0.9999	0.9991	0.9965	0.9894	0.9740	0.9452	0.8980	0.8281	0.7340	0.6177	0.4862	0.3504	0.2241	0.1209	0.0500	0.0128	0.0010
	7	1.0000	1.0000	1.0000	0.9999	0.9996	0.9984	0.9952	0.9877	0.9726	0.9453	0.9004	0.8327	0.7384	0.6172	0.4474	0.3222	0.1798	0.0702	0.0115
	8	1.0000	1.0000	1.0000	1.0000	1.0000	0.9999	0.9995	0.9983	0.9955	0.9893	0.9767	0.9536	0.9140	0.8507	0.7560	0.6242	0.4557	0.2639	0.0861
	9	1.0000	1.0000	1.0000	1.0000	1.0000	1.0000	1.0000	0.9999	0.9997	0.9990	0.9975	0.9940	0.9865	0.9718	0.9437	0.8926	0.8031	0.6513	0.4013

n	x	0.05	0.10	0.15	0.20	0.25	0.30	0.35	0.40	0.45	0.50	0.55	0.60	0.65	0.70	0.75	0.80	0.85	0.90	0.95
											p									
15	0	0.4633	0.2059	0.0874	0.0352	0.0134	0.0047	0.0016	0.0005	0.0001	0.0000	0.0000	0.0000	0.0000	0.0000	0.0000	0.0000	0.0000	0.0000	0.0000
	1	0.8290	0.5490	0.3186	0.1671	0.0802	0.0353	0.0142	0.0052	0.0017	0.0005	0.0001	0.0000	0.0000	0.0000	0.0000	0.0000	0.0000	0.0000	0.0000
	2	0.9638	0.8159	0.6042	0.3980	0.2361	0.1268	0.0617	0.0271	0.0107	0.0037	0.0011	0.0003	0.0001	0.0000	0.0000	0.0000	0.0000	0.0000	0.0000
	3	0.9945	0.9444	0.8227	0.6482	0.4613	0.2969	0.1727	0.0905	0.0424	0.0176	0.0063	0.0019	0.0005	0.0001	0.0000	0.0000	0.0000	0.0000	0.0000
	4	0.9994	0.9873	0.9383	0.8358	0.6865	0.5155	0.3519	0.2173	0.1204	0.0592	0.0255	0.0093	0.0028	0.0007	0.0001	0.0000	0.0000	0.0000	0.0000
	5	0.9999	0.9978	0.9832	0.9389	0.8516	0.7216	0.5643	0.4032	0.2608	0.1509	0.0769	0.0338	0.0124	0.0037	0.0008	0.0001	0.0000	0.0000	0.0000
	6	1.0000	0.9997	0.9964	0.9819	0.9434	0.8689	0.7548	0.6098	0.4522	0.3036	0.1818	0.0950	0.0422	0.0152	0.0042	0.0008	0.0001	0.0000	0.0000
	7	1.0000	1.0000	0.9994	0.9958	0.9827	0.9500	0.8868	0.7869	0.6535	0.5000	0.3465	0.2131	0.1132	0.0500	0.0173	0.0042	0.0006	0.0000	0.0000
	8	1.0000	1.0000	0.9999	0.9992	0.9958	0.9848	0.9578	0.9050	0.8182	0.6964	0.5478	0.3902	0.2452	0.1311	0.0566	0.0181	0.0036	0.0003	0.0000
	9	1.0000	1.0000	1.0000	0.9999	0.9992	0.9963	0.9876	0.9662	0.9231	0.8491	0.7392	0.5968	0.4357	0.2784	0.1484	0.0611	0.0168	0.0022	0.0001
	10	1.0000	1.0000	1.0000	1.0000	0.9999	0.9993	0.9972	0.9907	0.9745	0.9408	0.8796	0.7827	0.6481	0.4845	0.3135	0.1642	0.0617	0.0127	0.0006
	11	1.0000	1.0000	1.0000	1.0000	1.0000	0.9999	0.9995	0.9981	0.9937	0.9824	0.9576	0.9095	0.8273	0.7031	0.5387	0.3518	0.1773	0.0556	0.0055
	12	1.0000	1.0000	1.0000	1.0000	1.0000	1.0000	0.9999	0.9997	0.9989	0.9963	0.9893	0.9729	0.9383	0.8732	0.7639	0.6020	0.3958	0.1841	0.0362
	13	1.0000	1.0000	1.0000	1.0000	1.0000	1.0000	1.0000	1.0000	0.9999	0.9995	0.9983	0.9948	0.9858	0.9647	0.9198	0.8329	0.6814	0.4510	0.1710
	14	1.0000	1.0000	1.0000	1.0000	1.0000	1.0000	1.0000	1.0000	1.0000	1.0000	0.9999	0.9995	0.9984	0.9953	0.9866	0.9648	0.9126	0.7941	0.5367
20	0	0.3585	0.1216	0.0388	0.0115	0.0032	0.0008	0.0002	0.0000	0.0000	0.0000	0.0000	0.0000	0.0000	0.0000	0.0000	0.0000	0.0000	0.0000	0.0000
	1	0.7358	0.3917	0.1756	0.0692	0.0243	0.0076	0.0021	0.0005	0.0001	0.0000	0.0000	0.0000	0.0000	0.0000	0.0000	0.0000	0.0000	0.0000	0.0000
	2	0.9245	0.6769	0.4049	0.2061	0.0913	0.0355	0.0121	0.0036	0.0009	0.0002	0.0000	0.0000	0.0000	0.0000	0.0000	0.0000	0.0000	0.0000	0.0000
	3	0.9841	0.8670	0.6477	0.4114	0.2252	0.1071	0.0444	0.0160	0.0049	0.0013	0.0003	0.0000	0.0000	0.0000	0.0000	0.0000	0.0000	0.0000	0.0000
	4	0.9974	0.9568	0.8298	0.6296	0.4148	0.2375	0.1182	0.0510	0.0189	0.0059	0.0015	0.0003	0.0000	0.0000	0.0000	0.0000	0.0000	0.0000	0.0000
	5	0.9997	0.9887	0.9327	0.8042	0.6172	0.4164	0.2454	0.1256	0.0553	0.0207	0.0064	0.0016	0.0003	0.0000	0.0000	0.0000	0.0000	0.0000	0.0000
	6	1.0000	0.9976	0.9781	0.9133	0.7858	0.6080	0.4166	0.2500	0.1299	0.0577	0.0214	0.0065	0.0015	0.0003	0.0000	0.0000	0.0000	0.0000	0.0000
	7	1.0000	0.9996	0.9941	0.9679	0.8982	0.7723	0.6010	0.4159	0.2520	0.1316	0.0580	0.0210	0.0060	0.0013	0.0002	0.0000	0.0000	0.0000	0.0000
	8	1.0000	0.9999	0.9987	0.9900	0.9591	0.8867	0.7624	0.5956	0.4143	0.2517	0.1308	0.0565	0.0196	0.0051	0.0009	0.0001	0.0000	0.0000	0.0000
	9	1.0000	1.0000	0.9998	0.9974	0.9861	0.9520	0.8782	0.7553	0.5914	0.4119	0.2493	0.1275	0.0532	0.0171	0.0039	0.0006	0.0000	0.0000	0.0000
	10	1.0000	1.0000	1.0000	0.9994	0.9961	0.9829	0.9468	0.8725	0.7507	0.5881	0.4086	0.2447	0.1218	0.0480	0.0139	0.0026	0.0002	0.0000	0.0000
	11	1.0000	1.0000	1.0000	0.9999	0.9991	0.9949	0.9804	0.9435	0.8692	0.7483	0.5857	0.4044	0.2376	0.1133	0.0409	0.0100	0.0013	0.0001	0.0000
	12	1.0000	1.0000	1.0000	1.0000	0.9998	0.9987	0.9940	0.9790	0.9420	0.8684	0.7480	0.5841	0.3990	0.2277	0.1018	0.0321	0.0059	0.0004	0.0000
	13	1.0000	1.0000	1.0000	1.0000	1.0000	0.9997	0.9985	0.9935	0.9786	0.9423	0.8701	0.7500	0.5834	0.3920	0.2142	0.0867	0.0219	0.0024	0.0000
	14	1.0000	1.0000	1.0000	1.0000	1.0000	1.0000	0.9997	0.9984	0.9936	0.9793	0.9447	0.8744	0.7546	0.5836	0.3828	0.1958	0.0673	0.0113	0.0003
	15	1.0000	1.0000	1.0000	1.0000	1.0000	1.0000	1.0000	0.9997	0.9985	0.9941	0.9811	0.9490	0.8818	0.7625	0.5852	0.3704	0.1702	0.0432	0.0026
	16	1.0000	1.0000	1.0000	1.0000	1.0000	1.0000	1.0000	1.0000	0.9997	0.9987	0.9951	0.9840	0.9556	0.8929	0.7748	0.5886	0.3523	0.1330	0.0159
	17	1.0000	1.0000	1.0000	1.0000	1.0000	1.0000	1.0000	1.0000	1.0000	0.9998	0.9991	0.9964	0.9879	0.9645	0.9087	0.7939	0.5951	0.3231	0.0755
	18	1.0000	1.0000	1.0000	1.0000	1.0000	1.0000	1.0000	1.0000	1.0000	1.0000	0.9999	0.9995	0.9979	0.9924	0.9757	0.9308	0.8244	0.6083	0.2642
	19	1.0000	1.0000	1.0000	1.0000	1.0000	1.0000	1.0000	1.0000	1.0000	1.0000	1.0000	1.0000	0.9998	0.9992	0.9968	0.9885	0.9612	0.8784	0.6415
	20	1.0000	1.0000	1.0000	1.0000	1.0000	1.0000	1.0000	1.0000	1.0000	1.0000	1.0000	1.0000	1.0000	1.0000	1.0000	1.0000	1.0000	1.0000	1.0000

2. 누적포아송분포표

$$P\{X \leq x\} = \sum_{k=0}^{x} \frac{\mu^k}{k!} e^{-\mu}$$

x	μ .10	.20	.30	.40	.50	.60	.70	.80	.90	.100
0	.905	.819	.741	.670	.607	.549	.497	.449	.407	.368
1	.995	.982	.963	.938	.910	.878	.844	.809	.772	.736
2	1.000	.999	.996	.992	.986	.977	.966	.953	.937	.920
3	1.000	1.000	1.000	.999	.998	.997	.994	.991	.987	.981
4	1.000	1.000	1.000	1.000	1.000	1.000	.999	.999	.998	.996
5	1.000	1.000	1.000	1.000	1.000	1.000	1.000	1.000	1.000	.999
6	1.000	1.000	1.000	1.000	1.000	1.000	1.000	1.000	1.000	1.000
7	1.000	1.000	1.000	1.000	1.000	1.000	1.000	1.000	1.000	1.000

x	μ 1.10	1.20	1.30	1.40	1.50	1.60	1.70	1.80	1.90	2.00
0	.333	.301	.273	.247	.223	.202	.183	.165	.150	.135
1	.699	.663	.627	.592	.558	.525	.493	.463	.434	.406
2	.900	.879	.857	.833	.809	.783	.757	.731	.704	.677
3	.974	.966	.957	.946	.934	.921	.907	.891	.875	.857
4	.995	.992	.989	.986	.981	.976	.970	.964	.954	.956
5	.999	.998	.998	.997	.996	.994	.992	.990	.987	.983
6	1.000	1.000	1.000	.999	.999	.999	.998	.997	.997	.995
7	1.000	1.000	1.000	1.000	1.000	1.000	1.000	.999	.999	.999
8	1.000	1.000	1.000	1.000	1.000	1.000	1.000	1.000	1.000	1.000
9	1.000	1.000	1.000	1.000	1.000	1.000	1.000	1.000	1.000	1.000

x	μ 2.10	2.20	2.30	2.40	2.50	2.60	2.70	2.80	2.90	3.00
0	.122	.111	.100	.091	.082	.074	.067	.061	.055	.050
1	.380	.355	.331	.308	.287	.267	.249	.231	.215	.199
2	.650	.623	.596	.570	.544	.518	.494	.469	.446	.423
3	.839	.819	.799	.779	.758	.736	.714	.692	.670	.647
4	.938	.928	.916	.904	.891	.877	.863	.848	.832	.815
5	.980	.975	.970	.964	.958	.951	.943	.935	.923	.916
6	.994	.993	.991	.988	.986	.983	.979	.976	.971	.966
7	.999	.998	.997	.997	.996	.995	.993	.992	.990	.988
8	1.000	1.000	.997	.999	.999	.999	.998	.998	.997	.996
9	1.000	1.000	1.000	1.000	1.000	1.000	.999	.999	.999	.999
10	1.000	1.000	1.000	1.000	1.000	1.000	1.000	1.000	1.000	1.000
11	1.000	1.000	1.000	1.000	1.000	1.000	1.000	1.000	1.000	1.000
12	1.000	1.000	1.000	1.000	1.000	1.000	1.000	1.000	1.000	1.000

x	μ 3.10	3.20	3.30	3.40	3.50	3.60	3.70	3.80	3.90	4.00
0	.045	.041	.037	.033	.030	.027	.025	.022	.020	.018
1	.185	.171	.159	.147	.136	.126	.116	.107	.099	.092
2	.401	.380	.359	.340	.321	.303	.285	.269	.253	.238
3	.625	.603	.580	.558	.537	.515	.494	.473	.453	.433
4	.798	.781	.763	.744	.725	.706	.687	.668	.648	.629
5	.906	.895	.883	.871	.858	.844	.830	.816	.801	.785
6	.961	.955	.949	.942	.935	.927	.918	.909	.899	.889
7	.986	.983	.980	.977	.973	.969	.965	.960	.955	.949
8	.995	.994	.993	.992	.990	.988	.986	.984	.981	.979
9	.999	.998	.998	.997	.997	.996	.995	.994	.993	.992
10	1.000	1.000	.999	.999	.999	.999	.998	.998	.998	.997
11	1.000	1.000	1.000	1.000	1.000	1.000	1.000	.999	.999	.999
12	1.000	1.000	1.000	1.000	1.000	1.000	1.000	1.000	1.000	1.000
13	1.000	1.000	1.000	1.000	1.000	1.000	1.000	1.000	1.000	1.000
14	1.000	1.000	1.000	1.000	1.000	1.000	1.000	1.000	1.000	1.000

x	μ 4.50	5.00	5.50	6.00	6.50	7.00	7.50	8.00	8.50	9.00
0	.011	.007	.004	.002	.002	.001	.001	.000	.000	.000
1	.061	.040	.027	.017	.011	.007	.005	.003	.002	.001
2	.174	.125	.008	.062	.043	.030	.020	.014	.009	.006
3	.342	.265	.202	.151	.112	.082	.059	.042	.030	.021
4	.532	.440	.358	.285	.224	.173	.132	.100	.074	.055
5	.703	.616	.529	.446	.369	.301	.241	.191	.150	.116
6	.831	.762	.686	.606	.527	.450	.378	.313	.256	.207
7	.913	.867	.809	.744	.673	.599	.525	.453	.386	.324
8	.960	.932	.894	.847	.792	.729	.662	.593	.523	.456
9	.983	.968	.946	.916	.877	.830	.776	.717	.653	.587
10	.993	.986	.975	.957	.933	.901	.862	.816	.763	.706
11	.998	.995	.989	.980	.966	.947	.921	.888	.549	.803
12	.999	.998	.996	.991	.984	.973	.957	.936	.909	.876
13	1.000	.999	.998	.996	.993	.987	.978	.966	.949	.926
14	1.000	1.000	.999	.999	.997	.994	.990	.983	.973	.959
15	1.000	1.000	1.000	.999	.999	.998	.995	.992	.986	.978
16	1.000	1.000	1.000	1.000	1.000	.999	.998	.996	.993	.989
17	1.000	1.000	1.000	1.000	1.000	1.000	.999	.998	.997	.995
18	1.000	1.000	1.000	1.000	1.000	1.000	1.000	.999	.999	.998
19	1.000	1.000	1.000	1.000	1.000	1.000	1.000	1.000	.999	.999
20	1.000	1.000	1.000	1.000	1.000	1.000	1.000	1.000	1.000	1.000
21	1.000	1.000	1.000	1.000	1.000	1.000	1.000	1.000	1.000	1.000
22	1.000	1.000	1.000	1.000	1.000	1.000	1.000	1.000	1.000	1.000

3. 카이제곱분포표-오른쪽 꼬리 확률

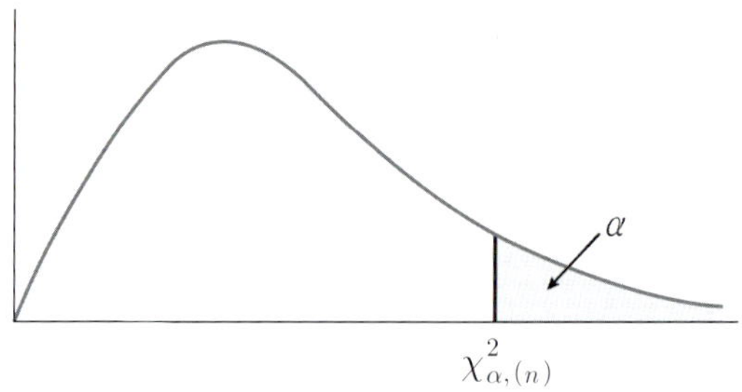

df \ α	0.9995	0.999	0.9975	0.995	0.990	0.975	0.950	0.900	0.750	0.500
1	0.00	0.00	0.00	0.00	0.00	0.00	0.00	0.02	0.10	0.45
2	0.00	0.00	0.01	0.01	0.02	0.05	0.10	0.21	0.58	1.39
3	0.02	0.02	0.04	0.07	0.11	0.22	0.35	0.58	1.21	2.37
4	0.06	0.09	0.14	0.21	0.30	0.48	0.71	1.06	1.92	3.36
5	0.16	0.21	0.31	0.41	0.55	0.83	1.15	1.61	2.67	4.35
6	0.30	0.38	0.53	0.68	0.87	1.24	1.64	2.20	3.45	5.35
7	0.48	0.60	0.79	0.99	1.24	1.69	2.17	2.83	4.25	6.35
8	0.71	0.86	1.10	1.34	1.65	2.18	2.73	3.49	5.07	7.34
9	0.97	1.15	1.45	1.73	2.09	2.70	3.33	4.17	5.90	8.34
10	1.26	1.48	1.83	2.16	2.56	3.25	3.94	4.87	6.74	9.34
11	1.59	1.83	2.23	2.60	3.05	3.82	4.57	5.58	7.58	10.34
12	1.93	2.21	2.66	3.07	3.57	4.40	5.23	6.30	8.44	11.34
13	2.31	2.62	3.11	3.57	4.11	5.01	5.89	7.04	9.30	12.34
14	2.70	3.04	3.58	4.07	4.66	5.63	6.57	7.79	10.17	13.34
15	3.11	3.48	4.07	4.60	5.23	6.26	7.26	8.55	11.04	14.34
16	3.54	3.94	4.57	5.14	5.81	6.91	7.96	9.31	11.91	15.34
17	3.98	4.42	5.09	5.70	6.41	7.56	8.67	10.09	12.79	16.34
18	4.44	4.90	5.62	6.26	7.01	8.23	9.39	10.86	13.68	17.34
19	4.91	5.41	6.17	6.84	7.63	8.91	10.12	11.65	14.56	18.34
20	5.40	5.92	6.72	7.43	8.26	9.59	10.85	12.44	15.45	19.34
21	5.90	6.45	7.29	8.03	8.90	10.28	11.59	13.24	16.34	20.34
22	6.40	6.98	7.86	8.64	9.54	10.98	12.34	14.04	17.24	21.34
23	6.92	7.53	8.45	9.26	10.20	11.69	13.09	14.85	18.14	22.34
24	7.45	8.08	9.04	9.89	10.86	12.40	13.85	15.66	19.04	23.34
25	7.99	8.65	9.65	10.52	11.52	13.12	14.61	16.47	19.94	24.34
26	8.54	9.22	10.26	11.16	12.20	13.84	15.38	17.29	20.84	25.34
27	9.09	9.80	10.87	11.81	12.88	14.57	16.15	18.11	21.75	26.34
28	9.66	10.39	11.50	12.46	13.56	15.31	16.93	18.94	22.66	27.34
29	10.23	10.99	12.13	13.12	14.26	16.05	17.71	19.77	23.57	28.34
30	10.80	11.59	12.76	13.79	14.95	16.79	18.49	20.60	24.48	29.34
40	16.91	17.92	19.42	20.71	22.16	24.43	26.51	29.05	33.66	39.34
50	23.46	24.67	26.46	27.99	29.71	32.36	34.76	37.69	42.94	49.33
60	30.34	31.74	33.79	35.53	37.48	40.48	43.19	46.46	52.29	59.33
80	44.79	46.52	49.04	51.17	53.54	57.15	60.39	64.28	71.14	79.33
100	59.90	61.92	64.86	67.33	70.06	74.22	77.93	82.36	90.13	99.33

df \ α	0.250	0.200	0.150	0.100	0.050	0.025	0.020	0.010	0.005	0.0025	0.001	0.0005
1	1.32	1.64	2.07	2.71	3.84	5.02	5.41	6.63	7.88	9.14	10.83	12.12
2	2.77	3.22	3.79	4.61	5.99	7.38	7.82	9.21	10.60	11.98	13.82	15.20
3	4.11	4.64	5.32	6.25	7.81	9.35	9.84	11.34	12.84	14.32	16.27	17.73
4	5.39	5.99	6.74	7.78	9.49	11.14	11.67	13.28	14.86	16.42	18.47	20.00
5	6.63	7.29	8.12	9.24	11.07	12.83	13.39	15.09	16.75	18.39	20.51	22.11
6	7.84	8.56	9.45	10.64	12.59	14.45	15.03	16.81	18.55	20.25	22.46	24.10
7	9.04	9.80	10.75	12.02	14.07	16.01	16.62	18.48	20.28	22.04	24.32	26.02
8	10.22	11.03	12.03	13.36	15.51	17.53	18.17	20.09	21.95	23.77	26.12	27.87
9	11.39	12.24	13.29	14.68	16.92	19.02	19.68	21.67	23.59	25.46	27.88	29.67
10	12.55	13.44	14.53	15.99	18.31	20.48	21.16	23.21	25.19	27.11	29.59	31.42
11	13.70	14.63	15.77	17.28	19.68	21.92	22.62	24.72	26.76	28.73	31.26	33.14
12	14.85	15.81	16.99	18.55	21.03	23.34	24.05	26.22	28.30	30.32	32.91	34.82
13	15.98	16.98	18.20	19.81	22.36	24.74	25.47	27.69	29.82	31.88	34.53	36.48
14	17.12	18.15	19.41	2.106	23.68	26.12	26.87	29.14	31.32	33.43	36.12	38.11
15	18.25	19.31	20.60	22.31	25.00	27.49	28.26	30.58	32.80	34.95	37.70	39.72
16	19.37	20.47	21.79	23.54	26.30	28.85	29.63	32.00	34.27	36.46	39.25	41.31
17	20.49	21.61	22.98	24.77	27.59	30.19	31.00	33.41	35.72	37.95	40.79	42.88
18	21.60	22.76	24.16	25.99	28.87	31.53	32.35	34.81	37.16	39.42	42.31	44.43
19	22.72	23.90	25.33	27.20	30.14	32.85	33.69	36.19	38.58	40.88	43.82	45.97
20	23.83	25.04	26.50	28.41	31.41	34.17	35.02	37.57	40.00	42.34	45.31	47.50
21	24.93	26.17	27.66	29.62	32.67	35.48	36.34	38.93	41.40	43.78	46.80	49.01
22	26.04	27.30	28.82	30.81	33.92	36.78	37.66	40.29	42.80	45.20	48.27	50.51
23	27.14	28.43	29.98	32.01	35.17	38.08	38.97	41.64	44.18	46.62	49.73	52.00
24	28.24	29.55	31.13	33.20	36.42	39.36	40.27	42.98	45.56	48.03	51.18	53.48
25	29.34	30.68	32.28	34.38	37.65	40.65	41.57	44.31	46.93	49.44	52.62	54.95
26	30.43	31.79	33.43	35.56	38.89	41.92	42.86	45.64	48.29	50.83	54.05	56.41
27	31.53	32.91	34.57	36.74	40.11	43.19	44.14	46.96	49.64	52.22	55.48	57.86
28	32.62	34.03	35.71	37.92	41.34	44.46	45.42	48.28	50.99	53.59	56.89	59.30
29	33.71	35.14	36.85	39.09	42.56	45.72	46.69	49.59	52.34	54.97	58.30	60.73
30	34.80	36.25	37.99	40.20	43.77	46.98	47.96	50.89	53.67	56.33	59.70	62.16
40	45.62	47.27	49.24	51.81	55.76	59.34	60.44	63.69	66.77	69.70	73.40	76.09
50	56.33	58.16	60.35	63.17	67.50	71.42	72.61	76.15	79.49	82.66	86.66	89.56
60	66.98	68.97	71.34	74.40	79.08	83.30	84.58	88.38	91.95	95.34	99.61	102.7
80	88.13	90.41	93.11	96.58	101.9	106.6	108.1	112.3	116.3	120.1	124.8	128.3
100	109.1	111.7	114.7	118.5	124.3	129.6	131.1	135.8	140.2	144.3	149.4	153.2

4. 표준정규분포표

$$P\{Z \leq z\} = \int_{-\infty}^{z} \frac{1}{\sqrt{2\pi}} e^{-\frac{x^2}{2}} dx$$

표의 숫자는 z보다 같거나 작을 확률을 나타낸다.

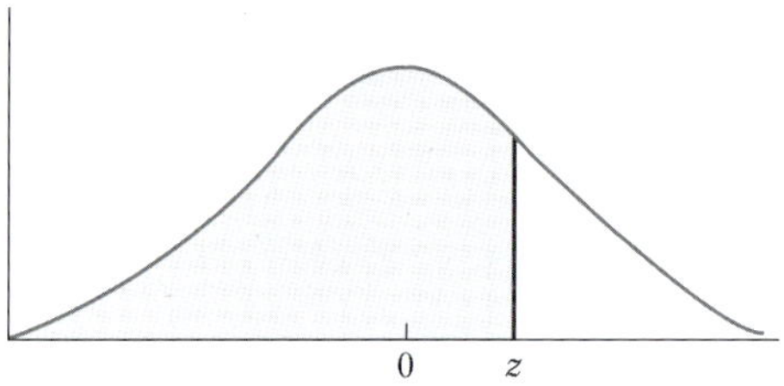

z	.00	.01	.02	.03	.04	.05	.06	.07	.08	.09
.0	.5000	.5040	.5080	.5120	.5160	.5119	.5239	.5279	.5319	.5359
.1	.5398	.5438	.5478	.5517	.5557	.5596	.5636	.5675	.5714	.5753
.2	.5793	.5832	.5871	.5910	.5948	.5987	.6026	.6064	.6103	.6141
.3	.6179	.6217	.6255	.6293	.6331	.6368	.6406	.6443	.6480	.6517
.4	.6554	.6591	.6628	.6664	.6700	.6736	.6772	.6808	.6844	.6879
.5	.6915	.6950	.6985	.7019	.7054	.7088	.7123	.7157	.7190	.7224
.6	.7257	.7291	.7324	.7357	.7389	.7422	.7454	.7486	.7517	.7549
.7	.7580	.7611	.7642	.7673	.7704	.7734	.7764	.7794	.7823	.7852
.8	.7881	.7910	.7939	.7967	.7995	.8023	.8051	.8078	.8106	.8133
.9	.8159	.8186	.8212	.8238	.8264	.8289	.8315	.8340	.8365	.8389
1.0	.8413	.8438	.8461	.8485	.8508	.8531	.8554	.8577	.8599	.8621
1.1	.8643	.8665	.8686	.8708	.8729	.8749	.8770	.8790	.8810	.8830
1.2	.8949	.8869	.8888	.8907	.8925	.8944	.8962	.8980	.8997	.9015
1.3	.9032	.9049	.9066	.9082	.9099	.9115	.9131	.9147	.9162	.9177
1.4	.9192	.9207	.9222	.9236	.9251	.9265	.9279	.9292	.9306	.9319
1.5	.9332	.9345	.9357	.9370	.9382	.9394	.9406	.9418	.9429	.9441
1.6	.9452	.9463	.9474	.9484	.9495	.9505	.9515	.9525	.9535	.9545
1.7	.9554	.9564	.9573	.9582	.9591	.9599	.9608	.9616	.9625	.9633
1.8	.9641	.9649	.9656	.9664	.9671	.9678	.9686	.9693	.9699	.9706
1.9	.9713	.9719	.9726	.9732	.9738	.9744	.9750	.9756	.9761	.9767
2.0	.9772	.9778	.9783	.9788	.9793	.9798	.9803	.9808	.9812	.9817
2.1	.9821	.9826	.9830	.9834	.9838	.9842	.9846	.9850	.9854	.9857
2.2	.9861	.9864	.9868	.9871	.9875	.9878	.9881	.9884	.9887	.9890
2.3	.9893	.9896	.9898	.9901	.9904	.9906	.9909	.9911	.9913	.9916
2.4	.9918	.9920	.9922	.9925	.9927	.9929	.9931	.9932	.9934	.9936
2.5	.9938	.9940	.9941	.9943	.9945	.9946	.9948	.9949	.9951	.9952
2.6	.9953	.9955	.9956	.9957	.9959	.9960	.9961	.9962	.9963	.9964
2.7	.9965	.9966	.9967	.9968	.9969	.9970	.9971	.9972	.9973	.9974
2.8	.9974	.9975	.9976	.9977	.9977	.9978	.9979	.9979	.9980	.9981
2.9	.9981	.9982	.9982	.9983	.9984	.9984	.9985	.9985	.9986	.9986
3.0	.9987	.9987	.9987	.9988	.9988	.9989	.9989	.9989	.9990	.9990
3.1	.9990	.9991	.9991	.9991	.9992	.9992	.9992	.9992	.9993	.9993
3.2	.9993	.9993	.9994	.9994	.9994	.9994	.9994	.9995	.9995	.9995
3.3	.9995	.9995	.9995	.9996	.9996	.9996	.9996	.9996	.9996	.9997
3.4	.9997	.9997	.9997	.9997	.9997	.9997	.9997	.9997	.9997	.9998
3.5	.9998	.9998	.9998	.9998	.9998	.9998	.9998	.9998	.9998	.9998

5. t 분포–오른쪽 꼬리 확률

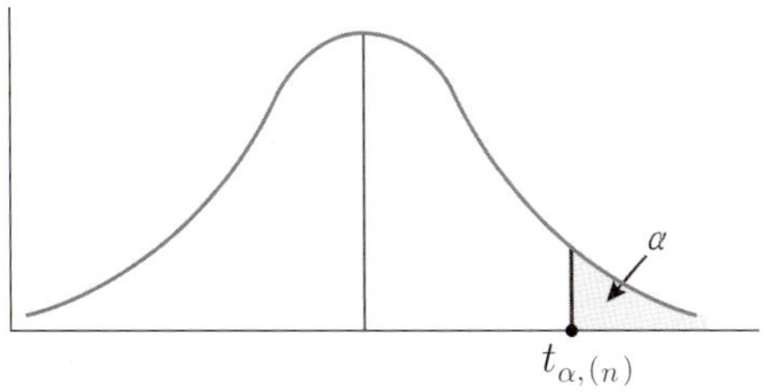

df \ α	0.25	0.20	0.15	0.10	0.05	0.025	0.02	0.01	0.005	0.0025	0.001	0.0005
1	1.000	1.376	1.963	3.078	6.314	12.71	15.89	31.82	63.66	127.3	318.3	636.6
2	0.816	1.061	1.386	1.886	2.920	4.303	4.849	6.965	9.925	14.09	22.33	31.60
3	0.765	0.978	1.250	1.638	2.353	3.182	3.482	4.541	5.841	7.453	10.21	12.92
4	0.741	0.941	1.190	1.533	2.132	2.776	2.999	3.747	4.604	5.598	7.173	8.610
5	0.727	0.920	1.156	1.476	2.015	2.571	2.757	3.365	4.032	4.773	5.893	6.869
6	0.718	0.906	1.134	1.440	1.943	2.447	2.612	3.143	3.707	4.317	5.208	5.959
7	0.711	0.896	1.119	1.415	1.895	2.365	2.517	2.998	3.499	4.029	4.785	5.408
8	0.706	0.889	1.108	1.397	1.860	2.306	2.449	2.896	3.355	3.833	4.501	5.041
9	0.703	0.883	1.100	1.383	1.833	2.262	2.398	2.821	3.250	3.690	4.297	4.781
10	0.700	0.879	1.093	1.372	1.812	2.228	2.359	2.764	3.169	3.581	4.144	4.587
11	0.697	0.876	1.088	1.363	1.796	2.201	2.328	2.718	3.106	3.497	4.025	4.437
12	0.695	0.873	1.083	1.356	1.782	2.179	2.303	2.681	3.055	3.428	3.930	4.318
13	0.694	0.870	1.079	1.350	1.771	2.160	2.282	2.650	3.012	3.372	3.852	4.221
14	0.692	0.868	1.076	1.345	1.761	2.145	2.264	2.624	2.977	3.326	3.787	4.140
15	0.691	0.866	1.074	1.341	1.753	2.131	2.249	2.602	2.947	3.286	3.733	4.073
16	0.690	0.865	1.071	1.337	1.746	2.120	2.235	2.583	2.921	3.252	3.686	4.015
17	0.689	0.863	1.069	1.333	1.740	2.110	2.224	2.567	2.898	3.222	3.646	3.965
18	0.688	0.862	1.067	1.330	1.734	2.101	2.214	2.552	2.878	3.197	3.611	3.922
19	0.688	0.861	1.066	1.328	1.720	2.093	2.205	2.539	2.861	3.174	3.579	3.883
20	0.687	0.860	1.064	1.325	1.725	2.086	2.197	2.528	2.845	3.153	3.552	3.850
21	0.686	0.859	1.063	1.323	1.721	2.080	2.189	2.518	2.831	3.135	3.527	3.819
22	0.686	0.858	1.061	1.321	1.717	2.074	2.183	2.508	2.819	3.119	3.505	3.792
23	0.685	0.858	1.060	1.319	1.714	2.069	2.177	2.500	2.807	3.104	3.485	3.768
24	0.685	0.857	1.059	1.318	1.711	2.064	2.172	2.492	2.797	3.091	3.467	3.745
25	0.684	0.856	1.058	1.316	1.708	2.060	2.167	2.485	2.787	3.078	3.450	3.725
26	0.684	0.856	1.058	1.315	1.706	2.056	2.162	2.479	2.779	3.067	3.435	3.707
27	0.684	0.855	1.057	1.314	1.703	2.052	2.158	2.473	2.771	3.057	3.421	3.690
28	0.683	0.855	1.056	1.313	1.701	2.048	2.154	2.467	2.763	3.047	3.408	3.674
29	0.683	0.854	1.055	1.311	1.699	2.045	2.150	2.462	2.756	3.038	3.396	3.659
30	0.683	0.854	1.055	1.310	1.697	2.042	2.147	2.457	2.750	3.030	3.385	3.646
40	0.681	0.851	1.050	1.303	1.684	2.021	2.123	2.423	2.704	2.971	3.307	3.551
50	0.679	0.849	1.047	1.299	1.676	2.009	2.109	2.403	2.678	2.937	3.261	3.496
60	0.679	0.848	1.045	1.296	1.671	2.000	2.099	2.390	2.660	2.915	3.232	3.460
80	0.678	0.846	1.043	1.292	1.664	1.990	2.088	2.374	2.639	2.887	3.195	3.416
100	0.677	0.845	1.042	1.290	1.660	1.984	2.081	2.364	2.626	2.871	3.174	3.390
1,000	0.675	0.842	1.037	1.282	1.646	1.962	2.056	2.330	2.581	2.813	3.098	3.300
∞	0.674	0.841	1.036	1.282	1.645	1.960	2.054	2.326	2.576	2.807	3.091	3.291

6. F 분포-오른쪽 꼬리 확률

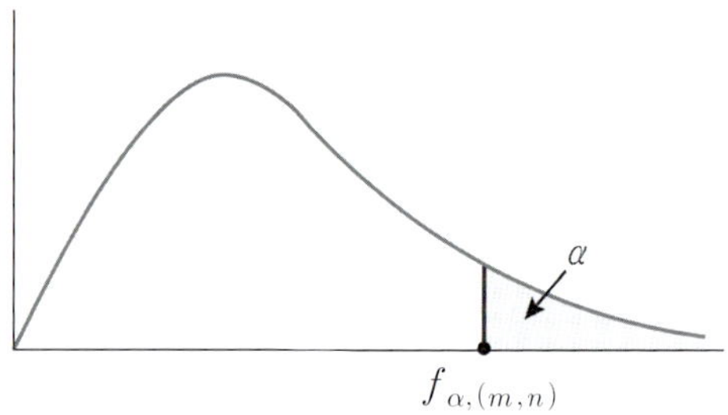

분모의 자유도	α	분자의 자유도 1	2	3	4	5	6	7	8	9	10
	0.100	39.86	49.50	53.59	55.83	57.24	58.20	58.91	59.44	59.86	60.19
	0.050	161.45	199.50	215.71	224.58	230.10	233.99	236.77	238.88	240.54	241.88
1	0.025	647.79	799.50	864.16	899.58	921.85	937.11	948.22	956.66	963.28	968.63
	0.010	4052.2	4999.5	5403.4	5624.6	5763.6	5859.0	5928.4	5981.1	6022.5	6055.8
	0.001	405284	500000	540379	562500	576405	585937	592873	598144	602284	605621
	0.100	8.53	9.00	9.16	9.24	9.29	9.33	9.35	9.37	9.38	9.39
	0.050	18.51	19.00	19.16	19.25	19.30	19.33	19.35	19.37	19.38	19.40
2	0.025	38.51	39.00	39.17	39.25	39.30	39.33	39.36	39.37	39.39	39.40
	0.010	98.50	99.00	99.17	99.25	99.30	99.33	99.36	99.37	99.39	99.40
	0.001	998.50	999.00	999.17	999.25	999.30	999.33	999.36	999.37	999.39	999.40
	0.100	5.54	5.46	5.39	5.34	5.31	5.28	5.27	5.25	5.24	5.23
	0.050	10.13	9.55	9.28	9.12	9.01	8.94	8.89	8.85	8.81	8.79
3	0.025	17.44	16.04	15.44	15.10	14.88	14.73	14.62	14.54	14.47	14.42
	0.010	34.12	30.82	29.46	28.71	28.24	27.91	27.67	27.49	27.35	27.23
	0.001	167.03	148.50	141.11	137.10	134.58	132.85	131.58	130.62	129.86	129.25
	0.100	4.54	4.32	4.19	4.11	4.05	4.01	3.98	3.95	3.94	3.92
	0.050	7.71	6.94	6.59	6.39	6.26	6.16	6.09	6.04	6.00	5.96
4	0.025	12.22	10.65	9.98	9.60	9.36	9.20	9.07	8.98	8.90	8.84
	0.010	21.20	18.00	16.69	15.98	15.52	15.21	14.98	14.80	14.66	14.55
	0.001	74.14	61.25	56.18	53.44	51.71	50.53	49.66	49.00	48.47	48.05
	0.100	4.06	3.78	3.62	3.52	3.45	3.40	3.37	3.34	3.32	3.30
	0.050	6.61	5.79	5.41	5.19	5.05	4.95	4.88	4.82	4.77	4.74
5	0.025	10.01	8.43	7.76	7.39	7.15	6.98	6.85	6.76	6.68	6.62
	0.010	16.26	13.27	12.06	11.39	10.97	10.67	10.46	10.29	10.16	10.05
	0.001	47.18	37.12	33.20	31.09	29.75	28.83	28.16	27.65	27.24	26.92
	0.100	3.78	3.46	3.29	3.18	3.11	3.05	3.01	2.98	2.96	2.94
	0.050	5.99	5.14	4.76	4.53	4.39	4.28	4.21	4.15	4.10	4.06
6	0.025	8.81	7.26	6.60	6.23	5.99	5.82	5.70	5.60	5.52	5.46
	0.010	13.75	10.92	9.78	9.15	8.75	8.47	8.26	8.10	7.98	7.87
	0.001	35.51	27.00	23.70	21.92	20.80	20.03	19.46	19.03	18.69	18.41

분모의 자유도	α	분자의 자유도									
		12	15	20	25	30	40	50	60	120	1,000
1	0.100	60.71	61.22	61.74	62.05	62.26	62.53	62.69	62.79	63.06	63.30
	0.050	243.91	245.95	248.01	249.26	250.10	251.14	251.77	252.20	253.25	254.11
	0.025	976.71	984.87	993.10	998.08	1001.4	1005.6	1008.1	1009.8	1014.0	1017.7
	0.010	6106.3	6157.3	6208.7	6239.8	6260.6	6286.8	6302.5	6313.0	6339.4	6362.7
	0.001	610668	615764	620908	624017	626099	628712	630285	631337	633972	636301
2	0.100	9.41	9.42	9.44	9.45	9.46	9.47	9.47	9.47	9.48	9.49
	0.050	19.41	19.43	19.45	19.46	19.46	19.47	19.48	19.48	19.49	19.49
	0.025	39.41	39.43	39.45	39.46	39.46	39.47	39.48	39.48	39.49	39.50
	0.010	99.42	99.43	99.45	99.46	99.47	99.47	99.48	99.48	99.49	99.50
	0.001	999.42	999.43	999.45	999.46	999.47	999.47	999.48	999.48	999.49	999.50
3	0.100	5.22	5.20	5.18	5.17	5.17	5.16	5.15	5.15	5.14	5.13
	0.050	8.74	8.70	8.66	8.63	8.62	8.59	8.58	8.57	8.55	8.53
	0.025	14.34	14.25	14.17	14.12	14.08	14.04	14.01	13.99	13.95	13.91
	0.010	27.05	26.87	26.69	26.58	26.50	26.41	26.35	26.32	26.22	26.14
	0.001	128.32	127.37	126.42	125.84	125.45	124.96	124.66	124.47	123.97	123.53
4	0.100	3.90	3.87	3.84	3.83	3.82	3.80	3.80	3.79	3.78	3.76
	0.050	5.91	5.86	5.80	5.77	5.75	5.72	5.70	5.69	5.66	5.63
	0.025	8.75	8.66	8.56	8.50	8.46	8.41	8.38	8.36	8.31	8.26
	0.010	14.37	14.20	14.02	13.91	13.84	13.75	13.69	13.65	13.56	13.47
	0.001	47.41	46.76	46.10	45.70	45.43	45.09	44.88	44.75	44.40	44.09
5	0.100	3.27	3.24	3.21	3.19	3.17	3.16	3.15	3.14	3.12	3.11
	0.050	4.68	4.62	4.56	4.52	4.50	4.46	4.44	4.43	4.40	4.37
	0.025	6.52	6.43	6.33	6.27	6.23	6.18	6.14	6.12	6.07	6.02
	0.010	9.89	9.72	9.55	9.45	9.38	9.29	9.24	9.20	9.11	9.03
	0.001	26.42	25.91	25.39	25.08	24.87	24.60	24.44	24.33	24.06	23.82
6	0.100	2.90	2.87	2.84	2.81	2.80	2.78	2.77	2.76	2.74	2.72
	0.050	4.00	3.94	3.87	3.83	3.81	3.77	3.75	3.74	3.70	3.67
	0.025	5.37	5.27	5.17	5.11	5.07	5.01	4.98	4.96	4.90	4.86
	0.010	7.72	7.56	7.40	7.30	7.23	7.14	7.09	7.06	6.97	6.89
	0.001	17.99	17.56	17.12	16.85	16.67	16.44	16.31	16.21	15.98	15.77

분모의 자유도	α	분자의 자유도 1	2	3	4	5	6	7	8	9	10
7	0.100	3.59	3.26	3.07	2.96	2.88	2.83	2.78	2.75	2.72	2.70
	0.050	5.59	4.74	4.35	4.12	3.97	3.87	3.79	3.73	3.68	3.64
	0.025	8.07	6.54	5.89	5.52	5.29	5.12	4.99	4.90	4.82	4.76
	0.010	12.25	9.55	8.45	7.85	7.46	7.19	6.99	6.84	6.72	6.62
	0.001	29.25	21.69	18.77	17.20	16.21	15.52	15.02	14.63	14.33	14.08
8	0.100	3.46	3.11	2.92	2.81	2.73	2.67	2.62	2.59	2.56	2.54
	0.050	5.32	4.46	4.07	3.84	3.69	3.58	3.50	3.44	3.39	3.35
	0.025	7.57	6.06	5.42	5.05	4.82	4.65	4.53	4.43	4.36	4.30
	0.010	11.26	8.65	7.59	7.01	6.63	6.37	6.18	6.03	5.91	5.81
	0.001	25.41	18.49	15.83	14.39	13.48	12.86	12.40	12.05	11.77	11.54
9	0.100	3.36	3.01	2.81	2.69	2.61	2.55	2.51	2.47	2.44	2.42
	0.050	5.12	4.26	3.86	3.63	3.48	3.37	3.29	3.23	3.18	3.14
	0.025	7.21	5.71	5.08	4.72	4.48	4.32	4.20	4.10	4.03	3.96
	0.010	10.56	8.02	6.99	6.42	6.06	5.80	5.61	5.47	5.35	5.26
	0.001	22.86	16.39	13.90	12.56	11.71	11.13	10.70	10.37	10.11	9.89
10	0.100	3.29	2.92	2.73	2.61	2.52	2.46	2.41	2.38	2.35	2.32
	0.050	4.96	4.10	3.71	3.48	3.33	3.22	3.14	3.07	3.02	2.98
	0.025	6.94	5.46	4.83	4.47	4.24	4.07	3.95	3.85	3.78	3.72
	0.010	10.04	7.56	6.55	5.99	5.64	5.39	5.20	5.06	4.94	4.85
	0.001	21.04	14.91	12.55	11.28	10.48	9.93	9.52	9.20	8.96	8.75
11	0.100	3.23	2.86	2.66	2.54	2.45	2.39	2.34	2.30	2.27	2.25
	0.050	4.84	3.98	3.59	3.36	3.20	3.09	3.01	2.95	2.90	2.85
	0.025	6.72	5.26	4.63	4.28	4.04	3.88	3.76	3.66	3.59	3.53
	0.010	9.65	7.21	6.22	5.67	5.32	5.07	4.89	4.74	4.63	4.54
	0.001	19.69	13.81	11.56	10.35	9.58	9.05	8.66	8.35	8.12	7.92
12	0.100	3.18	2.81	2.61	2.48	2.39	2.33	2.28	2.24	2.21	2.19
	0.050	4.75	3.89	3.49	3.26	3.11	3.00	2.91	2.85	2.80	2.75
	0.025	6.55	5.10	4.47	4.12	3.89	3.73	3.61	3.51	3.44	3.37
	0.010	9.33	6.93	5.95	5.41	5.06	4.82	4.64	4.50	4.39	4.30
	0.001	18.64	12.97	10.80	9.63	8.89	8.38	8.00	7.71	7.48	7.29
13	0.100	3.14	2.76	2.56	2.43	2.35	2.28	2.23	2.20	2.16	2.14
	0.050	4.67	3.81	3.41	3:18	3.03	2.92	2.83	2.77	2.71	2.67
	0.025	6.41	4.97	4.35	4.00	3.77	3.60	3.48	3.39	3.31	3.25
	0.010	9.07	6.70	5.74	5.21	4.86	4.62	4.44	4.30	4.19	4.10
	0.001	17.82	12.31	10.21	9.07	8.35	7.86	7.49	7.21	6.98	6.80

분모의 자유도	α	분자의 자유도 12	15	20	25	30	40	50	60	120	1,000
7	0.100	2.67	2.63	2.59	2.57	2.56	2.54	2.52	2.51	2.49	2.47
	0.050	3.57	3.51	3.44	3.40	3.38	3.34	3.32	3.30	3.27	3.23
	0.025	4.67	4.57	4.47	4.40	4.36	4.31	4.28	4.25	4.20	4.15
	0.010	6.47	6.31	6.16	6.06	5.99	5.91	5.86	5.82	5.74	5.66
	0.001	13.71	13.32	12.93	12.69	12.53	12.33	12.20	12.12	11.91	11.72
8	0.100	2.50	2.46	2.42	2.40	2.38	2.36	2.35	2.34	2.32	2.30
	0.050	3.28	3.22	3.15	3.11	3.08	3.04	3.02	3.01	2.97	2.93
	0.025	4.20	4.10	4.00	3.94	3.89	3.84	3.81	3.78	3.73	3.68
	0.010	5.67	5.52	5.36	5.26	5.20	5.12	5.07	5.03	4.95	4.87
	0.001	11.19	10.84	10.48	10.26	10.11	9.92	9.80	9.73	9.53	9.36
9	0.100	2.38	2.34	2.30	2.27	2.25	2.23	2.22	2.21	2.18	2.16
	0.050	3.07	3.01	2.94	2.89	2.86	2.83	2.80	2.79	2.75	2.71
	0.025	3.87	3.77	3.67	3.60	3.56	3.51	3.47	3.45	3.39	3.34
	0.010	5.11	4.96	4.81	4.71	4.65	4.57	4.52	4.48	4.40	4.32
	0.001	9.57	9.24	8.90	8.69	8.55	8.37	8.26	8.19	8.00	7.84
10	0.100	2.28	2.24	2.20	2.17	2.16	2.13	2.12	2.11	2.08	2.06
	0.050	2.91	2.85	2.77	2.73	2.70	2.66	2.64	2.62	2.58	2.54
	0.025	3.62	3.52	3.42	3.35	3.31	3.26	3.22	3.20	3.14	3.09
	0.010	4.71	4.56	4.41	4.31	4.25	4.17	4.12	4.08	4.00	3.92
	0.001	8.45	8.13	7.80	7.60	7.47	7.30	7.19	7.12	6.94	6.78
11	0.100	2.21	2.17	2.12	2.10	2.08	2.05	2.04	2.03	2.00	1.98
	0.050	2.79	2.72	2.65	2.60	2.57	2.53	2.51	2.49	2.45	2.41
	0.025	3.43	3.33	3.23	3.16	3.12	3.06	3.03	3.00	2.94	2.89
	0.010	4.40	4.25	4.10	4.01	3.94	3.86	3.81	3.78	3.69	3.61
	0.001	7.63	7.32	7.01	6.81	6.68	6.52	6.42	6.35	6.18	6.02
12	0.100	2.15	2.10	2.06	2.03	2.01	1.99	1.97	1.96	1.93	1.91
	0.050	2.69	2.62	2.54	2.50	2.47	2.43	2.40	2.38	2.34	2.30
	0.025	3.28	3.18	3.07	3.01	2.96	2.91	2.87	2.85	2.79	2.73
	0.010	4.16	4.01	3.86	3.76	3.70	3.62	3.57	3.54	3.45	3.37
	0.001	7.00	6.71	6.40	6.22	6.09	5.93	5.83	5.76	5.59	5.44
13	0.100	2.10	2.05	2.01	1.98	1.96	1.93	1.92	1.90	1.88	1.85
	0.050	2.60	2.53	2.46	2.41	2.38	2.34	2.31	2.30	2.25	2.21
	0.025	3.15	3.05	2.95	2.88	2.84	2.78	2.74	2.72	2.66	2.60
	0.010	3.96	3.82	3.66	3.57	3.51	3.43	3.38	3.34	3.25	3.18
	0.001	6.52	6.23	5.93	5.75	5.63	5.47	5.37	5.30	5.14	4.99

분모의 자유도	α	분자의 자유도									
		1	2	3	4	5	6	7	8	9	10
	0.100	3.10	2.73	2.52	2.39	2.31	2.24	2.19	2.15	2.12	2.10
	0.050	4.60	3.74	3.34	3.11	2.96	2.85	2.76	2.70	2.65	2.60
14	0.025	6.30	4.86	4.24	3.89	3.66	3.50	3.38	3.29	3.21	3.15
	0.010	8.86	6.51	5.56	5.04	4.69	4.46	4.28	4.14	4.03	3.94
	0.001	17.14	11.78	9.73	8.62	7.92	7.44	7.08	6.80	6.58	6.40
	0.100	3.07	2.70	2.49	2.36	2.27	2.21	2.16	2.12	2.09	2.06
	0.050	4.54	3.68	3.29	3.06	2.90	2.79	2.71	2.64	2.59	2.54
15	0.025	6.20	4.77	4.15	3.80	3.58	3.41	3.29	3.20	3.12	3.06
	0.010	8.68	6.36	5.42	4.89	4.56	4.32	4.14	4.00	3.89	3.80
	0.001	16.59	11.34	9.34	8.25	7.57	7.09	6.74	6.47	6.26	6.08
	0.100	3.05	2.67	2.46	2.33	2.24	2.18	2.13	2.09	2.06	2.03
	0.050	4.49	3.63	3.24	3.01	2.85	2.74	2.66	2.59	2.54	2.49
16	0.025	6.12	4.69	4.08	3.73	3.50	3.34	3.22	3.12	3.05	2.99
	0.010	8.53	6.23	5.29	4.77	4.44	4.20	4.03	3.89	3.78	3.69
	0.001	16.12	10.97	9.01	7.94	7.27	6.80	6.46	6.19	5.98	5.81
	0.100	3.03	2.64	2.44	2.31	2.22	2.15	2.10	2.06	2.03	2.00
	0.050	4.45	3.59	3.20	2.96	2.81	2.70	2.61	2.55	2.49	2.45
17	0.025	6.04	4.62	4.01	3.66	3.44	3.28	3.16	3.06	2.98	2.92
	0.010	8.40	6.11	5.19	4.67	4.34	4.10	3.93	3.79	3.68	3.59
	0.001	15.72	10.66	8.73	7.68	7.02	6.56	6.22	5.96	5.75	5.58
	0.100	3.01	2.62	2.42	2.29	2.20	2.13	2.08	2.04	2.00	1.98
	0.050	4.41	3.55	3.16	2.93	2.77	2.66	2.58	2.51	2.46	2.41
18	0.025	5.98	4.56	3.95	3.61	3.38	3.22	3.10	3.01	2.93	2.87
	0.010	8.29	6.01	5.09	4.58	4.25	4.01	3.84	3.71	3.60	3.51
	0.001	15.38	10.39	8.49	7.46	6.81	6.35	6.02	5.76	5.56	5.39
	0.100	2.99	2.61	2.40	2.27	2.18	2.11	2.06	2.02	1.98	1.96
	0.050	4.38	3.52	3.13	2.90	2.74	2.63	2.54	2.48	2.42	2.38
19	0.025	5.92	4.51	3.90	3.56	3.33	3.17	3.05	2.96	2.88	2.82
	0.010	8.18	5.93	5.01	4.50	4.17	3.94	3.77	3.63	3.52	3.43
	0.001	15.08	10.16	8.28	7.27	6.62	6.18	5.85	5.59	5.39	5.22
	0.100	2.97	2.59	2.38	2.25	2.16	2.09	2.04	2.00	1.96	1.94
	0.050	4.35	3.49	3.10	2.87	2.71	2.60	2.51	2.45	2.39	2.35
20	0.025	5.87	4.46	3.86	3.51	3.29	3.13	3.01	2.91	2.84	2.77
	0.010	8.10	5.85	4.94	4.43	4.10	3.87	3.70	3.56	3.46	3.37
	0.001	14.82	9.95	8.10	7.10	6.46	6.02	5.69	5.44	5.24	5.08

분모의 자유도	α	12	15	20	25	30	40	50	60	120	1,000
		분자의 자유도									
14	0.100	2.05	2.01	1.96	1.93	1.91	1.89	1.87	1.86	1.83	1.80
	0.050	2.53	2.46	2.39	2.34	2.31	2.27	2.24	2.22	2.18	2.14
	0.025	3.05	2.95	2.84	2.78	2.73	2.67	2.64	2.61	2.55	2.50
	0.010	3.80	3.66	3.51	3.41	3.35	3.27	3.22	3.18	3.09	3.02
	0.001	6.13	5.85	5.56	5.38	5.25	5.10	5.00	4.94	4.77	4.62
15	0.100	2.02	1.97	1.92	1.89	1.87	1.85	1.83	1.82	1.79	1.76
	0.050	2.48	2.40	2.33	2.28	2.25	2.20	2.18	2.16	2.11	2.07
	0.025	2.96	2.86	2.76	2.69	2.64	2.59	2.55	2.52	2.46	2.40
	0.010	3.67	3.52	3.37	3.28	3.21	3.13	3.08	3.05	2.96	2.88
	0.001	5.81	5.54	5.25	5.07	4.95	4.80	4.70	4.64	4,47	4.33
16	0.100	1.99	1.94	1.89	1.86	1.84	1.81	1.79	1.78	1.75	1.72
	0.050	2.42	2.35	2.28	2.23	2.19	2.15	2.12	2.11	2.06	2.02
	0.025	2.89	2.79	2.68	2.61	2.57	2.51	2.47	2.45	2.38	2.32
	0.010	3.55	3.41	3.26	3.16	3.10	3.02	2.97	2.93	2.84	2.76
	0.001	5.55	5.27	4.99	4.82	4.70	4.54	4.45	4.39	4.23	4.08
17	0.100	1.96	1.91	1.86	1.83	1.81	1.78	1.76	1.75	1.72	1.69
	0.050	2.38	2.31	2.23	2.18	2.15	2.10	2.08	2.06	2.01	1.97
	0.025	2.82	2.72	2.62	2.55	2.50	2.44	2.41	2.38	2.32	2.26
	0.010	3.46	3.31	3.16	3.07	3.00	2.92	2.87	2.83	2.75	2.66
	0.001	5.32	5.05	4.78	4.60	4.48	4.33	4.24	4.18	4.02	3.87
18	0.100	1.93	1.89	1.84	1.80	1.78	1.75	1.74	1.72	1.69	1.66
	0.050	2.34	2.27	2.19	2.14	2.11	2.06	2.04	2.02	1.97	1.92
	0.025	2.77	2.67	2.56	2.49	2.44	2.38	2.35	2.32	2.26	2.20
	0.010	3.37	3.23	3.08	2.98	2.92	2.84	2.78	2.75	2.66	2.58
	0.001	5.13	4.87	4.59	4.42	4.30	4.15	4.06	4.00	3.84	3.69
19	0.100	1.91	1.86	1.81	1.78	1.76	1.73	1.71	1.70	1.67	1.64
	0.050	2.31	2.23	2.16	2.11	2.07	2.03	2.00	1.98	1.93	1.88
	0.025	2.72	2.62	2.51	2.44	2.39	2.33	2.30	2.27	2.20	2.14
	0.010	3.30	3.15	3.00	2.91	2.84	2.76	2.71	2.67	2.58	2.50
	0.001	4.97	4.70	4.43	4.26	4.14	3.99	3.90	3.84	3.68	3.53
20	0.100	1.89	1.84	1.79	1.76	1.74	1.71	1.69	1.68	1.64	1.61
	0.050	2.28	2.20	2.12	2.07	2.04	1.99	1.97	1.95	1.90	1.85
	0.025	2.68	2.57	2.46	2.40	2.35	2.29	2.25	2.22	2.16	2.09
	0.010	3.23	3.09	2.94	2.84	2.78	2.69	2.64	2.61	2.52	2.43
	0.001	4.82	4.56	4.29	4.12	4.00	3.86	3.77	3.70	3.54	3.40

분모의 자유도	α	분자의 자유도 1	2	3	4	5	6	7	8	9	10
	0.100	2.96	2.57	2.36	2.23	2.14	2.08	2.02	1.98	1.95	1.92
	0.050	4.32	3.47	3.07	2.84	2.68	2.57	2.49	2.42	2.37	2.32
21	0.025	5.83	4.42	3.82	3.48	3.25	3.09	2.97	2.87	2.80	2.73
	0.010	8.02	5.78	4.87	4.37	4.04	3.81	3.64	3.51	3.40	3.31
	0.001	14.59	9.77	7.94	6.95	6.32	5.88	5.56	5.31	5.11	4.95
	0.100	2.95	2.56	2.35	2.22	2.13	2.06	2.01	1.97	1.93	1.90
	0.050	4.30	3.44	3.05	2.82	2.66	2.55	2.46	2.40	2.34	2.30
22	0.025	5.79	4.38	3.78	3.44	3.22	3.05	2.93	2.84	2.76	2.70
	0.010	7.95	5.72	4.82	4.31	3.99	3.76	3.59	3.45	3.35	3.26
	0.001	14.38	9.61	7.80	6.81	6.19	5.76	5.44	5.19	4.99	4.83
	0.100	2.94	2.55	2.34	2.21	2.11	2.05	1.99	1.95	1.92	1.89
	0.050	4.28	3.42	3.03	2.80	2.64	2.53	2.44	2.37	2.32	2.27
23	0.025	5.75	4.35	3.75	3.41	3.18	3.02	2.90	2.81	2.73	2.67
	0.010	7.88	5.66	4.76	4.26	3.94	3.71	3.54	3.41	3.30	3.21
	0.001	14.20	9.47	7.67	6.70	6.08	5.65	5.33	5.09	4.89	4.73
	0.100	2.93	2.54	2.33	2.19	2.10	2.04	1.98	1.94	1.91	1.88
	0.050	4.26	3.40	3.01	2.78	2.62	2.51	2.42	2.36	2.30	2.25
24	0.025	5.72	4.32	3.72	3.38	3.15	2.99	2.87	2.78	2.70	2.64
	0.010	7.82	5.61	4.72	4.22	3.90	3.67	3.50	3.36	3.26	3.17
	0.001	14.03	9.34	7.55	6.59	5.98	5.55	5.23	4.99	4.80	4.64
	0.100	2.92	2.53	2.32	2.18	2.09	2.02	1.97	1.93	1.89	1.87
	0.050	4.24	3.39	2.99	2.76	2.60	2.49	2.40	2.34	2.28	2.24
25	0.025	5.69	4.29	3.69	3.35	3.13	2.97	2.85	2.75	2.68	2.61
	0.010	7.77	5.57	4.68	4.18	3.85	3.63	3.46	3.32	3.22	3.13
	0.001	13.88	9.22	7.45	6.49	5.89	5.46	5.15	4.91	4.71	4.56
	0.100	2.91	2.52	2.31	2.17	2.08	2.01	1.96	1.92	1.88	1.86
	0.050	4.23	3.37	2.98	2.74	2.59	2.47	2.39	2.32	2.27	2.22
26	0.025	5.66	4.27	3.67	3.33	3.10	2.94	2.82	2.73	2.65	2.59
	0.010	7.72	5.53	4.64	4.14	3.82	3.59	3.42	3.29	3.18	3.09
	0.001	13.74	9.12	7.36	6.41	5.80	5.38	5.07	4.83	4.64	4.48
	0.100	2.90	2.51	2.30	2.17	2.07	2.00	1.95	1.91	1.87	1.85
	0.050	4.21	3.35	2.96	2.73	2.57	2.46	2.37	2.31	2.25	2.20
27	0.025	5.63	4.24	3.65	3.31	3.08	2.92	2.80	2.71	2.63	2.57
	0.010	7.68	5.49	4.60	4.11	3.78	3.56	3.39	3.26	3.15	3.06
	0.001	13.61	9.02	7.27	6.33	5.73	5.31	5.00	4.76	4.57	4.41

분모의 자유도	α	분자의 자유도 12	15	20	25	30	40	50	60	120	1,000
21	0.100	1.87	1.83	1.78	1.74	1.72	1.69	1.67	1.66	1.62	1.59
	0.050	2.25	2.18	2.10	2.05	2.01	1.96	1.94	1.92	1.87	1.82
	0.025	2.64	2.53	2.42	2.36	2.31	2.25	2.21	2.18	2.11	2.05
	0.010	3.17	3.03	2.88	2.79	2.72	2.64	2.58	2.55	2.46	2.37
	0.001	4.70	4.44	4.17	4.00	3.88	3.74	3.64	3.58	3.42	3.28
22	0.100	1.86	1.81	1.76	1.73	1.70	1.67	1.65	1.64	1.60	1.57
	0.050	2.23	2.15	2.07	2.02	1.98	1.94	1.91	1.89	1.84	1.79
	0.025	2.60	2.50	2.39	2.32	2.27	2.21	2.17	2.14	2.08	2.01
	0.010	3.12	2.98	2.83	2.73	2.67	2.58	2.53	2.50	2.40	2.32
	0.001	4.58	4.33	4.06	3.89	3.78	3.63	3.54	3.48	3.32	3.17
23	0.100	1.84	1.80	1.74	1.71	1.69	1.66	1.64	1.62	1.59	1.55
	0.050	2.20	2.13	2.05	2.00	1.96	1.91	1.88	1.86	1.81	1.76
	0.025	2.57	2.47	2.36	2.29	2.24	2.18	2.14	2.11	2.04	1.98
	0.010	3.07	2.93	2.78	2.69	2.62	2.54	2.48	2.45	2.35	2.27
	0.001	4.48	4.23	3.96	3.79	3.68	3.53	3.44	3.38	3.22	3.08
24	0.100	1.83	1.78	1.73	1.70	1.67	1.64	1.62	1.61	1.57	1.54
	0.050	2.18	2.11	2.03	1.97	1.94	1.89	1.86	1.84	1.79	1.74
	0.025	2.54	2.44	2.33	2.26	2.21	2.15	2.11	2.08	2.01	1.94
	0.010	3.03	2.89	2.74	2.64	2.58	2.49	2.44	2.40	2.31	2.22
	0.001	4.39	4.14	3.87	3.71	3.59	3.45	3.36	3.29	3.14	2.99
25	0.100	1.82	1.77	1.72	1.68	1.66	1.63	1.61	1.59	1.56	1.52
	0.050	2.16	2.09	2.01	1.96	1.92	1.87	1.84	1.82	1.77	1.72
	0.025	2.51	2.41	2.30	2.23	2.18	2.12	2.08	2.05	1.98	1.91
	0.010	2.99	2.85	2.70	2.60	2.54	2.45	2.40	2.36	2.27	2.18
	0.001	4.31	4.06	3.79	3.63	3.52	3.37	3.28	3.22	3.06	2.91
26	0.100	1.81	1.76	1.71	1.67	1.65	1.61	1.59	1.58	1.54	1.51
	0.050	2.15	2.07	1.99	1.94	1.90	1.85	1.82	1.80	1.75	1.70
	0.025	2.49	2.39	2.28	2.21	2.16	2.09	2.05	2.03	1.95	1.89
	0.010	2.96	2.81	2.66	2.57	2.50	2.43	2.36	2.33	2.23	2.14
	0.001	4.24	3.99	3.72	3.56	3.44	3.30	3.21	3.15	2.99	2.84
27	0.100	1.80	1.75	1.70	1.66	1.64	1.60	1.58	1.57	1.53	1.50
	0.050	2.13	2.06	1.97	1.92	1.88	1.84	1.81	1.79	1.73	1.68
	0.025	2.47	2.36	2.25	2.18	2.13	2.07	2.03	2.00	1.93	1.86
	0.010	2.93	2.78	2.63	2.54	2.47	2.38	2.33	2.29	2.20	2.11
	0.001	4.17	3.92	3.66	3.49	3.38	3.23	3.14	3.08	2.92	2.78

분모의 자유도	α	분자의 자유도 1	2	3	4	5	6	7	8	9	10
	0.100	2.89	2.50	2.29	2.16	2.06	2.00	1.94	1.90	1.87	1.84
	0.050	4.20	3.34	2.95	2.71	2.56	2.45	2.36	2.29	2.24	2.19
28	0.025	5.61	4.22	3.63	3.29	3.06	2.90	2.78	2.69	2.61	2.55
	0.010	7.64	5.45	4.57	4.07	3.75	3.53	3.36	3.23	3.12	3.03
	0.001	13.50	8.93	7.19	6.25	5.66	5.24	4.93	4.69	4.50	4.35
	0.100	2.89	2.50	2.28	2.15	2.06	1.99	1.93	1.89	1.86	1.83
	0.050	4.18	3.33	2.93	2.70	2.55	2.43	2.35	2.28	2.22	2.18
29	0.025	5.59	4.20	3.61	3.27	3.04	2.88	2.76	2.67	2.59	2.53
	0.010	7.60	5.42	4.54	4.04	3.73	3.50	3.33	3.20	3.09	3.00
	0.001	13.39	8.85	7.12	6.19	5.59	5.18	4.87	4.64	4.45	4.29
	0.100	2.88	2.49	2.28	2.14	2.05	1.98	1.93	1.88	1.85	1.82
	0.050	4.17	3.32	2.92	2.69	2.53	2.42	2.33	2.27	2.21	2.16
30	0.025	5.57	4.18	3.59	3.25	3.03	2.87	2.75	2.65	2.57	2.51
	0.010	7.56	5.39	4.51	4.02	3.70	3.47	3.30	3.17	3.07	2.98
	0.001	13.29	8.77	7.05	6.12	5.53	5.12	4.82	4.58	4.39	4.24
	0.100	2.84	2.44	2.23	2.09	2.00	1.93	1.87	1.83	1.79	1.76
	0.050	4.08	3.23	2.84	2.61	2.45	2.34	2.25	2.18	2.12	2.08
40	0.025	5.42	4.05	3.46	3.13	2.90	2.74	2.62	2.53	2.45	2.39
	0.010	7.31	5.18	4.31	3.83	3.51	3.29	3.12	2.99	2.89	2.80
	0.001	12.61	8.25	6.59	5.70	5.13	4.73	4.44	4.21	4.02	3.87
	0.100	2.81	2.41	2.20	2.06	1.97	1.90	1.84	1.80	1.76	1.73
	0.050	4.03	3.18	2.79	2.56	2.40	2.29	2.20	2.13	2.07	2.03
50	0.025	5.34	3.97	3.39	3.05	2.83	2.67	2.55	2.46	2.38	2.32
	0.010	7.17	5.06	4.20	3.72	3.41	3.19	3.02	2.89	2.78	2.70
	0.001	12.22	7.96	6.34	5.46	4.90	4.51	4.22	4.00	3.82	3.67
	0.100	2.79	2.39	2.18	2.04	1.95	1.87	1.82	1.77	1.74	1.71
	0.050	4.00	3.15	2.76	2.53	2.37	2.25	2.17	2.10	2.04	1.99
60	0.025	5.29	3.93	3.34	3.01	2.79	2.63	2.51	2.41	2.33	2.27
	0.010	7.08	4.98	4.13	3.65	3.34	3.12	2.95	2.82	2.72	2.63
	0.001	11.97	7.77	6.17	5.31	4.76	4.37	4.09	3.86	3.69	3.54
	0.100	2.76	2.36	2.14	2.00	1.91	1.83	1.78	1.73	1.69	1.66
	0.050	3.94	3.09	2.70	2.46	2.31	2.19	2.10	2.03	1.97	1.93
100	0.025	5.18	3.83	3.25	2.92	2.70	2.54	2.42	2.32	2.24	2.18
	0.010	6.90	4.82	3.98	3.51	3.21	2.99	2.82	2.69	2.59	2.50
	0.001	11.50	7.41	5.86	5.02	4.48	4.11	3.83	3.61	3.44	3.30

분모의 자유도	α	분자의 자유도 12	15	20	25	30	40	50	60	120	1,000
	0.100	1.79	1.74	1.69	1.65	1.63	1.59	1.57	1.56	1.52	1.48
	0.050	2.12	2.04	1.96	1.91	1.87	1.82	1.79	1.77	1.71	1.66
28	0.025	2.45	2.34	2.23	2.16	2.11	2.05	2.01	1.98	1.91	1.84
	0.010	2.90	2.75	2.60	2.51	2.44	2.35	2.30	2.26	2.17	2.08
	0.001	4.11	3.86	3.60	3.43	3.32	3.18	3.09	3.02	2.86	2.72
	0.100	1.78	1.73	1.68	1.64	1.62	1.58	1.56	1.55	1.51	1.47
	0.050	2.10	2.03	1.94	1.89	1.85	1.81	1.77	1.75	1.70	1.65
29	0.025	2.43	2.32	2.21	2.14	2.09	2.03	1.99	1.96	1.89	1.82
	0.010	2.87	2.73	2.57	2.48	2.41	2.33	2.27	2.23	2.14	2.05
	0.001	4.05	3.80	3.54	3.38	3.27	3.12	3.03	2.97	2.81	2.66
	0.100	1.77	1.72	1.67	1.63	1.61	1.57	1.55	1.54	1.50	1.46
	0.050	2.09	2.01	1.93	1.88	1.84	1.79	1.76	1.74	1.68	1.63
30	0.025	2.41	2.31	2.20	2.12	2.07	2.01	1.97	1.94	1.87	1.80
	0.010	2.84	2.70	2.55	2.45	2.39	2.30	2.25	2.21	2.11	2.02
	0.001	4.00	3.75	3.49	3.33	3.22	3.07	2.98	2.92	2.76	2.61
	0.100	1.71	1.66	1.61	1.57	1.54	1.51	1.48	1.47	1.42	1.38
	0.050	2.00	1.92	1.84	1.78	1.74	1.69	1.66	1.64	1.58	1.52
40	0.025	2.29	2.18	2.07	1.99	1.94	1.88	1.83	1.80	1.72	1.65
	0.010	2.66	2.52	2.37	2.27	2.20	2.11	2.06	2.02	1.92	1.82
	0.001	3.64	3.40	3.14	2.98	2.87	2.73	2.64	2.57	2.41	2.25
	0.100	1.68	1.63	1.57	1.53	1.50	1.46	1.44	1.42	1.38	1.33
	0.050	1.95	1.87	1.78	1.73	1.69	1.63	1.60	1.58	1.51	1.45
50	0.025	2.22	2.11	1.99	1.92	1.87	1.80	1.75	1.72	1.64	1.56
	0.010	2.56	2.42	2.27	2.17	2.10	2.01	1.95	1.91	1.80	1.70
	0.001	3.44	3.20	2.95	2.79	2.68	2.53	2.44	2.38	2.21	2.05
	0.100	1.66	1.60	1.54	1.50	1.48	1.44	1.41	1.40	1.35	1.30
	0.050	1.92	1.84	1.75	1.69	1.65	1.59	1.56	1.53	1.47	1.40
60	0.025	2.17	2.06	1.94	1.87	1.82	1.74	1.70	1.67	1.58	1.49
	0.010	2.50	2.35	2.20	2.10	2.03	1.94	1.88	1.84	1.73	1.62
	0.001	3.32	3.08	2.83	2.67	2.55	2.41	2.32	2.25	2.08	1.92
	0.100	1.61	1.56	1.49	1.45	1.42	1.38	1.35	1.34	1.28	1.22
	0.050	1.85	1.77	1.68	1.62	1.57	1.52	1.48	1.45	1.38	1.30
100	0.025	2.08	1.97	1.85	1.77	1.71	1.64	1.59	1.56	1.46	1.36
	0.010	2.37	2.22	2.07	1.97	1.89	1.80	1.74	1.69	1.57	1.45
	0.001	3.07	2.84	2.59	2.43	2.32	2.17	2.08	2.01	1.83	1.64

해답 및 해설

01

(1) (2)

범주	도수	상대도수	백분율
Y	23	23/40 = .575	57.5
N	13	13/40 = .325	32.5
D	4	4/40 = .100	10.0

(3) 57.5%

(4) 32.5 + 10.0 = 42.5%

(5)

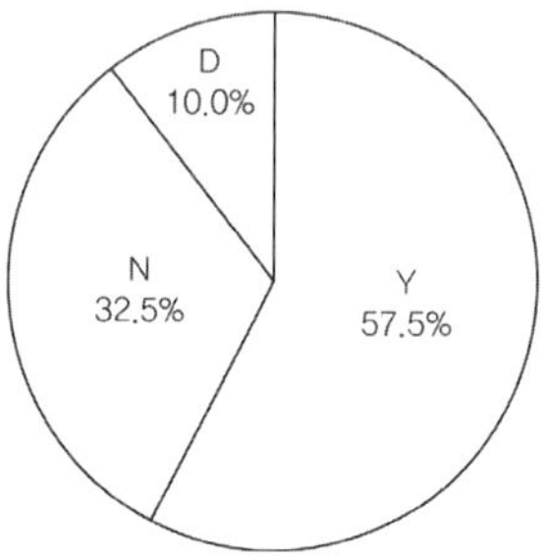

02

(1) (2)

범주	빈도	상대도수	백분율
F	12	12/50 = .24	24
SO	12	12/50 = .24	24
J	15	15/50 = .30	30
SE	11	11/50 = .22	22

(3) 30 + 22 = 52%

(4)

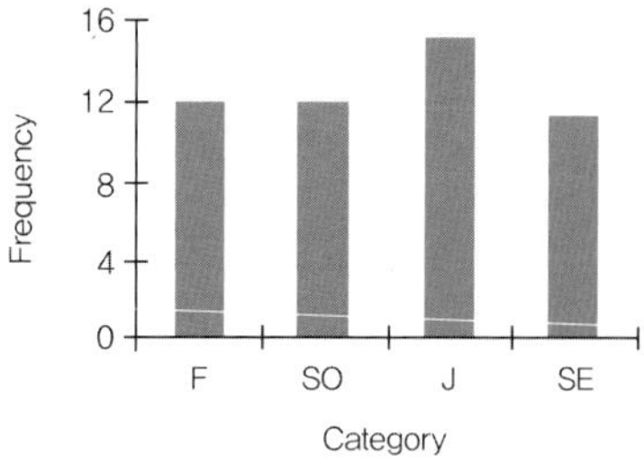

03 〈표〉의 자료에 대한 상대도수 분할표

	찬 성	반 대	미결정	합 계
민주당	0.1	0.3	0.1	0.5
공화당	0.25	0.1	0.05	0.4
무소속	0.03	0.02	0.05	0.1
합계	0.38	0.42	0.2	1

정당별 지지여부에 대한 상대도수 분할표

	찬성	반대	미결정	합계
민주당	0.2	0.6	0.2	1
공화당	0.625	0.25	0.125	1
무소속	0.3	0.2	0.5	1

04

(1) 62, 69, 54, 15

(2)

	멀미의 정도(강도)				합계
	안 함	약하게 함	보통으로 함	심하게 함	
알약	0.43	0.36	0.18	0.03	1
가짜약	0.19	0.33	0.36	0.12	1
합계					

(3) 알약이 가짜 약에 비해 보통과 심함의 비율이 낮다.

05 항암제 NEW의 1년 생존율 50%가 항암제 OLD의 1년 생존율 40%보다 10% 높으므로 항암제 NEW의 연구개발팀은 자축 연회를 열려고 할 것이다. 그러나 한 통계전문가가 좀 더 엄밀하게 자료를 탐사한 결과 80명의 암 환자를 투약진적의 임상적 진단내용에 따라 경증과 중증 환자로 분류하여 자료를 구성할 수 있었다.

가)의 경증환자나 혹은 나)의 중증환자의 경우 모두 항암제 OLD의 생존율이 항암제 NEW에 비하여 10% 우수한 것으로 나타났다. 그렇다면 앞의 전체자료에서의 결론이 완전히 반대 방향으로 반복되는 것이다.

06

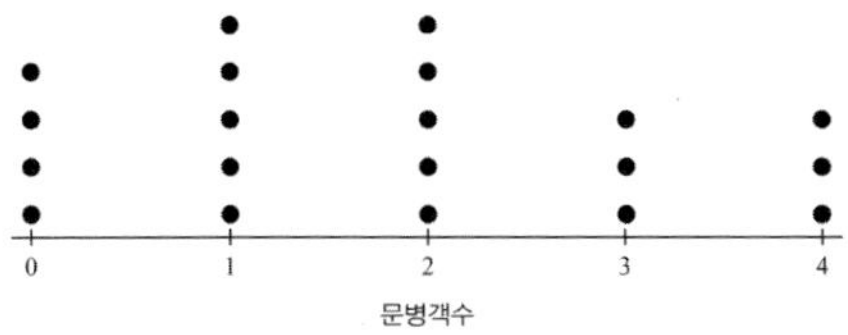

07

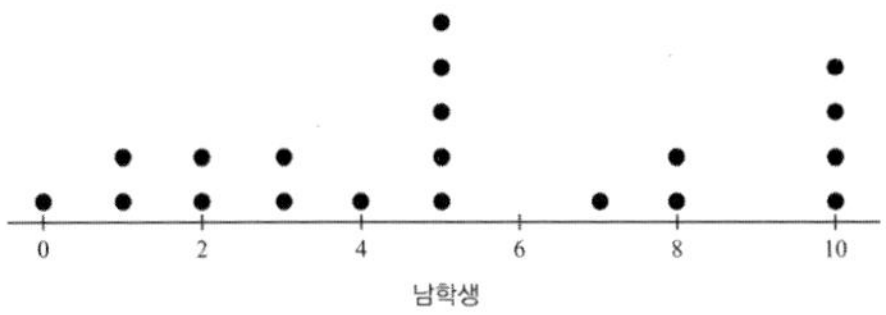

남학생에 대한 자료는 0~5그룹과 7~10그룹으로 나누어져 있다.

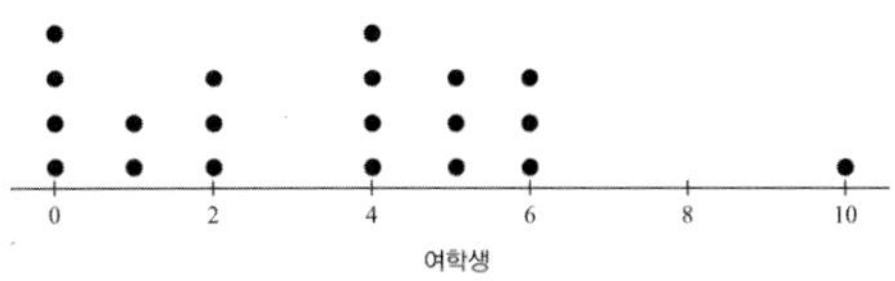

여학생 자료는 0~2와 4~6, 10은 이상치로 나누어져 있다. 일주동안 학교식당을 이용한 횟수가 여학생이 남학생보다 작다.

08

7	45	75		
8	48	00	57	
9	21	33	67	95
10	24	09		
11	33	45		
12	75			

7	45	75		
8	00	48	57	
9	21	33	67	95
10	09	24		
11	33	45		
12	75			

09

(1)

1	58							
2	10	20	45	65	68	70		
3	20	45	50	68	90			
4	30	38	57	60	75	87	90	
5	05	28	30	38	40	60	65	70
6	17	35	38					
7	02	05	06	20	21			

(2)

1-3	58 * 10 20 45 65 68 70 * 20 45 50 68 90
4-5	30 38 57 60 75 87 90 * 05 28 30 38 40 60 65 70
6-7	17 35 38 * 02 05 06 20 21

10

범위, 분산은 같고 평균은 다르다.

11

게임당 어시스트 수		게임당 리바운드 수
9 4 2 1	6	
9 7 7 6 5 3 2 1	7	
8 7 3 2	8	
4 3	9	4 6 7
2	10	3 4 6 6 6 8 8 9 9 9
	11	0 1 4
3	12	6
	13	4
	14	1
	15	
	16	8

분포모양 : 모두 분포가 오른쪽으로 기운 형태이나 각각 이상치를 제거하면 대칭, 종모양의 모습이 보인다.

중앙값 : 8, 11

범위 : 6.1~12.3, 9.4~16.8

게임당 리바운드 수가 대체로 어시스트 수보다 많다는 것을 알 수 있다.

12

(1) (2)

신용카드의 수	누적도수	누적상대도수	누적백분율
0~3	18	.225	22.5
0~7	44	.550	55.0
0~11	66	.825	82.5
0~15	77	.963	96.3
0~19	80	1.000	100.0

(3) 55%

(4)

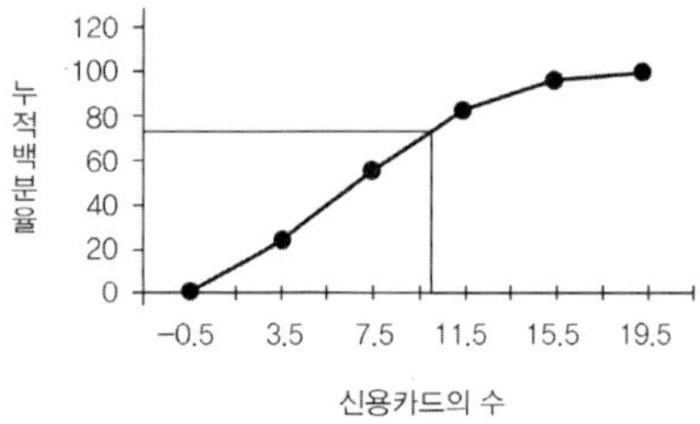

(5) 75%

13

1)

계급	계급값	도 수
1.0 ~ 2.0	1.5	7
2.0 ~ 3.0	2.5	3
3.0 ~ 4.0	3.5	4
4.0 ~ 5.0	4.5	4
5.0 ~ 6.0	5.5	3
6.0 ~ 7.0	6.5	5
7.0 ~ 8.0	7.5	5
8.0 ~ 9.0	8.5	6
9.0 ~ 10.0	9.5	5
도수의 총합		42

2)

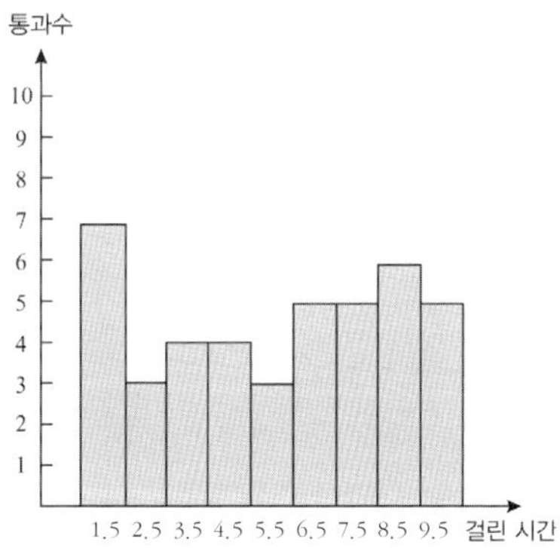

3) 3+5+5+6+5 = 24,

$\frac{24}{10} \times 100 = 57.14\cdots \fallingdotseq 57$

$\therefore$ 57%

4)

		#
9	24478	5
8	244899	6
7	23467	5
6	34557	5
5	039	3
4	0135	4
3	1135	4
2	178	3
1	1123667	7

5) 평균 = 5.52391, 중위수 = 6.1, 최빈값 = 1.1

6) 범위 = 8.7, 표준편차 = 2.863037

14 $\bar{x} = (\Sigma x_i)/n$ =294/10=29.4

중앙값(median) = (28+29)/2 = 28.5

최빈값(Mode) = 23

15 (1) $\bar{x} = (\Sigma x_i)/n$ =443/11 = 40.27

중앙값(Median) = 13

(2) 예, 256은 이상치이다.

평균(Mean) = 187/10 = 18.7,

중앙값(Median) = (12+13)/2 = 12.5

평균이 이상점에 영향에 많이 받는다.

(3) 중앙값, 왜냐하면 중앙값이 평균보다 이상치에 영향을 덜 받기 때문이다.

16 범위=13, 분산=13.8, 표준편차=3.72

17 순서 통계량 : 3 5 5 6 8 10 14
15 16 17 17 19 21
22 23 25 30 31 31
34

중앙값(Median) = (17+17)/2 = 17,

Q_1 = (8+10)/2 = 9, and

Q_3= (23 + 25)/2 = 24,

IQR = $Q_3 - Q_1$ = 24−9 = 15,

1.5×IQR = 1.5×15 = 22.5,

하한 = Q_1− 22.5 = 9 − 22.5 = −13.5,

상한 = Q_3+ 22.5 = 24 + 22.5 = 46.5

이상치가 없다. 이 자료는 거의 대칭이다.

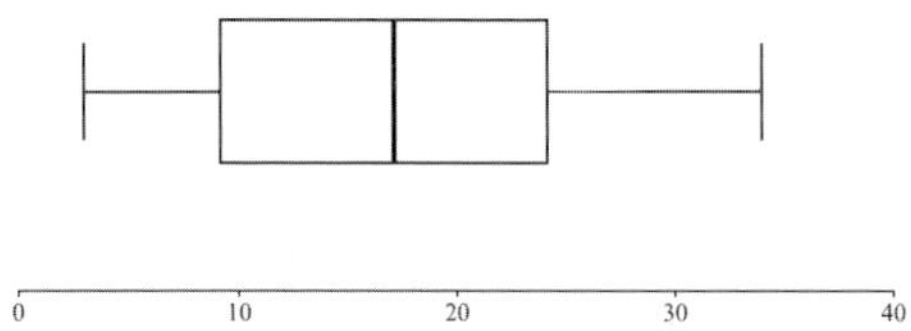

18 순서통계량 : 3 3 4 5 5 6 7 7 8 8 8 9 9 10 10 11 11 12 12 16

중앙값(Median) = (8+8)/2 = 8,

Q_1 = (5+6)/2 = 5.5, and

Q_3 = (10+11)/2 = 10.5,

IQR = $Q_3 - Q_1$ = 10.5 − 5.5 = 5,

1.5×IQR = 1.5×5 = 7.5,

하한 = Q_1− 7.5 = 5.5 − 7.5 = −2,

상한 = Q_3+ 7.5 = 10.5 + 7.5 = 18

이상치 없다.

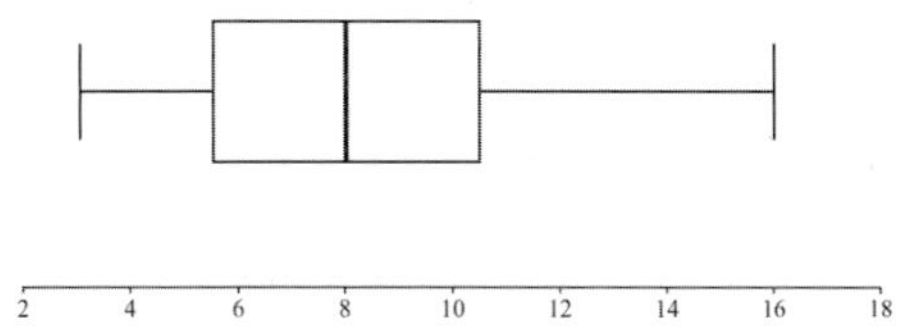

이 데이터는 오른쪽으로 찌그려져있다.

19 순서통계량: 2 3 4 7 8 8 9 10 11 12 14 15 15 16 21 24 33 42

중앙값(Median) = (11+12)/2 = 11.5,

Q_1= 8, and Q_3 = 16,

IQR = $Q_3 - Q_1$ = 16 − 8 = 8,

1.5×IQR = 1.5×8 = 12,

하한 = Q_1−12 = 8 − 12 = −4,

상한 = Q_3+12 = 16 + 12 = 28

33과 42는 이상치이다.

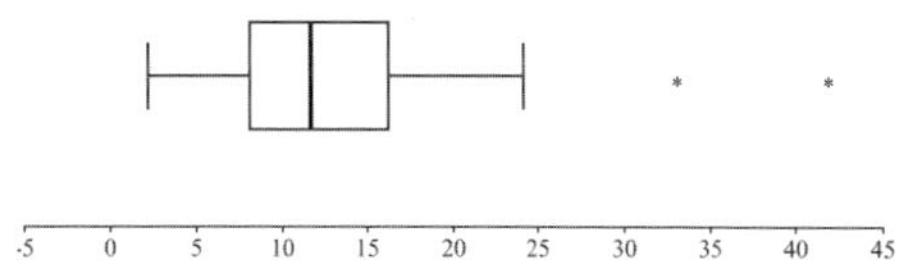

p

이 데이터는 오른쪽으로 찌그러져 있다.

Part 02 확률

01 눈의 합이 3인 경우의 집합을 A라 하고 눈의 합이 8인 경우의 집합을 B라고 하면

$A = (1,2), (2,1),$

$B = (2,6), (3,5), (4,4), (5,3), (6,2)$

여기서 A, B가 동시에 일어날 수 없으므로 구하는 경우의 수는

$n(A) + n(B) = 2 + 5 = 7$

02 A → B → C → A $4 \times 3 \times 5 = 60$

A → C → B → A $5 \times 3 \times 4 = 60$

따라서 120

03 $3 \times 5 \times 7 \times 2 = 210$

04 ${}_5P_3 = 5 \times 4 \times 3 = 60$

05 (1) ${}_{30}P_2 \times 2 = 1740$

(2) 위원장은 이미 A, 나머지 4명에서 두 명 ${}_4P_2 = 12$

06 (1) ${}_3\Pi_5 = 3^5 = 243$

(2) ${}_2\Pi_9 = 2^9 = 512$

07 세 호텔에 다섯 사람이 투숙하는 중복 순열이므로 ${}_3\Pi_5 = 3^5 = 243$(가지)

08 동자 순열 : n개 중 p개, q개가 각각 같은 것일 때 일렬로 나열하는 방법의 가지 수는 $\dfrac{n!}{p!q!}$이다.

$\therefore \frac{7!}{2!3!}$

09 1, 3, 5, 7, 9가 이 순서대로 나열된 자리를 a로 바꾸어 놓고 생각하면 a, a, a, a, a, 2, 4, 6, 8의 문자를 일렬로 나열하는 순열의 수와 같다.

$\therefore \frac{9!}{5! \times 1! \times 1! \times 1! \times 1!} = 3024$(가지)

10 ${}_6C_3 \times {}_4C_2 = 120$

11 n개에서 r개를 뽑는 방법의 가지 수는

${}_nC_r = \frac{{}_nP_r}{r!} = \frac{n!}{r!(n-r)!}$ 이므로

${}_7C_3 = \frac{{}_7P_3}{3!} = \frac{7!}{3!(7-3)!}$

$= \frac{7 \cdot 6 \cdot 5 \cdot 4 \cdot 3 \cdot 2 \cdot 1}{3 \cdot 2 \cdot 1 \cdot 4 \cdot 3 \cdot 2 \cdot 1} = 35$

C 는 Combination(조합)의 약자이다.

12 조합의 수이므로 ${}_{10}C_6 = \frac{10!}{6!4!} = 210$(가지)

13 ${}_{10}C_4 = \frac{{}_{10}P_4}{4!} = 210$

14 (1) x, y, z의 3개의 문자 중 중복을 허락하여 7개를 뽑는 조합의 수와 같으므로 $x+y+z=7$에서 ${}_3H_7 = {}_{3+7-1}C_7 = {}_9C_7 = {}_9C_2 = 36$

(2) $x-1=z, y-1=b, z-1=c$로 놓으면 $(a+1)+(b+1)+(c+1)=7$

즉, 구하는 해의 개수는 방정식 $a+b+c=4$에서 음이 아닌 정수인 해 (a,b,c)의 개수와 같으므로 ${}_3H_4 = {}_{3+4-1}C_4 = {}_6C_4 = {}_6C_2 = 15$

15 ${}_3H_8 = {}_{10}C_8 = {}_{10}C_2 = 45$

16 같은 물건 10개를 4명에게 나누어주는 방법의 가지 수는

${}_4H_{10} = {}_{4+10-1}C_{10} = {}_{13}C_{10} = 286$이다.

17 $\frac{5}{7+5} = \frac{5}{12}$

18 $\frac{{}_2C_1 {}_5C_4}{{}_7C_5}$

19 3개 중 최대 번호가 5이려면 1, 2, 3, 4 중에서 2개 택하면 되므로 경우의 수는 ${}_4C_2$이다.

$\therefore \frac{{}_4C_2}{{}_{10}C_3} = \frac{1}{20}$

20 a, e를 이웃하게 배열하는 방법의 수는 $4! \times 2$

$\therefore \frac{4! \times 2}{5!} = \frac{48}{120}$

21 $P(A \cup B) = P(A) + P(B) - P(A \cap B)$

$\therefore P(A \cap B) = P(A) + P(B) - P(A \cup B)$

$= \frac{1}{3} + \frac{1}{4} - \frac{1}{2} = \frac{1}{12}$

22 M : 통계 시험에 합격할 사상

E : 전산 시험에 합격할 사상이라 하면

$P(M \cap E) = P(M) + P(E) - P(M \cup E)$

$= \frac{2}{3} + \frac{4}{9} - \frac{4}{5} = \frac{14}{45}$

23 3사람 모두 당첨 제비를 뽑지 못할 확률 q는

$q = \frac{7}{10} \cdot \frac{6}{9} \cdot \frac{5}{8} = \frac{7}{24}$

이고 적어도 한 사람이 당첨되는 것은 이것의 여사건이므로 구하는 확률 p는

$p = 1 - q = 1 - \frac{7}{24} = \frac{17}{24}$

24 $1-\dfrac{{}_4C_2}{{}_6C_2}$

25 A 주머니에서 나오거나 B 주머니에서 나올 확률

$\therefore \frac{1}{2}\times\frac{3}{5}+\frac{1}{2}\times\frac{1}{3}=\frac{7}{15}$

26 첫 번째, 두 번째 모두 당첨될 확률 :

$\frac{3}{10}\times\frac{2}{9}=\frac{1}{15}$

첫 번째는 당첨되지 않고, 두 번째만 당첨될 확률 :

$\frac{7}{10}\times\frac{3}{9}=\frac{7}{30}$

$\therefore \frac{1}{15}+\frac{7}{30}=\frac{3}{10}$

27 E : 취업자가 뽑힐 사건

A: 로터리 클럽 회원을 뽑는 사건이라 하면

$P(E|A)=\dfrac{P(E\cap A)}{P(A)}$

$A=(E\cap A)\cup(E'\cap A)$

$\therefore P(A)=P(E\cap A)+P(E^c\cap A)$

따라서

$P(E|A)=\dfrac{P(E\cap A)}{P(E\cap A)+P(E'\cap A)}$

$P(E\cap A)=\dfrac{36}{900}=\dfrac{1}{25}$

$P(E^c\cap A)=\dfrac{12}{900}=\dfrac{1}{75}$

$\therefore P(E|A)=\dfrac{P(A\cap B)}{P(A)}=\dfrac{1/25}{1/25+1/75}=\dfrac{3}{4}$

28 $P(A|B)=\dfrac{P(A\cap B)}{P(B)}=\dfrac{P(A\cap B)}{0.2}=0.6$이므로

$\therefore P(A\cap B)=0.12$

$\therefore P(B|A)=\dfrac{P(A\cap B)}{P(A)}=\dfrac{0.12}{0.4}=0.3$

29 $P(C|A\cap B)=\dfrac{P(A\cap B\cap C)}{P(A\cap B)}=\dfrac{\frac{1}{20}}{\frac{1}{5}}=\dfrac{1}{4}$

30 (결핵에 걸려있음)을 G, (양성반응을 나타냄)을 Y라 하면

$P(G\cap Y)=0.02\times0.95$,

$P(G^c\cap Y)=0.98\times0.03$이므로

$P(G|Y)=\dfrac{P(G\cap Y)}{P(Y)}=\dfrac{2\times95}{2\times95+98\times3}$

$=\dfrac{95}{242}$

31 제품이 불량일 사건을 E라 하면,

$P(E)=P(A\cap E)+P(B\cap E)+P(C\cap E)$

$=P(A)P(E|A)+P(B)P(E|B)+P(C)P(E|C)$

$=0.25\times0.05+0.35\times0.04+0.4\times0.02$

$=0.0345$

$P(A|E)=\dfrac{P(A\cap E)}{P(E)}=\dfrac{0.0125}{0.0345}=\dfrac{25}{69}$

32 꼭 한 사람이 판매에 성공할 확률은 A가 성공 B, C가 실패 또는 B가 성공 A, C가 실패 또는 C가 성공 A, B가 실패할 확률을 뜻한다.

$\therefore \frac{5}{8}\times\frac{5}{8}\times\frac{2}{3}+\frac{3}{8}\times\frac{3}{8}\times\frac{2}{3}+\frac{3}{8}\times\frac{5}{8}\times\frac{1}{3}=\frac{83}{192}$

Part 03 이산확률변수와 확률분포

01 (1) 연속형 (2) 이산형
(3) 이산형 (4) 연속형
(5) 연속형 (6) 이산형

02 (1) $P(X=1)=.17$

(2) $P(X \le 1) = P(X=0) + P(X=1)$

$= .03 + .17 = .20$

(3) $P(X \ge 3) = P(X=3) + P(X=4) + P(X=5)$

$= .31 + .15 + .12 = .58$

(4) $P(0 \le X \le 2)$

$= P(X=0) + P(X=1) + P(X=2)$

$= .03 + .17 + .22 = .42$

(5) $P(X < 3)$

$= P(X=0) + P(X=1) + P(X=2)$

$= .03 + .17 + .22 = .42$

(6) $P(X > 3) = P(X=4) + P(X=5)$

$= .15 + .12 = .27$

(7) $P(2 \le X \le 4)$

$= P(X=2) + P(X=3) + P(X=4)$

$= .22 + .31 + .15 = .68$

03 (1) x는 선택된 가구가 소유하고 있는 TV의 수라 하자.

x	$P(x)$
0	120/2500 = .048
1	970/2500 = .388
2	730/2500 = .292
3	410/2500 = .164
4	270/2500 = .108

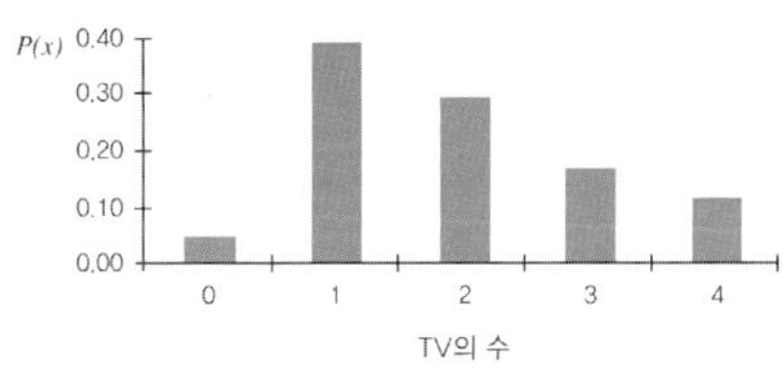

(2) 표에 열거된 확률은 정확한 확률이다. 왜냐하면 모집단이기 때문이다.

(3) (i) $P(X=1) = .388$

(ii) $P(X > 2) = P(X=3) + P(X=4)$

$= .164 + .108 = .272$

(iii) $P(X \le 1) = P(X=0) + P(X=1)$

$= .048 + .388 = .436$

(iv) $P(1 \le X \le 3) =$

$P(X=1) + P(X=2) + P(X=3)$

$= .388 + .292 + .164 = .844$

04 $\mu = \Sigma x P(x) = .440$

$\sigma = \sqrt{\Sigma x^2 P(x) - \mu^2} = \sqrt{.92 - (.44)^2} = .852$

05 이산형 확률변수의 확률분포 구하기

(1) 아래 표는 X의 확률분포를 나타내고 있다. 여기서 X는 이 회사가 벌어들이는 이익이므로, 손실은 표에서 음수로 표현되어 있다.

x	$P(x)$
4.5	0.32
1.2	0.51
−2.3	0.17

(2) X의 평균과 표준편차를 구하는데 필요한 모든 계산과정이 나타나있다.

x	$P(x)$	$x \cdot P(x)$	x^2	$x^2 \cdot P(x)$
4.5	0.32	1.440	20.25	6.4800
1.2	0.51	0.612	1.44	0.7344
−2.3	0.17	−0.391	5.29	0.8993
		$\Sigma x P(x) = 1.661$		$\Sigma x^2 P(x) = 8.1137$

X의 평균은

$\mu = \Sigma x P(x) = 1.661$(백만 달러)

이다.

X의 표준 편차는

$\sigma = \sqrt{\Sigma x^2 P(x) - \mu^2}$

$= \sqrt{8.1137 - (1.661)^2} = 2.314$(백만 달러)

이다. 그러므로 아모레 회사가 새로운 화장품을 출시

하면 얻게 되는 회사의 연간 이익은 1.661백만 달러로 기대되고, 표준편차는 2.314 백만 달러이다.

06 (1) $P(X \geq 1) = 1 - P(X=0)$

$$= 1 - 0.02^0(1-0.02)^{20-0}$$
$$= 0.3324$$

(2) $P(X=2) = \binom{10}{2}0.3324^2(1-0.3324)^8$
$$= 0.1963$$

07 $n = 18$ and $p = .40$

x는 건강유지협회에 대해 신뢰가 미약하거나, 불신한다고 대답한 성인의 수

(1) $P(\text{적어도}\,10\text{명})$

$= P(X \geq 10)$

$= P(X=10)+P(X=11)+P(X=12)$

$+P(X=13)+P(X=14)+P(X=15)$

$+P(X=16)+P(X=17)+P(X=18)$

$= .0771+.0374+0.145+.0045+.0011+.0002+.000$

$+.0000+.0000$

$= .1348$

(2) $P(\text{많아야}\,6\text{명})$

$= P(X \leq 6)$

$= P(X=0)+P(X=1)+P(X=2)+P(x=3)$

$+P(X=4)+P(X=5)+P(X=6)$

$= .0001+.0012+.0069+.0246+.0614$
$+.1146+.1655$
$= .3743$

(3) $P(7\text{명에서}\,10\text{명})$

$= P(7 \leq X \leq 10)$

$= P(X=7)+P(X=8)$

$+P(X=9)+P(X=10)$

$= .1892+.1734+.1284+.0771 = .5681$

08 $n = 5$ and $p = .20$

X는 이 5명의 환자들 중 안정을 필요로 하는 환자의 수

(1) $P(\text{정확히}\,2\text{명}) = P(X=2)$

$= {}_5C_2(.20)^2(.80)^3 = (10)(.04)(.512)$

$= .2048$

(2) $P(0\text{명}) = P(X=0)$

$= {}_5C_0(.20)^0(.80)^5 = (1)(1)(.32768)$

$= .3277$

(3) $P(\text{정확히}\,4\text{명}) = P(X=4)$

$= {}_5C_4(.20)^4(.80)^1 = (5)(.0016)(.8)$

$= 0.0064$

09 (1) $P(X=2) = \dfrac{e^{-1}(1)^2}{2!} = \dfrac{1}{2e}$

e는 약 2.71930이므로

$$P(X=2) = \frac{1}{2(2.7183)} = 0.183$$

(2) $P(X \leq 3) = P(X=0) + P(X=1)$

$+ P(X=2) + P(X=3)$

$= \dfrac{e^{-1}(1)^0}{0!} + \dfrac{e^{-1}(1)^1}{1!} + \dfrac{e^{-1}(1)^2}{2!} + \dfrac{e^{-1}(1)^3}{3!}$

$= 0.3679 + 0.3679 + 0.1829 + 0.0613$

$= 0.98$

이 된다.

10 $P(X=2) = \dfrac{e^{-0.4}(0.4)^2}{2!} = 0.0536$

즉, 약 5%의 확률을 갖는다.

11 $P(X=0) = \dfrac{e^{-0.2}(0.2)^0}{0!} = 0.8187$

즉, 범죄가 없을 가능성은 0.8187이다.

01 (1) $P(0<X<1)=\int_0^1 \frac{2(x+2)}{5}dx$

$=[\frac{(x+2)^2}{5}]_0^1=1$

(2) $P(\frac{1}{4}<X<\frac{1}{2})=\int_{\frac{1}{4}}^{\frac{1}{2}} \frac{2(x+2)}{5}dx$

$=\left[\frac{(x+2)^2}{5}\right]_{\frac{1}{4}}^{\frac{1}{2}}=\frac{19}{80}$

02 (1) $P(X<4)=\int_2^4 \frac{2(1+x)}{27}dx$

$=\frac{(1+x)^2}{27}]_2^4=\frac{16}{27}$

(2) $P(3\le X<4)=\int_3^4 \frac{2(1+x)}{27}dx$

$=\frac{(1+x)^2}{27}]_3^4=\frac{1}{3}$

03 (1) $F(x)=\int_0^x \frac{1}{2000}exp(-\frac{t}{2000})dt$

$=-\exp(-\frac{t}{2000})]_0^x$

$=1-\exp(-\frac{x}{2000})$

따라서,

$$F(x)=\begin{cases}0, & x<0\\ 1-\exp(-\frac{x}{2000}), & x\ge 0\end{cases}$$

(2) $P(X>1000)=1-F(1000)$

$=1-(1-\exp(-\frac{1000}{2000}))$

$=0.6065$

(3) $P(X<2000)=F(2000)$

$=1-\exp(-\frac{2000}{2000})$

$=0.6321$

04 (1) $F(y)=\frac{1}{4}\int_0^y e^{-\frac{t}{4}}dt=1-e^{\frac{y}{4}}$,

따라서 $P(Y>6)=e^{-\frac{6}{4}}=0.2231$

(2) $P(Y\le 1)=1-e^{-\frac{1}{4}}=0.2212$

05 $E(X)=\int_0^1 \frac{2x(x+2)}{5}dx=\frac{8}{15}$

06 $E(X)=\int_0^\infty \frac{1}{4}xe^{-x/4}dx=4$

$E(X^2)=\int_0^\infty \frac{1}{4}x^2e^{-x/4}dx=32$

$V(X)=E(X^2)-(E(X))^2=32-16=16$

07 $E(X)=\int_{-\infty}^\infty xf(x)dx$

$=\int_0^1 x(6x-6x^2)dx$

$=(2x^3-\frac{3}{2}x^4)]_0^1=\frac{1}{2}$

$V(X)=\int_{-\infty}^\infty x^2f(x)dx-[E(X)]^2$

$=\int_0^1 x^2(6x-6x^2)dx-(\frac{1}{2})^2$

$=(\frac{3}{2}x^4-\frac{6}{5}x^5)]_0^1-\frac{1}{4}=\frac{1}{20}$

08 (1) 0.9613 (2) 0.4783
(3) 0.4767 (4) 0.0694

09 (1) 0.0162 (2) 0.2450
(3) 0.1570 (4) 0.9625

10 $P(60 < X < 65)$

$= P(\frac{60-50}{10} < \frac{X-50}{10} < \frac{65-50}{10})$

$= P(1 < Z < 1.5) = 0.0919$

11 $Z = \frac{X-300}{50} \sim N(0,1)$ 이므로

$P(X \geq 370) = P(\frac{X-300}{50} \geq \frac{370-300}{50})$

$= P(Z \geq 1.4) = 1 - P(Z \leq 1.4)$

$= 0.0808$

12 (1) $Z = \frac{X-1500}{75} \sim N(0,1)$ 이므로

$P(X \leq 1410) = P(Z \leq \frac{1410-1500}{75})$

$= P(Z \leq -1.2) = 0.1151$

(2) $P(1563 \leq X \leq 1648)$

$= P(\frac{1563-1500}{75} \leq Z \leq \frac{1648-1500}{75})$

$= P(0.84 \leq Z \leq 1.97)$

$= P(Z \leq 1.97) - P(Z \leq 0.84)$

$= 0.9756 - 0.7995 = 0.1761$

13 $\mu = 46$, $\sigma = 4$

(1) $x = 40$:

$z = (x-\mu)/\sigma = (40-46)/4 = -1.50$

$P(X > 40) = P(Z > -1.50)$

$= 1 - P(Z \leq -1.50) = 1 - 0.0668$

$= 0.9332$ or 93.32%

(2) $x = 50$:

$z = (x-\mu)/\sigma = (50-46)/4 = 1.00$

$x = 55$: $z = (x-\mu)/\sigma = (55-46)/4 = 2.25$

$P(50 < X < 55) = P(1.00 < Z < 2.25)$

$= P(Z < 2.25) - P(Z < 1.00)$

$= 0.9878 - 0.8413$

$= 0.1465$ or 14.65%

14 $\mu = \$95$, $\sigma = \$21$

$x = 130$:

$z = (x-\mu)/\sigma = (130-95)/21 = 1.67$

$P(X > 130) = P(Z > 1.67) = 1 - P(Z \leq 1.67)$

$= 1 - 0.9525 = 0.0475$ or 4.75%

15 $\mu = 7.59$, $\sigma = 0.73$

(1) $x = 6$:

$z = (x-\mu)/\sigma = (6-7.59)/0.73 = -2.18$

$P(X < 6) = P(Z < -2.18) = 0.0146$ or 1.46%

(2) $x = 7$:

$z = (x-\mu)/\sigma = (7-7.59)/0.73 = -0.81$

$x = 8$:

$z = (x-\mu)/\sigma = (8-7.59)/0.73 = 0.56$

$P(7 < X < 8) = P(-0.81 < Z < 0.56)$

$= P(Z < 0.56) - P(Z < -0.81)$

$= 0.7123 - 0.2090$

$= 0.5033$

(3) $x = 9$:

$z = (x-\mu)/\sigma = (9-7.59)/0.73 = 1.93$

$P(X \geq 9) = P(Z \geq 1.93) = 1 - P(Z \leq 1.93)$

$= 1 - 0.9732 = 0.0268$ or 2.68%

16 득점을 X라고 하면 X는 정규분포 $N(450, 75^2)$을 따르므로 $Z = \frac{X-450}{75}$ 이라고 하면 Z는 표준정규분포 $N(0, 1^2)$을 따른다.

(1) $P(X \geq 600) = P(Z \geq 2)$

$= 0.5 - P(0 \leq Z \leq 2)$

$= 0.5 - 0.48 = 0.02$

따라서 구하는 수험생 수는 $2000 \times 0.02 = 40$(명)

(2) $\frac{320}{2000} = 0.16$이므로

$P(0 \leq Z \leq z) = 0.5 - 0.16 = 0.34$이고,

이를 만족하는 z의 값은 표준정규분포표에서 $z = 1$이다.

따라서 $z = \frac{x-450}{75}$에 $z = 1$을 대입하면

$x = 525$(점)

17 수학성적을 X라고 하면 X는 정규분포 $N(72, 9^2)$을 따른다.

$Z = \frac{X-72}{9}$로 표준화하면 Z는 표준정규분포 $N(0, 1^2)$을 따르므로

$P(0 \leq Z \leq z) = 0.4$인 Z는 표준정규분포표에서 $z \fallingdotseq 1.28$이다.

따라서 $z = \frac{x-72}{9}$에 $z = 1.28$을 대입하면

$x = 83.52$(점)

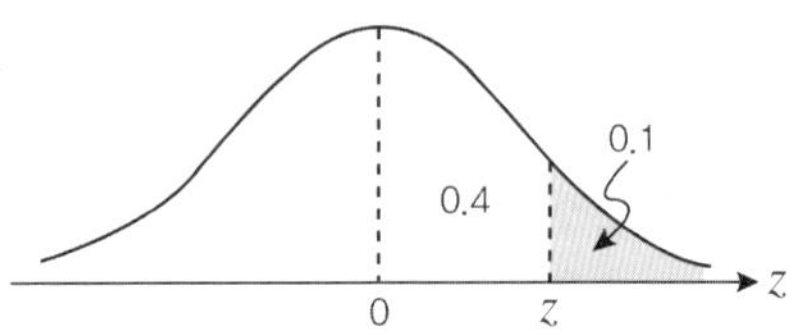

18 $\mu = np = 100 \times 0.27 = 27$

$\sigma = \sqrt{npq} = \sqrt{27 \times 0.73} = \sqrt{19.71} = 4.44$인 정규분포에 따른다고 본다.

$P(20 < X < 30) = P(19.5 < X < 30.5)$

$= P(\frac{19.5-27}{4.44} < Z < \frac{30.5-27}{4.44})$

$= P(-1.69 < Z < 0.73) = 0.7398$

19 $E(X) = 720 \times \frac{1}{6} = 120$

$\sigma(X) = \sqrt{720 \times \frac{1}{6} \times \frac{5}{6}} = 10$

$P(115 \leq X \leq 135)$

$= P(\frac{115-120}{10} \leq z \leq \frac{135-120}{10})$

$= P(-0.5 \leq z \leq 1.5)$

$= P(0 \leq z \leq 0.5) + P(0 \leq z \leq 1.5)$

$= 0.1915 + 0.4332 = 0.6247$

20 X의 분포는 이항분포

$P(X = x) = {}_nC_x p^x q^{n-x}$ $(n = 200, p = q = \frac{1}{2})$이고,

$np = 200 \times \frac{1}{2} = 100$이며, 표준편차는

$\sqrt{npq} = \sqrt{200 \times \frac{1}{2} \times \frac{1}{2}} = \sqrt{50} \fallingdotseq 7.07$이다.

$P(|X-100| \leq 5) = P(100-5 \leq X \leq 100+5)$

이 확률을 구하기 위하여 표준화한 변수

$Z = \frac{X-100}{7.07}$

$P(100-5 \leq X \leq 100+5)$

$= P(-0.7017 \leq Z \leq 0.7017)$

$= 2P(0 \leq Z \leq 0.7017) = 0.5204$

이다.

21 실제 답은 이항식 156개를 더한 답이다.

${}_{250}C_0(0.6)^0(0.4)^{250} + {}_{250}C_1(0.6)^1(0.4)^{249} + \cdots$

$+ {}_{250}C_{155}(0.6)^{155}(0.4)^{95}$

근사치는 정규분포를 이용하여 쉽게 얻어질 수 있다.

μ와 σ를 계산한다.

$\mu = np = 250(0.6) = 150$

$\sigma = \sqrt{np(1-p)} = \sqrt{250(0.6)(0.4)} = 7.746$

$$P(X \le 155.5) = P(Z \le \frac{155.5-150}{7.746})$$

$$= P(Z \le 0.71) = 0.7611$$

이다.

Part 05 표본분포

01 크기가 12이고, 이 표본 평균값들의 평균값은 모집단의 평균값, 10온스와 같다. 이 표본 평균값들의 표준편차는 $\frac{3}{\sqrt{12}} = 0.866$온스이다.

02 $\mu_{\bar{x}} = \mu = 10,\ \sigma_{\bar{x}}^2 = \frac{\sigma^2}{n} = \frac{6}{3} = 2$

03 $P(600 \le \bar{X} \le 700)$

$$= P\left(\frac{600-650}{37.95} \le Z \le \frac{700-650}{37.95}\right)$$

$$= P(-1.32 \le Z \le 1.32)$$

$$= P(Z \le 1.32) - P(Z \le -1.32)$$

$$= 0.9066 - 0.0934 = 0.8132$$

이다.

04 $\mu = 500{,}000,\ \sigma = 80{,}000,$ 그리고 $n = 64$이므로 다음을 우선 구한다.

$$\mu_{\bar{x}} = 500{,}000,\ \ \sigma_{\bar{x}} = \frac{800{,}000}{\sqrt{64}} = 10{,}000$$

(1) 우리는 확률 $P(\bar{X} > 482{,}000)$을 구하면 된다.

$$P(\bar{X} > 482{,}000) \approx P\left(Z > \frac{482{,}000-500{,}000}{10{,}000}\right)$$

$$= P(Z > -1.8) = 0.9641$$

(2) 우리는 확률 $P(4{,}800{,}000 < \bar{X} < 512{,}000)$을 구하면 된다.

$$P(480{,}000 < \bar{X} < 512{,}000)$$

$$\approx P\left(\frac{480{,}000-500{,}000}{10{,}000} < Z < \frac{512{,}000-500{,}000}{10{,}000}\right)$$

$$= P(-2 < Z < 1.2) = 0.3849 + 0.4772$$

$$= 0.8621$$

05 표본 크기는 30이상이고, 중심 극한 정리에 의해 $\mu_{\bar{x}} = 650,\ \sigma_{\bar{x}} = \frac{420}{\sqrt{100}} = 42$인 정규분포이다.

$$P(\bar{X} > 700) = P\left(Z > \frac{700-650}{42}\right)$$

$$= P(Z > 1.19) = 1 - .8830 = .1170$$

06 여기에서 $\mu = 16,\ \sigma = 0.6,\ n = 36$이다. 36개의 용기에 담아진 내용물의 무게의 합이 585 온스를 넘을 확률은, 즉 평균 무게 $\bar{X}$가 $585/36 = 16.25$ 온스를 넘을 확률을 구하면 된다.

$\mu_{\bar{x}} = 16,\ \ \sigma_{\bar{x}} = 0.6/\sqrt{36} = 0.1$

$$P(\bar{X} > 16.25) \approx P\left(Z > \frac{16.25-16}{0.1}\right)$$

$$= P(Z > 2.5)$$

$$= 0.0062$$

07 $\mu_{\hat{p}} = 48$과 $\sigma_{\hat{p}} = \sqrt{\frac{(.48)(.52)}{400}} = 0.0250$

이므로

$$P(0.45 \le \hat{p} \le 0.55) = P\left(\frac{.45-.48}{.0250} \le Z \le \frac{.55-.48}{.0250}\right)$$

$$= P(-1.2 \le Z \le 2.8)$$

$$= P(Z \le 2.8) - P(Z \le -1.2)$$

$$= 0.9974 - 0.1151 = 0.8823$$

이다.

08 $\mu_{\hat{P}} = 70$과 $\sigma_{\hat{p}} = \sqrt{\frac{(.7)(.3)}{100}} = 0.0458$이므로

$$P(\hat{p} > 0.8) = P\left(Z > \frac{.80 - .70}{.0458}\right) = P(Z > 2.18)$$
$$= 1 - P(Z \le 2.18) = 1 - .9854$$
$$= 0.0146$$
이다.

09 모비율이 $p = 0.36$이고 표본의 크기가 $n = 100$이므로 표본비율 $\hat{p}$의 평균과 분산은

$$\mathrm{E}(\hat{p}) = 0.36, \quad \mathrm{V}(\hat{p}) = \frac{pq}{n} = \frac{0.36 \times 0.64}{100} = 0.048^2$$

그런데 n은 충분히 크므로

$\hat{p}$은 정규분포 $N(0.36,\ 0.048^2)$을 따른다.

따라서 $Z = \dfrac{\hat{p} - 0.36}{0.048}$으로 표준화하면

$$P(0.33 \le \hat{p} \le 0.42)$$
$$\fallingdotseq P(-0.63 \le Z \le 1.25)$$
$$= P(0 \le Z \le 0.63) + P(0 \le Z \le 1.25)$$
$$= 0.2357 + 0.3944 = 0.6301$$

10 (1) 0.05 (2) 0.98
(3) 0.8 (4) 0.99

11 (1) 0.05 (2) 0.98
(3) 0.8 (4) 0.99

12 (1) $P(-t_{0.005} < t < t_{0.01}) = 0.985$
(2) $P(t > -t_{0.025}) = 0.975$

13 (1) $P(|t| \le c) = 0.95, \ c = 2.13$
(2) $P(|t| \ge c) = 0.10, \ c = 1.753$

14 (1) 0.05 (2) 0.413
(3) 0.875 (4) 0.513

15 (1) 15.51 (2) 33.41
(3) 21.92 (4) 13.09

16 (1) $\chi^2_{0.99} = 0.297$
(2) $\chi^2_{0.025} = 32.852$
(3) $\chi^2_{0.05} = 37.652$
그러므로 $\alpha = 0.05 - 0.045 = 0.005, \ \chi^2_{0.005} = 46.928$

17 (1) $\bar{x} = 103.6, \ s^2 = 22.8$

$$\chi_0^2 = \frac{(n-1)s^2}{\sigma^2} = \frac{4 \times 22.8}{25} = 3.648$$

(2) $P(\chi^2 \ge 3.648) = 0.404$

18 (1) $P(\chi^2 \ge \frac{c \times 30}{5}) = 0.404$

$6c = 40.256, \ c = 6.71$

(2) $P\left(\chi^2 \ge \dfrac{c \times 30}{5}\right) = 0.95$

$6c = 18.493, \ c = 3.08$

19 (1) $P(S^2 > 9.1)$
$$= P\left(\frac{(n-1)s^2}{\sigma^2} > \frac{(24)(9.1)}{6}\right)$$
$$= P(\chi^2 > 36.4) = 0.05$$

(2) $P(3.462 < S^2 < 10.745)$
$$= P(13.848 < \chi^2 < 42.980)$$
$$= 0.95 - 0.01 = 0.94$$

20 (1) 2.71 (2) 3.51
(3) 2.92 (4) 0.47
(5) 0.34

21 (1) 0.05 (2) 0.97

Part 06 통계적 추정

01 $\hat{p} = 0.64, \ n = 550, \ \alpha = 0.01, \ z_{\alpha/2} = z_{0.005} = 2.58$이다.

표준오차 $SE(\hat{p}) = \sqrt{\frac{(0.64)(0.36)}{550}} = 0.0205$

가 된다. 결과적으로 p의 99% 신뢰구간은

$0.64 - 2.58(0.0205) < p < 0.64 + 2.58(0.0205)$

가 되고, 이를 계산하면

$0.587 < p < 0.693$

이 된다.

02 $x = 18,\ n = 225,\ \alpha = 0.05,\ z_{0.025} = 1.96$ 이다. $x/n = 0.08$이므로

$SE(\hat{p}) = \sqrt{\frac{(0.08)(0.92)}{225}} = 0.0181$가 된다.

p의 95% 신뢰구간은

$0.08 - 1.96(0.0181) < p < 0.08 + 1.96(0.0181)$

로 되고, 이를 계산하면

$0.045 < p < 0.115$

이 된다.

03 $2.05(\frac{.5}{\sqrt{n}}) \le .03,\ \sqrt{n} \ge \frac{2.05(.5)}{.03} =$ $34.17,\ n \ge 1167.4$이다. 즉 1168마리이다.

04 $2.576(\frac{.5}{\sqrt{n}}) \le .06$는

$\sqrt{n} \ge \frac{2.576(.5)}{.06} = 21.5,\ n \ge 462.25$이다.

$2.576(\frac{5}{\sqrt{n}}) \le .03$는

$\sqrt{n} \ge \frac{2.576(.5)}{.03} = 42.9,\ n \ge 1840.4$이다.

$2.576(\frac{.5}{\sqrt{n}}) \le .02$는

$\sqrt{n} \ge \frac{2.576(.5)}{.02} = 64.4, n \ge 4147.4$이다.

따라서 463, 1841 또는 4184명의 경영진들이 인터뷰되어야 한다.

05 $\bar{x} = 5.32,\ \sigma = 2.49,\ n = 50,\ z_{0.025} = 1.96$ 이다.

그래서, 신뢰구간은

$5.32 - 1.96\left(\frac{2.49}{\sqrt{50}}\right) < \mu < 5.32 + 1.96\left(\frac{2.49}{\sqrt{50}}\right)$

이다. 이를 계산하면 $4.63 < \mu < 6.01$이 된다.

06 표본 크기가 36이면, 표본 평균값 16.1, 표준편차 $\frac{\sigma}{\sqrt{n}} = \frac{0.12}{\sqrt{36}} = 0.02$인 정규분포이다.

$(n > 30),\ 16.1 \pm 1.96(0.02) = 16.1 + 0.0392$

병들 안에 들어가는 온스 평균값이 16.0608과 16.1392사이이다.

07 모집단의 표준편차는 $\sigma = \sqrt{5.76} = 2.4$, 표본 평균값의 표준편차는 $\frac{\sigma}{\sqrt{n}} = \frac{2.4}{\sqrt{64}} = 0.3$이다.

모집단 평균값의 90% 신뢰구간은

$12.35 \pm 1.645(0.3) = 12.35 \pm 0.4935$이다.

건전지의 수명 평균값이 11.8565와 12.8435개월 사이이다.

08 $\frac{\sigma}{\sqrt{n}} = \frac{0.025}{\sqrt{n}}$와 $z_{0.005} = 2.576$이므로,

$2.576(\frac{0.025}{\sqrt{n}}) \le 0.01$

$\sqrt{n} > \frac{2.576(0.025)}{0.01} = 6.44$를 찾는다.

그러므로 $n \ge 41.5$이다. 42를 표본 크기로 선택한다.

09 $n = 10,\ \bar{x} = 27.2,\ s = 1.8$ 그리고

$t_{0.025,\ (9)} = 2.262$이다.

95% 신뢰구간은

$27.2 - 2.262\left(\frac{1.8}{\sqrt{10}}\right) < \mu < 27.2 + 2.262\left(\frac{1.8}{\sqrt{10}}\right)$

이 되고, 이를 계산하면

$25.9 < \mu < 28.5$

가 된다.

10
$$\bar{x}=\frac{\sum x_i}{n}$$
$$=\frac{0.43+0.52+0.46+0.49+0.60+0.56}{6}$$
$$=\frac{3.06}{6}=0.51$$

$$s=\sqrt{\frac{\sum(x_i-\bar{x})^2}{n-1}}$$
$$=\sqrt{\frac{(0.08)^2+(0.01)^2+(0.05)^2+(0.02)^2+(0.09)^2+(0.05)^2}{5}}$$
$$=0.0632$$

$t_{0.05,\ (5)}=2.015$이다. 그래서, 90% 신뢰구간은

$$0.51-2.015\left(\frac{0.0632}{\sqrt{6}}\right)<\mu<0.51+2.015\left(\frac{0.0632}{\sqrt{6}}\right)$$

이고, 이를 계산하면 $0.458<\mu<0.562$이다.

11 $n=8,\ \bar{d}=-1112.5,\ s_d=1454,$
$t_{0.005,\ (7)}=3.499$

$$-1112.5\pm(3.499)\frac{1454}{\sqrt{8}}=-1112.5\pm1798.7$$

$$-2911.2<\mu_D<686.2$$

12 $n=9,\ \bar{d}=2.778,\ s_d=4.5765,$
$t_{0.025,(8)}=2.306$

$$2.778\pm(2.306)\frac{4.5765}{\sqrt{9}}=2.778\pm3.518$$

$$-0.74<\mu_D<6.30$$

13 알약 복용 전후의 혈압차이 D_i를 모집단이 $N(\mu_D, \sigma_D^2)$인 분포로부터 추출한 표본이라 하면 μ_D에 대한 신뢰구간을 구하려면

$$\bar{d}\pm t_{0.025,\ (14)}\frac{s_d}{\sqrt{15}}$$

로부터 구할 수 있다.
자료로부터 표본의 평균과 표준편차는

$$\bar{d}=\frac{1}{15}\sum d_i=8.80,$$

$$s_d=\sqrt{\frac{\sum(d_i-\bar{d})^2}{n-1}}=10.98$$

이고, $t_{0.025,\ (14)}=2.145$이므로 95% 신뢰구간은

$$8.80\pm2.145\frac{10.98}{\sqrt{15}}=8.80\pm6.08$$ 혹은

$(2.72,\ 14.88)$이다.

14

환자	1	2	3	4	5	6	7	8	9	10	합계
$A(X)$	1.9	0.8	1.1	0.1	−0.1	4.4	5.5	1.6	4.6	3.4	
$B(Y)$	0.7	−1.6	−0.2	1.2	−0.1	3.4	3.7	0.8	0.0	2.0	
차이	1.2	2.4	1.3	−1.1	0	1.0	1.8	0.8	4.6	1.4	13.4

위 표에서 $\sum d_i=13.4$이므로 $\bar{d}=\frac{13.4}{10}=1.34,$

$$s_d^2=\frac{1}{n-1}\left[\sum d_i^2-n\bar{d}^2\right]=2.23822$$

$s_d=\sqrt{2.2382}=1.496,\ \alpha=0.05,$
자유도$=10-1=9,\ t_{0.025,\ (9)}=2.262$
이다. 그러므로 $A,\ B$ 두 수면제의 차 μ_D에 대한 95% 신뢰구간은

$$1.34-2.262\frac{1.496}{\sqrt{10}}<\mu_D<1.34+2.262\frac{1.496}{\sqrt{10}},$$

$0.27<\mu_D<2.41$이다.

15 표본분산 s^2을 계산하면 $s^2=0.286$, 자유도는 $v=10-1=9$이므로, 부록표에서
$\chi^2_{0.025}=19.023$과 $\chi^2_{0.975}=2.700$을 찾는다.
따라서 σ^2에 대한 95% 신뢰구간은 다음과 같다.

$$\frac{(9)(0.286)}{19.023}<\sigma^2<\frac{(9)(0.286)}{2.700}$$

16 표본의 크기가 $n=10$이고, $\alpha/2=0.05$이므로, χ^2분포표로부터 $\chi^2_{0.05,\ (9)}=16.92$와 $\chi^2_{0.95,\ (9)}$

$=3.33$을 얻을 수 있다. 앞에서 구한 신뢰구간의 식에 의해서 σ^2의 90% 신뢰구간은

$$\left(\frac{9\times(0.4)^2}{16.92}, \frac{9\times(0.4)^2}{3.33}\right)=(0.085,\ 0.432)$$

이고, 따라서 σ의 90% 신뢰구간은

$(\sqrt{0.085},\ \sqrt{0.432})=(0.29, 0.66)$이다.

17 $s^2=0.815,\ \chi^2_{0.975}=0.484,\ \chi^2_{0.025}=11.143$

$$\frac{(n-1)s^2}{\chi^2_{0.025}}<\sigma^2<\frac{(n-1)s^2}{\chi^2_{0.975}}$$

$$\frac{4\times0.815}{11.143}<\sigma^2<\frac{4\times0.815}{0.484}$$

$0.2926<\sigma^2<6.74$

18 $\bar{x}=2.545,\ s^2=1.4752,\ \chi^2_{0.975,(19)}=8.91$

$\chi^2_{0.025,(19)}=32.85$

$$\frac{19\times1.4752}{32.85}\le\sigma^2\le\frac{19\times1.4752}{8.91}$$

$0.853<\sigma^2<3.146$

19 $\bar{x}=14.61,\ s^2=0.7854,\ \chi^2_{0.975,(9)}=2.70$

$\chi^2_{0.025(9)}=19.02$

$$\frac{9\times0.7854}{19.02}\le\sigma^2\le\frac{9\times0.7854}{2.70}$$

$0.755\le\sigma^2\le1.618$

20 우선 측정값 10개의 표본분산을 구하면 다음과 같다.

$$s^2=\frac{n\sum_{i=1}^{n}x_i^2-\left(\sum_{i=1}^{n}x_i\right)^2}{n(n-1)}$$

$$=\frac{(10)(21,273.12)-(461.2)^2}{(10)(9)}=0.286$$

$\alpha=0.05$, 자유도$=9$, $\chi^2_{0.025}=19.023$

$\chi^2_{0.975}=2.700$

$$\frac{(9)(0.286)}{19.023}<\sigma^2<\frac{(9)(0.286)}{2.700}$$

$0.135<\sigma^2<0.953$

Part 07 가설검정

01 검정통계량으로 Z-통계량인

$Z=\dfrac{\bar{X}-0}{\sqrt{4/25}}=\dfrac{\bar{X}}{0.4}$을 사용할 수 있으며,

$\bar{x}=0.6$이므로 검정통계량의 값은 $z=\dfrac{\bar{x}}{0.4}=1.5$ 이다.

한편 H_0가 참일 때 $Z=\bar{X}/0.4$는 표준정규분포에 따르므로 p-값은

$p-$값$=P[Z\ge1.5]=1-0.9332=0.0668$

이 된다.

이제 유의수준 $\alpha=0.025$에서 검정할 때 기각역과 제2종의 오류를 범할 확률을 구해보자.

정규분포표에서 $P[Z\ge1.96]=0.025$이므로, 기각역은 $\dfrac{\bar{X}}{0.4}\ge1.96$(즉, $\bar{X}\ge0.784$)인 영역이다.

또한 $H_a:\mu=1$이 참일 때는 $(\bar{X}-1)/0.4$가 표준정규분포에 따르므로 제2종의 오류를 범할 확률 β는 다음과 같다.

$$\beta=P\left[\frac{\bar{X}}{0.4}<1.96\right]=P\left[\frac{\bar{X}-1}{0.4}<1.96-\frac{1}{0.4}\right]$$

$$=P[Z<-0.54]=0.2946$$

H_0하에서는 $Z=\bar{X}/0.4$가 표준정규분포에 따르며, H_a하에서는 $Z=(\bar{X}-1)/0.4$가 표준정규분포에 따른다. 유의수준 2.5%에서 기각역은 $Z=\bar{X}/0.4>1.96$(즉, $\bar{X}>0.784$)이므로, 제1종의 오류를 범할 확률 α와 제2종의 오류를 범할 확률 β를 그림으로 나타내면 다음과 같다.

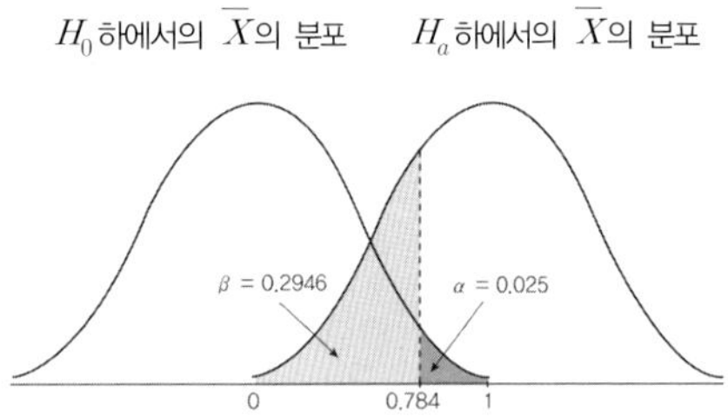

02

$$\pi(\mu) = P\left[\frac{\overline{X}}{0.4} \geq 1.96 | \mu\right]$$

$$= P\left[\frac{\overline{X}-\mu}{0.4} \geq 1.96 - \frac{\mu}{0.4} \mid \mu\right]$$

$$= P\left[Z \geq 1.96 - \frac{\mu}{0.4}\right]$$

$$= 1 - \Phi\left(1.96 - \frac{\mu}{0.4}\right)$$

따라서 여러 μ값에 대한 $\pi(\mu)$의 값을 구하면 다음과 같다.

μ	−0.4	0	0.4	0.8	1.0	1.2	1.6
$\pi(\mu)$	0.0015	0.025	0.1685	0.5160	0.7054	0.8508	0.9793

이 $\pi(\mu)$값들을 부드러운 곡선으로 연결한 검정력함수의 그래프가 다음과 같다.

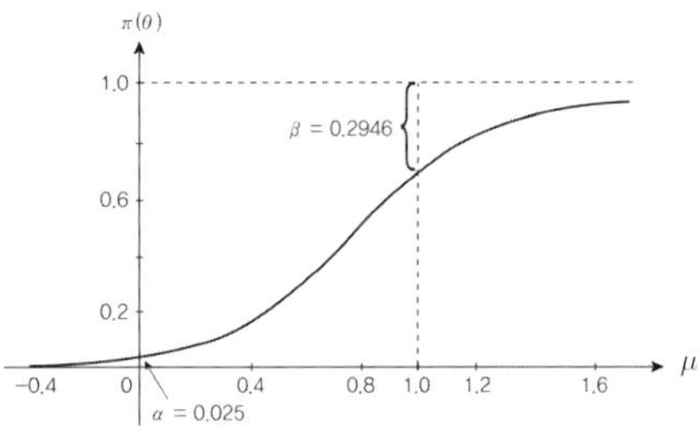

03 (1) $Z = (\overline{X}-0)/\sqrt{1/16} = 4\overline{X} \geq 1.645$에서 $\overline{X} \geq 0.41125$

(2)

$$\beta = P[\overline{X} < 0.41125 | \mu = 1]$$

$$= P[(\overline{X}-1)/\sqrt{1/16} < 0.41125 - 1)/\sqrt{1/16} \mid \mu = 1]$$

$$= P[Z < -2.355] = 0.009$$

(3) $P[\overline{X} \geq 0.7 | \mu = 0] = P[4\overline{X} \geq 2.8 | \mu = 0]$

$$= P[Z \geq 2.8] = 0.0026$$

04 (1) $Z = \overline{X} - 10 \geq 1.645$

(2) $\pi(\mu) = P[\overline{X} - 10 \geq 1.645 \mid \mu]$

$$= P[\overline{X} - \mu \geq 11.645 - \mu | \mu]$$

$$= 1 - \Phi(11.645 - \mu)$$

(3)

μ	9	10	11	12	13	14
$\pi(\mu)$	0.004	0.050	0.259	0.639	0.912	0.991

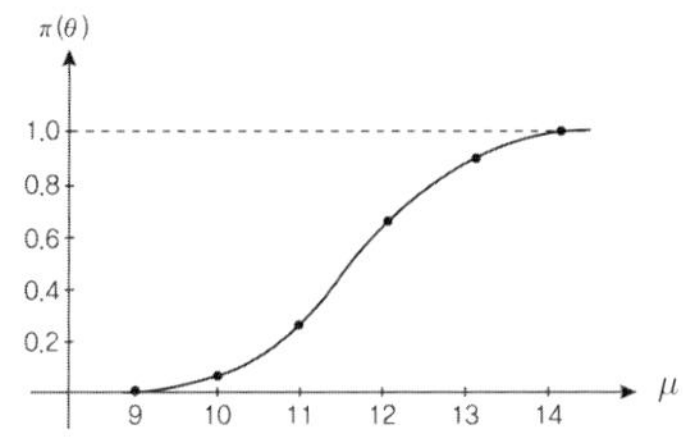

05 표본의 크기가 $n = 30$이므로, 정규검정법을 적용하여 완치율 p에 대한 검정을 할 수 있다. 확률변수 X를 완치된 환자수라고 할 때 표본비율은 $\hat{p} = 27/30 = 0.9$이며, 이를 이용한 검정 절차는 다음과 같다.

(1) 가설 $H_0 : p = 0.7 \quad H_a : p > 0.7$

(2) 유의수준 $\alpha = 0.05$

(3) 검정통계량

$$z = \frac{\hat{p} - p_0}{\sqrt{p_0(1-p_0)/n}} = \frac{0.9 - 0.7}{\sqrt{0.7(1-0.7)/30}} = 2.39$$

(4) 기각역 $z \geq z_{0.05} = 1.645$

(5) 검정통계량의 값 $z = 2.39 > z_{0.05} = 1.645$이므로, 귀무가설 H_0를 기각한다. 즉, 제약회사의 주장이 옳다고 할 수 있다.

06 가설 검정의 절차에 따라 다음과 같은 순서로 검정할 수 있다.

(1) 가설은 세운다.

$H_0 : p = 0.08,\ \ H_a : p \neq 0.08$

(2) 유의수준 $\alpha = 0.05$

(3) 검정통계량을 구한다.

$$z_0 = \frac{x/n - p_0}{\sqrt{\frac{p_0(1-p_0)}{n}}} = \frac{13/118 - 0.08}{\sqrt{\frac{0.08(1-0.08)}{118}}} = 1.20$$

(4) 판정한다.

유의수준 $\alpha = 0.05$하에서 $z_{\alpha/2} = z_{0.025} = 1.96$가 되어 양측검정의 경우이므로 검정통계량의 값 $z_0 = 1.20$이 기각치인 $z_{\alpha/2} = z_{0.025} = 1.96$보다 $-z_{\alpha/2} = -z_{0.025} = -1.96$보다 작으면, 기각역 안에 놓이게 된다.

(5) 따라서, $z_0 = 1.20$는 1.96보다 작고, -1.96보다 크므로 채택역 안에 놓이게 되므로 귀무가설을 채택한다. 즉, 검사 당일의 불량률은 8%라고 할 수 있으며, 생산공정에 이상이 없다라고 판정한다.

07 (1) $H_0 : \mu = 100$(실제로는 $\mu \geq 100$), $H_a : \mu < 100$

(2) 검정 통계량은 $\dfrac{\overline{X} - 100}{\sigma / \sqrt{n}}$ 이다.

(3) $\alpha = 0.15$이므로 $z_\alpha = z_{0.15} = 1.04$이다. 대립 가설이 단측이므로 검정 기준은 다음과 같다.

"계산된 검정 통계량의 값이 -1.04보다 작으면 H_0를 기각한다."

(4) $\overline{x} = 95,\ \sigma = \sqrt{144} = 12,\ n = 9$이므로

검정 통계량의 계산된 값은

$$\frac{\overline{x} - 100}{\sigma / \sqrt{n}} = \frac{95 - 100}{12 / \sqrt{9}} = -1.25\text{이다.}$$

(5) 계산된 값이 -1.04보다 작으므로 H_0를 기각한다.

즉, 평균 IQ가 100보다 작은 것으로 나타났다.

08 우측검정 $H_0 : \mu = 1850,\ \ H_a : \mu > 1850$

$$z = \frac{1900 - 1850}{\frac{120}{\sqrt{60}}} = 3.23 > 1.65$$

즉, H_0을 기각한다.

평균 사용 시간이 길어졌다고 볼 수 있다.

09 (1) $H_0 : \mu = 8$(대립가설은 $H_a : \mu \neq 8$)

(2) $$T = \frac{\sqrt{n-1}(\overline{X} - \mu)}{S} = \frac{3(\overline{X} - 8)}{1.5} = 2(\overline{X} - 8)$$

은 자유도 $df = 9$인 $t-$분포를 이룬다.

(3) 자유도 $df = 9$이고, $\alpha = 0.05$에 대응하는 t의 값은 $t_{0.05,(9)} = 2.262$이며, T의 실현값은

$t_0 = 2(8.5 - 8) = 1 < t_{0.05,(9)} = 2.262$

(4) $\alpha = 0.05$에서는 귀무가설 $H_0 : \mu = 8$은 기각되지 않는다. 즉, 이 표본은 평균값 8인 모집단에서 추출된 표본으로 보아도 무리는 아니다. 따라서, 종래의 광석과 다르지 않다고 보아도 좋다.

10 (1) $H_0 : \mu = 6.5,\ \ H_a : \mu > 6.5$

(2) 모분산이 미지이므로 검정통계량은 $\dfrac{\overline{X} - 6.5}{S / \sqrt{n}}$ 이다.

(3) $\alpha = 0.05$이므로 자유도는 $n = 15$이므로 $15 - 1 = 14$이다.

그래서, student의 $t-$분포표에서

$t_{0.05,(14)} = +1.76$을 얻는다.

검정통계량의 계산된 값이 1.76보다 크면 H_0를 기각한다.

(4) 주어진 자료로부터 다음을 얻는다.

$$\overline{x} = 7,\ s = 1.4,\ z = \frac{\overline{x} - 6.5}{s / \sqrt{n}} = \frac{7 - 6.5}{1.4 / \sqrt{15}} = 1.38$$

(5) 1.38은 1.76보다 작으므로 H_0을 기각하지 않는다.

즉, 제조업자의 주장을 5% 유의수준에서 볼 때 전

기사용량이 높다고 할 충분한 근거가 없다.

11 차이 $d_i = x_i - y_i$는 표에 주어져 있고 주어진 자료로부터 필요한 통계량을 구하면 다음과 같다.

$$\bar{d} = \frac{\sum_{i=1}^{15} d_i}{15} = 8.80, \ s_d = \sqrt{\frac{\sum_{i=1}^{15}(d_i - \bar{d})^2}{14}} = 10.98$$

(1) 95% 신뢰구간이므로 $\frac{\alpha}{2} = 0.025$이고 자유도 $n-1=14$인 t분포표를 이용하면 $t_{0.025,(14)} = 2.145$이다. 따라서 μ_d에 대한 95% 신뢰구간은 다음과 같다.

$$\bar{d} \pm t_{0.025,(0.05)} \frac{s_d}{\sqrt{15}}$$

$$= 8.80 \pm 2.145 \times \frac{10.98}{\sqrt{15}}$$

$$= 8.80 \pm 6.08$$

즉 $2.72 < \mu_D < 14.88$

(2) 다음과 같이 대응비교에 의한 t검정을 시행한다.

(1) 귀무가설 $\mu_d = 0$, 대립가설 $\mu_d > 0$

(2) 유의수준 $\alpha = 0.05$

(3) 검정통계량 $t = \dfrac{\bar{D}}{s_D / \sqrt{n}}$

(4) 기각역 $t > t_{0.05,(14)} = 1.761$

(5) $t = \dfrac{8.80}{10.98/\sqrt{15}} = \dfrac{8.80}{2.84} = 3.10$

계산된 값이 1.761보다 크므로 H_0를 기각한다. 즉 이 약은 혈압감소에 효과적이라고 할 수 있다.

12 $\bar{d} = 1, s_d^2 = 29.47, n = 16$

$H_0 : \mu_d = 0, \quad H_a : \mu_d \neq 0$

$$t = \frac{\bar{d} - \mu_d}{\sqrt{\frac{s_d^2}{n}}} = \frac{1}{\sqrt{\frac{29.47}{16}}} = 0.737$$

$0.737 < t_{0.005,(15)} = 2.947$이므로 H_0를 기각할 수 없다.

13 $H_0 : \mu_d = 0, \ H_a : \mu_d < 0$

$\bar{d} = -54.13, \ s_d = 83.002,$

$$t = \frac{-54.13}{83.002/\sqrt{15}} = -2.53$$

$-2.53 < -t_{0.05,(14)} = -1.76$

따라서 H_0를 기각한다. 즉, 피로한 상태에서 신체기능 조절능력이 떨어졌다고 할 수 있다.

14 (1) $H_0 : \sigma^2 = (0.1)^2 = 0.01,$

$H_a : \sigma^2 < (0.1)^2 = 0.01$

(2) 검정 통계량은 $\dfrac{(n-1)S^2}{0.01}$이다.

(3) $n = 11$이므로 자유도는 10이다. 검정은 좌측 검정이 되고, $\chi^2_{(10),0.95} = 3.94$이다.
그래서, 검정 기준은 다음과 같다.

"검정 통계량의 계산된 값이 3.94보다 작으면 H_0를 기각한다."

(4) $s = 0.07$이므로 검정 통계량의 계산된 값은 다음과 같다.

$$\frac{(n-1)s^2}{0.01} = \frac{10(0.07)^2}{0.01} = 4.9$$

(5) 계산된 값이 3.94보다 크므로, H_0를 기각하지 않는다.
즉, 나온 자료로 판단해볼 때 그 판매원의 주장은 근거가 없다.

15 $H_0 : \sigma^2 = 0.03, \quad H_a : \sigma^2 \neq 0.03$

$n = 10, \ s^2 = 0.0604$

$$\chi^2 = \frac{(n-1)s^2}{\sigma_0^2} = \frac{9 \times 0.0604}{0.03} = 18.12$$

$\chi^2_{0.995,\ (9)} = 1.735 < 18.12 < 23.578 = \chi^2_{0.005,\ (9)}$

이므로 H_0를 기각할 수 없다. 즉 모분산이 0.03이라고 할 수 있다.

16 $H_0 : \sigma^2 = 1.15$, $H_a : \sigma^2 > 1.15$

$n = 25$, $s^2 = 2.03$이므로

$$\chi^2 = \frac{(n-1)s^2}{\sigma_0^2} = \frac{24 \times 2.03}{1.15} = 42.37$$

$42.37 > 36.415 = \chi^2_{0.05,\ (24)}$이므로 H_0를 기각할 수 있다.
즉, 기계가 관리 하에 있지 않다고 할 수 있다.

17 1. $H_0 : p_1 = p_2$,
즉 $p_1 - p_2 = 0$, $H_a : p_1 - p_2 > 0$

2. 검정통계량은 $\dfrac{\dfrac{X_1}{n_1} - \dfrac{X_2}{n_2}}{\sqrt{\bar{p}(1-\bar{p})(\dfrac{1}{n_1} + \dfrac{1}{n_2})}}$ 이다.

3. $\alpha = 0.1$이므로 $z_\alpha = z_{0.1} = 1.28$이다.
검정통계량의 계산된 값이 1.28보다 크면 H_0을 기각한다.

4. $x_1 = 460$, $n_1 = 800$, $x_2 = 520$, $n_2 = 1000$이므로

$$\bar{p} = \frac{460 + 520}{800 + 1000} = 0.544$$

$$z = \frac{\dfrac{460}{800} - \dfrac{520}{1000}}{\sqrt{(0.544)(0.456)\left(\dfrac{1}{800} + \dfrac{1}{1000}\right)}}$$

$$= \frac{0.575 - 0.520}{0.0236} = 2.33$$

5. 계산된 값이 1.28보다 크므로 H_0을 기각한다.
즉, 후보자의 유명세가 떨어졌다고 할 충분한 근거가 있다.

18 1. $H_0 : p_1 - p_2 = 0$, $H_a : p_1 - p_2 \neq 0$

2. 검정통계량은 $\dfrac{\dfrac{X_1}{n_1} - \dfrac{X_2}{n_2}}{\sqrt{\bar{p}\,(1-\bar{p}\,)(\dfrac{1}{n_1} + \dfrac{1}{n_2})}}$ 이다.

3. $\alpha = 0.1$이므로 $z_{\alpha/2} = z_{0.05} = 1.65$이다.
검정통계량의 계산된 값이 구간 [−1.65, 1.65] 밖에 있으면 보다 크면 H_0을 기각한다.

4. $x_1 = 28$, $n_1 = 350$, $x_2 = 32$, $n_2 = 500$이므로

$$\bar{p} = \frac{28 + 32}{350 + 500} = 0.0706$$

$$z = \frac{\dfrac{28}{350} - \dfrac{32}{500}}{\sqrt{(0.0706)(0.9294)\left(\dfrac{1}{350} + \dfrac{1}{500}\right)}}$$

$$= \frac{0.080 - 0.064}{0.0179} = 0.89$$

5. 계산된 값이 −1.96과 1.96사이에 있으므로 H_0을 기각하지 않는다.
즉, 결점들의 차이가 없다고 할 수 있다.

19 $$(1400 - 1200) - 1.96\sqrt{\frac{120^2}{100} + \frac{80^2}{200}} < \mu_1 - \mu_2 < (1400 - 1200) + 1.96\sqrt{\frac{120^2}{100} + \frac{80^2}{200}}$$

$$200 - 1.96\sqrt{176} < \mu_1 - \mu_2 < 200 + 1.96\sqrt{176}$$

$$200 - 26 < \mu_1 - \mu_2 < 200 + 26$$

$$\therefore 174 < \mu_1 - \mu_2 < 226$$

20 $\bar{x}_1 = 40$, $\sigma_1^2 = 25$, $n_1 = 15$, $\bar{x}_2 = 45$, $\sigma_2^2 = 30$, $n_2 = 10$, 그리고 $\alpha = 0.2$로 주어졌다.
그래서, $z_{\alpha/2} = z_{0.1} = 1.28$이다.
결과적으로 $\mu_1 - \mu_2$의 80% 신뢰구간은

$(40 - 45) \pm 1.28\sqrt{\dfrac{25}{15} + \dfrac{30}{10}}$ 으로 되고,

이를 계산하면

$-7.765 < \mu_1 - \mu_2 < 2.235$

가 된다.

21 표본의 크기가 크므로 s_1^2과 s_2^2을 σ_1^2과 σ_2^2의 추정치로 쓸 수 있다.

$\alpha = 0.05$이므로 $z_{0.025} = 1.96$이다. 신뢰구간은 다음과 같다.

$$(12.3-7.6) - 1.96\sqrt{\frac{(3.5)^2}{30} + \frac{(3.4)^2}{30}} < \mu_1 - \mu_2$$

$$< (12.3-7.6) + 1.96\sqrt{\frac{(3.5)^2}{30} + \frac{(3.4)^2}{30}}$$

이를 계산하면

$2.96 < \mu_1 - \mu_2 < 6.48$

이 된다.

2 2

$$\overline{x_1} = 43,\ \overline{x_2} = 45,\ s_1^2 = \frac{104}{4},\ s_2^2 = \frac{170}{5},$$

$n_1 = 5,\ n_2 = 6$이므로 σ^2의 합동된 추정치

$$s_p^2 = \frac{104+170}{5+6-2} = \frac{274}{9} = 30.44$$

그래서, $s_p = 5.517$이 된다.

그리고 $\alpha = 0.02$이므로

$t_{0.01,(9)} = 2.821$

이다. 그래서 98% 신뢰구간은 다음과 같이 주어진다.

$$(43-45) - 2.821(5.517)\sqrt{\frac{1}{5} + \frac{1}{6}} < \mu_1 - \mu_2$$

$$< (43-45) + 2.821(5.517)\sqrt{\frac{1}{5} + \frac{1}{6}}$$

이를 간단히 하면

$-11.424 < \mu_1 - \mu_2 < 7.424$가 된다.

23 두 표본이 모두 크므로 $\sigma_1^2,\ \sigma_2^2$ 대신 $s_1^2,\ s_2^2$를 각각 쓸 수 있다. $\mu_A,\ \mu_B$ 를 각각 담배 A와 담배 B의 니코틴 함량의 진짜 평균이라고 하자.

(1) $H_0 : \mu_A = \mu_B,\ H_a : \mu_A \neq \mu_B$

(2) 검정 통계량은 $\dfrac{\overline{X_1} - \overline{X_2}}{\sqrt{\dfrac{S_1^2}{n_1} + \dfrac{S_2^2}{n_2}}}$ 이다.

(3) $\alpha = 0.05$이므로 $z_{\alpha/2}$=1.96이다.

"검정 통계량의 계산된 값이 −1.96보다 작거나 혹은 1.96보다 크면 H_0를 기각한다."

(4) 검정 통계량의 계산된 값은 다음과 같다.

$$\frac{\overline{x_1} - \overline{x_2}}{\sqrt{\dfrac{s_1^2}{n_1} + \dfrac{s_2^2}{n_2}}} = \frac{15.4-16.8}{\sqrt{\dfrac{3}{60} + \dfrac{4}{40}}} = \frac{-1.4}{\sqrt{\dfrac{3}{20}}} = -3.62$$

(5) 계산된 값이 −1.96보다 작으므로 H_0를 기각한다. 즉, 두 담배의 니코틴 함량이 차이가 있다고 할 만한 충분한 이유가 있다.

24 (1) $H_0 : \mu_1 = \mu_2\ \ H_a : \mu_1 \neq \mu_2$

(2) 검정통계량은 $\dfrac{\overline{X_1} - \overline{X_2}}{S_p\sqrt{\dfrac{1}{n_1} + \dfrac{1}{n_2}}}$ 이다.

(3) $n_1 = 20,\ n_2 = 15$이므로 자유도는

$n_1 + n_2 - 2 = 33$이고 $\alpha = 10\%$이므로

$t_{0.05,(33)} = 1.69$이다.

검정통계량의 계산된 값이 구간 [−1.69, 1.69] 밖에 있으면 H_0를 기각한다.

(4) $\overline{x_1} = 125,\ \overline{x_2} = 115,\ s_1 = 37,\ s_2 = 43$이므로

$$s_p^2 = \frac{(n_1-1)s_1^2 + (n_2-1)s_2^2}{n_1 + n_2 - 2}$$

$$= \frac{(20-1)37^2 + (15-1)43^2}{20+15-2} = 1572.64$$

$s_p = \sqrt{1572.64} = 39.66$이다.

$$t = \frac{\overline{x_1} - \overline{x_2}}{s_p \sqrt{\frac{1}{n_1} + \frac{1}{n_2}}} = \frac{125 - 115}{39.66 \sqrt{\frac{1}{20} + \frac{1}{15}}} \text{ 이다.}$$

$$= \frac{10}{13.55} = 0.74$$

(5) 계산된 값이 −1.69와 1.69사이에 있으므로 H_0를 기각하지 못한다.
즉, 이 자료는 두 고장시간의 차이가 있다는 것을 입증해주지 못한다.

25 $s_p^2 = \frac{(10-1)3.78 + (10-1)6.27}{10+10-2} = 3.23$

$H_0 : \mu_A = \mu_B$, $H_a : \mu_A < \mu_B$

$n_A, n_B \le 30$, 정규모집단일 때 t통계량을 이용한다.

$$t = \frac{(\overline{x_A} - \overline{x_B}) - (\mu_A - \mu_B)}{\sqrt{s_p^2\left(\frac{1}{n_A} + \frac{1}{n_B}\right)}} = -1.245$$

$-1.245 > -t_{(18),0.05} = -1.73$이므로 H_0를 기각할 수 없다.
유의수준 5% 하에서 두 암기법에 유의한 차이가 있다고 할 수 없다.

Part 08 범주형 자료분석

01 H_0 : 열매들은 $5:2:2:1$로 혼합되지 않는다.
H_a : 열매들은 $5:2:2:1$로 혼합된다.
$\alpha = 0.05$, 기각역 : $\chi^2 > 7.815$, 자유도$=3$

관측값	269	112	74	45
기대값	250	100	100	50

$$\chi^2 = \frac{(269-250)^2}{250} + \frac{(112-100)^2}{100} + \frac{(74-100)^2}{100} + \frac{(45-50)^2}{50} = 10.14$$

H_0를 기각한다. 즉, 열매들은 $5:2:2:1$로 혼합되지 않았다.

02 H_0 : 범죄발행건수는 각 지역과 무관하다.
H_a : 범죄발행건수는 각 지역과 무관하지 않다.
$\alpha = 0.01$, 기각역 : $\chi^2 > 21.666$, 자유도$=9$. 다음은 기대 도수이다.

지역 / 범죄유형	강 간	강 도	절 도	살 인
1	186.4	125.8	423.5	13.3
2	380.0	256.6	863.4	13.3
3	228.7	154.4	519.6	27.1
4	214.9	145.2	488.5	15.3

$$\chi^2 = \frac{(162-186.4)^2}{186.4} + \frac{(118-125.8)^2}{125.8} + \cdots + \frac{(19-15.3)^2}{15.3} = 124.59$$

H_0를 기각한다. 즉, 범죄발행건수는 각 지역과 무관하지 않다.

03 H_0 : 고혈압의 유무는 흡연정도에 독립이다.
H_a : 고혈압의 유무는 흡연정도에 종속이다.
$\alpha = 0.05$, 기각역 : $\chi^2 > 5.991$, 자유도$=2$.
다음은 기대 도수이다.

혈압정도 / 흡연정도	비흡연자	보통 흡연자	골 초
고혈압	33.4	30.0	23.6
정 상	35.6	32.0	25.4

$$\chi^2 = \frac{(21-33.4)^2}{33.4} + \cdots + \frac{(19-25.4)^2}{25.4} = 14.60$$

H_0를 기각한다. 즉, 고혈압의 유무는 흡연정도에 종속이다.

04 p_1, p_2, p_3를 낮, 저녁, 밤에 생산된 불량률이라 하면, 검정하고자 하는 가설은 다음과 같다.

H_0 : 낮, 저녁, 그리고 밤에 생산되는 제품의 불량률은 서로 같다.

H_a : 낮, 저녁, 그리고 밤에 생산되는 제품의 불량률은 서로 같지 않다.

기대도수

$$\widehat{E_{11}} = \frac{230 \times 1200}{3000} = 92 \ \cdots \ \widehat{E_{23}} = \frac{2770 \times 800}{3000} = 738.7$$

와 같이 계산하면 아래의 표로 나타낼 수 있다.

불량여부 / 시간대	낮	저 녁	밤
불량품	92.0	76.7	61.3
양 품	1108	923.3	738.7

자유도$=(2-1)(3-1)=2$이고, 검정통계량의 값은

$$\chi^2 = \frac{(80-92)^2}{92} + \cdots + \frac{(720-738.7)^2}{738.7} = 8.476$$

$> \chi^2_{0.025,(2)} = 7.38$이므로 H_0를 기각할 수 있다.

즉, 낮, 저녁, 그리고 밤에 생산되는 제품의 불량률은 차이가 있다고 할 수 있다.

05 H_0 : 유권자들의 후보 A 지지율, 후보 B의 지지율 및 미결정 비율은 각 도시마다 동일하다.

H_a : 유권자들의 후보 A 지지율, 후보 B의 지지율 및 미결정 비율은 각 도시마다 동일하지 않다.

유권자의 성향 / 도시	성 남	수 원
후보 A 지지	214.5	214.5
후보 B 지지	204.5	204.5
미결정	81	81

$\alpha = 0.05$, 기각역 : $\chi^2 > 5.991$, 자유도$=2$

다음은 기대 도수이다.

$$\chi^2 = \frac{(204-214.5)^2}{214.5} + \cdots + \frac{(77-81)^2}{81} = 1.84$$

H_0를 기각할 수 없다.

즉, 유권자들의 후보 A 지지율, 후보 B의 지지율 및 미결정 비율은 각 도시마다 동일하다고 할 수 있다.

06 H_0 : 초파리의 비율이 $1:3:3:9$이다.

H_a : 초파리의 비율이 $1:3:3:9$가 아니다.

$$\chi^2 = \frac{\left(226 - 4000 \times \frac{1}{16}\right)^2}{4000 \times \frac{1}{16}} + \cdots + \frac{\left(2277 - 4000 \times \frac{9}{16}\right)^2}{4000 \times \frac{9}{16}} = 3.27$$

$3.27 < \chi^2_{0.1,(3)} = 6.25$이므로 H_0를 기각할만한 충분한 증거가 없다.

또는 $p-$값$= P(\chi^2 > 3.27) = 0.35$, H_0를 기각할만한 근거가 없다.

07

정도 / 수치	낮은 콜레스테롤	중간 콜레스테롤	높은 콜레스테롤
치명적	27.4	21.1	15.5
비치명적	20.6	15.9	11.5

$$\chi^2 = \frac{(29-27.4)^2}{27.4} + \cdots + \frac{(9-11.5)^2}{11.5} = 3.018$$

$3.018 < \chi^2_{0.10,(2)} = 4.61$, $P(\chi^2 > 3.018) = .22$이므로 유의수준 10% 하에서 콜레스테롤의 수치가 심장병을 예측한다는 충분한 증거가 없다.

0.22>0.1이므로, 10% 유의수준에서 콜레스테롤 수치와 심장병에 관계가 없다.

08 $\chi^2 = 10.38$, $P(\chi^2 > 10.38) = 0.034$이므로 5% 유의수준에서는 주장을 기각할 증거가 충분하지만 2.5%에서는 아니다.

09 $\chi^2 = 9.376$, H_0은 기각

즉, 제품의 등급과 기계종류 간 차이가 존재한다고 볼 수 있다.

10 H_0 :지역에 따라 찬성률이 같다.

H_a :지역에 따라 찬성률이 다르다.

기대도수 $\widehat{E_{11}} = \dfrac{471 \times 400}{1100} = 171.3$,

$\widehat{E_{12}} = \dfrac{629 \times 400}{1100} = 228.7$

$\widehat{E_{21}} = \dfrac{471 \times 350}{1100} = 149.9$,

$\widehat{E_{22}} = \dfrac{629 \times 350}{1100} = 200.1$

$\widehat{E_{31}} = \dfrac{471 \times 350}{1100} = 149.9$,

$\widehat{E_{22}} = \dfrac{629 \times 350}{1100} = 200.1$

$\chi^2 = \dfrac{(198-171.3)^2}{171.3} + \cdots + \dfrac{(217-200.1)^2}{200.1} = 11.58$

$11.58 > \chi^2_{0.05,(2)} = 5.99$이므로 H_0를 기각할 수 있다.

즉, 지역에 따라 찬성률에 차이가 있다.

Part 09 상관분석과 회귀분석

01 (1) 음의 관계

(2) $r = -.92$

(3) 1단계 : $H_0 : \rho = 0$, $H_a : \rho < 0$

2단계 : 두 변수는의 모집단은 정규분포이다.

3단계 : $df = n-2 = 8-2 = 6$

$\alpha = 0.025$, $t_{(6),0.025} = -2.447$

4단계 :

$t = r\sqrt{\dfrac{n-2}{1-r^2}} = -.92\sqrt{\dfrac{8-2}{1-(-.92)^2}}$

$= -5.750$

5단계 : $-5.750 < -2.447$이므로 H_0 기각

결 론 : ρ는 음의 관계이다.

02 (1) 양의 관계

(2)

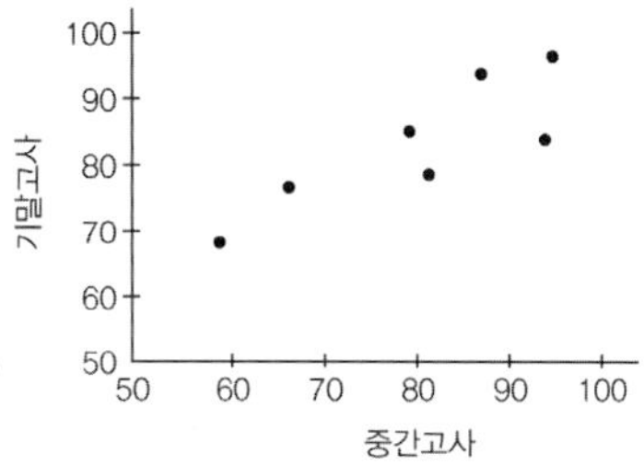

(3) $r = .86$

(4) 1단계 : $H_0 : \rho = 0$, $H_a : \rho > 0$

2단계 : 두변수의 모집단은 정규분포이다.

3단계 : $df = n-2 = 7-2 = 5$

$\alpha = 0.01$, $t_{0.01,(5)} = 3.365$

4단계 : $t = r\sqrt{\dfrac{n-2}{1-r^2}} = .86\sqrt{\dfrac{7-2}{1-(0.86)^2}}$

$= 3.768$

5단계 : $3.768 > 3.365$이므로 H_0 기각

결 론 : ρ는 양의 관계이다.

03 (1) $r = .95$

(2) 1단계 : $H_0 : \rho = 0$, $H_a : \rho \neq 0$

2단계 : 두 변수의 모집단은 정규분포이다.

3단계 : $df = n-2 = 8-2 = 6$,

양측검정이므로

$\alpha = 0.01$, $t_{0.005,(6)} = -3.707$

4단계 : $t = r\sqrt{\dfrac{n-2}{1-r^2}} = .95\sqrt{\dfrac{8-2}{1-(0.95)^2}}$

$= 7.452$

5단계 : $7.452 > 3.707$이므로 H_0 기각

결 론 : ρ는 0가 아니다.

04 (1) $\hat{y} = 3.6 + 11.75(2) = 27.1$

(2) 각각 광고비를 2백만 불씩 쓴 4개의 회사 총 판매액은 같다고 볼 수 없다.

$27.1(백만 불)은 평균 총 판액이다.

(3) 불확정적이다.

05

(1)

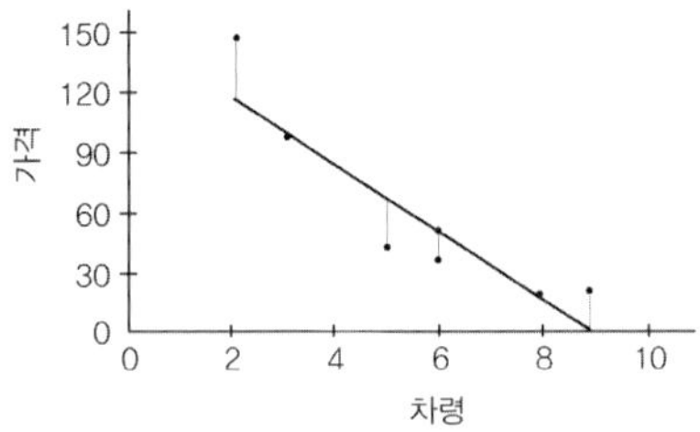

(2) $\hat{y} = 150.4136 - 16.6264x$

(3) $b_0 = 150.4136$은 새차(백불)의 가격, b_1 =1년 지날 때마다 $1663씩 가격이 떨어진다.

(4)

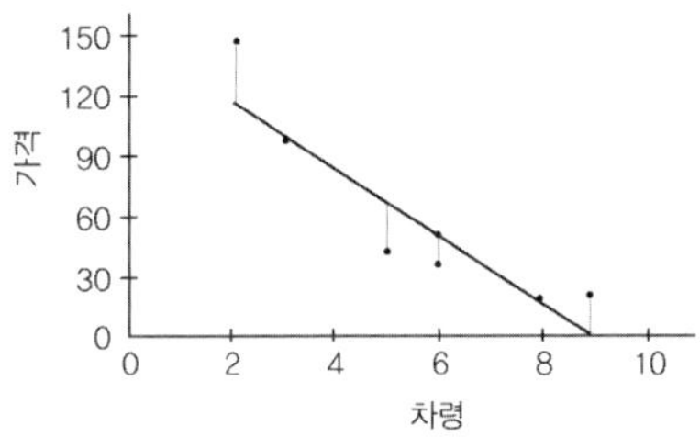

(5) $\hat{y} = 150.4136 - 16.6264(7) = 34.0288$, 즉 $3403

06

(1)

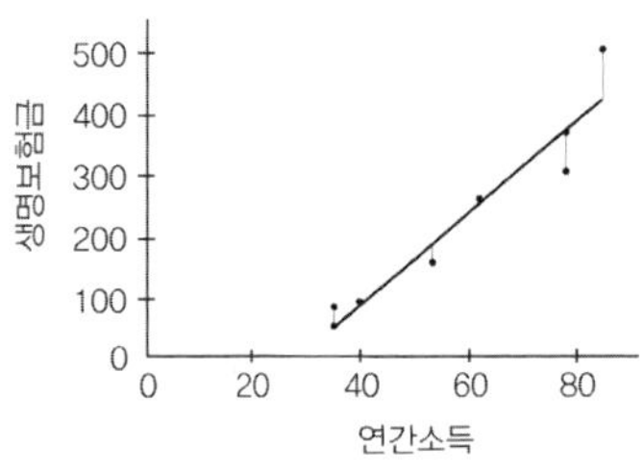

(2) $\hat{y} = -208.4 + 7.4374x$

(3) $b_0 = -208.4$은 수입이 0일 때 생명보험금이다. $x = 0$은 [$34,000 , $85,000] 내에 있지 않아 의미 없다.

$b_1 = 7.437$

(4)

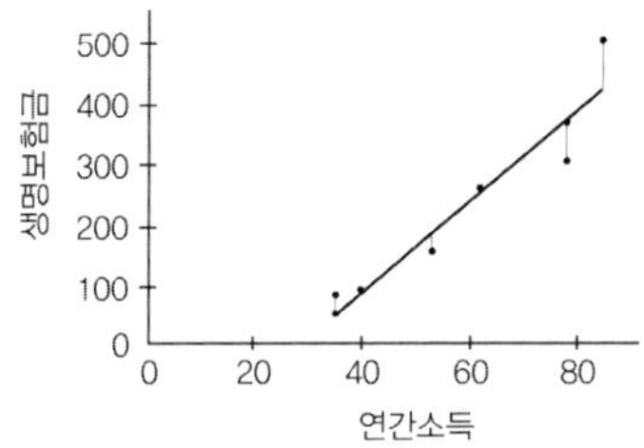

(5) $\hat{y} = -208.4 + 7.4374(55) = 200.6569$

(6) $\hat{y} = -208.4 + 7.4374(78) = 371.717$

$e = y - \hat{y} =$ $300,000 − $371,717.10

= −$71,717.10

07

(1) $n = 8,\ \sum x_i = 421,\ \sum y_i = 1514,$

$\sum x_i^2 = 23{,}743,\ \sum y_i^2 = 292{,}116,$

$\sum x_i y_i = 82{,}517$

$\bar{x} = \sum x_i / n = 421/8 = 52.625,$

$\bar{y} = \sum y_i / n = 1514/8 = 189.25$

$$s_{xx} = \sum x_i^2 - \frac{(\sum x_i)^2}{n} = 23{,}743 - \frac{(421)^2}{8}$$

$$= 1587.875$$

$$s_{yy} = \sum y_i^2 - \frac{(\sum y_i)^2}{n} = 292{,}116 - \frac{(1514)^2}{8}$$

$$= 5591.5$$

$$s_{xy} = \sum x_i y_i - \frac{(\sum x_i)(\sum y_i)}{n}$$

$$= 82{,}517 - \frac{(421)(1514)}{8}$$

$$= 2842.75$$

(2) $b_1 = s_{xy}/s_{xx} = 2842.75/1587.875 = 1.7903$

$$s_e = \sqrt{\frac{s_{yy} - b_1(s_{xy})}{n-2}}$$

$$= \sqrt{\frac{5591.5 - (1.7903)(2842.75)}{8-2}} = 9.1481$$

(3) $b_0 = \bar{y} - b_1\bar{x} = 1.89.25 - (1.7903)(52.625)$

$= 95.0355$

$\hat{y} = 95.0355 - 1.7903x$

x	y	$\hat{y} = 95.0355 - 1.7903x$	$e = y - \hat{y}$	e^2
55	180	193.5020	−13.5020	182.3040
68	215	216.7759	−1.7759	3.1538
50	195	184.5505	10.4495	109.1921
34	165	155.9057	9.0943	82.7063
43	170	172.0184	−2.0184	4.0739
58	204	198.8729	5.1271	26.2872
77	235	232.8886	2.1114	4.4580
36	150	159.4863	−9.4863	89.9899
				$\sum e^2 = 502.1652$

$SST = s_{yy} = 5591.5$

$SSE = \sum e_i^2 = 502.1652$

$SSR = SST - SSE = 5591.5 - 502.1652$
$= 5089.3348$

(4) $r^2 = \frac{SSR}{SST} = \frac{5089.3}{5591.5} = .91$

08 (1) $n = 8,\ \sum y_i = 505,\ \sum y_i^2 = 45{,}987$

$$s_{yy} = \sum y_i^2 - \frac{(\sum y_i)^2}{n}$$

$$= 45{,}987 - \frac{(505)^2}{8} = 14{,}108.875$$

$s_{xy} = -723.25$

$b_1 = -16.6264$

$$s_e = \sqrt{\frac{s_{yy} - b_1(s_{xy})}{n-2}}$$

$$= \sqrt{\frac{14{,}108.875 - (16.6264)(-723.25)}{8-2}}$$

$= 18.6361$

(2) $b_0 = 150.414$

$b_1 = -16.6264$

$r = -0.923$

$r^2 = b_1 s_{xy}/s_{yy}$

$= (-16.6264)(-723.25)/14{,}108.875$

$= .85$

가격의 변동 중 차령에 의하여 설명되는 비율이 85% 이다.

09

(1) $b_1 = 2.50,$

$s_{b_1} = s_e / \sqrt{s_{xx}}$

$= 1.464 / \sqrt{524.884} = .0639$

$b_1 \pm t s_{b_1} = 2.50 \pm (2.33)(.0639)$

$= 2.50 \pm .15 = 2.35$에서 2.65

(2) 단계 1 : $H_0 : \beta_1 = 0,\ H_a : \beta_1 > 0$

단계 2 : σ_e를 모르므로 t분포이다.

단계 3 : $\alpha = .02$이고, t의 임계값은 2.05이다.

단계 4 : $t = (b_1 - \beta_1)/s_{b_1}$
$= (2.50 - 0)/.0639 = 39.12$

단계 5 : $39.12 > 2.05$, 따라서 H_0은 기각

결 론 : β_1는 양이다.

(3) 단계 1 : $H_0 : \beta_1 = 0,\ H_a : \beta_1 \neq 0$

단계 2 : σ_e를 모르므로 t분포이다.

단계 3 : $\alpha = 0.01$이고 양측이 검정이므로 $z_{0.005} = 2.58$이다.

단계 4 : $t = (b_1 - \beta_1)/s_{b_1}$

$= (2.50 - 0)/.0639 = 39.12$

단계 5 : $39.12 > 2.58$, 따라서 H_0은 기각

결 론 : β_1는 0이 아니다.

(4) 단계 1 : $H_0 : \beta_1 = 1.75,\ H_a : \beta_1 > 1.75$

단계 2 : σ_e를 모르므로 t분포이다.

단계 3 : $\alpha = 0.01$이고 $z_{0.01} = 2.33$이다.

단계 4 : $t = (b_1 - \beta_1)/s_{b_1}$

$= (2.50 - 1.75)/.0639 = 11.74$

단계 5 : $11.74 > 2.33$, 따라서 H_0은 기각

결 론 : β_1은 1.75보다 크다.

10 $n = 8,\ s_{xx} = 43.5,\ b_1 = -16.6264,$

$s_e = 18.6361$,

$s_{b_1} = s_e / \sqrt{s_{xx}}$

$= 18.6361 / \sqrt{43.5} = 2.8256$

(1) $df = n - 2 = 8 - 2 = 6$,

β_1의 95% 신뢰구간은

$b_1 \pm ts_{b_1} = -16.6264 \pm (2.447)(2.8256)$

$= -16.6264 \pm 6.9142 \Rightarrow -23.5406$

에서 -9.7122

(2) 단계 1 : $H_0 : \beta_1 = 0,\ H_a : \beta_1 < 0$

단계 2 : σ_e를 모르므로 t분포를 사용한다.

단계 3 : $\alpha = 0.05,\ df = 6$이고 $t_{0.05,\ (6)} = -1.943$이다.

단계 4 : $t = (b_1 - \beta_1)/s_{b_1}$

$= (-16.6264 - 0)/2.8256$

$= -5.884$

단계 5 : $-5.884 < -1.943$,

따라서 H_0은 기각

결 론 : β_1는 음수이다.

11 1) $y = 1.926x - 3593,\ r = 0.989$

2) $\log y = 0.005639t + 1.905$

$t = x - 1900,\ r = 0.996$

3) 비선형모형에서

$\log y = 0.005639(200) + 1.905 = 3.0328$

$y = 1078(\text{million})$

$\log 300 = 0.005639t + 1.905$

$t = 101$, 그러므로 $1900 + 101 = 2001$년

선형모형에서

$1.926 \times 2100 - 3593 = 452(\text{millions})$

$300 = 1.926x - 3593$에서, $x = 2021.29$년

4) 비선형 모형이 더 큰 상관계수를 갖고 더 정확하다.

12 1) $\log y = -0.342 + 1.486 \log x$,

$r = 0.9997$

2) $\log y = -0.342 + 1.486 \log 5000 = 5.155$,

$y = 142{,}780$일

3) $\log 45{,}000 = -0.342 + 1.486 \log x$

$\log x = 3.362$,

따라서 $x = 2{,}300(\text{million miles})$

13 1) $y = -50{,}359 + 0.671x_1 + 1.295x_2$

2) $R^2 = .909$

3) $[0.405,\ 0.937],\ [0.523,\ 2.07]$

14 1) $y = 280.57 - 8.25x_1 - 14.83x_2 + 6.09x_3$

3) 276.47

15 1) $y = 10.116 + 0.893x_1 + 0.146x_2$

2) 생략

4) 23.341

01

1) 난수표 또는 동전에 의한 임의 배분 등
2) 생쥐
3) 약물(A, B)
4) 일원배치법

02

1) 확률화 블럭계획법
2) 암환자
3) 치료방법(A, B)
4) 환자의 상태(암의 심하게 퍼진 경우/암의 초기단계)

03

1)

변 인	SS	$d.f.$	MS
처 리	24.7	4	6.175
오 차	37.7	30	1.2657
전 체	62.4	34	

2) 5개
3) 처리집단의 모집단들이 모두 같다는 가설을 기각할 수 없다.

04

전변동 SST를 구하면

$$SST = 72^2+69^2+63^2+53^2+51^2+47^2+52^2 +45^2+30^2+56^2+58^2+56^2+69^2 +67^2+62^2-\frac{850^2}{15}$$
$$= 49,892-48,166.6 \fallingdotseq 1,725$$

급간 변동 SSB(처리제곱합)를 구하면

$$SSB = \frac{308^2}{5}+\frac{174^2}{4}+\frac{170^2}{3}+\frac{198^2}{3}-\frac{850^2}{15}$$
$$\fallingdotseq 49,243-48,167$$
$$=1,076$$

따라서 급내 변동 SW는

$$SW = 1,725-1,076 = 649$$

분산분석표는 다음과 같다.

요인	평방합	자유도	평균제곱	분산비	5% 또는 1% 점
처리	1,076	3	358.3	6.73	$F_{(3,11),0.05}=3.59$
오차	649	11	59.0		$F_{(3,11),0.01}=6.22$
전체	1,725	14			

따라서 각 지역에 있어서의 균의 군집수가 동일하다는 가설 $H_0: \mu_1=\mu_2=\mu_3=\mu_4$는 매우 유의적이다.(유의 수준 1%)

05

전변동을 계산하기 위하여 $x_{ij}{}^2$의 표를 만든다.

회 \ 수준	A_1	A_2	A_3
1	324	576	25
2	324	400	576
3	16	1	64
4	64	100	289
계	728	1077	954

앞 절의 방법으로 필요한 통계량의 값을 계산하면 총합은 2,758이고

$$SST = 2,759-\frac{15^2}{12} = 2,740\,(d.f.=11)$$

$$SSB = \frac{4,977}{4}-\frac{15^2}{12} \fallingdotseq 1,225\,(d.f.=2)$$

$$SSE = SST-SSB = 2,740-1,225 = 1,515\,(d.f.=9)$$

가 된다. 이상으로 분산 분석표를 만들면 다음과 같다.

분산 분석표

요인	평방합	자유도	평균 제곱	분산비	5%
처리	1,225	2	613	3.65	4.26
오차	1,515	9	168		
전체	2,740	11			

따라서 유의 수준 5%로서 수준 A_1, A_2, A_3의 온도계에 차가 있지 않다.

06

1) $|t| = \left| \dfrac{\bar{y}_1 - \bar{y}_2}{s_p \sqrt{\dfrac{1}{n_1} + \dfrac{1}{n_2}}} \right|$

$= |-1.6967| = 1.6967 < t_{0.025,\ 10} = 2.228$

H_0은 기각할 수 없다. i.e. 두 공정에 의한 플라스틱의 평균탄력도가 동일하다.

2)

변인	자유도	SS	제곱 평균	$F-$값	$P_r > F$
처리	1	1.6875	1.6875	2.88	0.1206
오차	10	5.8617	0.5862		
전체	11	7.5492			

07

평균값의 차는 원래의 수에서 일정한 수를 빼도 변하지 않으므로 원래의 수에서 27을 빼서 오른쪽 표를 얻는다.

$$SST = \sum\sum x_{ij}{}^2 - \frac{T..^2}{n}$$

$$= 1^2 + 3^2 + 3^2 + 2^2 + 3^2 + 2^2 + 3^2 + (-1)^2 + (-3)^2 + (-2)^2 + 1^2 + (-3)^2 + (-3)^2 - \frac{6^2}{16} = 75.75$$

수준	A	B	C	
월	1	0	−3	
화	3	2	−2	
수	3	3	1	
목	2	0	−3	
금	3	−1	−3	
토	0			
$T._j$	12	4	−10	$T.. = 6$
n_j	6	5	5	$n = 16$

$$SSB = \sum \frac{T._j{}^2}{n_j} - \frac{T..^2}{n}$$

$$= \frac{12^2}{6} + \frac{4^2}{5} + \frac{(-10)^2}{5} - \frac{6^2}{16}$$

$$= 44.95$$

따라서 SSE는

$$SSE = SST - SSB = 75.75 - 44.95 = 30.80$$

따라서 분산 분석표는 다음과 같다.

분산 분석표

요인	변동	자유도	평균 제곱	분산비	5% 점
처리	44.95	3−1=2	22.475	9.48	$F_{(2,13),0.05} = 3.81$
오차	30.80	16−3=13	2.37		
전체	75.75	16−1=15			

즉, $f = \dfrac{22.475}{2.37} = 9.48 > f_{1,3,(0.05)}{}^2 = 3.81$ 으므로 5%로 유위하다. 즉, 이 3인의 제품수의 모평균 사이에는 차가 있다고 인정된다.

08

1)

변인	SS	$d.f.$	MS	F
처리	27.1	3	9.03	4.04932
블럭	74.5	5	14.9	6.6816
오차	33.4	15	2.23	
전체	135	20		

2) $F-$비$=\dfrac{MST}{MSE}=4.04932$은 $f_{0.05,\,(3.15)}=3.29$ 보다 크므로 처리 사이에 차이가 있다고 판정되므로 각 처리집단의 평균들은 동일하지 않다.

3) $F-$비 $=\dfrac{MSB}{MSE}=6.6816$은 $f_{0.05,\,(5.15)}=2.90$ 보다 크므로 각 블록의 효과는 동일하지 않다.

09

1)

변인	자유도	제곱합	평균 제곱	$F-$값	$P_r > F$
처리	3	5.200	1.733	19.44	0.0017
블럭	2	7.172	3.586	40.21	0.0003
오차	6	0.5350	0.08916		
전체	11	12.90667			

2) F값$=19.44 > f_{0.05,\,(3.6)}=4.76$이므로 H_0를 기각.
각 화학약품의 효과가 동일하지 않다.

10

강좌의 효과를 α_i라 하고, 학생의 효과를 β_j라 하면,

1) 가설 설정:

① $H_{0\alpha}:\alpha_1=\alpha_2=\alpha_3=\alpha_4=0$,
$H_{a\alpha}:\alpha_i \neq 0$인 i가 존재한다.

② $H_{o\beta}:\beta_1=\beta_2=\beta_3=\beta_4=\beta_5=0$,
$H_{a\beta}:\beta_j \neq 0$인 j가 존재한다.

2) 계산 :

$T_{1\cdot}$	$T_{2\cdot}$	$T_{3\cdot}$	$T_{4\cdot}$
370	373	379	359

$T_{\cdot 1}$	$T_{\cdot 2}$	$T_{\cdot 3}$	$T_{\cdot 4}$	$T_{\cdot 5}$	$T_{\cdot\cdot}$
259	354	275	271	322	1481

$$SS_T=\sum_{i=1}^{4}\sum_{j\neq 1}^{5}x_{ij}^2-\frac{T_{\cdot\cdot}^2}{n}$$

$$=(68^2+83^2+\cdots+87^2)-\frac{1481^2}{20}=2772.95$$

$$SS_B=\frac{1}{k}\sum_{j=1}^{5}T_{\cdot j}^2-\frac{T_{\cdot\cdot}^2}{n}$$

$$=\frac{1}{4}(259^2+354^2+275^2+271^2+322^2)-\frac{1481^2}{20}$$

$$=1618.70$$

$$SS_A=\frac{1}{l}\sum_{j=1}^{4}T_{i\cdot}^2-\frac{T_{\cdot\cdot}^2}{n}$$

$$=\frac{1}{5}(370^2+373^2+379^2+359^2)-\frac{1481^2}{20}$$

$$=42.15$$

$SSE=SS_T-SS_A-SS_B=1112.10$

$\nu_T=n-1=19,\ \nu_A=k-1=3,$

$\nu_B=l-1=4,\ \nu_E=(k-1)(l-1)=12$

요인	제곱합	자유도	평균제곱	검정 통계량	임계값
처리	42.15	3	14.050	0.1516	$F_{0.05,(3.12)}=3.49$
블록	1618.70	4	404.675	4.3667	$F_{0.05,(4.12)}=3.26$
오차	1112.10	12	92.675		
총합	2772.95	19			

3) 결과판정 :

① $F_A=0.1516<3.49=f_{0.05,(3,12)}$이므로, $H_{0\alpha}$를 기각할 수 없다.
즉, 강좌들의 난이도는 차이가 있다고 할 수 없다.

② $F_B=4.3667>3.26=f_{0.05,(4,12)}$이므로,

$H_{0\beta}$를 기각할 수 있다. 즉, 학생들의 능력은 차이가 있다고 할 수 있다.

11

기계의 효과를 α_i라 하고, 기능공의 효과를 β_j라 하면,

1) 가설설정 :

① $H_{0\alpha}: \alpha_1 = \alpha_2 = \alpha_3 = \alpha_4 = \alpha_5 = 0,$

$H_{a\alpha}: \alpha_j \neq 0$인 j가 존재한다.

② $H_{0\beta}: \beta_1 = \beta_2 = \beta_3 = \beta_4 = 0,$

$H_{a\beta}: \beta_i \neq 0$인 i가 존재한다.

2) 계산 :

$T_{1\cdot}$	$T_{2\cdot}$	$T_{3\cdot}$	$T_{4\cdot}$	$T_{\cdot\cdot}$
483	469	465	483	1900

$T_{\cdot 1}$	$T_{\cdot 2}$	$T_{\cdot 3}$	$T_{\cdot 4}$	$T_{\cdot 5}$	$T_{\cdot\cdot}$
375	379	380	383	383	1900

$$SST = \sum_{i=1}^{4}\sum_{j=1}^{5} x_{ij}^2 - \frac{T_{\cdot\cdot}^2}{n}$$

$$= (90^2 + 98^2 + \cdots + 99^2) - \frac{1900^2}{20} = 188$$

$$SS_B = \frac{1}{k}\sum_{i=1}^{4} T_{i\cdot}^2 - \frac{T_{\cdot\cdot}^2}{n}$$

$$= \frac{1}{5}(483^2 + 469^2 + 465^2 + 483^2) - \frac{1900^2}{20}$$

$$= 52.8$$

$$SS_T = \frac{1}{l}\sum_{j=1}^{5} T_{\cdot j}^2 - \frac{T_{\cdot\cdot}^2}{n}$$

$$= \frac{1}{4}(375^2 + 379^2 + 380^2 + 383^2 + 383^2)$$

$$- \frac{1900^2}{20}$$

$$= 11$$

$$SSE = SS_T - SS_A - SS_B = 124.2$$

$\nu_T = n - 1 = 19,$

$\nu_A = k - 1 = 3,$

$\nu_B = l - 1 = 4,$

$\nu_E = (k-1)(l-1) = 12$

요인	제곱합	자유도	평균제곱	검정통계량	임계값
SS_B	52.8	3	17.60	1.7005	$F_{0.05,(3,12)} = 3.49$
SS_T	11.0	4	2.75	0.2657	$F_{0.05,(4,12)} = 3.26$
오차	124.2	12	10.35		
총합	188.0	19			

3) 결과판정 :

① $F_A = 0.1516 < 3.49 = f_{0.05,(3,12)}$이므로,

$H_{0\alpha}$를 기각할 수 없다. 즉, 제품을 생산하는데 기계들의 효과는 차이가 있다고 할 수 없다.

② $F_B = 4.3667 > 3.26 = f_{0.05,(4,12)}$이므로,

$H_{0\beta}$를 기각할 수 없다. 즉, 제품을 생산하는데 기능공들의 효과는 차이가 있다고 할 수 없다.

INDEX

N

P

Q

R

S

T

ㄱ